化成整体生命智慧

毓老师说

公羊

爱新觉罗·毓鋆 / 讲述

陈絅 / 整理

花山文艺出版社

图书在版编目（CIP）数据

毓老师说公羊/爱新觉罗·毓鋆讲述；陈絅整理. —石家庄：花山文艺出版社，2019.8
ISBN 978-7-5511-4812-2

Ⅰ.①毓… Ⅱ.①爱… ②陈… Ⅲ.①中国历史—春秋时代—编年体 ②《公羊传》—研究 Ⅳ.①K225.04

中国版本图书馆CIP数据核字(2019)第151884号

书　　名：**毓老师说公羊**
讲　　述：爱新觉罗·毓鋆
整　　理：陈　絅

责任编辑：林艳辉
责任校对：梁东方
美术编辑：胡彤亮
装帧设计：棱角视觉

出版发行：花山文艺出版社（邮政编码：050061）
　　　　　　（河北省石家庄市友谊北大街330号）

销售热线：0311-88643221/29/31/32/26
传　　真：0311-88643225
印　　刷：三河市嘉科万达彩色印刷有限公司
经　　销：新华书店
开　　本：880×1230　　1/32
印　　张：19.5
字　　数：424千字
版　　次：2019年9月第1版
　　　　　　2019年9月第1次印刷
书　　号：ISBN 978-7-5511-4812-2
定　　价：88.00元

凡例

一、《春秋公羊传》系根据毓老师于 1980 年—1981 年、1988 年—1989 年、1999 年在台北天德黉舍、奉元书院讲授内容整理而成。《春秋》分三世、十二公，毓老师详述"据乱世"，于"升平""太平"二世但选几则。限于学养，容有阙漏、讹误者，尚祈方家惠予指正，并俟日后有志者续之。

二、毓老师讲授教本采用清人陈立《公羊义疏》，并以《春秋三传》《春秋繁露》等书作为辅助教材。

三、《春秋》经文以宋三体呈现，如"**元年，春，王正月**"；《公羊传》以楷体呈现，如"元年者何"；《何休注》以细黑体呈现，如"**诸据疑，问所不知，故曰者何**"。正文即师尊讲述及引书均以宋一体呈现。凡有关字词解释、引文出处，均以括号内楷体表示。

四、为助大众深入阅读，文中有关背景及说明，均以仿宋体呈现，略交代出处。如有疏漏之处，尚祈方家指正。

·目 录·

贰·升平世

叁·太平世

余论　557

中国两部书——《大易》与《春秋》(《公羊传》),绝不能自己看。你们听一遍后,将来老年回头看,就可以讲学。

不知《大易》与《春秋》,就不知中国文化。《大易》由隐之显,由体而用;《春秋》由显之隐,由用而体。天天于日常行事上,显;返回我们的性,隐,微。"克己复礼",由人之道(诚之者),至天之道(诚),至天人境界(天人合一),则"可以与天地参矣"(《中庸》)!

元,含乾元、坤元,"大哉乾元,至哉坤元",坤顺承天,"至",乃一点距离也没,乾元有多高,坤元就达到那般高;坤元就是乾元,乾元就是坤元。

人虽性善,但易受外诱之私。年轻荒唐,而立之年体悟,克己复礼,亦即复性,即由人事之用返回道(体),"率性之谓道"。《大易》讲生生之道,是体,生生之谓易;《春秋》一切采之于礼,是用,《春秋》为礼义之大宗。

生生之谓易,生生就是仁。礼义即中,仁之用也,生之用也。礼义,中之用,《春秋》为礼义之大宗。"喜怒哀乐之未发,谓之中"，中国，礼义之国，以礼义作为标准，一切裁之以礼义。"礼之用，和为贵"，礼以和为本，"先王之道斯为美，小大由之。有所不行，知和而和，不以礼节之，亦不可行也"（《论语·学而》），太和。

《春秋》别嫌疑、明是非，而最难的是辨是非。孔子删《书》，《尚书》以《甘誓》作为划分，之前为法（以尧舜为始，王制之道为法），之后为戒（"至禹而德衰"的证明，乱制之道为戒），有所立义，一般人不讲，但今文家很重视此篇。甘之战，首反乱制之战，存此篇意义深长，天不佑扈，他这一败，几千年家天下乃起，天民尽制于鸟兽之群。《淮南子·齐俗训》云"有扈氏为义而亡"。

乱制之下人民受苦，应起而拨乱反正，孔子乃删《诗》《书》、订《礼》《乐》，其修《春秋》必有所为。故《尚书》与《春秋》相表里。《五经》皆相表里。

《春秋》讲思想，思想难以毁。"诸侯恶其害己也，而皆去其籍"（《孟子·万章下》），即指《春秋》。《春秋繁露》（以下简称《繁露》）、子书讲术。

孔子修《春秋》，与历史不同，"其义则丘窃取之"（《孟子·离娄下》），是借事寄义，皆为况，是经。"载之空言，不如见之于行事之深切著明也"（《史记·太史公自序》），孔子在史实之外，另立新义，后人称《春秋》为经。

孔子修《春秋》，在未修之前必有一部"不修《春秋》"，以之作为依据；"其事齐桓、晋文，其义则丘窃取之"，修《春秋》后，史实无变，"义则丘窃取之"，成为修的《春秋》。

按己意写史，往往难为人接受，与史实距离远，乃有爱史实者按史实传之，故有"不修《春秋》"。《左传》为保存真的历史，又称"不修《春秋》"，以《春秋》为史。《左传》作者左丘明，与孔子为同时代人，以孔子修《春秋》为索隐行怪，为了保存《春秋》史实，保存历史原貌，故详于事。自《论语·公冶长》"巧言、令色、足恭，左丘明耻之，丘亦耻之。匿怨而友其人，左丘明耻之，丘亦耻之"，以及《述而》"述而不作，信而好古，窃比于我老彭"看出，孔子有两个崇敬的人：左丘明、老彭。

《春秋》有三传：《公羊传》《穀梁传》重义，《左传》重事。《公羊传》，修的《春秋》，继孔子之义，微言大义在其中。修的《春秋》称经，重义者为经。

读书要了解义，才有趣。过目成诵，皆不成器。哪个成功者是天才？要下功夫。

《穀梁传》在《公羊传》之后，与《公羊传》颇有近似之义。《春秋》三传，经皆同，均为口说，其后方笔之于书成传。传，谓解说经义者也。

今古文之争，专制时代以为是"文字"不同，实则为"思想"之争。伪古文，乃汉后为维护帝制的文人造出的。今文家一抬头，就起革命。

"公羊学"讲的是思想，要重思想演变的程序。思想影响一个人极重要，用智慧启发智慧，找出一条可行之路。读"公羊学"必要勤，不然读不下去。

"《公羊》由子夏口授，传之孔子，故圣人改周受命之制，惟《公羊》得其传焉"，《公羊》传授即师承。

《春秋公羊经传解诂》，东汉何休（129—182）注。何注并不难，必要耐心地读。但注中有些讲乱制，要勾去。

伏生（即伏胜，口述《尚书》，诸儒以汉隶录之，故所传曰《今文尚书》），今文家祖师。何注必要细看。《说苑》《白虎通论》《新序》皆汉初文，与何休的笔法同。汉用《春秋》决狱，影响最大，所以汉儒的书，如《新序》《论衡》也要看，以树立自己的思想体系。

"《春秋》纬多与公羊说比附"，故熊十力（1885—1968）以纬书得今文家说为多。

谶者，诡为隐语，预决吉凶。纬者，经之支流，衍及旁义。七经纬，即《易纬》《尚书纬》《诗纬》《礼纬》《春秋纬》《乐纬》《孝经纬》的统称，篇目极多。

《论语谶》，共八篇。在汉代，《论语》和《孝经》本不属于经类，而属于"传、记"类，地位低于《五经》，所以不列入经典。但它记录是孔子及其弟子的言行，在儒家书籍中具有很高的地位，所以也为它造了纬书，因为不是经，所以不能称纬，而称谶。

汉时是谶纬之学最兴盛，尤以西汉末年及东汉末年为盛。魏晋以后，玄学兴起，对儒家传统经学有了全新的解释，谶纬之书渐遭毁禁。至宋后，谶纬学说更是式微，其书籍文献多散失不传。

清代陈立（1809—1869），凌曙学生，其《公羊义疏》讲考据，微言大义少。

陈立少时客居扬州，师事凌曙，博稽载籍，凡唐以前《公羊》大义，及清代以来诸儒说《公羊》者，左右采获，选精择详，草创三十年，书写成长编的巨作，当他南归后乃整理排比，融会贯通，撰成《公羊义疏》七十六卷；《清史·儒林传下》称此书"渊雅典硕，大抵考订服制、典礼及声音、训诂为多"。陈以汉学手段治《公羊》，此乃乾嘉以来汉学之门径。

清人到处抄书，材料丰富，太平时代写了很多本子，有时还没说出哪个对，大杂烩也。

熊十力讲的是智慧之学，陈立疏缺少微言大义。旧社会，师说不笔之于书，怕祸灭九族。

清中叶，常州公羊学兴，以常州人庄存与（1719—1788）、庄述祖（1751—1816）、庄绥甲（1774—1828）、庄述祖外甥刘逢禄（1776—1829）及宋翔凤（1779—1860）为代表。清代公羊学复兴，肇始于庄存与，有《春秋正辞》十一卷、《春秋要指》一卷及《春秋举例》一卷，犹存乱制，但隐藏微言大义。庄存与今文家东西没能完全把持住，刘逢禄较好，著有《春秋公羊经何氏释例》（以下简称《何氏释例》）三十卷、《春秋公羊经何氏释例后录》（以下简称《后录》）六卷、《春秋公羊何氏解诂笺》一卷及《答难》二卷。

刘逢禄以《春秋公羊传》诠释《五经》要义，将公羊学扩及今文经学的全面研究，对当时及清末学术界起了莫大的效应。其《公羊何氏释例》云："故不明《春秋》，不可与言《五经》。《春秋》者，《五经》之管钥也。"刘氏将《五经》之要义与公羊学相互参证，实为清末公羊学的肇端所在。

5

凌曙（1775—1829）问学于刘逢禄，著有《春秋公羊礼疏》《春秋公羊礼说》《春秋公羊问答》及《春秋繁露注》等。

凌曙之学，本于《礼》及《春秋》，首创将公羊义例引入礼学之中，以公羊学诠释《五经》，远承董仲舒阐扬公羊义理的精神，再振董氏以《公羊》援经议政。其《公羊礼说》《公羊礼疏》《公羊问答》《四书典故核》《群书答问》皆以公羊学的精神来阐发礼义之要旨。尤其《春秋繁露注》更开启研究公羊学的另一扇门径，梁启超谓"晓楼传庄、刘之学，谙熟公羊家法，故所注独出冠时"。

孔广森（1752—1786）著有《大戴礼记补注》《礼学卮言》《经学卮言》等，其《春秋公羊经传通义》（以下简称《通义》）十一卷，毛病多。

孔广森受业于戴震，从庄存与习《公羊》，又心仪郑玄，名其书房"仪郑堂"，颇致力于训诂考据，从而以朴学解释《公羊》，开启清末公羊学者以《孟子》释《公羊》的先声。

清儒读书多半好古，讲许多例，但不讲微言大义。
清末说经较为客观、平整的是皮锡瑞，有《师伏堂丛书》及《皮氏八种》，其《经学通论》有关《春秋》部分为师说，但有不同。《经学历史》可暂时不看。

皮锡瑞因景仰西汉初年传授《尚书》的伏生，故名其书斋曰"师伏堂"，学者称其"师伏先生"。皮氏以为尊孔必先明经，谓"孔子不得位，无功业表见，晚订六经以教万世，尊之者以为万世师表。自天子以至于士庶，莫不读孔子之书，奉孔子之教……此孔子所以贤于尧舜，为生民所未有，其功皆在删定六经"。

陈柱（1890—1944），唐文治的门生，著《公羊家哲学》，纳公羊大义为十五目，但太简。

民国以来，皆有目的地讲今文学。讲学有目的就低，学术本身是无所不包的。廖平（1852—1932）自谓："为学须善变，十年一大变，三年一小变，每变愈上，不可限量。"其讲学有目的。号六易。康南海（1858—1927）有目的地讲学，借古书发挥己志，假孔子之名，行自己的主张。臆说，成己之私见，不算学问。梁启超（1873—1929）论《春秋》部分，犹能守一点家法。

要用智慧看中国东西，不同于迷信式。

熊十力《读经示要》（1945）有关《春秋》部分要看，所论高于今文家。《原儒》是1956年在上海时所写，与前书的观点不同，如以董子讲乱制之学。

熊十力《读经示要》以"西汉《公羊》之学，董氏为盛……东汉人又重胡母生之学……何休作《解诂》，虽云依胡母生条例，而义据亦大同《春秋繁露》，故治《春秋》者，当本之董何……使两汉无董何，则《公羊》之学遂绝，而《春秋》一经之本义，终不得明于后世矣"。

《原儒·绪言》谓："六经皆被汉人改窜……汉武与董仲舒定孔子为一尊，实则其所尊者非真孔学，乃以禄利诱一世之儒生，尽力发扬封建思想与拥护君主统治之邪说，而托于孔子，以便号召。"

《春秋》用殷历，值元述志。

孔子志在《春秋》，故《春秋》之志即孔子之志。《礼记·学记》云："善教者，使人继其志。"此志，乃祖师爷之志，即孔子之志。"其事则齐桓、晋文，其义则丘窃取之"，此义，乃孔子之义。"吾因行事，加吾王心焉"（繁露·俞序》），注意"吾"字，孔子用《春秋》之义表其志。

古书难懂，因历代皆有改经以合其时代思想，如宋儒之改经，故经书的真面目难求。

在专政政体下，往往以"今不如古"，净神化古人，此为愚民政策的第一招，使那时代的人亦步亦趋学古人，而失去了自我。

孔子思想，"焉知来者之不如今也"（《论语·子罕》），配合"有教无类"（《论语·卫灵公》），正与"愚民政策"相反。"犁牛之子骍且角，虽欲勿用，山川其舍诸？"（《论语·雍也》）父母的好坏，并不影响子女的纯正，有其存在的价值。封建思想异于孔子思想，故要拨乱反正。

改革社会，要不惧恶势力。英雄怕太太，此外谁也不怕。不要找事，但有事不要怕事，得行正走正。怎么树威？抓住理不让人，但不打乱仗。事来不躲，得面对之，解决之。问题永远躲不了，躲得了今天，躲不了明天。愈怕事，人愈欺你。骂人，也要有机术。

要养成群德，花好亦需绿叶扶。吃小亏能树誉，有容人之量。理事，脑子要灵活。

《春秋》讲"拨乱反正"。拨乱反正，"必也正名乎……名不正，则言不顺；言不顺，则事不成"（《论语·子路》）。正名，必有其名，然后再下功夫。索隐行怪，标新立异，均不能成事。不必求创新，纠正社会既有的就足矣。

正，王道也，中国倡王道，"王，天下所归往"，即归往之道。"以力假仁者霸，霸必有大国；以德行仁者王，王不待大"，霸必有国大，霸者难永存，因为有敌人，"以力服人者，非心服也，力不赡也"；王者无敌，"以德服人者，中心悦而诚服也"（《孟子·公孙丑上》）。尧舜为王道，政治上的模范，"仲尼祖述尧舜"（《中庸》）；"孟子道性善，言必称尧舜"（《孟子·滕文公上》），亦讲王道。

讲王道，必有王制，《礼记》、子书均提及，但都与乱制混了。孔子倡王道，讲王制，是新王之制，公天下之制；有别于旧王之制，家天下之制。王制与乱制，相对。

"文家尊尊，质家亲亲"（何休语），尊则笑贫不笑娼，怎能不忘本？文，饰也，"金玉其外，败絮其中"；亲亲，"老吾老以及人之老，幼吾幼以及人之幼"（《孟子·梁惠王上》），是有理智的，由近及远。周尚文，殷尚质；《春秋》则变周之文，从殷之质。此周、殷，皆况。

为文，必须考虑别人能看懂否，不是要保存。我看书，必了解了，再批评。有志，空的不行，自己必得升华。读上三年书，应自己能读书了。

我在屋中读五十年书，除孙女外，谁都不应付。

以蒋庆《公羊学引论》（以下简称《引论》）作入门，但并非金科玉律，我订正很多。作者年轻，至少没走错路，有厚望焉。

做学人、文化的领导人，必要脚踏实地读书，先把自己点亮了。中国人都应了解中国文化，研究中国文化绝不能兼差，还得智慧不错的。医书比经书还难，今天中医的针灸、麻醉震惊全世界！

真想做学人，得自己真读书，我也帮不了忙。修业，就是修，才有学问。学、习、修：学而时习之，学了就习。但仍有偏差，必要修之。天天学习，但结果有别。不论好什么，也得修。

"率性之谓道"，根据标准修一修，懂标准——性，就知怎么修。修，去掉没用的、不合标准的。修史，历史是一阶段一阶段的记录，把与大道无关者去之。

"修道之谓教"，教（jiào）为名词，教育；动词，教（jiāo）人，传也。学、习、修的原动力，在传。学什么，都有一定的理路。理路必要清楚，否则怎么走路？传，也分很多层次。传承、传习、传统。

传承，我传的是什么？你们承的是什么？传学，承学，是专修的那一部分。传习，"传不习乎"？自己干什么不知，岂不是盲人瞎马？我并非有人格，不做狗扯羊皮的事，因为没有用，即使日进斗金，生活也不会改变。传统，你们都得了，是自老祖宗留下，一直演进到今天的。

笔记要整理，否则如杂货铺，最慢明天就要整理。得随时发神经，想到就写。作书，将时时刻刻想的结晶凑在一起。什么也不整理，怎么进步？不勤，绝对不行。如听戏，台上三秒钟，可是台下十年功。我昨天讲《易·屯卦》"六二"，乃前人所无，自《小象》"六二之难，乘刚也"印证的。

在台五十年，如无一个明白的，岂不白忙！写读书报告，才知你们懂否。再怎么乱，最后也得归于平静，这时就看实力、真功夫了。有正确观念了，就知怎么奋斗。女子肯用心，在厨房也能成家，诗、词将心里话说得明明白白，叫人懂。

曾约农（1893—1986，曾国藩嫡系曾孙）有学问，但不讲学。孔德成（1920—2008）两个老师：丁鼎丞（1874—1954）与李炳南（1891—1986）。

孔家正统随宋室南渡，在衢州（位于浙江省西部，钱塘江上游）。康熙帝分南、北二宗，因不能打祖宗的脸，多花点钱成立二宗，此即"干祖之蛊"，补过。此乃人生要道。我到曲阜住一周，深思熟虑怎么解决问题。

我这支是太祖嫡子礼烈亲王代善（1583—1648）之后，正红旗。人要自觉才能成才，我"长白又一村"。想怎么样没用，得怎么样才有用。

"学"与"统"有何区别？通人，承统；专学，承学。有《学统》一书，可以参考。《春秋》讲一统，又称"元经"。重视根，本是同根生。代代相承文化的责任，所以"素王"比"时王"尊贵得多。

文王，何休注"法其生，不法其死"，人人皆为活文王（周文王为死文王，谥号）。《论语》"文没在兹"，每个人都有"文"，即性之用，亦即"道"。"文武之道未坠于地，在人"（《论语·子张》）：文道，"纯亦不已"（《中庸》），行健不已；武道，"止戈为武"（《说文》），"全敌"（见《孙子兵法·谋攻》全国、全军之说），"聪明睿智，神武不杀"（《易经·系辞上传》："古之聪明睿知神武而不杀者夫"）。武，止戈，研究怎么不动武。一统，元统。用什么可以不发生战争？唯中国人有这个智慧与能力。

中国讲"天下"，不讲"际""界"，"天下为公""天下一家"。得用中国思想，看中国人的"天下观"是多么进步，将星球都包括在内。

秦时，李冰（前256—前251）担任蜀郡郡守，在蜀郡修都江堰，现仍维新，经两千多年了。何以都江堰能够历久弥新？智慧产物是颠扑不破的，后人加个"神"字，乃因猜不透。今科学家犹不真懂。李冰父子治水，顺水找水源，研究水文到"神"的境界，被称为"二郎神"。今天研究中国思想，比李二郎找水源方便得多。

今天生活安适，何以不关门好好做学问？一天不知为什么而活，难道不会不舒服？千言万语，就是要自觉。笨，人一己百，人十己千；虽愚必明，虽柔必刚。笨并不可怕，肯努力就没有"愚"与"柔"。说一千道一万，人心实比天地宽。

《春秋》思想，两千多年前就有这么高的智慧，必慎思之、明辨之。真明白，三年绝对有成。一切之始，另辟天地，值得传承的以"性"为标准，要承、传。

读《公羊》前，有些重要问题要先了解。

一、《公羊》传承

《公羊》由子夏口授传自孔子，故圣人改周受命之制，惟《公羊》得其传焉。

公羊者，传者之姓氏。旧疏引说题词云："传我书者，公羊高也。"公羊高，子夏弟子，五传而著竹帛，弟子不敢斥言师名，故以氏传也。

"十三经注疏"中的《春秋公羊传注疏》（又称《公羊旧疏》，

12

下简称"旧疏"），二十八卷，不知何人所著。不著撰人名氏，或云徐彦所作，不知何时人。其书在隋并亡，而《唐志》有之。今疏中有问答……按问答语甚精赡。

《公羊》传文，初不与经连缀。《汉志》（《汉书·艺文志》）各自为卷……汉初为传训者，皆与经别。古者经传异本，汉古经《公羊》有传无经。故蔡邕《石经公羊残碑》无经……后儒省两读，始合并之。分经附传，大抵汉后人为之。《开成石经》始取而刻石焉。

二、何休学

《博物志》曰：何休注《公羊》，云"何休学"。有不解者，或答曰"休谦辞受学于师，乃宣此义不出于己"。《论语谶》云："语'学'者，识也。盖谓有所得即识之。"

《拾遗记》曰："何休，木讷多智……作《左氏膏肓》《公羊墨守》《穀梁废疾》，谓之三关。"

三、三科九旨

公羊家旧有三科九旨。《春秋说》云："《春秋》设三科九旨者，其义如何？答曰：何氏之意，以为三科九旨，正是一物（事）。若总言之，谓之三科，科者，段也；析而言之谓之九旨，旨者，意也。"

何氏作《文谥例》云："三科九旨者，新周，故宋，以《春秋》当新王，是谓一科三旨。所见异辞，所闻异辞，所传闻异辞，是谓二科六旨。内其国而外诸夏，内诸夏而外夷狄，是谓三科九旨。"

宋衷注《春秋说》，为另一种说法："三科者：一曰张三世，二曰存三统，三曰异外内，是三科也。九旨者，一曰时，二曰月，三曰日，四曰王，五曰天王，六曰天子，七曰讥，八曰贬，九曰绝。时与日月，详略之旨也；王与天王、天子，是录远近、亲疏之旨也；讥与贬、绝，则轻重之旨也。"

孔广森《公羊通义》，遗何氏而杂用宋氏。其说云："《春秋》之为书也，上本天道，中用王法，而下理人情……天道者，一曰时、二曰月、三曰日；王法者，一曰讥、二曰贬、三曰绝；人情者，一曰尊、二曰亲、三曰贤，此三科九旨者既布，而一裁以内外之异例，远近之异辞，错综相须成体是也。"

九旨：在《春秋》常用的几个观念。

五始：元年、春、王、正月、公即位。

七等：州、国、氏、人、名、字、子。

六辅：公辅天子，卿辅公，大夫辅卿，士辅大夫，京师辅君，诸夏辅京师是也。士，事也，最低公务员。士大夫阶级，乃士至大夫。

二类：人事与灾异。

七缺：《春秋》有七种缺德的事：为夫之道缺，为妇之道缺，为君之道缺，为臣之道缺，为父之道缺，为子之道缺，周公之礼缺。

四、存三统

存三统，夏、商、周。因三统，才知有所"因"，"殷因于夏礼，所损益，可知也。周因于殷礼，所损益，可知也。其或继周者，虽百世可知也"（《论语·为政》）。

孔子以《春秋》当新王，新周，故宋，黜夏，即宋（商）、周、春秋。否定周，自设一个朝代，即《春秋》。故汉以孔子为汉立法。汉纬书，亦为伪书。

孔子周游列国尽碰壁，乃"志在《春秋》"，"加吾王心焉"。《春秋》乃孔子为后人所立之大法，并非历史。孔子之前也有《春秋》，为"不修春秋"，是历史。

亲周，有今文家以为应为"新周"，说法不一。《大学》"亲民""新民"，两种皆可。"亲民"，入手处；"新民"，终极目的。

元者，源也，本也。"周因于殷礼，其后继周者，虽百世可知矣"，道统、政统由此生，有源有本，不可以闭门造车。祭在报本，"水源木本"，慎终追远。

祖宗：清太祖、太宗、世祖、圣祖、世宗、高宗。祖，对时代最有贡献者，开国的称祖。圣祖，乃入关后最有成就者，康熙称"圣祖仁皇帝"。

中国讲存三统，至清犹保存。今文家的责任，存三统。

五、张三世

三世：据乱世、升平世、太平世，政治上的三个历程。

《读经示要》曰："盖借十二公时代之行事，而假说三世，以明通变不倦、随时创进之义……与《大易》'穷变通久'之旨相发明也。"

"所见异辞、所闻异辞、所传闻异辞"。书读多了，遇事笑一笑，所见都异辞，所闻、所传闻能不异辞？

张三世，即新三世，"因不失其亲（新），亦可宗也"（《论语·学而》），既能因而知祖，又知新而能进步，亦可宗也。以《春秋》当新王，新周，故宋，通三统。

"因不失其亲"，因，承受别人；亲者，新也，不失己新，建树自己。根据传统，不失其时。不知因，不知数典、不知祖，因此往往忘祖。做事由"因"处理，如一人说话于你有利，抓住，借以解决问题。

"恭近于礼，远耻辱也"，不近于礼的为"足恭"，不恰如其分的恭，"巧言、令色、足恭，左丘明耻之，丘亦耻之"（《论语·公治长》）。

"信近于义，言可复也"，"义者，宜也"（《中庸》），信近于宜，不可以愚信，如召忽乃不近于义之信，管仲则"乃其仁，乃其仁"（《论语·宪问》"如其仁"，如，乃也），是近于义的"大信"。"言可复也"，言行能合一。

"自禹而德衰"，开启家天下之局，夏、商（殷）、周为世及制，家天下之制。孔子有志立新王，周于其意念上已经亡国。新王要复于正，《春秋》目的在拨乱反正，以天为正，政治上以尧舜公天下为正。孔子时，已历经夏、商到周，说"三世必复"，要复尧舜的公天下之制；三世不能复，再说"九世必复"，虽九世、百世亦得复。

孔子为宋之后，"少也贱"（《论语·子罕》），但学为贵，"有教无类"（《论语·卫灵公》），把乱制摧毁。今后中国再怎么乱，也没有人敢当皇帝在此。

新王，是孔子之志。讲"王制"，即新王之制，是"天下为公"之制。古时有"王制"与"世及制"，但被调包了，自"天子者，爵称也"，是唯一可看出的，天子非生而贵者，"人无生得贵者，莫不由士起"（《白虎通·爵篇》），天子之子曰元士，不过是士的领头而已。《孟子·万章下》问"周室班爵录"，答"其详不可得闻也。诸侯恶其害己也，而皆去其籍"，但"天子一位"，此为新王班爵录。《孟子》内存有一些，可见还有《春秋》之义。

"《春秋》，天子之事也"（《孟子·滕文公下》）。天子，"继天之志，述天之事"。《尚书》"天工人其代之"（《尚书·皋陶谟》），人能代天未竟之工。法天，法天之工，智周万物，道济天下，"唯天为大，唯尧则之"（《论语·泰伯》），尧则天之道，天道无私、尚公，尧舜公天下。"拨乱反正"，正，乃天之道，尧舜之制为正。

六、风内外

此"风"同"春风风人"之第二个风，音 fèng。指德化之风，使远近大小若一。表一人有德，受其化，曰"如坐春风中"，春风风人。如解作讽刺，我不首肯。

风内外：第一，与"内其（己）国，外诸夏"义同；第二，善其善，恶其恶，也有此解。我喜前一解。

内其国，外诸夏；内诸夏，外四夷；夷狄进至于爵，远近大小若一。

夏，夏历，夏声，夏学。"夏，大也"，"唯天唯大，唯尧则之"，无所不包。

"内其国，外诸夏"：个人"内其家"，先把家弄够标准了，才"外亲戚"。先把自己国弄好，再去帮诸夏。先有"夏"，才有"诸夏"。诸夏之邦，每一夏有一侯，故曰诸侯。侯，是最有聪明、智慧的君，即领导者。

"内诸夏，外四夷"："夷狄进中国则中国之"，中国，礼义之国。中国的"夷狄观"，非以民族分，知礼义即为"夏"，故有"诸夏"。"因其国以容天下"，有容乃大，因己国，把自己的国看得特重，修好，因我们自己的国而容天下，是循序渐进地容天下，是有知识的容，将诸夏也看成内，故"内诸夏"。

三夏，夏、诸夏、华夏。华夏，将"夏"华于"天下"。

《礼记·礼运》孔子曰："大道之行也，（与三代之英，）丘未之逮也，而有志焉。"大道之行也，天下为公。

"天下为公"，公天下，一切力量、东西皆天下人的，天下乃天下人之天下。"与三代之英"，三代，夏、商、周，家天下，"小康之最"，应是汉儒所加，不是孔子之志。

"选贤与（举）能，讲信修睦，故人不独亲其亲，不独子其子，使老有所终，壮有所用，幼有所长，矜寡孤独废疾者，皆有所养。男有分，女有归。货恶其弃于地也，不必藏于己；力恶其不出于身也，不必为己。是故谋闭而不兴，盗窃乱贼而不作，故外户而不闭，是谓大同。"（《礼记·礼运》）大同，在大处同，人性同，面包不必同，同而异。

"大同"与"小康"相对。"今大道既隐，天下为家"，接着讲小康："各亲其亲，各子其子，货力为己，大人世及以为礼。城郭沟池以为固，礼义以为纪；以正君臣，以笃父子，以睦兄弟，以和夫妇，以设制度，以立田里，以贤勇知，以功为己。故谋用是作，而兵由此起。禹、汤、文、武、成王、周公，由此其选也。此六君子者，未有不谨于礼者也，以著其义，以考其信，著有过，刑仁讲让，示民有常。如有不由此者，在势者去，众以为殃，是谓小康。"（《礼记·礼运》）小康，小安也。历代皆有小安的局面。

小康，"世及以礼"，家天下世及制，"谨于礼，以著其义"，用"礼义"控制天下人，为其一家"尽忠"。"禹、汤、文、武、成王、周公，由此其选也"，此六君子乃小康的代表。显见上面"与三代之英"有问题。

"《春秋》者，礼义之大宗"，一切决之以礼义，以礼运天下，据此拨乱以反正。正，止于一，止于元，元胞，同元共生，共生共荣，大居正，大一统。

"夷狄进至于爵，远近大小若一"，到夷狄进至于爵、远近大小若一了，就成为"华夏"，此时，人人皆有士君子之行，人人皆可以为尧舜。"见群龙无首，吉"（《易经·乾卦》），为终极目的。

心静，不厌其烦，多看几遍，才能读《公羊》，躐等才费劲。《春秋》讲"性"之书，为人性之书。

练习读书有耐力，定而后能静。隔行如隔山，今文家今后必出在你们。别人会当我们是笑话，但是笑话也得传下去。一个人是人，就不错。

大目标必要把持住，开始即要掌自己的舵。小做可以积沙成塔。时间真是金子，做的经验很重要。要实际，一步步去做，有抱负必要实际，脚踏实地去做。靠什么都不行，得的多去的也多。天天不做，总是空的。谁不会想？不去做，只是白日梦。

公羊学是个思想，用以启发自己的思想。读书贵乎真知，不在快慢。有思想的人，压迫越厉害，越会反抗。《公羊》既然已经传这么久了，不得不承继下去，不在乎有用与否，为往圣继绝学。

董仲舒《春秋繁露》是重要的政治哲学。繁露，是皇冠前后的流苏，做定镜之用。《春秋繁露》是解释《春秋》最重要的一部书，读《春秋繁露》，要一句句读，不必重其连贯，此书只字片语皆有用。"唯圣人能属万物于一，而系之元也"（《繁露·重政》），即化繁为简，此为智慧。化繁为简，化博为约，即"属万物于一"，"一致百虑，殊途同归"。

《春秋》为一部政书，《易经》也是，"君子体仁，足以长人"（《易经·乾卦·文言》），昔有"体仁阁大学士"。中国无一书不谈政。

没有比老、庄再残忍的了，老子说"治大国若烹小鲜"。火候必要恰到好处，放冷水，热气一起，东西即可食。小鱼一烹，骨头都酥了！保持小鱼样，要小烹。蒸，用大锅，小鱼既小又嫩，一不小心即成肉松。

"大明终始"（《易经·乾卦》），"大"为赞词，赞"明"能由"始终"成"终始"，赋予其新生命，终而复始，生生不息。能者，能起死回生；不能者，就把事弄糟。"圣人贵除天下之患"，无智焉能除患？今"剩人"贵制造天下之乱。

有志，能发挥之处太多，边读书边贡献智慧。手要勤！如好吃懒做，只好抢了、烧了，就吃软饭。一国至此，不亡哪儿跑？是是非非，应由理智决定。

《说苑》《白虎通》必要看，里头是今文家的东西。《白虎通》为今文经，原名《白虎通德论》。东汉朝廷召开"白虎观会议"在白虎观"讲议《五经》异同"。老道都用"观"。

称"六经"为《易》《书》《诗》《礼》《乐》《春秋》（《汉

书·艺文志》),此按经书的历史排列,古文家的排法;"《诗》《书》《礼》《乐》《易》《春秋》"(《庄子·天运》),今文家按经的难易排。

刘向《说苑》、东汉《白虎通》按古文经排法。古时可能无今、古之见,那时无今古文。鲁恭王坏鲁壁,《汉书·艺文志》记:"武帝末,鲁共王坏孔子宅,欲以广其宫,而得《古文尚书》及《礼记》《论语》《孝经》凡数十篇,皆古字也。"因孔壁藏书的发现,乃出古文书,而开启"今古文之争"。

清儒作书,不厌其详,材料极为丰富。陈立《公羊义疏》详细,但内亦有引古文经,不属于今文家的东西,乱。做学问,不能只看一两本书,打好基础不易,今人无古人的耐力。

任何民族皆有不可磨灭的思想。乡下人没读什么书,但会处理事。拿西方思想到中国以强中国,民初有"全盘西化论",也没能成功。仁者见仁,智者见智,但干总比不干好,应开拓自己的心胸。

《春秋》仁者之位,仁者之时,创此思想者很进步,合乎《大易》"时"的观念。"时"必跟着"位",《易》六爻,"六位时成"(《易经·乾卦》)。

人境界不同,几年后可以看出。何必以自己的智去肯定一切,几年后看,其实很幼稚。"所见",以自己智慧的最高境界去看。了解之所以不同,因没经过那么多的历程。见什么事越肯定,越显自己的幼稚,胆越大的越跋扈。

失本,不能成其功,做事业必要立本。问:"学《礼》乎?"说:"不学《礼》,无以立。"(《论语·季氏》)不能立本。识本,必要下功夫。

净读《学英文百日通》，外语绝对学不好，应不能使之流通，助长取巧心态的产生。要读字典，下笨功夫，单字记得才多。读《千字文》，至少识千字，才能为文。大小事皆必立本，才能深入。

说话，必要言中有物，因"圣人贵除天下之患"（《繁露·盟会要》）。《诗》可以兴、观、群、怨，多言民之"怨"。

国家要好，上下皆要发愤，才有希望。学东西，绝不能走快捷方式，不要净耍小聪明。必要仔细看书，不能以术欺人。现在做学问，净查字出现多少次，非饿死不可。

看了，懂不懂？看了，总比数（shǔ）字强！有根，叶才能茂。看书，才能言之有物。

读书，贵乎有耐力。做学问，要客观，不能把主观摆前头。

一个人应做自己应做的事，不以一言而动你的初衷，不能没有自信心。

做事要有大计划，准备好了再做。按计划，一个零件一个零件地做，不要好高骛远，自欺耳！立下标准，往前奋斗。懂得人生是什么，就应面对之。按己才智，立下目标，往前奋斗。有一分才，干一分事，"文质彬彬，然后君子"（《论语·雍也》），名实相称。际遇不错，乃"志相得也"（《穀梁传》："遇者，志相得也"）！

做事必要想三段，知自己应怎么做。不找事，但事来了，绝不能躲事。必自己有食了，才能别人助一饥。朋友只能供一饥，不能供百饱。行有余力再去助人，乃能正天下之是非。

丁日祭文圣，戊日祭武圣。春、秋上丁（二月、八月）祭孔，是一年中的大事。

汉高祖十三年，高祖过鲁，以太牢祭孔，开启帝王祭孔之始。曹魏正始二年（241年），令太常（礼官）释奠孔子于辟雍（帝王授课讲学的专属学宫），以颜回配享，乃以释奠礼祭孔之首例。东晋以后，历代皆为定制。

唐玄宗崇道尚武，开元十九年三月，初令两京诸州各置太公庙，以张良配享，选古名将以备"十哲"（张良、田穰苴、孙武、吴起、乐毅、白起，韩信、诸葛亮、李靖、李勣），以每年二、八月上戊日致祭，如孔子礼。玄宗比姜齐太公为"武圣"，故与孔子"文圣"比，后世则以关羽为武圣，太公乃入道家。

"子入太庙，每事问"，人就有话说，孔子问"是礼也"（《论语·八佾》）？可见恢复一个"礼"，多不易！虽不用，但不可以废，"尔爱其羊，我爱其礼"（《论语·八佾》），保留之，此为文化。

读书，字面明白了，还要前后要义贯穿之，"吾道一以贯之"（《论语·里仁》），乃是各方面的融合而成。中国东西是提炼出来的，不是一般人马上可以领悟的。

政治必须立本，政术为其次。树人即立本，"本立而道生"（《论语·学而》）。一般人往往舍本逐末，舍近而求远，"道在迩而求诸远，事在易而求之难"（《孟子·离娄上》）。"道不远人，人之为道而远人"，"中庸其至矣乎"，越是平常的越是至道，"苟不至德，至道不凝焉"（《中庸》）。

治非莫过于敛己，要不自欺。来日方长，应洁身自好，德行必要重视，君子不处嫌疑间，"瓜田不纳履，李下不整冠"。学术是责任，必向历史负责，此亦道德。一个人必得进步，必要有德行，天真造成许多的是非。做学问要改变气质，学问深了意气平。

23

教书不同于法院，不能动辄开除学生。

言行必要注意，不要学伪君子，就爱摆样，如李光地（1642—1718）。

全祖望认为李光地是个伪君子，其《鲒埼亭集外编》卷四四《答诸生问榕村学术帖子》说："其初年则卖友，中年则夺情，暮年则居然以外妇之子来归。"

人就是人，是个人就够了，失去"人"，就完了。犯伦者，非人也，"人之异于禽兽者，几希"（《孟子·离娄下》），在于有伦，凡入了伦，皆不能侵犯。人必要平衡，否则虽不失伦，亦失德，人亦耻之。失伦与失德，皆可怕。

有德者，人尊之，才能领导群众，经得起时间的考验。活着据你的势，死时估你的德。成就自己很慢，而败坏就在刹那间。人非不能，乃不为也。人在一起久就有味，臭味相投。收敛自己，于言行上要有个标准。

想将来有成就，不能忽略今天。没有今天，哪有明天？重视现在，才有将来。学得不好，可以慢慢学。有学，无品，不是人。失德事绝不可为，伤品败德足以祸国。活一天就得守分一天，失分就是失伦。

人爱儿女甚于爱父母，不能在人面前道其儿女之短。一言以为智，一言以为不智。人有正气，则邪气不能侵。

真学问必下真功夫，改造自己必自心理改造起。人内心如卑鄙，行为绝对卑鄙。必要有浩气，养浩然气，想有成就必严格修己。

一国之强，完全靠物资办不到，重要在精神，如日本、德国能于第二次世界大战后快速复兴，不在于美援，贵在其本国固有之精神，即其特殊文化。应发掘我们自己的民族特殊性、民族性。政治上姑息可以养奸，治乱世当用重典。

书读百遍自通。读书得心勤。有智慧，还要有恒力。如同开矿，每天要有新发现，为了发现去读书。八岁读《论语》，八十岁还读《论语》，境界绝对不同。突破难关了，才能有新的境界。

政治之道是实际的，是非不论，但一离开实际，就不能谈政。真正读明白《论语》，必能用上。文人大抵只能说，不能做；人家做了，还嗤之以鼻。此专制下之余毒，读书人往往自以为清高。书生论政，外面啥事也不知。昔日致仕教书，将一生的经验配合学问讲。会讲书的，深入浅出。

切合实际地看书，当求智慧读，变成自己生命的一部分。用心看，要有所悟，而非守着书本，整天坐着看书。"学而不思则罔"（《论语·为政》），随时随地思，有所得记下。"人能弘道，非道弘人"（《论语·卫灵公》）。为吃忙为生存忙，久则厌倦，凡事被动则成机器。素养极为重要，日常用事，在乎平时的准备，不能到危难时才要求解决。

年轻时必要有所事事，光阴不虚度，智慧不虚发。任何学问均有一定的途径，离此即索隐行怪。

字是门面，学写字，要练习怎么拿笔，练"永"字八法。近什么体，就写什么体。成家，必天才加上功夫。溥二爷（溥儒）随时手不停笔，没事时净画小纸条。要成书法家，按字的源流写，至少由篆开始写。今天由老师的字入手，害人一辈子。正规格学完之后，再以天才去融化。

昔者孔子有云："吾志在《春秋》，行在《孝经》(出
自《孝经纬·钩命决》)。"

孔子"志在《春秋》，行在《孝经》"，但《孝经》有后人
加上的内容。

《孝经·开宗明义章》中"夫孝，始于事亲，中于事君，终
于立身"，"中于事君"即为汉儒所加，因为汉室重孝悌力田，以
耕读传家，除前面两个皇帝外，后嗣谥均加"孝"字，如孝文帝、
孝景帝、孝武帝等，乃"无忝所生"之意。加上"中于事君"，
起下面的《天子章》《诸侯章》等。越说越详细，是为了能行。

此二学者，圣人之极致 (尽言之至)，治世之要务也。

《孝经说》云"《春秋》属商、《孝经》属参"，商即子夏，
参乃曾参，子夏传《春秋》、曾参传《孝经》。旧疏引《春秋说》
云："作《春秋》，以改乱制。"

乱制，家天下制。改乱制，要返回尧舜公天下之王制。

《孟子·滕文公下》云："孔子成《春秋》，而乱臣贼子惧。"因《春秋》富于革命思想。

传《春秋》者非一。

东汉郑玄《六艺论》云："治《公羊》者，胡母生（又作"胡毋生"）、董仲舒，董仲舒弟子嬴公，嬴公弟子眭孟，眭孟弟子庄彭祖及颜安乐，安乐弟子阴丰、刘向、王彦。"故曰"传《春秋》者非一"。

董仲舒与胡母生，西汉公羊学大家。西汉时，公羊学兴盛，汉以《春秋》决狱。

本据乱而作，其中多非常异义、可怪之论。

《春秋》"本据乱而作"，在"拨乱反正"，返回尧、舜公天下之制。

《公羊》成于西汉，其中"可怪之论"加于"不可怪之论"，甚难为人知在此。一般史家对《公羊》有不好之批评，亦在此。

《史记·太史公自序》："余闻董生曰：'周道衰废，孔子为鲁司寇，诸侯害之，大夫壅之。孔子知言之不用，道之不行也，是非二百四十二年之中，以为天下仪表，贬天子，退诸侯，讨大夫，以达王事而已矣。'子曰：'我欲载之空言，不如见之于行事之深切著明也。'"

《春秋》微言大义用"口说"，即"师承、师说"，并不载于书中，乃成为神秘的东西。后代以为"可怪之论"，于历代皆不受欢迎。

说者疑惑，至有倍（背）经任意，反传违戾者。其势

2

（形势已然）虽问，不得不广。

《春秋繁露·俞序》：“《史记》十二公之间，皆衰世之事，故门人惑。”

旧疏云：“此说者，谓胡母子都、董仲舒之后，庄彭祖、颜安生之徒，见经传予夺异于常理，故致疑惑。”

是以讲诵师言，至于百万，犹有不解。

孔门七十子言人人殊，故《汉书·艺文志》云：“口授弟子，弟子退而异言焉。”我的弟子将来亦如此。

时加酿（阮刻本作“让”，责备）嘲（嘲弄）辞，援引他经，失其句读。

旧疏云：“颜氏之徒，既解《公羊》，乃取他经为义，犹贼党入门，主人错乱，故曰‘失其句读’。”
连弟子都异说，何况他人？

以无为有，甚可闵（悯）笑者，不可胜记（悉数）也。

旧疏云：“欲存《公羊》者，闵其愚暗；欲毁《公羊》者，笑其谬妄也。”
读《公羊》，不细心，不能见经之“真”。有目的讲学，失经之本旨。

是以治古学、贵文章者，谓之俗儒。

《公羊》汉世乃兴，以今文写之，故谓之今学。《左传》先

3

著竹帛，故汉时谓之古文。许慎作《五经异义》云"古者，《春秋左氏》说；今者，《春秋公羊》说"是也。

"治古学"者，即郑众、贾逵之徒，"贵文章"，旧疏云："谓之俗儒者，即《春秋繁露》云：能通一经，曰儒生；博览群书，号曰洪儒。则言乖典籍、辞理失所，名之为俗；教授于世，谓之儒。"

至使贾逵（古文经师）**缘隙奋笔，以为《公羊》可夺，《左氏》可兴。**

《后汉书·贾逵传》："帝善逵说，使出《左氏传》大义长于二传者……斯皆君臣之正义、父子之纪纲……《左氏》义深于君父，《公羊》多任于权变……凡所以存先王之道者，要在安上理民也。今《左氏》崇君父、卑臣子，强干弱枝，劝善戒恶，至明至切，至直至顺。且三代异物，损益随时，故先帝博览异家，各有所采……又五经家皆无以证图谶明刘氏为尧后者，而《左氏》独有明文。"

贾逵（30年—101年），字景伯。贾谊九世孙，父贾徽。扶风郡平陵县（今陕西省咸阳市西北）人，东汉经学家、天文学家。历官郎中、左中郎将、侍中、骑都尉等职。《后汉书》论曰："郑、贾之学，行乎数百年，遂为诸儒宗。"后世称"通儒"。主要著有《春秋左氏传解诂》三十篇、《国语解诂》二十一篇、《欧阳大小夏侯尚书古文同异》三卷、《齐鲁韩诗与毛诗异同》与《周官解诂》等，皆已亡佚。

旧疏云："郑众亦作《长义十九条十七事》，专论《公羊》之短，《左氏》之长，在贾逵之前。何氏所以不言之者，正以郑众虽扶《左氏》而毁《公羊》，但不与谶合，帝王不信，毁《公羊》处少，兴《左氏》不强，故不言之……然则贾逵几废《公羊》，故特言之。"

郑众（？—83年），字仲师，东汉著名经学家，官至大司农，又被称为郑司农。他与郑玄合称先郑与后郑（**众为先、玄为后**）。郑众主要研究《春秋左传》，著有《春秋难记条例》和《春秋删》。

恨先师（公羊先师）**观听不决，多随二创**（伤）。

旧疏云："此先师，戴宏等也。凡论义之法，先观前人之理，听其辞之曲直然，以义正决之。今戴宏作《解疑论》而难《左氏》，不得《左氏》之理，不能以正义决之，故云'观听不决'。'多随二创'者，上文云'至有背经、任意、反传违戾'者，与《公羊》为一创；又云'援引他经失其句读'者，又与《公羊》为一创。今戴宏作《解疑论》多随此二事，故曰'多随二创'也。"

戴宏（124年—？），字不详，济北郡人。父为胶东县丞。戴宏最后成为儒学宗师，知名东夏。戴宏为政清静，以身率下，褒贤赏善，官至酒泉太守。

此世之馀（末）**事**。

旧疏云："何氏云前世之师说此《公羊》不得圣人之本旨，而犹在世之末说，故曰世之余事也。"

斯岂非守文（墨守《公羊》之文）**持论**（拟《公羊》之文以难《左

5

传》），败绩失据之过哉！

旧疏云："'守文'者，守《公羊》之文。'持论'者，执持《公羊》之文以论《左氏》，即戴宏《解疑论》之流矣。'败绩'者，争义似战阵，故以败绩言之。'失据'者，凡战阵之法，必须据其险势以自固，若失所据，即不免败绩。若似《公羊》先师，欲持《公羊》以论《左氏》，不娴《公羊》《左氏》之义，反为所穷，已业破散，是失所依据，故以喻焉。"

余窃悲之久矣。

《公羊》到东汉已经式微了。何休用功十七年，专以《公羊》为业，见《公羊》先师之失据、败绩，为《左传》先师所穷，故为之窃悲。

往者略依《胡母生条例》，多得其正，故遂隐括（櫽栝）（yǐn kuò）使就绳墨（规矩）焉。

"櫽栝"，矫正曲木的器具。《荀子·性恶》曰："故枸木必将待櫽栝、烝矫然后直，钝金必将待砻厉然后利。"或作"隐栝"。

旧疏云："何氏自言已隐括《公羊》，能中其义也。凡木受绳墨，其直必矣，何氏自言规矩《公羊》，令归正路矣。"

何休于《公羊》有功。

历代读书人大抵在求功名，没工夫读此书，历代亦不兴此书，但有索隐行怪者将之传下。

清中叶，"公羊学"渐兴，常州庄存与开其风。戊戌时，康有为用以变法。清末民初，"公羊学"盛行于北京，熊十力虽无师承，但有环境，受今文家的影响，其所论实高于公羊家。

壹·据乱世

董子曰："僖、闵、庄、桓、隐，君子之所传闻也。所传闻九十六年。于传闻杀其恩……与情俱也……子般杀而书乙未，杀其恩也。"何休曰："于所传闻之世，高祖曾祖之臣恩浅，大夫卒，有罪无罪皆不日，略之也，公子益师、无骇卒是也。于所传闻之世，见治起于衰乱之中，用心尚麤觕，故内其国而外诸夏，先详内而后治外，录大略小；内小恶书，外小恶不书；大国有大夫，小国略称人；内离会书，外离会不书是也。"

所传闻之世，"内其国而外诸夏"，先看重己国，"先详内而后治外"。先修身，再谈其他。先拨己之乱，返于正。好名、好利，急功近利。自己没正，如何正人？"录大略小"，自己事管不了，还管别人？"内小恶书（记载），外小恶不书"，先重视自己，治己而后能治人。

熊十力于《读经示要》，以据乱世"治起于衰乱之中"，此时，人民之智、德、力未进也。据乱之世，善为国者务内治（重视内政）。然列国之君，或行独裁，以毒其民；或怀侵略野心，征战无虚日，人道之至惨也。《春秋》为拨乱反正之书，孔子"志在《春秋》"，《春秋》分三世（据乱世、升平世、太平世），以明进化

1

之要。张三世，其蕲向在太平，于治乱与升平之法，则言之甚悉。太平不可骤几，其进必以渐也。"世卿非礼也"，"贬天子、退诸侯、讨大夫"，最后荡平阶级。

隐公第一

隐公（？—前712），名息姑。惠公长庶子，周公八世孙，鲁第十四世君，摄位十一年，被公子翚所弑。弟桓公允即位。

《周书·谥法解》云："隐拂不成曰隐。"《春秋》以鲁当新王，托始于隐，故以鲁隐公为首。

元年，春，王正月。

《史记·三代世表》曰："孔子因史文次《春秋》，纪元年，正时日月，盖其详哉。至于序《尚书》则略，无年月；或颇有，然多阙，不可录。故疑则传疑，盖其慎也。"

子夏传《春秋》。孔广森《公羊通义》（下称《通义》）云："《春秋》本公羊子口受说于子夏……凡五世，至汉景帝时，乃与齐人胡母子都著于竹帛。以先师口相授受，解释其义，故传皆为弟子疑问之辞。"《公羊》传经的方式为"口相授受"，即"师承师说"。

口说《春秋》，为"鲁隐公，元年，春，王正月"，一定要加"鲁"字，因《春秋》以鲁当新王"，故必书"鲁隐公"，"鲁"为况，况新王之法。不加"鲁"字，则为历史。《春秋》托新王受命于鲁，托王于鲁。《春秋》为一新时代，是孔子的理想国。

孔子政治思想，"以《春秋》当新王"，与鲁国无关，乃是"借鲁行事"，才"新周，故宋"，不能当真的历史读，否则格格不入。"以鲁当新王"为况，即比方。《易》曰象，《春秋》为况。

元年者何？

《春秋》用殷历，值元述志。

诸据疑，问所不知，故曰"者何"。

"元年者何"，一般写"一"，今用"元"，《尔雅·释诂》曰："初，哉，首，基，肇，祖，元……始也。"故弟子惑，乃问之。

《春秋元命苞》"子夏问夫子作《春秋》，不以初哉首基为始何？"是当时作《春秋》时，弟子见以"元"为始，已疑不能明矣。

变一为元，"元年"有深意，连门人也不懂，故问"元年者何"？

孔子"为《春秋》，笔则笔，削则削，子夏之徒不能赞一辞"（《史记·孔子世家》）。

刘逢禄《公羊释例后录》谓：《春秋》或笔一而削百，或笔十而削一，削者以"笔"见，笔者复以"削"见，屈伸变化，以着其义，使人深思而自省悟，应问以穷其奥，故曰："知其人不待告，告非其人，虽言而不著。"董生亦云："不能察，寂若无；深察之，无物不在。"非博学、审问、慎思、明辨而得之者，皆末学肤受、贵耳而贱目、有胸而无心者也。不愤不悱，举一隅不以三隅反，圣人皆不告。问而不得其应，则发愤忘食；思而足以发，则乐以忘忧。仲尼之学，唯颜氏子能好之，能乐之；惟游、夏能知之，知之，故不能赞一辞也。

"元年者何"，况，改"一"为"元"，有微言大义，万物资始也。元者何？大始也。大始者何？"万物资始，乃统天。"（《易经·乾卦》）因是天地之始，故"上无所系"；上无所系，人人皆可有此元年。

《易》称"大哉乾元，至哉坤元"，元含乾元、坤元。董仲舒曰："元者，大始也。""大"为赞词，同"大哉乾元"的"大"。《春秋》变一为元，乃"元年"之"元"。奉哉元年！每个人都是王，皆得奉元，人所奉为人元，奉哉人元！奉元以养成万物。"三元"，乾元、坤元、人元。天、地、人之"三元"，即法天、则天。

"大哉乾元，万物资始，乃统天"，既能统天，也是归本。元，生生，元之道。"君子体仁，足以长人"，体元正位，必有"体元"之德，才能"正位"，否则，到手了，还以为是捡便宜。讲几千年了，但任何时代也无实行过。思想有所启示，但真能实行不易！

今文家说"孔子变一为元"，而考据家则以"孔子之前已有用元者"。然孔子在《春秋》变一为元，是有深意的，《春秋》"其事齐桓晋文，其义则丘窃（私）取之"。元者何？大始也。

大始者何？万物资始，乃统天。元年者何？群之始年也。群之始年者何？成公意也。

第一章为纲中之纲、经中之经，是"公羊学"的核心，必要多看几遍。

一、二、三……十，为"始终"之数；变一为元，成"终始"之数，生生不息。"唯圣人能属万物于一，而系之元也……《春秋》变一谓之元，元犹原也，其义以随天地终始也"（《繁露·重政》），终而复始，生生不息，富有无限的生命力。"一者，万物之所从始也；元者，辞之所谓大也，谓一为元者，视大始而欲正本也。"（《汉书·董仲舒传》）

孔子变一为元，寄以深意，"其义则丘窃取之"，即有深意。元，仁也，善之长也，"君子体仁，足以长人"，仁，生也，桃仁、杏仁……皆具生之能力。《春秋》终于获麟，孔子绝笔于获麟（《春秋》终于哀公十四年"春，西狩获麟"）。麟为仁兽也，不践生草。《春秋元命苞》谓："孔子曰：丘作《春秋》，始于元，终于麟，王道成也。"

"元者，善之长也"，"君子体仁，足以长人"，仁，天德，天有好生之德。仁，生，生天之德。天德，王道之隐；王道，天德之显。天德黉舍，反对战争；王道书院，训练干部。王道，天德之显，此王道之始也。

《大易》到孔子赞《易》，成为义理之学，《易经·说卦传》说"和顺于道德而理于义"，义者，宜也，理之于宜，因时而改变，为实用之学。义理之学后世成为空谈，实则宋儒倡义理之学乃欲救前朝之弊，亦讲实践以扼空谈。

《大易》讲"元"，是思想，内圣功夫；《春秋》讲"奉元"，是行为，外王之业。《大易》与《春秋》互为表里。

《读经示要》曰："《易》首建乾元，明万化之原也，而《春秋》以元统天，与《易》同旨。"

圣人作书的目的，不在后人赞美文章很美，文章美的是《左传》。孔子志在《春秋》，"善教者，使人继其志"，当老师的志是赚钱养小孩，此志能继？应是继孔子之志，即《春秋》之志。《春秋》志在"拨乱反正"，拨乱反正的三步骤：贬天子、退诸侯、讨大夫。

思想无古今。天下无一锹就能挖出一个井的，求学贵乎一个"缓"字，我讲得慢，在让你们懂得如何看书。

元年之志，即生生。大德之人特别重视元年之志，即生民之道。孟子所谓"杀一无辜而得天下，不为也"，此乃为政的生生。

《读经示要》曰："知元年志者，大人之所重，小人之所轻……董子说《春秋》，首发明'元'义，以为此经之宗极，与《大易》首建'乾元'同旨，内圣外王之学，其源底在是也。夫元者，万化之本命，学必极乎此，如水有源，而千脉万流无穷竭；如木有底，而千枝万叶滋生不息。"

自第二次世界大战到今天，遇大事大家还得坐在那儿谈判，可见政治还是以"生民"为重。战争不能解决问题，且贻留许多问题，孤儿寡母、老残伤兵……均须救济、抚恤。

君（群）之始年也。

以常录（写）即位，知君之始年。

因平常写即位。今不言即位，故问者何？此群之始年也，有别于即位之始年也。即位之始年，为一君之始年也。不言即位之始年，乃群之始年也，即人道之始年也。

"君，群也"，此为本义；我解"群之首也"，群，即民众。"子夏言《春秋》重人"（《繁露·俞序》），孟子说"民为贵"（《孟子·尽心下》）。

"君之始年"，群之始年，每人皆是王者，"见群龙无首"。群始者何？成公意也。"万物资始，乃统天"，成公意也。《礼记·礼运》"大道之行也，天下为公"，为群之始年，成公天下之意。

"元年，春，王，正月，即位"，为五始。《春秋》首"元年，春，王正月"，不书"即位"，乃成公意也，成公天下之意，此《公羊》之微言大义所在。书"即位"，为一人之私天下。

真理，即微言大义，隐藏在常文内。按常规，每一君之始年，皆写即位。此不写即位，乃群之始年也。"君之始年"，即群之始年，任何人有德都可以有元年，而非谁的元年，人人皆有士君子之行，人人皆有德，人人皆可以为尧舜，故不必写谁即位。

注解，有很多是为了应付当世的，常掺杂以合当时之语，之所以难懂在此。何注"加话"，因为怕太明白，乃成批评时政；删除几句话，即可以通顺。必要细读，"假"与"不假"处极多，必要分辨真假。

变一为元，元者，气也，无形以起，有形以分，造起天地，天地之始也。

何休称"元者，气也"，此为汉儒的说法。元者，阴阳之气，大哉乾元，至哉坤元。《易经·乾卦》称"大哉乾元，万物资始，乃统天"，元为乾元，生万物，天亦为乾元所生。"无形以起，有形以分"，即万物资始，老子说"有生于无"。《春秋》"元年"之"元"，乃《大易》"大哉乾元"之"元"。乾元是本，万物资始，故曰"造起天地，天地之始也"。

"至哉坤元"，至者，极也，物极必反，"反者，道之动"（《老子·第四十章》）。"阴阳合德，而刚柔有体"（《易经·系辞下传》），坤顺承天，大哉至哉，走到至境为止，"坤厚载物，德合无疆"，合"天行健"之无疆。乾、坤，非二事，乃一物之两面也。

则天，即奉元。奉元，法天，效元。继天奉元，养成万物。元者，仁也，生生之谓仁，故讲仁政、仁心、仁德。"君子体仁，足以长人。"王者当继天奉元，实行"元德"之责，生生也，仁也。中国最高的思想即"尊生"，所以，"杀一不辜而得天下，不为也"，因仁者爱人，仁者无不爱。"伪仁者"乃"君子远庖厨"，"闻其声，不忍食其肉"（《孟子·梁惠王上》），孟子之所以成为"亚圣"在此。

孔子修《春秋》，写元年，变一为元，为微言大义，由此可知《春秋》并非历史。《大易》与《春秋》互相表里，一为体一为用，是一物的两面。"大哉乾元，万物资始，乃统天"，即《春秋》之元。孔子作《春秋》，变一为元；赞《易》，"大哉乾元"。子夏说"元者，始也"(《子夏易传》注：元，始也)。董仲舒谓《春秋》谓一为元者，示大始而欲正本也"，大始，万物资始。此解同于《易经》"乾元"之解。

故上无所系，而使春系之也。

旧疏云：《春秋说》云：'王不上奉天文以立号，则道术无原，故先陈春后言王。天不深正其元，则不能成其化，故先起元，然后陈春矣。'是以，推'元'在'春'上，'春'在'王'上矣。"

由"上无所系"一句，知"隐公"之为"况"也，《春秋》之德，其何能当之？其事，以隐公作个况；其义，则孔子窃取之。

"大哉乾元，造起天地，天地之始也"，因"元"为一切之主，为至高无上，其上无所系。"上无所系"，其为老大，为至高无上；"而使春系之"，将"春"系于下，乃"造起天地，天地之始"。人为万物之贵，传统以羲皇为元祖，人的祖——人祖。

不言公，言"君之始年"者，惟（新）王者然后改元立号。

诸侯、公、王，三者境界不同。诸侯，"候者，候也，候逆顺也"(《白虎通·爵》)，天子的斥候；公，大公无私；王，天下所归往。孔子改元，被称为"素王"，即有王之德，无王之位。

改元，改元年，立新王之号。此天子，乃新的天子，真天子，非普通天子。王者，指有德者而言，是天下所归往者，才有资格改元立号，"唯王者然后改元立号"。称元，以著王法，所谓假事以托义也。《春秋》托王于鲁，明假鲁为王者，故谓"唯王者然后改元立号也"。假托能改元立号之王，其受命于鲁，借鲁以明义。

孔子删《诗》《书》，保存有意义的。《尚书》排序有意义，以《甘誓》作划分，前为法，后为戒。《甘誓》无人道，杀得一个都不留。

自禹而德衰，传子不传贤，《史记·夏本纪》曰："有扈氏不服，启伐之，大战于甘。将战，作《甘誓》。"《淮南子·齐俗训》曰："有扈氏为义而亡。"东汉高诱注："有扈，夏启之庶兄也，以尧舜举贤，禹独与子，故伐启，启亡之。"东汉冯衍《显志赋》云："讯夏启于甘泽兮，伤《帝典》之始倾。"注："谓夏德之薄，同姓相攻。"

《史记·太史公自序》云："余闻董生曰：'周道衰废，孔子为鲁司寇，诸侯害之，大夫壅之。孔子知言之不用，道之不行也，是非二百四十二年之中，以为天下仪表，贬天子，退诸侯，讨大夫，以达王事而已矣。'子曰：'我欲载之空言，不如见之于行事之深切著明也。'夫《春秋》，上明三王之道，下辨人事之纪；别嫌疑，明是非，定犹豫，善善恶恶，贤贤贱不肖；存亡国，继绝世，补敝起废，王道之大者也。"《太史公自序》是名序，许多皆意在言外，自称"上承麟书"。

《春秋》託(同"托"，下同)新王受命于鲁，明王者当继天奉元，养成万物。

常看，小注必要背下；但此非一日之工。

"託"，言、乇，寄也，假也，借事明义。此一"新王"，根本与"鲁隐公"无关，里头所谈皆"公"，无谈及"私"。《春秋》代表一个时代，不当一部书。

"《春秋》托新王受命于鲁"，《春秋》假托新王受王命于鲁这个地方，此新王也都于鲁，鲁是新王之都，借事明义，与鲁隐公无关。"托王于鲁"，"鲁"是个"况"，非真的。《公羊》重义不重事，义为孔子所窃取之。

"载之空言，不如见之于行事之深切著明也"，托鲁为王，以进退当世士大夫，亦指行动说。《何氏释例·王鲁例第十一》释曰："王鲁者，即所谓以《春秋》当新王也。"《孟子》曰："《春秋》，天子之事也。"故据鲁，以为京师，张治本也。

陈立引包慎言《王鲁说》云："《春秋》，鲁史也，因鲁以明王法，是之谓王鲁云尔……故曰拨乱而反之正，莫近乎《春秋》，《春秋》以鲁史拨周乱，因曰王鲁……"此非今文家之言都引来了，对新王之法说不清。按旧说，还不错。

《繁露·楚庄王》曰："《春秋》之道，奉天而法古。"大居正。又《重政》曰："故春正月者，承天地之所为也，继天之所为而终之也。"明王者谨于"尊天"，慎于"养人"，董子曰："谓一为元者，视大始而欲正本也。《春秋》深探其本，而反自贵者始。"（《汉书·董仲舒传》）故贬天子，退诸侯，讨大夫；又曰："远近莫敢不壹于正，而无有邪气奸（同'干'）其间者……而王道终矣。"是"奉元继天，养成万物"之义也。

《春秋》托隐公以为受命之王，表明王者为新王，应当"继天奉元，养成万物"，继天，非继之于人，公天下，继天奉元，《大易》体元，本;《春秋》奉元，用。养成万物，必民胞物与。

春者何？

独在王上，故执不知问。

"独在王上"，"独"字，表明以前没有。以前的王，是高于一切的。现在以"春"在"王"上，"故执不知问"。可见在新思想以前，"王"是在一切之上。

元、春、王、正，为一个东西，按层次下来。

春，一年之始，四季之始，代表生，春生，时，指人之道。王，人的头，元首（《尚书·益稷》曰："元首明哉，股肱良哉，庶事康哉"）。"春在王上"，此王，既能体元，法天；也能奉春，时，能行仁，故为众所归往。不是众所归往，得位不正者，乃大盗盗国，窃位者。

你们必要有好奇心，才能追究，然后深懂。

岁之始也。

以上系"元年"，在"王正月"之上，知岁之始也。

《春秋元命苞》曰："据春者，岁之始也。"

旧疏云："元年，春，王正月，公即位，实是《春秋》之五始……"元"，是天地之始；"春"，是四时之始，'王正月，公即位'，是人事之始。欲见尊重天道，略于人事故也。"

《春秋》另造天地，春，岁之始，生之始。自此，知乱制之可除，处处发人深省。

春者，天地开辟之端（基），养生之首，法象所出，四时本名也。

《易经·序卦传》曰："有天地然后万物生焉，盈天地之间者为万物。"春者，为天地之开端，养生之首。《礼记·乡饮酒》曰："东方者春，春之为言蠢也，产万物者圣也。"《易纬乾凿度》曰："东方为仁，仁有生育之义也。"旧疏引《易说》云："孔子曰：'《易》始于大极，大极分而为二，故生天地。'天地有春、夏、秋、冬之节，故生四时也。"春为四时之首，是以为天地开辟之端，养生之首也。明岁之始，即谓之春。

岁者，总号其成功之称。

"岁"者，遂也，有"成"义。一切都成就了，叫一岁。

失业于人有好处，没有什么嗜好，只用书作消遣。该怎么做就怎么做，但是不可以胡做，好好做，向历史负责，事在人为，要做就做，不先说。

好好看子书，看"仁"是否能救天下？孔子在世亦四处碰壁，才说"贬天子，退诸侯，讨大夫"；虽被奉为至圣，但其思想两千多年又何能办到？

讲是一回事，百姓能否得到幸福？仁不仁不重要，必百姓真幸福。读书人应否盲从？应自子书悟，看是否有不假的东西？《荀子·臣道》有"上下易位，然后贞"之说，自此体悟，不再接受假东西。荀子两大弟子李斯与韩非，是法家的重要代表人物，李斯助秦始皇统一天下。看是否法家更为有用？现在皆唱高调，新儒家是新调，旧儒家则旧调，洋滨经为洋调，能够付诸实行？

不要再盲从，光说理论何用？今天做，如同在试探。做很重要，今天还是在摸索。

恐怕孔子的"时"能治天下，圣时，孔子为"圣之时者"。"载之空言，不如见之于行事之深切著明也"，大义所在，能做就做。豪杰之士不待文王犹兴，必要发前人之所未发，有不同的看法与做法，才能于今天有用。

应多读中国东西，自夏学中找。我用"夏学"一词，即凡是中国的学问都接受，因为都是中国人想出来的。分先秦学、远古学……如同把人分成好几块，有中国人的脑子？"中夏"（《文选·班固·东都赋》曰："目中夏而布德，瞰四裔而抗棱"）"蛮夷猾夏"（《尚书·舜典》曰："蛮夷猾夏，寇贼奸宄"），"夏"即指中国而言。

熊十力的东西皆有系统，要天天看。现在大师的东西，看不懂不好问人。人有智有野望，不必死呆呆的。《论衡》是中国第一本叛道的书。

孔子有抱负，但几千年来何以无能发挥作用？我办书院，要将中国学问整个倒过来读一遍。赞美中国人的智慧！汉时，董仲舒、王充有思想；贾谊勉强，无新意。愈看中国古时，愈感到汉以后的教育确实有问题，使中国人思想落伍，难以进步。

扬雄捧王莽，拟《大易》作《太玄》，拟《论语》作《法言》，得"莽大夫扬雄死"六字。我原本对王莽颇有微词，但越来越觉得那是以"家天下"的眼光看，读其诏书，感到其为能领导新思想者，但思想前进者在时代为少数，难以为人所接受，终成为时代进步的牺牲者。王安石亦然，要以《周官》作蓝图，实行变法。同学写王安石者强调此，但不见了，不知他的论文是否仍写此？王莽、王安石值得重视。

讲公羊学，不必当迷信、经典，要当作启示。将中国东西反过来读，不必再按旧注读。

熊十力《论六经》(1951 年 2 至 5 月，在北京著成《论六经》)，写得太长，忙的人无法看。

欲治国平天下者，必要去呆气，有呆气绝不能为政。读书人没多大用处，因多半不切实际。应抛弃几千年的旧东西，于时无补者，要反过来读。

熊十力以"六经皆遭窜改"。

熊十力于《原儒》指出："孔子六经，无有一经不遭改窜。改窜之祸，非独不始于汉初，亦不始于吕秦之世，盖始于六国之儒。"熊十力以《周礼》颇有刘歆窜乱的地方，汉武所谓"渎乱不经"之言，时亦有之。

若没有都"窜"了，值得另外读。我以为，必有人窜，但全部窜不可能，因无若此有智慧者，刘歆（公元前 46 年—公元23 年）不能掩所有人的耳目，但熊先生以为当不是如此。

刘歆开辟了以文字和历史解经的方法，为了发扬古文经，他重视训诂，不仅凭此以读经，且据古文的字体笔意以解经。刘歆打破了西汉以来今文经学对儒学的垄断，开启了古文经学的发展道路。如说董仲舒开创了以微言大义说经的今文经学，刘歆则是为重视名物制度的古文经学开其山门。

我以为应当反过来读。今本《易经》，至少有些地方已非原来的面目，但没有都改变。子书的真实性，特别可靠。

男孩子必要脱掉呆气，一坐如泥菩萨，了无生气，无让人感到你有智，因无慑人之气。必平日养之，自思想造化。今人皆无达到水平，必求有一标准，有超人智慧者。

对圣人留下的书，有超人智慧者都当加以重视。必要将经书反过来读，看其本身到底说些什么，不必看注疏。自《说文》（《说文解字》简称，下同）入手，我有《十三经不二字》。

对文丐、抄书者又何必尊之？《十三经注疏》皆奉诏所作，焉有好东西？是思想，不是书，经这些人乃成大文章。屈子《离骚》也是思想，但后人将其变成骚体，那屈原岂不是白死了？其著书的智慧、抱负的结晶，何以要将之当文章读？司马迁作《史记》，自以为"上承麟书"，后人却将《史记》当文章读，以其上承《孟子》文体，其活泼的思想就没了。

看《吊古战场文》："'此古战场也，尝覆三军。往往鬼哭，天阴则闻。'伤心哉！秦欤汉欤？将近代欤？"给敌军看，可以"不战即胜"，使其士气为之瓦解。为文，并不在求文章美。

读《泷冈阡表》："呜呼！惟我皇考崇公，卜吉于泷冈之六十年，其子修始克表于其阡。非敢缓也，盖有待也。"使后人明白什么是大孝。当思想读，其人必活泼。

背书，不是要背"输"了！读书多年，生活习惯、精神无所改变，那书白读了！读书，是在变化气质，当"活书"读，要读"活书"。"养浩然气，读有用书"，书都有用，后半句有语病。传经可以，说传哪家，多糊涂！

微，识之机。元，大始，万物资始，一切皆借着开始，董仲舒说"人之元在焉"，熊十力以"大海水与众沤"做比喻。

乾元，既为万物资始，人的"元"同于"乾元"，不受四时的限制。发挥"人元"，乃尽了人的责任，故曰"奉哉人元"！

董子的《春秋繁露》虽丢了许多东西，但留下的东西已够启示了。何休注《公羊传》，有许多伏笔，以掩盖其本意。今天不也是如此？孔子改元有深意，为微言大义之所在。

《易》"君子体仁，足以长人"，"元者，善之长也"，体仁，即体元。奉元，真实行"元"之德，《春秋》"奉元"，最后"德合元"。

《春秋公羊传·成公八年》何注："德合元者称皇，孔子曰：皇，象元。""皇"，《说文》："大也。"

孔子"为新王立法"；何休说"为汉立法"，乃应付之时语；皮锡瑞说"也可为清立法"，为熊十力所骂。

西汉时，史公、董子未有《春秋》为汉制法之说。东汉多言《春秋》为汉立法。何休在"哀公十四年"，引《春秋纬演孔图》，谓孔子"知汉当继大乱之后，故作拨乱之法以授之"。皮氏于《经学通论》中，谓《春秋》为后王立法，"而汉继周后，即谓汉制法，有何不可？且在汉言汉，推崇当代，不得不然"，以为"汉尊谶纬，称为内学，郑康成、何邵公生于其时，不能不从时尚"，如"今人生于大清，大清尊孔，即谓《春秋》为清制法，亦无不可"。

当养成自己能看书。过年，一年忙完有结果。人不能白忙，每年当有结论。

王者孰谓？

孰，谁也。欲言时王，则无事；欲言先王，又无谥。

"又无谥"，也显见非指周文王。
"以鲁当新王"，鲁并非真的新王。

谓文王也。

以上系王于春，知谓文王也。

此"文王"，为文德之王。有以孔子为文王一说，此另当别论。

《汉书·董仲舒传》曰："孔子作《春秋》，先正王而系万事，见素王之文也。"以孔子为素王，不以文王指孔子。

《尚书·尧典》称尧为"文祖"，马融注《书》云："文祖，天也。天为文，万物之祖，故曰文祖。"

文王，文德之王，新王，养生之首，养成万物，非周朝的文王。

何休注，必要细看，最重要，但要将假的拿出去，方讲得通。陈立疏，横扫，虽然详尽，但谈不到微言大义。《读经示要》重视何休注，以为如无何注，则《公羊》难明。

不言谥者，法其生，不法其死，与后王共之，人道之始也。

文王，行天德之王，人道之始也。

"不言谥者"，不讲周朝有谥号的文王。"法其生，不法其死"，"法"，当动词，要学活文王，不学死文王，可见此"文王"，不是周文王。

"文王既没，文不在兹乎？"（《论语·子罕》）文没在兹，"文"就在自己身上。"与后王共之"，将来所有的后王，都得学此文德之王。此"后王"，包括百姓在内，人人皆可以为尧舜。

《春秋说题辞》曰："号者功之表，谥者行之迹，所以追劝成德，使尚务节。"谥号，为中国人的特色，应予保存，有此，则人不敢作恶。死后加一字，孝子贤孙不能改。谥文，是进士出身。曾国藩（1811—1872）谥文正，最好的谥号。李鸿章（1823—1901）谥文忠，左宗棠（1812—1885）谥文襄。左对国有贡献，但好说，曾经向曾劝进。张之洞（1837—1909）亦谥文襄，是状元，宣统朝的国之大佬，因看不起摄政王载沣（1883—1951），不能得文正谥号。左、张二人皆失在不知择言，要因时地说话。曾纪泽（1839—1890）谥惠敏，对外交有贡献，家学、品德好，因出身好，没有考进士，袭侯，继"一等毅勇侯"爵位。左宗棠本是举人，西征时，上奏说要回来考进士，西太后乃送他一个进士，"虽曰不要君，吾不信也"（《论语·宪问》），不要功高震主即要君。

"以鲁当新王"，我拿你当某，不是你是某。文王，指文德之王，不是周文王，"法其生，不法其死"，读书人当有"文没在兹"的责任。"远人不服，则修文德以来之"（《论语·季氏》），即成为人人归往的对象，而非征讨之，是使其受感化而来，故天下往而归之。文王，文德之王。

《礼记·中庸》曰："仲尼祖述尧舜，宪章文武；上律天时，下袭水土。"郑玄注："此以《春秋》之义说孔子之德，孔子曰'吾志在《春秋》，行在《孝经》'，二经固足以明之。"此解太勉强，乃自圆其说。律，法也，"上律天时"，一部《大易》；袭，沿袭，因也，"下袭水土"，一部《春秋》。"上律天时，下袭水土"，即法自然，"大人者与天地合其德"。

"与后王共之"，《易经·乾卦》"用九。见群龙无首，吉"，董子曰人人皆有士君子之行，孟子曰人人皆可以为尧舜。

汉时，经书以外有纬书，如《春秋元命苞》《春秋感精符》等，与今文经、传皆合，有些不错，如《诗含神雾》曰"诗者，持也"，孟子说"持其志，无暴其气"（《孟子·公孙丑上》），深懂中国东西。《读经示要》以今文家之学，以纬书得之为多。

《易经·乾卦》：《彖》曰：'大哉乾元，万物资始，乃统天。'"《春秋》变一为元，明王者当继天奉元，养成万物，故曰"君之始年也"。君者，群也，民众。群之始年，万物之养成，蒙天覆地载之公，非德一君之私育也，故新王继天之志，述天之事，必能"民胞物与"，仁爱及万物也。"杀一无辜而得天下者，不为也"，仁政，不能用霸、用武，仁，生生之谓。在生生之道下活着的就是人，故曰"人道之始"。"大哉乾元、至哉坤元、奉哉人元"，《春秋》变一为元，乃人元也，故曰"人道之始也"，此为人道之始。

曷（何）为（以）先言王而后言正月？王正月也。

以上系于王，知王者受命，布政施教，所制月也。

一般历史写法："秋，七月，天王……"先言月，后言王。

此为新王的正月，故"先言王而后言正月"，乃有别于旧王；新王的记事，不同于旧王记事方式。

"布政"，"政者，正也"，有别于乱，布其正法。"施教"，行其文德之教。孔子修《春秋》，意在拨乱反（返）正，正，王道也。

拨乱反正，谁为正？正本其源，自根上改不易。先标出"正"是什么，使大家"知正"了，才能"返回正"。以"正"为标准，往前去做才能成功。

中国学问是"源于道"，非源于道家。儒家、道家皆源于道。老子说"有物混成，先天地生，寂兮寥兮，独立而不改，周行而不殆，可以为天地母。吾未知其名也，字之曰道"（《老子·第二十五章》），"道生一，一生二，二生三，三生万物"（《老子·第四十二章》），以道生天地。《黄帝内经》亦说"阴阳者，天地之道也，万物之纲纪"（《黄帝内经·阴阳应象》）。《黄帝内经》比《汉魏丛书》中的《三坟》好，值得一看。

《黄帝内经》分《灵枢》《素问》两部分，又称《内经》，是中国最早的医学典籍，也是中国传统医学四大经典之首。相传为黄帝所作，因以为名。但后世以此书最终成形于西汉，作者亦非一人，而是由中国历代黄老医家传承增补发展创作而来。

《汉魏丛书》为明人程荣所编。按四部分类，共收书三十八种，经部十一种，史部四种，子部二十三，集部无书。收录诸书，巨细无遗，大小均收，不作任何删节，从而能较完好地展现诸书原貌，提高了此书的文献和版本价值。

坟典，为《尚书》之起源，道家之学出自史官，传有天道三皇，曰：天皇，地皇，人皇。有人道三皇，曰：伏羲氏（太皞），炎帝神农氏，黄帝轩辕氏。《三坟》，即三皇之书；《五典》，为五帝之书，少昊、颛顼、高辛、唐尧、虞舜之书。

作《道德经》的老子是否为李耳？有问题。黄老之学产生于战国时代，尊传说中的黄帝和老子为创始人。钱穆主张"庄子在老子前"（《庄老通辨》），但就文章看，老子当在庄子之前。

《读经示要》讲《春秋》部分，必要先看。读书要不厌其烦，以看书作为消遣，慢慢地琢磨。

王者受命，必徙居处，改正朔，易服色，殊徽号，变牺牲，异器械，明受之于天，不受之于人。

"受之于天"，故必"继天奉元"。三统、三正，所尚不同。何休真是用心良苦！

《白虎通·三正》曰："王者受命必改朔何？明易姓，示不相袭也。明受之于天，不受之于人，所以变易民心，革其耳目，以助化也。"《春秋》以鲁为化首。

"王者受命"，新王有别于乱制之王。乱制东西的存在，使人有"大丈夫当如是也。"

秦始皇出巡时，仪仗威盛，《史记·项羽本纪》载："秦始皇帝游会稽，渡浙江，梁与籍俱观。籍曰：'彼可取而代也。'"《高祖本纪》载："高祖常繇咸阳，纵观，观秦皇帝，喟然太息曰：'嗟乎，大丈夫当如此也！'"

"明受之于天"，要继天之志，故必继天奉元；"不受之于人"，乱制是"受之于人"。"至禹而德衰"，自禹以后即受之于人，家天下。

废掉旧时代的东西，完全用新东西。明受之于天，非受之于大盗。受之于天，公天下。乱制，是受之于人。

《论语·尧曰》"天之历数在尔躬"，夏历正月，斗柄回寅（十二月指丑方，正月又复还复寅位），明受之于天，表明新王之法，此亦为《春秋》之志。证明孔子新王之法，与一般历史不同。

"徙居处"，将所居所处皆改变，使摆脱昔日之恶习。

"改正朔"，清无改正朔。中山革命，改正朔，用阳历正月，现在正月为夏正。寅，斗柄回寅，初一、十五也变了，望也换了。旧时十一月，民国一月。

"易服色"，当政者易服色，百姓别衣服。尚白，以白色为贵，殷尚白，朝鲜为殷民，亦尚白，礼服全白。也有尚红、尚黄、尚黑者。尚黄，以黄色为贵，旧社会用黄色要压运，用石头亦压运，一般人以用黄色不吉祥，因清室尚黄，百姓不能用黄。中国至明，易色不易服，元、清服制改变。清大礼服，按品级；小礼服，长袍马褂；便服，不着长袍。中山改换中山装。

"殊徽号"，民国改国名、官名，党徽、国徽，徽号都变。

"变牺牲"，殷尚白，以后多半尚黄，祭祀牺牲用黄牛。尚黑，则祭祀用黑牛。清尚黄，用红黄色牛。此即变牺牲。

《史记·赵世家》曰："随时制法，因事制礼。法度制令各顺其宜，衣服器械各便其用。"又曰："三统三王若循环，周则又始，穷则反本是也。"三正之相承，若顺连环也，孔子承周之弊，行夏之时。

《何氏释例·通三统例第二》释曰："《春秋》之义，固上贯二帝、三王，而下治万世者也……通三代之典礼，而示人以权。"

《礼记·大传》曰："亲亲也，尊尊也，长长也，男女有别，此其不可得与民变革者也。"

据以往所知，那边做事亦有根据，中国书读通了。

何言乎王正月？大一统也。

统者，始也，总系之辞。

旧疏云："所以书正月者，王者受命制正月以统天下，令万物无不一一皆奉之以为始，故言大一统也。"大一统，即公天下，双关语。

夫王者，始受命改制，布政施教于天下，自公侯至于庶人，自山川至于草木昆虫，莫不一一系于正月，故云政教之始。

旧疏云："凡前代既终，后主更起，立其正朔之初，布象魏（古代宫门外的阙门）于天下，自公侯至于庶人，自山川至于草木昆虫，莫不系于正月而得其所，故曰总系之辞。"王者受命制正月，必慎始初，凡一切政令无不奉以为始。假此正月，以为新王之法，天下定于一，大一统，远近大小若一。

自"内其国"始，基础才好，以之来"容天下"。中国人的思想先"内其国"，因其国以容天下。内其国而外诸夏，内诸夏而外夷狄，远近大小若一。内外，乃是层次。

大一统，即公天下。"大一统"，"大"为赞词，"统"者始也。"大一统"者，通三统为一统，定于一，一统天下，仁者无敌。

孟子深于《春秋》，说"居天下之广居"（《孟子·滕文公下》），即《中庸》所谓"舟车所至，人力所通"。把国土丢了，还叫"大一统"?

"王者始受命改制",改乱制,"布政施教于天下"。布新王之政,施新王之教化于天下,即一统天下。大一统,为政治目的,想达此,必要有新的教育,故为"政教之始"。以人道为"政教之始",怀"民胞物与"之心。

元年正月,即"体元居正",故曰"君子大居正"。《大易》之道,"大哉乾元、至哉坤元",为体;"君子体仁,足以长人",为用。为了"长人",乃"改一为元"。帮助、扶助人曰"长人",如保姆、父母、幼儿园老师,皆长人者。元为体,仁为用。仁者爱人,生生。仁政,有所本。我买地,修庙。懂中国学问,必要读《大易》与《春秋》。

正,王道也。"子帅以正,孰敢不正?"(《论语·颜渊》)内圣功夫;王道,外王之业。必自"正名"入手,"必也正名乎","名不正,则言不顺;言不顺,则事不成"。

在中国,人生来都一样,是天民,"舜何?人也。予何?人也。有为者,亦若是","性相近,习相远"。能行仁道,人就归往你。人"与天地参",平视,天、地、人三才,何等尊贵!"得其天爵,则人爵随之",富贵在天,富,天爵;贵,人爵。领导人为王者,圣王。

《繁露·玉英》曰:"谓一元者,大始也。"《王道》曰:"《春秋》何贵乎元而言之?元者,始也,言本正也;道,王道也;王者,人之始也。"正本,入手处;本正,成了。正,王道也,新王之道;王者,人之始也,即人道之始。《春秋元命苞》曰:"王者,往也。"王,归往义。一经专制政体以后,人对"王"无好感,本义则为"人人所归往",《白虎通·号》曰:"王者,往也，天下所归往。"

《繁露·王道》曰："王正，则元气和顺，风雨时，景星见，黄龙下；王不正，则上变天，贼气并见。"又曰："五帝三王之治天下，不敢有君（当动词）民之心，什一而税，教以爱，使以忠，敬长老，亲亲而尊尊。""尊尊"，乃"民贵"的结果。"尊尊"，前为动词，后为名词。自根上认识中国思想，虽无"民主"一词，却为"民贵"观。

《春秋》重人，汉以《春秋》决狱。

又曰："不夺民时，使民不过岁三日。民家给人足，无怨望忿怒之患、强弱之难，无谗贼妒疾之人。民修德而美好，被（同'披'）发衔哺（口含食物）而游，不慕富贵，耻恶不犯。父不哭子，兄不哭弟，毒虫不螫（shì，刺），猛兽不搏，抵虫不触。故天为之下甘露，朱草生，醴泉出，风雨时，嘉禾兴，凤凰麒麟游于郊。囹圄（监狱）空虚，画衣裳而民不犯。"百姓犯罪画衣裳，使民以为耻，则不再犯。"画地为牢"犹不高，"画衣裳"真高招！

"四夷传译而朝"，抗战胜利后，国民政府还都南京时，各民族都有致敬团。台湾省的致敬团，除李建兴（1891—1981）穿长袍马褂外，其余皆穿西装。

1946年，李建兴参加"台湾光复致敬团"，赴南京会晤蒋介石及中央各要员，晋谒中山陵与明孝陵，至陕西遥祭黄帝陵并任主祭官，复到大陆主要城市访问，归撰《致敬纪要》一书，以记其事。1950年于瑞芳自刊。致敬团成员有林叔桓、林为恭、林献堂、黄朝琴、丘念台等人。

又曰："郊天祀地，秩山川，以时至，封于泰山，禅于梁父。立明堂，宗祀先帝。以祖配天，天下诸侯各以其职来祭。贡土地所有，先以入宗庙，端冕盛服而后见先。"贡方物，三年一贡，有如上供，各地特产皆贡，金门贡糖。历史博物馆有存档，台湾贡番石榴，上有老宫批："下次不必贡了！"贡物由老宫先嗜，可能吃坏牙了。台湾那时的番石榴、桃子可以打死人。我将桃子加冰糖炖，闭着眼吃，还有北京味。送的东西，宫中留得少，都发回，《中庸》所谓"厚往薄来"也。摆于庭院中，称"庭实"（陈列于朝堂的贡献物品），皇帝看一遍后，回送的礼极为丰厚。中国一直到清末，都维持此制度。

又曰："德恩之报，奉元之应也。""奉元之应"，即按仁政、王道行事之应。奉元之应，即行仁之应，王道之治也。熊十力曰："全人类相生相养，无有不均，和之至也，而大同之治成，董子所谓奉元之应也。"

《读经示要·卷三》曰："奉元之奉，谓敬以承之而勿失也。人皆自识真元，即能以天地万物一体为量，本此以立教，则群俗趋善，而太平之应不爽。"人为万物之贵也。

现称"奉元书院"，不要"夏学"（下雪）了！

将"王道之始也，王道终矣，王道成矣"，放在一起玩味。懂《大易》与《春秋》，则学术之视野加宽。还必细看《读经示要》《春秋繁露》。必要下功夫，此学术才能传下。

道统，即政统，《春秋》讲"大一统""大居正"。统一，非大统一，但做到大统一亦不易，此为霸道。大一统，为王道，此为政治目的。政治上讲"大一统"，必有"大居正"之德，"大"为赞词。一统，乃政治的最高境界。

中国政治思想并不腐败，只是人不行，没有实行。有"大居正"之德，才能达"大一统"的政治理想。故孔子"变一为元"，《春秋》首书"元年，春，王正月"，元，生生，生生之谓易，仁，终始之道。此观念可以写篇文章。

元，仁也。天有好生之德，法天。孔子懂"体仁""长人之道"，故变一为元。元年正月者，体元正位，有位必有其德，此为正位；有位无其德，则为窃位。老师亦然，必守住正位，居正。

中国人的大一统，即大同，公天下，天下为公，王者无外，大居正，文王之德，即《中庸》"舟车所至，人力所通，天之所覆，地之所载，日月所照，霜露所队（坠），莫不尊亲"，亦即《孟子》所说"居天下之广居，立天下之正位，行天下之大道"，此为儒家之真精神，"得志，与民由之；不得志，独行其道"，得志、不得志在其次，而在行天下之大道，故"富贵不能淫，贫贱不能移，威武不能屈"（《孟子·滕文公下》）。真读完《大易》与《春秋》，才明白《四书》。

"因其国以容天下"，以鲁为化首。大一统，公天下也，人人都和你合作。问："天下恶乎定？"对曰："定于一。"问："孰能一之？"对曰："不嗜杀人者能一之。"问："孰能与之？"对曰："天下莫不与也。"（《孟子·梁惠王上》）串在一起，明白中国思想为"仁治"之境界。

做官的皆必奉天之道，才能即位，故先言"正月"，次言"即位"；即先言"居正"，才能言即位，表明"受之于天"，非受之于人。

连厕所都要刷洗，何况院中草能不除？知识分子必要再接再厉，使每一段都有进步。

理论没错，但行事不易，旧包袱难抛，故主张革命。

公何以不言即位？

据文公言即位也。

此指历史言。

即位者，一国之始。

言即位，为一国君之始年，是乱制；不言即位，乃群之始年，公天下，群之始，不能即位，人人皆可以为尧、舜，群龙无首。

政莫大于正始，故《春秋》以元之气，正天之端。

《春秋》这个朝代，正群之始。

元者，气也。天之端，春始。"政莫大于正始"，正群之始，故《春秋》（一个朝代）"以元之气，正天之端"，元者，气也；天之端，春始也。

以天之端，正王之政；以王之政，正诸侯之即位；以诸侯之即位，正竟（通 "境"）内之治。

"以天之端"，自法天来，正新王之政；以新王之政，正诸侯之即位；以诸侯之即位，正境内之治。

诸侯不上奉王之政，则不得即位，故先言正月，而后言即位。

新王，大居正，不同于一般之即位。

政不由王出，则不得为政，故先言王，而后言正月也。

《繁露·竹林》曰："《春秋》之序辞也，置王于春、正之间，非曰（岂非说）上奉天施而下正人，然后可以为王也云尔。"皆非外求，必要求己。《说苑·建本》曰："魏武侯问元年于吴子，吴子对曰：'言国君必慎始也。''慎始奈何？'曰：'正之。''正之奈何？'曰：'明智，智不明，何以见正？多闻而择焉，所以明智也。'"

治国之端在正名，"必也正名乎！"今所正皆私名，非公名，如想达目的，来个"临时条款""动员戡乱"，但"名不正，言不顺；言不顺，则事不成"（《论语·子路》）。

昔人做事像样。今天社会之所以乱象太多，在缺少"正名"功夫，故"事不成，则礼乐不兴；礼乐不兴，则刑罚不中；刑罚不中，则民无所措手足"（《论语·子路》）。

假仁假义，久假而不归，焉知其非仁也？也比不仁不义好，利仁境界，"智者利仁"。"仁者安仁"，安仁境界，"造次必于是，颠沛必于是"（《论语·里仁》），"素富贵行乎富贵，素贫贱行乎贫贱，素夷狄行乎夷狄，素患难行乎患难"（《中庸》），在什么环境都不变，"安仁者，天下一人"，没有分别心，无好坏观念，皆一视同仁。人皆有向上心，总想往上学。

悟到境界，真知，在此力行、生活，即富生命力，读书读活了，使自己活活泼泼。想有用，不必贪多，贵乎精，必要深悟，

"博我以文，约我以礼"（《论语·雍也》），"博学于文，约之以礼，亦可以弗畔矣夫"（《论语·颜渊》），博、约并用。

《通鉴辑览》时常浏览，可以知历史，实用。《二十五史》不容易读完。人生像看电脑屏幕，滑着看。

王者不承天以制号令，则无法，故先言春，而后言王。

"承天以制号令"，天道尚公，则天之公以立法。

天不深正其元，则不能成其化，故先言元，而后言春。

"深正其元"，元含乾元、坤元，"阴阳合德，刚柔有体，生生不息"。阴阳不能合德，则不能生生化化。
春者，天地开辟之端，养生之首。

五者同日并见（现），相须成体，乃天人之大本，万物之所系，不可不察也。

《繁露·二端》曰："故圣人能系心于微，而致之著也。是故《春秋》之道，以元之深，正天之端；以天之端，正王之政；以王之政，正诸侯之即位；以诸侯之即位，正竟内之治。五者俱正，而化大行。"五始，天人同德，"天听自我民听"，"天明畏，自我民明威"，必加以玩味。

成公意也。

"公"，双关语，群而无首曰公。"成公意"：一、成"大公"之意，成"群而无首"之公意；二、成"隐为桓立"，讲历史。

"群之始年"，故不言即位，"见群龙无首，吉"。

有了"居正"，才言即位。今天团体也有伦常，有人即有伦常。如何防乱？成大公之意，公天下。

第一章经特别重要，乃经中之经，点出"公天下"，尸子称仲尼尚公，故为"群之始年"。仔细看《读经示要》的解释。

"微言"，微而不显之言，体；"大义"，一切决之以礼义，用。一般人不易明白者，为微言；大义，能行出者，"大"为赞词。

《读经示要》曰："《春秋》有大义，有微言。大义者，如于当时行事，一裁之以礼义……微言者，即夫子所以制万世法而不便于时主者也。"

中，礼义。中国，礼义之国。中道，行礼义之道。微言大义还分时代？一切决之以礼义，我骂在此。自国民革命至抗战牺牲多少人，就为台湾"独立"？为死人气愤！

开始，要点必抓住。"非常异议可怪之论"："君之始年"，群之始年也。"成公意"，成公天下之意，人道之始。

王，必要有王之德，百姓才会自动归往。天子，继天之志，述天之事，当奉元以养成万物。王，指德；天子，指述。非自封为王、天子者。

《春秋》是思想，不能用考据学来研究。《春秋》代表一个时代，新周，故宋，以《春秋》当新王，此"存三统"，新建一统，即《春秋》。

"唯王者，然后改元立号"，指《春秋》"新王"之"王"者。

《春秋》以外之王者，即使改元立号，也非真王者。孔子以周已经过去了，"以鲁当新王"，假鲁为《春秋》此一时代的京都。《春秋》假托新王以鲁为京都，此王者非以前的普通王者，乃《春秋》之新王。王者，代天行道，"君子体仁，足以养人"，继天奉元，以养成万物。

中国讲"王道主义"。天德，王道之隐；王道，天德之显。我不敢用王道书院，用天德黉舍。王道之始，《孟子·梁惠王上》说："不违农时，谷不可胜食也；数罟（cù gǔ，密网）不入洿（水浊不流）池，鱼鳖不可胜食也；斧斤以时入山林，材木不可胜用也。谷与鱼鳖不可胜食，材木不可胜用，是使民养生丧死无憾也。养生丧死无憾，王道之始也。"熊十力以孟子通《大易》与《春秋》。

基本思想：王道思想。《春秋》，王道之成也。中间程序，可加以研究。

《五经》（《诗》《书》《礼》《易》《春秋》）为大本，其他经为《五经》之传。三礼（《周礼》《仪礼》和《礼记》，《周礼》原称《周官》）、《春秋》三传（《公羊传》《穀梁传》《左传》）、《四书》（《论语》《孟子》《大学》《中庸》）。

《相台五经》可置于身边，随时随地看。

岳氏刻本《相台九经》，考证精密、审慎，版刻精良，受到历代学者的重视和推崇。清廷先得《春秋》藏于昭仁殿，后又得《易经》《尚书》《诗经》《礼记》藏于御花园之养性斋。清高宗弘历念此《五经》"幸合则不可使复分"，遂在昭仁殿后庑另辟一室，专藏《相台五经》原本，命名为"五经萃室"，并令词臣翻刻，每卷之末附有词臣撰的文字异同考证。此书为后世研究古代经学保留了重要资料。

会背《五经》，还必经玩味功夫。中国东西没经玩味不成。大本抓不住，非中国思想。

今后中国学问到底要走哪一条路？《当代》（十一月期）批评中国文化书院的话，我都不懂。"兴儒书院"在大陆无成；又办"兴儒补习班"，仍讲旧东西。你们程度之低，因书读的少。

在社会遇事不必灰心，有力量则力求突破，没力量就找一小庙出家，大庙是非多。既出家，应是看空，何必在乎是非。"心出家"，与"人出家"不同，一个人心静不易。社会即"是非"，孔子之有德，还"诸侯害之，大夫壅之"（《史记·太史公自序》）。不是秦始皇才焚书，自古就有焚书，《孟子·万章下》称"诸侯恶其害己也，而皆去其籍"。明白此，对社会所有现象皆不以为是，才能突破，否则被社会所逼疯。活着，必要有阿Q精神。

读《春秋》的基本书：《春秋繁露》《说苑》《新序》。

中国有四大名序，《太史公自序》为其一。太史公司马迁是董仲舒的学生。

陈立研究今文家，但也走考据训诂路子，其《公羊义疏》抄了一大堆，但不明微言大义。

《公羊传》第一章很重要。孔子要思想革命，费多深的头脑！要"贬天子，退诸侯，讨大夫"。

《春秋》的政治大纲：贬天子，退诸侯，讨大夫。"贬天子"，"天子者，爵称也"（《春秋公羊传·成公八年》）"秋七月，天子使召伯来锡公命"，何注），一爵，可以贬，贬其职；"退诸侯"，成诸夏，"夏，中国之人也"，大家都变成"礼义之人"了，打消阶级、偶像，提高人的尊严；"讨大夫"，"世卿非礼也"，大夫不得世。

这些思想在那个时代得多隐藏，故微言大义在"口说"中，注解亦有所隐藏。慢工出巧匠，《公羊》是思想，不是文章，自此看孔子怎么用思想。

《公羊》讥世卿，以世卿非礼也，因当时权在大夫。老百姓拥护谁，谁即王。尧、舜以"让"，孔子删《书》，首尧、舜。孔子立新王，故有王制，拨乱反正，即要除乱制，返回新王之制，此《春秋》之志。

《春秋》"贬天子，退诸侯，讨大夫"，怎可说孔子是封建的护符？《论语》当好好读，孔子有两次要参与造反；崔述（1740—1816）以此二章为伪，乃没有读今文。非任何人都能造反，造反也得有智慧。

《春秋》这部书要表现什么？《春秋》之志，亦即孔子之志，孔子志在《春秋》。《春秋》之志，在养正，成圣功。一个人如没有智慧，什么也做不了。半懂不懂的，增加很多的痛苦。

《春秋》这个朝代，孔子立"一王之法"。绝对是绝响，现听到公羊学已经没了。蒋庆绝对不高明，邻近南海。

《春秋》假隐公以为新王，新周，故宋，以《春秋》当新王。孔子认为所有的王，都得是文德之王。

一、元、文、正，四字未通，《大易》与《春秋》都通不了。

孔子志在《春秋》，《春秋》拨乱反正，方法："贬天子，退诸侯，讨大夫。"终极目的："以达王事而已矣。"（《史记·太史

公自序》）

此《春秋》，并非"春秋战国时代"的春秋。"载之空言"，写历史也是空言；"不如见之于行事之深切著明也"，即表现于行动，亦即革命。所有历史皆天下的仪表，要读活历史。《史记》表现"真"事，并非写文章。

有智慧，应写《公羊传微》，但不易。把一意见，以笔写出，叫人明白不易。

新王之制，为王制。《礼记》有《王制篇》，但光有其名，已无其实。《荀子》亦有《王制篇》，证明儒家确讲王制，但内容多已遭窜改。

《孟子·万章上》有"至禹而德衰"之说。尧舜时代为王者时代，公天下；至禹而德衰，开启了家天下，夏、商、周均为私天下。孔子在周末，创一新时代——《春秋》，说"三世必复"，要复尧舜之公天下，因其"祖述尧舜"。历经夏、商、周，故说"三世必复"；但没有达到目的，又说"九世必复"。

尧、舜是选贤举能，《礼记·礼运》"选贤与能"，"与"，举也，用之意。选与举，为两件事，选贤举能，贤者在位，能者在职。今用"选举"，讲不通。

《繁露·三代改制质文》曰："《春秋》上绌夏，下存周，以《春秋》当新王。"孔子为宋人，宋为殷之后，杞为夏之后。又曰："《春秋》当新王者何？曰：王者之法，必正号，绌王谓之帝，封其后以小国，使奉祀之。下存二王之后以大国，使服其服，行其礼乐，称客而朝。"若说《春秋》是一本书，是指历史说。孔子的《春秋》为一朝代，开辟新天地，首先必正号，绌王谓之帝，但其国亡了，仍不能毁之，要"继绝存亡"，使之奉祭祀。

《尚书·益稷谟》"虞宾在位，群后德让"，尧之子丹朱，亦称客而朝。前二王之后，不为此朝之臣，为客人（贵宾），可以穿其衣冠，行其礼乐，是平行的。

一到末代就完了，千古艰难唯一死，宁可丢脸丢到死。

《三代改制质文》又曰："故同时称帝者五，称王者三，所以昭五端，通三统也。"九皇、五帝、三王。清之三统：元、明、清。蒙古王真有权，清与蒙古部族做亲戚，使其无法造反。通三统，即重视"源"与"本"，"殷因于夏礼，所损益，可知也；周因于殷礼，所损益，可知也；其或继周者，虽百世可知也"（《论语·为政》）。

通三统，亦即存三统，《春秋》讲存三统。《春秋》为一新王朝，有所本，即道统，亦即政统。

张三世，三个步骤：据乱世、升平世、太平世。太平世的终极目的——华夏，"远近大小若一"，一视同仁，故小国来朝也不会看不起。

《春秋》中的"夷狄"，是以文化论，"入中国则中国之"，不以种族论。"安仁者，天下一人"，王道主义，安仁境界，视天下若一人，远近大小若一，无"远近、大小"的观念了，才能"若一"。

《春秋》若无孟子的提示，即不知《春秋》说些什么。《春秋》法天，一切政制皆法天，"《春秋》，天子之事也"（《孟子·滕文公下》），学天，天子之父为天，法天在此，继志述事。天，生生不息，爱，仁政。"唯天为大，唯尧则之"，孔子"祖述尧舜"，法天之行政长官，为天之儿子，故《春秋》为天子之事，一切按天行事。所有的吃喝，均为天之德，天德好生，仁也。王者之政，仁政；王道，仁者之道。

仲尼其素王乎！孔子为"素王"，素，空也，有王之德，无王之位，有德而无位，大家都承认孔子有德。

蒋庆《公羊学引论》以"文王"为孔子，有问题。一、"文王既没"，"王"会没，但"文"不没，"文不在兹乎"？二、"文武之道未坠于地，在人"（《论语·子张》），文王、武王坠于地，但文武之道未坠于地。"止戈为武"，武之道在研究如何"止戈"，"不战而屈人之兵"（《孙子兵法·谋攻》）。文王，并非讲人，而是讲道。讲书者故意讲偏了。

先修德，天下成事绝没有缺德的，天天算计别人，而忘了造就自己。"入则孝，出则弟，谨而信，泛爱众，而亲仁"（《论语·学而》），没有行孝悌、泛爱众，是人？孝悌是最基本的，刚开始。"行有余力，则以学文"，学文了，"以文会友，以友辅仁"（《论语·颜渊》）。《文会图》，《十八学士图》。

《文会图》相传是宋徽宗赵佶的画作，画中主题是环桌而坐的文人正在花园中饮宴。仿唐代《十八学士图》。唐太宗李世民仍是秦王，尚未登基之时，就招揽了杜如晦、房玄龄等文士，这些人被称为"十八学士"。由画家阎立本画了一幅《十八学士写真图》，在图上记录他们的姓名、容貌、官衔，让后代可以浏览这些名士的风采。

"远人不服，则修文德以来之"（《论语·季氏》），"王者，天下之所归往"，修文德来的，所以为文王。"文武之道未坠于地，在人。贤者识其大者，不贤者识其小者，莫不有文武之道焉"，人人皆有文之道，人人皆可以为文王。

串在一起，可以了悟很多。区区《四书》，其中富含多少精华！学问必得大家检讨，要研究、探讨。如再不努力，就很悲哀。

鲁，为《春秋》之京都，《春秋》都于鲁，张治本，以鲁为化首、样子，因其国以容天下。

由此，可知《春秋》并非历史，完全是乌托邦，乃人间净土、王道乐土。《礼记·礼运》孔子曰："大道之行也，丘未之逮也，而有志焉。"尧、舜选贤与能、公天下；孔子"祖述尧舜"，以尧舜"公天下"，要达"大同"。

《礼记·礼运》曰："大道之行也，天下为公。选贤与能，讲信修睦。故人不独亲其亲，不独子其子，使老有所终，壮有所用，幼有所长，矜寡孤独废疾者皆有所养。男有分（份），女有归。货恶其弃于地也，不必藏于己；力恶其不出于身也，不必为己。是故谋闭而不兴，盗窃乱贼而不作，故外户而不闭，是谓大同。"

称"禹、汤、文、武、成王、周公"为"六君子"，"小康"的代表。六君子，小康的圣人。

《礼记·礼运》曰："禹、汤、文、武、成王、周公，由此其选也。此六君子者，未有不谨于礼者也。以著其义，以考其信，著有过，刑（型）仁讲让，示民有常。如有不由此者，在势者去，众以为殃，是谓小康。"

"大同""小康"两者应分清，不可以混淆。

董子曰"《春秋》之道，奉天而法古"，"古"，尧、舜，祖述尧、舜，选贤举能。圣者法天，贤者法圣。在法时，必见贤思齐，此为大原则，别人有所长，即思齐，有此志向。

《繁露·楚庄王》曰："《春秋》之于世事也，善复古，讥易常，欲其法先王也。"法古，复古；先王，指尧、舜，为孔子假设的最高境界，亦即法二帝，《尚书》首《尧典》《舜典》，二典为帝王典范。《尚书·尧典》"曰若稽古"，"曰若"，语气词；"稽古"，考核、研究古也。稽古同天，以人言为尧、舜，以道言为天。法圣、法贤、法天，为一回事。

《春秋》以"变古易常"不好。尧、舜之前，以德治天下。禹为第一个"变古"，改变尧、舜之前的常道。《春秋》"复古"，以尧、舜为古，其法为常法，选贤让贤，仲尼"祖述尧舜"。

《春秋》讲"复古"，说"三世必复"，为孔子时。但孔子看不行，乃又说"九世必复，虽百世亦必复"。真理就是一个，士尚志，志在《春秋》，此为一个志。一个人有志，只要一口气在，必能实现。"志在《春秋》，行在《孝经》"，含无尽意，今争自由、民主，即《春秋》之志。志最可怕，社会经验多，才知《春秋》，可得许多教训。孔子"志在《春秋》，行在《孝经》"，知常守常，失常就坏，国与个人皆一也。

《繁露·重政》曰："春正月者，承天地之所为也，继天之所为而终之也。""天无私覆，地无私载"（《礼记·孔子闲居》），天地之能，生生；"天工，人其代之"（《尚书·皋陶谟》），天地未完成之事能完成，此为王者之事。

领导人自"正心"开始，《大学》所谓"格、至、诚、正、修、齐、治、平"，"子帅以正，孰敢不正"，心正，自正心入手，正心而后心正。心正，别的地方才谈得上正。自修心（正心）开始，正心诚意，心正则一切都正，到一境界最重要。

"怠者不能修，忌者畏人修"（韩愈《原毁》），忌，进而不择手段地破坏。自心里改变很难，人心本不太正常，加上环境的影响，一有"我"，问题就发生。今天会写的不在少数，但做事能平整不易，即"是就是是，非就是非"，无私见。

中国人善于政治，读书人会谈政，每部书皆政书；若在政治斗争上失败，真是对不起祖先。

老同学不多话，看老师似发疯，不过可能他们对也不一定。孔子说："凤鸟不至，河不出图，吾已矣夫！"（《论语·子罕》）有闲时，心有所想，就看书。

希望几个人发心，好好研究《大易》与《春秋》。《大易》讲"体元"，"君子体仁，足以长人"。体得"元"了，了解还得实行。《春秋》讲"奉元"，知而必行，即奉元，按"元"之道做事。知后要行，行可帮助知。知一分，经由行，可以体悟得更多。不必学书呆子。

你们遇事总是逃不行，这一辈子该做的事都得做，成功与否是另一回事。读书人总在讲的境界，做就不行。

佛讲"地狱""因果"。大家如都好，那地狱不就空了？印顺（1906—2005）到老，犹觉得自己行得不彻底。熊十力到老时，亦以自己行得不彻底。将自己主张行得彻底，是即是，非即非，是是非非，但不知要得罪多少人。

有人批评《通鉴辑览》，说"上面批得酸溜溜的"，不以为是。什么人都有，一笑置之！在哪儿说话，都叫人知道。说话一定要小心，转弯都能回去。千万不要随便说话。若怕人知的话不要说。要人宣传的术，"你千万不要对人说"。你们最好不要得罪人，否则多一层障碍。

《春秋公羊传·哀公十四年》《传》曰："制《春秋》之义，以俟后圣。"何注："乐其贯于百王而不灭，名与日月并行而不息。"帝典：《尧典》《舜典》二典。"等量百王"，看其够不够"王"与"天子"之位。《传》曰："其诸君子乐道尧舜之道与？"何注："道同者相称，德合者相友，故曰乐道尧舜之道。"《传》曰："末不亦乐乎尧舜之知君子也。"何注："德如尧舜之知孔子为制作。"乃指"未来的尧舜"。

没有耐力，难以读《春秋》。自己不下功夫，完全没有办法。

孔子志在《春秋》，行在《孝经》。我以为《孝经》有汉儒所加，因汉室以"孝悌力田"治天下。现《孝经》为汉时的百姓通俗本，经文与后文非一时之本。经文（即《开宗明义章》）若《论语》文笔："身体发肤，受之父母，不敢毁伤，孝之始也。立身行道，扬名于后世，以显父母，孝之终也。夫孝，始于事亲，中于事君，终于立身。""中于事君"一句，当为汉儒所加，下面才有《天子章》《诸侯章》……《开宗明义章》会背，即明白什么是孝。

佛经的《心经》译得好，但《学》《庸》（《大学》《中庸》简称，下同）可与其相提并论，此指经文（第一章）而言，后面则掺很多。皆涵盖中国文化精神之所在。

"统一"与"一统"，境界不同。中国讲"仁、霸"之分，但不反对霸。在未天下平之前，孔子赞许霸业。孟子"以力假仁者霸"，"久假而不归，焉知其非仁？"假仁者"霸"。假，假借；安，造次、颠沛皆必于是。"久假而不归，焉知其非仁？""以德行仁者王"，安仁者"王"。由"霸"至"王"，也必行之以渐。最高的境界，也是一步一步来的。

仁、义之分，王为"仁"，霸为"义"。《繁露·仁义法》曰："王者爱及四夷，霸者爱及诸侯。"

《春秋》贵仁，仁者爱人，仁者无不爱，故其恻隐之情、继绝存亡之志，常寓于书法中，夷狄能慕中国者，则进之，"入中国则中国之"，扶勉以礼义。但"不与夷狄之主中国"，故美齐桓之能攘夷狄，"桓公九合诸侯，不以兵车，管仲之力也"，许管仲乃其仁，乃其仁。

《五经》必要熟了，能依经解经，才能"吾道一以贯之"。

现在人享福，应好好用功。昔日点油灯，写字还要磨墨。现在的文章固然不错，但是写中国东西并无深入，皆不真知，完全胡扯。

《大易》与《春秋》不懂，还能谈中国学问？《春秋繁露》中有微言大义，也有应付时主之语。

将我所讲，回去串在一起，写小文章。真有学问必要勤，想起就写，写在书上，日后作成集锦。必得像疯子般，才能有成就。

新王，非一般朝代更易之新王，而指《春秋》之新王，以《春秋》这一朝代当新王，即《春秋》之新王，表明继天，而非继之于人，故新王必得改制。新王之制，人人皆可以为尧舜，人人皆得继天之所为而终之。天能生物，人能役物，即无一废物，同《尚书》"天工人代"的观念。

孔子以新王以前之制皆"乱制"，新王之制则为"王制"。《春秋》拨乱反正，返回王制，此为孔子的政治理想，至今犹未达到，所谓"为后世立法"在此。

新王必除世及之乱制，即家天下私相承受之制，但必加以小心，以防祸灭九族，故"定哀多微辞，主人习其读而问其传，则未知己之有罪焉尔"（《春秋公羊传·定公元年》《传》文），何注："此孔子畏时君，上以讳尊隆恩，下以避害容身，慎之至也。"至清，犹有因"清风不识字，何必乱翻书"而招来杀身之祸者。

在任何团体里，最可恨的即奸，反正到底即奸。千万要守正，一不守正，一辈子被人瞧不起。读书人不必于小处显才，见小利则大事不成。若无奸，怎知"清风不识字""维民所止"之所指？

第一章的观念必要弄清。要改乱制，改些什么？改之中，有些不改者。《繁露·楚庄王》曰："今所谓新王必改制者，非改其道，非变其理，受命于天，易姓更王，非继前王而王也。"非改其道，非变其理，"道"与"理"不能变。今孝道之理都变了，怎能不垮？

又曰："若一因前制修故业，而无有所改，是与继前王而王者无以别。受命之君，天之所大显也。事父者承意，事君者仪志。事天亦然。""事君者仪志"，仪，仪仗队，有仪以显威仪，故事君应配合君之志，但非自己无志。为人做事，必配合东家之志，"做事不由东，累死也无功"。年轻人有志，可以自己干，就是摆地摊也可以，但其后要有志，乃是为己，赚钱是有目的。

一个人必为自己活，不喜不必混，第一志愿应拼命干。做事一展己之抱负，但别人给的应先考虑能做几年，占人生能做事时间的几分之几；若是十年，十年后能为国家贡献什么？必要有专学，不在乎别人用否，照样可以有贡献。自己的智慧，必自己能开拓自己。学经济的想要对时代有贡献，可以聚合学经济者，小为自己干，大为时代干，日久即成型。就是当"总统"也有年限，任期一过即平民一个。

怎样达自己的抱负？必要养成群德。"乐道人之善"（《论语·季氏》），谁不与你亲近？则能达到群德。今人专挑别人毛病。要站得住，根深了，叶必茂。浮萍无根，不知自己做什么。想研究政治理论，说太空了，研究对象是什么？做事不要茫无头绪。

应清楚自己一辈子要做什么，喜做陶器，做最好又能怎样？我一生不玩泥巴，不喜瓷器，但能鉴定，因瓷器再好，一分钟即可毁了，甚至不必一分钟。喜金石，使尽全身精力，又刻几个图章？不欣赏。

中国这么大，任何方面都需要人才，只要有努力的方向，都可以有所成就。中国要与先进国家相比，如研究卫星科技、太空科技之类，必要将智慧用于有用处。学文史哲的应好好发挥中国思想，绝不亚于西方。应客观研究学问，不要囿于旧说。完整书并无几家，皆各本其师承，各家笔记都要看，博极重要。

名利中犹存半点理智，欲则埋葬自己。想有点成就，必要有人样。好名者必作伪，好利者就侵占。人在世很不容易，必要随时有戒心，不一定有成功机会，至少不身败名裂。欲很难脱去，邪道事洗不清，不正常的人遇到任何女人都动心，嫖绝对不行。

成功必在我，只能成小圣，不能成大圣。好名必不择手段。气势很重要，叫天下人纪念你，不必自己纪念。天下本无事，庸人自扰之，名利害己。真读书，培养自己很重要，革命家得真有学问，必要拼命读书，名实相称。

好好读历史，往事的记载，以之为鉴，如《资治通鉴》。要有评过去事的能力，掌握现在事的智慧，不人云亦云，得有正知正见，才是有智慧的人。知识分子要能做天下人的"警钟"。

否极泰来，泰去否来，"否泰，反其类也"（《易经·杂卦传》）。中国人少有自杀的观念，因为否极泰来。有智，则在绝望时，正给予最大的盼望，"治起于衰乱之中"，于乱世中犹能猛干的力量。

必要重视民族精神，此一民族才有希望。重视中国人的智慧与思想。活着，每天必抱着"如临大敌"的气势，"士可杀不可辱"（《礼记·儒行》），对有抱负的人绝不可辱之。年轻人必要培养器识、气势，"君子坦荡荡，小人长戚戚"（《论语·述而》），患得患失的样子难看。先培养器识，才能培养气势。气势是由环境培养出来的，孟子说"居相似也"（《孟子·尽心上》）。培养自己才足以有为，要练成"久假而不归"，胡适就是个例子，其术不错！必要有术，曾文正养拙、求阙。

人真有野望，必得吃得了苦，必要有真功夫，否则，怕"后夫凶"（《易经·比卦》），却成"首当其冲"。必要有胆、量、识，识为成功之基，没认清绝不乱说，一说话必要能号召天下。有识者非未卜先知，乃知己之所短，必有把握才说，则其言无不中矣。

孔明施"空城计"有胆，是失识后有胆乃成，在城楼上轻拂琴弦；听其音一点不乱，司马懿因此退兵。但明知马谡不堪大用，何以用他以致"失街亭"？事后生气，挥泪"斩马谡"，也只显自己之无识。《失空斩》是部好戏，但毛病多，前后之德有矛盾。

为政之道，光说不练，无用。多少人在病态里生存，而习以为常，自以为是金科玉律。真有智慧极重要，要善智慧，不要老是跟人后跑。

昔日修皇宫，有样式雷，磨砖对缝，严丝合缝，墙面绝不裂。陵是地宫，但不渗水。兴京陵，又称永陵，清龙兴之地，有许多迷信。兴京（赫图阿拉）改成新宾，今辽宁省抚顺市新宾满族自治县。

历史的是非，是将来的判断。必替自己负责，人皆要死，必重视历史价值。一东西不在大小，而贵乎有实力。实力不足，完全伪装，外边有戳子。

一言一句都影响自己终生，人无言便是德。"为之难，言之得无讱乎？"（《论语·颜渊》）应严格训练说话的机术，必要言中有物。话不在多，一句话，言中有物，也会扰人心思。

与人关系不那么近，就不要离间人家的亲情。人有耳，墙有缝。人知了，必"君子报仇，三年不晚"，碰上一狠的，就毁了你一生。政争，就是你死我活。

有想法就有责任感，于任何环境中皆有感受，应如何去做？空想与实际距离远。

先当文章读，再自实际看，经时间印证，知理论是空的。"中学为体，西学为用""全盘西化""本位文化"，为清逊位到国民党退据台湾的几个思想。

读书不可以重注解，注解皆有其时代背景；不重之，但以之作为入手处，若得鱼忘筌，自经文本身认识。

"以夏学奥质，寻拯世真文"，夏，中国人；学，知行合一：

自基础认识中国人的知与行，读书目的求"知"以外，用"行"印证，才为真知。"寻拯世真文"，非寻找"理论"，乃正视"实际"，文章应贵实际而可用，可自其中得救世的智慧。

自《易经·系辞传》，可以找出较古的思想，伏羲"仰观俯察"，从自然界得结论，画八卦，其思想成型。

"一以贯之"，必"心会神通"才能达到；依经解经，亦然。

民国以来，废庙为学校，此是非不论，但中国人的传统、信仰一夕间去除，百姓将起反感。忽略哪些该改、哪些不该改，故不受喜欢。

面对百姓，不能忽略传统、伦理、习俗，此即"道"。教育多，改变快，自然就会改变，不必毁。治国平天下不能违众，慢慢自根上来。《繁露·楚庄王》曰："孔子曰：'无为而治者，其舜乎！'言其主尧之道而已，此非不易之效与？"无为而治，顺自然而为。老的不必改他，小的自根上着手。民俗改变，是逐渐的。易中有不易之处，即道。

《商君书·更法》曰："当时而立法，因事而制礼。礼法以时而定，制令各顺其宜，兵甲器备各便其用。"法令能当古玩保存？"当时而立法"，怎能三四十年犹一成不变？"因事而制礼"，民国以来无制礼，民众无所遵循。"礼法以时而定"，礼以时为上，随时制礼，以时制法。"制令各顺其宜"，顺自然之宜，此为道统。

一国最重要的为礼、乐。生、死、结婚，乃人生三大事。

生，弥月之喜，百日押百岁。

小儿出生满一个月，"弥月之喜"，也称"满月"。一般会先敬神祭祖，或请客宴席，同时为婴儿剃下胎发，祝他从头开始，一生美满、幸福。

《颜氏家训·风俗》："江南风俗，儿生一期，为制新衣，盥浴装饰，男则用弓矢纸笔，女则刀尺针缕，并加饮食之物，及珍宝服玩，置之儿前，观其发意所取，以验贪廉愚智，名之为试儿。"又称抓周、试周、拿周。新生儿周岁时，将各种物品摆放于小孩面前，任其抓取，传统上常用物品有笔、墨、纸、砚、算盘、钱币、书籍等。抓周物品样数是六的倍数，如十二或十八，取"六六大顺"吉祥之意。

死，昔日收完奠仪，送者上吊（吊，祭奠死者），哀家要叩谢，写"跪领"。

吊，《说文》云："问终也。"《礼记·曲礼》曰："知生者吊，知死者伤。"《玉篇》云："吊生者曰唁，吊死者曰吊。"

昏（婚），大陆乡下，天未明结婚，坐八人抬的大轿。太阳未出，即日出前拜天地，在子时至日出之间。不拜天地，不算夫妇。

民初订《中国新礼仪》，却也没实行。之后，更是乱得无以复加。今天祭孔穿西装，孔子也吓一跳，怎么来这么多的混血儿？

大陆用中国传统的礼。旧时满人，弟死，弟媳可嫁亲弟兄，在汉人则不可。满人习以为常，但书中掩而不谈，因无若汉人仔细的礼法。入关后，乃改习汉人礼法，而汉人则以旗人礼法太重。

"虽曰天命，岂非人事哉？"不否认天命，但以人能胜天，不能忽略人事，皆见之于行事。

你们不懂为文之道。看《离骚》多美！文章格局，用字之美！《诗经》为百姓之产物。先秦两汉文章还有能读者，愈下面则每下愈况！艺术之美，焉能断了？应加以保存。

男女同学应发心做一门学问，诗、词、歌、赋选一个。学文史哲的，至少应以一生精神学一件。以《昭明文选》修心灵之美，会背，再加上三五年工夫即成。必要会背，无第二秘诀，加上心细。"文选烂，秀才半"，我不会作，但会窍门。

昔书背完后，再讲书。不必挨着背，自短的入手，自一家入门，从喜欢的开始。文章，连白话也有起、承、转、合。入门后，愈长愈好，起、承、转、合，如看大戏。读《陈情表》，不懂才不流泪。

谁会背，给谁讲，我不再训练自己了，来生当农民算了，也不必识字！

完全在乎自己。必要有好奇心，培养心灵美、内在美。学术与医生同，越好越值钱。不必贪多，一个有成即可。古人时间多，学得少，可以不出屋，天天读书。

成佛，不在出家不出家。表面变没用，最重要的是心变，心即佛。心无变，如何成佛？人的改变太难，不能自根上变没用。

中国思想"居天下之广居，行天下之大道"，"得志，与民由之；不得志，独行其道"，以天下为己任，孟子"受业于子思门人"，深懂《大易》和《春秋》。"六合同风，九州共贯"，以鲁为化首，以中国为化首，因其国以容天下。

孔子主张进化，说"后生可畏，焉知来者之不如今也"（《论语·子罕》），总以为一代比一代强。在政治上"存三统"，即有本有源，新周、故宋、以《春秋》当新王。有道统，有政统，通三统为一统。大一统，非另起炉灶。

"周监于二代"（《论语·八佾》），周以夏、商为监，而建天统，教以文，尚文。《春秋》以商、周为监，而建人统，群之始年，人道之始也；教以忠，尽己之责；制尚质，本也。人人皆可以为尧舜，人人皆有士君子之德，无首。《春秋》要"以质救文"，因周"文"出了毛病，必以"质"救之。

做事也必"慎始初"，不能老是马虎，要慎始诚终。开始弄乱，脚步更乱。人最难的即持之以恒，乃一事无成。"天行健，君子以自强不息"（《易经·乾卦》），如细水长流，不间断。

天道之常经，仁，好生。慎始，好的开始是成功的一半。但必要识微、察微。"一叶落而知秋"，即识微；识微后，要研究此"微"，则知"履霜，坚冰至"（《易经·坤卦》），要防微杜渐。

年轻人光知做梦。谁无梦？但必自第一步开始。同学办事能力欠缺，不知什么是开始，完全本末倒置。《论语》说"本立而道生"，即慎始。

"大一统"，并非口说，行远必自迩，当慎始。《繁露·重政》曰："《春秋》变一谓之元，元犹原也，其义以随天地终始也。"万物必随天地终始。种花生，必重节气，否则光长树，不结果，过时即不生。动植物皆一也，过节气则不生。猫狗过月不生。

人则不受限，"人惟有终始也，而生不必应四时之变，故元者为万物之本，而人之元在焉"，人自有终始，只有人不受节气的影响，不分春夏秋冬，哪天都可以生，故人为万物之灵，"与天地参矣"，人与天、地平等。三才，天、地、人，皆自"元"来。

"元"者，为万物之本，而人之"元"在焉。"大哉乾元，万物资始，乃统天"，人之"元"即在"乾元"之中，天地之"元"亦在"乾元"中，故"元"为大本。

《繁露·楚庄王》说"《春秋》之好微与其贵志也"，又《二端》说"圣人能系心于微，而致之著也"，要识微。慎始，犹不足，还要诚终，慎始诚终，有始有卒。识微，察微，行出，致之著。

多数人做事皆虎头蛇尾，应是完事了也不走样。办事办走样，与原先设计不同。画样子，故宫有"样式雷"，传媳不传女，怕外传。

《二端》又曰："是故《春秋》之道，以元之深正天之端，以天之端正王之政，以王之政正诸侯之即位，以诸侯之即位正竟内之治，五者俱正而化大行。""大哉乾元"，因其能统天，"万物资始，乃统天"。最高标准为"天"，"唯天为大，唯尧则之"（《论语·泰伯》）。"五者俱正，而化大行"，今天无一样能正，有些人以中国为落伍。那进步有何标准？马一浮当年倡"复性"，确有先见之明。上述二事，证明"人性"没了。我本不高兴马一浮的说法，今证明其为先见。

我年轻时也好动，参加过各种团体，曾入灵修院，也当过和尚，其他更不必说，偷过情报，但没做过小偷。

百年来，对中国到底有何贡献？中国东西必经外国肯定？应正视此一问题。自正、反面检讨。中国东西固然旧，但至少"本性"存焉。

古文家批评今文家讲"灾异"，其实，此为今文家进步处。不讲"灾异"，又如何防之？防未然，必真知"灾"之所以。

《读经示要·卷三》曰："《春秋》记水旱等灾，欲人之修备也。《易·系辞传》曰'智周万物'，又曰'备物致用，立成器以为天下利'，又曰'开天下之物，成天下之务'，此等意思，与《春秋》书灾异之旨，本同条共贯，不可不察也。"

"异"，如钱、赵二事，即异乎常；"父为子隐，子为父隐"（《论语·子路》），父子斗争也是"异"，异于常道、常情。今天媳妇孝顺公婆，亦"异"了！父母生你，养你的小，你当养他们的老。现占了便宜就跑，真是"灾异"并至，能有好结果？今一下雨，即有"灾"情。地球有夏天下雪现象，亦"异"。

《二端》又曰："《春秋》至意有二端，不本二端之所从起，亦未可与论异也，小大、微著之分也。夫览求微细于无端之处，诚知小之将为大也，微之将为著。吉凶未形，圣人所独立也，虽欲从之，末由也已，此之谓也。然书日蚀、星陨、有蜮、山崩、地震、夏大雨水、冬大雨雹、陨霜不杀草、自正月不雨至于秋七月、有鹳鹆来巢，《春秋》异之，以此见悖乱之征。"

以现在的小碎步，小步竞走，总有一天穿过去。我要回去时，你们师母已走了。我总想她找上来，现在已落空！

公羊家讲"灾异"，并非迷信，乃重视开始。"灾"，防未然；"异"，失常，必使之归于常。拨乱反正，什么乱了，皆拨之，使之返于正。

《公羊释例·灾异例第三十》曰："灾异者，圣人所以畏天命，重民命也。圣人之教民，先之以'教'，而后'诛'随之。天之告人主，先之以'灾异'，而后'乱亡'从之……善乎董生之言曰：《春秋》之所讥，灾害之所加也；《春秋》之所恶，怪异之所施也。'

推此以应变，是谓求病而用药。圣人拨乱反正，尤重于'上律天时，下袭水土'，必至于太平以瑞应为效，而后地平天成之道著，则莫近诸《春秋》也。"

《二端》又曰："是小者不得大，微者不得著，虽甚末亦一端。孔子以此效之，吾所以贵微重始是也。""贵微重始"四字如能记住，一辈子不失败。做事没心，糊涂，无通盘计划，怎能不失败？

"敬事而信"（《论语·学而》），"慎始而敬终"（《礼记·表记》），识本，识元，识微，诚终，重始，知何以要如此开始。"微"，识之机也，方知怎么开始，什么时候开始，根据识微、察微决定。

书皆当历史读，真是可惜！《尚书》当考据，真是糟蹋！中国政术确有高人一等之处，可惜你们未能细看。读中国书，必当智慧读，慢慢地玩味。我专找小毛病，在屋中看书无功利境界，一周看一句也不嫌少。

《大易》与《春秋》必要深入，真为智海。你们读《易》，两周读一卦，孔子也吓跑！必要琢磨，不要獭祭鱼！鱼不跑，水獭不抓。光摆书，无详思，即獭祭鱼。看书不必慌，不必有功利境界。一分心即无境界，乃无法深得。

现在人最可怜，祖宗留下的东西看不懂。读文字学了？不识字，能读书？尽是跑步子杂志。看《说文》，持之以恒。不能，培之，自根上奠基。

研究中国东西，并非天天唱《中国强》，补己之短可以多学，却不能忽略己之所长，要自己造就自己。

子书必要下功夫，喜一子，好好琢磨之，可做窄而深的研究。找一个，传一个，使之不断也可。当年办学，能讲的还在，今天有人能讲？向谁学？今天没学就讲书。现已无法全了！鲁实先，文字学；成惕轩，骈文。师父领进门，修行在个人。今天剩下两个，腿也拿不动了。

问："老先生这么精神，天天吃什么？""吃大馒头。""老先生若年轻，必不得了！"人贵乎有精神，"精、气、神，人之三宝"，皆操之在己，必要动。

成功不必在我，你不在，人家干得比你好。因你在，别人不好意思赶到前头。代有才人出，自己培养自己，造就自己，各人所喜不同。

同学遇事往往躲，应勇于面对。不必想明天怎么样，应努力于今天。没有机会找机会，有机会就做。孔子周游列国，腿不能动了再修书。不行千里路，焉能修订《六经》？自己有了经验，才能告诉别人。发愤，三年小成，必要持之以恒。

《说苑·建本》曰："孔子曰：'君子务本，本立而道生。'夫本不正者末必倚，始不盛者终必衰。""君子务本，本立而道生。孝弟也者，其为人之本与"（《论语·学而》），不要以为孝悌太旧，今天更是重要。

"入则孝，出则弟"，出门就得讲悌道，"老吾老，以及人之老"（《孟子·梁惠王上》）。孝窄，对父母，不懂孝，失本，今天托老！孔子"不独亲其亲，不独子其子"（《礼记·礼运》），应早修标准的养老院，孔子真精。或坐空调车，或挑担卖菜；或上高级幼儿园，或卖小报……今天赶时髦学英文，发音不准，反而糟！"老者安之，少者怀之"（《论语·公冶长》），今天办得到儒家社会思想的境界？

不论什么时代，立德仍重要。政客净争智慧，不想在大本上有所立，就竞相欺诈，弱肉强食，此一失败值得详细检讨。以前多少人放洋屁，既理论，真能干。今天这批，能说，不能干。领导人不正，《春秋》大居正，"子帅以正，孰敢不正"，能不深加反省？

《论语·先进》曰："子张问崇德、辨惑。子曰：'主忠信，徙义，崇德也。爱之欲其生，恶之欲其死，既欲其生，又欲其死，是惑也。'"崇德，积德也，如建房子，是由一块砖一块砖累积而成的。

《说苑·建本》曰："《诗》云'原隰既平，泉流既清'，本立而道生，《春秋》之义；有正春者无乱秋，有正君者无危国，《易》曰'建其本而万物理，失之毫厘，差以千里'，是故，君子贵建本而重立始。""建其本而万物理"，本建了，所累积的经验，可以理万物。中国字必了解其深义。

身体力行，体悟而后脚踏实地干，人生观必改变，不能再颓废下去。历代建国者皆兢兢业业而来，然皆失败了，所以有廿五史、廿六史……今天隔夜的面包都不吃，无"建"的经验，以何理事？连吃也不会，在温室中长大，靠什么成功？经验是累积来的。

昔日过年，年夜饭的饺子，是生的，象征做官人家都"升"了，即升官；做买卖人家则必露馅儿，都"挣"了，即赚了。

自中国东西想出一套办法，对未来还有贡献，此为今后中国当努力的方向。百年学外皆失败，应再回头看自己的东西，中国思想亦人类思想之一。中国思想对人类是否仍可有贡献？

应加以研究。

无"正"，乃"乱"，"名不正，则言不顺"，净头痛医头，脚痛医脚，矛盾丛生。正，王道也。儒家为政之道，即讲王道，天下人所归往之道，有别于霸道。《读经示要》以王道为天德之显。王道当为生民之道，天有好生之德，天德好生，应体味之。

天德：一、"大道之行也，天下为公"。"天无私覆，地无私载"。"成公意也"，非成（隐）公之意，乃成天之意，天道尚公。公，用于事。二、还必"生而不有，为而不恃"。法天之公，做了，还必"生而不有，为而不恃"，不夸己功。父母对子女不夸功，有天之德。行健不息，"天行健，君子以自强不息"。

问"明"，子曰："浸润之谮，肤受之愬，不行焉，可谓明也已矣。"（《论语·颜渊》）不受暗中挑拨的坏话和直接的诽谤，任何人的言语在我皆不生作用。"爱之欲其生，恶之欲其死"（《论语·颜渊》），净嫉妒，能多闻而择？"多闻而择焉，所以明智也"（《说苑·建本》），"多闻，择其善者而从之"（《论语·述而》）。人之短，在喜听小话，误事太大。皆自毁，谁也毁不了你。"知者不惑"（《论语·子罕》），明智，才能"天人相须"，以明智养正；若遇事即惑，那正何来？《易》讲"蒙以养正"。

孔子政治思想以尧、舜为本，删《书》首尧舜，故子思作《中庸》，以孔子"祖述尧舜"，"父作之，子述之"，非作文，是尧舜作之，后世述之。"上律天时，下袭水土"，即法自然。天文、人文，皆文，"大人者，与天地合其德"。

乾元，为体，大本；元，为用。光提"元"，即体即用。

佛以"心即佛"，"佛在家中坐，何必远烧香"，父母即活佛。真有佛，也是度好人。六祖《坛经》讲得透彻。禅定，全在自己修；不是信佛，即成佛。必要修，"体"与"用"在一起。

读一辈子书，但有成就的少。有成就，境界还不同。

熊十力的《论六经》，理路没以前清楚，没交代清楚，可能是晚年写的，费心，却前后交代不清，但仍比我们想得清楚。

熊十力以"大海水与众沤"比喻体用，即乾元与元。乾元生了元，元不就是乾元？如是父母的几分之几，越来越没，岂不成为杂种？中国以"续莫大焉"，认为断子绝孙是不孝。现在思想"混"了。熊十力分析以水泡和大海水同，想得深厚，此所谓"姨娘亲，不算亲，姨娘死了断了筋；姑姑亲，辈辈亲，打断骨头连着筋"。

一年不如一年，这种毁灭比什么都可怕！有工夫，慢慢琢磨中国东西，愈是深入，愈站得住。现在讲中国东西的，离开外国东西不能讲，岂不是掩饰自己？大师所写，全本书有几分中国东西？钱穆至少说中国东西。批评的多半看不懂，批评熊十力的，根本不知中国东西。熊先生的东西，必有几分佛学基础才看得懂。

汤一介（1927—2014）成立"中国文化书院"，其父汤用彤（1893—1964），研究中国佛学，用基督教钱出国留学，当燕大宗教学院院长。

燕京大学（英语：Yenching University），简称燕大，是20世纪初由四所美国及英国基督教教会联合于北京开办的大学，中国人掀起收回教育主权运动后在中国注册。1952年大学整并，文科、理科多并入北京大学，工科并入清华大学，社会学类科并入中国人民大学。燕京大学校址"燕园"成为院系调整后的北京大学校园。

女的传学，就得不结婚。熊十力之学由女传。能欺人，必高明，但别自欺。一般人以为鹦鹉不通人性，但它能识途。看人有几个识途？天天不知为谁忙、为何而忙？识途老马，赞美人的话！真识途，一天不会浪费自己的时间。

对小孩不要宠之过度，当领之以方。不要"孝"子，人应比鹦鹉有灵性。每天检讨自己：一天干些什么？真惊醒，三年有成。看一天净扯些什么？盲目，无知！

没有民族精神，就完了！都是名人，但不知所云。看现在人才，空空如也！不学无术。博士不见得就有学问，谈外交，根本不懂外交是什么。讲中国政治外交，爱国不能空，识、胆、量绝不落空，不必空想。

说"某人有关系，才有今天"，不努力的可怕！应说"某人有什么成就，才有今天"。真是不可救药！自己真能担负什么？语言不通，文字不懂！

做事，利人利己，生也，春即生。"率性之谓道"，本良知良能做事，自度度人。修道，是后觉者，境界还不高。先自己修道，然后可以率天下人修道，即教，"修道之谓教"。政教，皆本人性来的，皆不假外求。智慧乃本身固有的，用别人的智慧启发自己的智慧。

《春秋》完全以"王道"一统天下，不同于统一。王者，奉天出教。王道，法天之道，顺自然，人性之道，非人为的。每人皆本"人"的尊严行道，无不平等。

由"王道"到天下"大同"，所使用之术，"统百王而皆奉一元"。大同，小处不同，由不同而趋于同，异而同。党，尚黑，违背中国思想，"君子不党"（《论语·卫灵公》），群而不党。"非至德，至道不凝焉"，修德凝道。好好玩味，有智慧者可以想出一套东西。

《繁露·王道通三》曰："古之造文者，三画而连其中，谓之王。三画者，天地与人也，而连其中者，通其道也。取天、地与人之中以为贯而参通之，非王者孰能当是？"一以贯三，王也，通天、地、人，三才之道。

《中庸》曰："天命之谓性，率性之谓道，修道之谓教。道也者，不可须臾离也，可离非道也。是故，君子戒慎乎己所不闻，恐惧乎己所不睹。"最可怕的是自己所不见、所听不到的。对问题有所不足，必要下"索"——搜索的功夫。缘所睹以逆测所不睹，何以发生这么坏的环境？何以年轻人光知"欲"而不知有"理"？欲名欲利，其他一切不懂，净出风头，显己之能。

想使头脑能致密，就看什么书，好好训练，非一日之工。电脑也会有失灵的一天，都用电脑，将来人脑都朽了。"莫见乎隐，莫显乎微"，识微、识之机，逆测，知吉凶、悔吝，"知来者逆"（《易经·说卦传》）。看自己一天，到底真用脑子想过几件事情？任何事发生，必要追根溯源。

内圣、外王，两件事。《春秋》是什么？这个时代的责任是什么？愿今天为《春秋》的时代，孔子为后王立法。《春秋》时代，所见、所闻，拨乱反正之功。"正"，孔子最高的政治理想。

自据乱世而升平世、太平世，进而大同世。据乱世，为家天下；去据乱世，必"拨乱反正"，回正。升平世，以尧舜为正，"选贤举能"。太平世，人人皆有士君子之行，群龙无首了，"见群龙无首，吉"，人人皆可以为尧、舜。大同世，"统百王而皆奉一元"。分四个：据乱世、升平世、太平世、大同世。太平世非即大同世。

正，非一步能到达大同，必由升平世达太平世，进而到大同世。据乱世有"君子"，成德之谓君子。修德几个阶段：士、君子、贤人、圣人、大人，"大人者与天地合其德"，"天人合一"的境界。

《春秋公羊传·哀公十四年》《传》曰："其诸君子乐道尧舜之道与？末不亦乐乎尧舜之知君子也？"人人皆可以为尧、舜，人人皆有士君子之行，"远近大小若一，夷狄进至于爵"，"天下一家，中国一人（员）"，"见群龙无首，吉"，华夏。

《大学》与《中庸》为中国学说之胆，将《大易》与《春秋》缩小。如《心经》为佛经众经之胆。但《大学》与《中庸》掺有汉儒的东西，以"小康"思想居多。康，安也，小康，即小安世。以礼运天下，行礼运之至德，自"小康"转入"大同"。

看每天的报纸，尽鬼七王八的！不合理事可以消气。"嗜欲深者，天机浅"，知此，自己要能正，不要乱七八糟的。

摆弄了四十年，老学生都退休了。现在教学生，不留一手不行，最后说他"无常师"，遇事找老师，还有尊严？留一手，不交学费不说。

《中庸》曰："唯天下至圣，为能聪明睿知，足以有临也；宽裕温柔，足以有容也；发强刚毅，足以有执也；齐（斋）庄中正，足以有敬也；文理密察，足以有别也。"

"聪明睿智，足以有临也"，临，视也，面临，君临天下。聪明睿智，还必要能办事，不会做事没用！

"宽裕温柔，足以有容也"，有容乃大。儒"君子不器"，器就有量；不器，乃无量无边。像器，就有一定量。意境一样，境界不同。

"发强刚毅，足以有执也"，这几个字很重要。发，出发，发表意见，发面，发酵。执，执事，管事的，必有所守，即贞，正固。有所执者，必有所守，按规矩行事。

"齐庄中正，足以有敬也"，斋，心斋。不杀生就能成佛？一念之间。马斋没用，马不吃斋，如吃斋成佛，那马都成地狱领袖了。孟子说"君子远庖厨"，鬼王，没断杀生的念。我自小就不喜《孟子》，有四本之厚！

"文理密察，足以有别也"，文、理，两件事。理，距离一定。如树的年轮，有文理。别，不惑，故能辨。旁观者清。

将这些串在一起，为重要的政治哲学，作为消遣。

《中庸》曰："溥博渊泉，而时出之。溥博如天，渊泉如渊。""溥"，溥毓，普育也。佛光普照，无分别心。和谁近，和谁亲，就不普。容光必照，境界又不同。"博"，博施济众，"尧舜其犹病诸"（《论语·雍也》），可见"博"的功夫不易！乱博乱施，皆不行，必以时出。以时出之，非作秀，今天有今天之时。云南救济，时出，此次做得不错。上必有一目标，才如此做。

想研究中国文化，得累死人。智慧有，但必用到当处，当务之为急，"此何时也"，知此四字，就知努力的方向。今之当务最急，急所当务。

孔学即一"时"字，孟子以孔子为"圣之时者"。中国道统为"仁"字，《易经》"君子体仁，足以长人"。奉元，奉仁，元能含仁，故说奉元。天德，王道，奉元，皆接着。想发挥点作用，必要真知。出多少名人，而今安在哉？

《中庸》"唯天下至诚，为能尽其性；能尽其性，则能尽人之性；能尽人之性，则能尽物之性；能尽物之性，则可以赞天地之化育；可以赞天地之化育，则可以与天地参矣"，至圣，乃因至诚，"诚者，天之道；诚之者，人之道"。"至诚"，达到"诚"的境界，此"至"，达也，非"至圣"之"至"。我读书专找小毛病，在此。否则，诚外有至诚，岂不成天天之道？读文，必要谨慎，才不出毛病。

尸子说仲尼尚公（《尸子·广泽》曰"孔子贵公"），可能孔子就讲公天下。庄子不够，走运气，提"内圣外王之道"（见《庄子·天下篇》）。孟子因"道性善，言必称尧舜"（《孟子·滕文公上》），成为亚圣，其实糊涂一辈子。造谣不必多。

《大学》曰："此谓诚于中，形于外，故君子必慎其独也。"朱子注："闲居，独处也。厌然，消沮闭藏之貌。""独者，人所不知而己所独知之地也。言幽暗之中，微细之事，迹虽未形而几则已动，人虽不知而己独知之，则是天下之事无有着见明显而过于此者。"以"慎独"为"不愧于屋漏"，我不愿接受此解。《中庸》"是故君子戒慎乎其所不睹，恐惧乎其所不闻"，乃慎己所独不知、所独不闻的事，一如"人莫知其子之恶"，而别人莫不知。

人的智慧不一，有独运之智者，办事乃不同于常人。亲兄弟也没有办法一样。必要先有自知之明、自知之智。什么不足补之，自牧也，《易经·谦卦》"谦谦君子，卑以自牧"。牧天下，即先觉觉后觉，但必先自牧。能自知，才能独运其智。培养己之短，成为己之长。详看《四书》，即可得自牧之道。独立性，与常人不同，有立身之道，不依人，超人之见，独见。

《论语·子罕》曰："文王既没，文不在兹乎？""文没在兹"，此为中国人的责任、中华民族的精神，每人皆一"文王"也。人人皆有士君子之行，人人皆可以为尧舜。文王，文德之王，"法其生，不法其死"。《大易》与《春秋》相表里，《大易》，体元；《春秋》，奉元。

何成乎公之意？

以不有正月而去（不书）即位，知其成公意。

此注应挪至此。

"成公意"，一、微言，成"公天下"之意；二、成"隐为桓立"之意。

三统之义：夏、商、周。元、明之后，清仍存其祭祀。

《春秋》拨乱反正，乃返回正道——尧、舜之公天下。经夏、商、周，说"三世必复"，虽九世、百世亦可复。但立说之后，常为恶人所利用，"多少罪孽，假汝之名以行之"。

下面讲乱制，为正伦，不若前面重要。拨乱，由正伦始，讲伦常的重要，借事以明义。

公将平国而反之桓。

平，治也。时废桓立隐不平，故曰平，反还之。

成隐公之意，"隐为桓立"，讲历史，示让。讲伦常的重要。由人的伦常，影射到政治伦常。

旧社会以嫡为贵，故嫡长子为继承中心。昔人多妻，儿子有先生、后生，以嫡长子为贵。侧室，右侧比左侧贵，古时尚右。

曷为反之桓？桓幼而贵，隐长而卑。

长者，已冠也。礼，年二十见正而冠。《士冠礼》曰："适（通'嫡'）子冠于阼（东阶），以著代也。醮于客位，加有成也。

东阶，为主位，东家、东翁。老师为最重要的客人，称西席。

家中，东边为主位。"冠于阼"，于东阶加冠；"以著代也"，表明自此可代父亲处理事情。

"醮"，尊者对卑者酌酒，卑者接受敬酒后饮尽，不需回敬。"醮于客位"，在客位上行醮礼；"加有成也"，显示为有德成人加冠。

"三加弥（益）尊，谕（上告下）其志也。冠而字之，敬其名也。"

"三加弥尊"，三次敬酒，三次加冠，一次比一次贵重；"谕其志也"，告之确立远大的志向。

"冠而字之"，行加冠礼后，命以表字。古时，冠礼比婚礼重要，必宴客，取字，表成人了。以字行，即以字行于世。表字，如韩愈字退之，杜甫字子美。

"敬其名也"，名为父母喊用，"犹有慈亲唤小名"。

一般人家冠礼与婚礼同时举行，以节省费用。

"公侯之有冠礼，夏之末造也。

"冠礼"，夏时创的。昔日未加冠，还是孩子王。二十加冠，即为长。

"天子之元子犹士也，天下无生而贵者。"

此《春秋》之义，孔子之政治思想，"世卿非礼也"，人无生而贵者，公。士，刚开始的公务员。士大夫，大夫分上、中、下。士亦分元士、中士、下士。天子之子曰元士，士之大者而已。

此微言大义之所在。后人看不懂，批评何注。你懂的，他一定都懂。看《读经示要》有关《春秋》部分。

《白虎通·爵》曰："举从下升，以为人无生得贵者，莫不由士起。"此道尽乱制之必除。又有什么好争的？人无生而贵者，皆由下升上，"世卿非礼也"，此《春秋》之义，公，天下无生而贵者。

《春秋》去掉嫡、庶的观念，为庶子出气！"余侧室之子也"，溥二爷尽读古文，不明白孔夫子已去嫡、庶之分。

其为尊卑也微，国人莫知。

母俱媵也。"国人"，国中凡人。"莫知"者，言惠公不早分别也。

"媵"，承也，承事嫡也。隐、桓，皆姨太太所生，但因左右媵而不同。乱制之所以乱，在此。

"惠公不早分别"，惠公于声子（隐公母）与仲子（桓公母）不能早分别其位，夫妇之道不正，而隐桓之祸生。

礼，男子六十闭房，无世子，则命贵公子。将薨，亦如之。

"无世子"，则无接班人。大太太以外所生的，皆曰诸公子，以年长为贵。

隐长又贤，诸大夫扳（引）隐而立之。

诸大夫立隐不起（书）者，在《春秋》前。

无写功过。

"在《春秋》前"，在孔子理想国前。周、宋、春秋（鲁），三统。《春秋》是个"况"的时代，以《春秋》当新王。

明王者受命，不追治前事。

《春秋》之义，"既往不咎"（《论语·八佾》）。"不追治前事"，过去就过去，不想当年，不教之时代，乱制。

"犁牛之子骍且角，虽欲勿用，山川其舍诸？"（《论语·雍也》）不查考三代出身。历代科举查考"三代履历"，不合孔子思想。

人之卑鄙，就自思想来。真明白，对社会事，不是大悟，就是气死。《圣经》说"忘记背后，努力面前的，向着标杆直跑"。我曾入灵修院，年轻必要好奇，精神饱满，哪儿都得去，好奇就是个力量。

孔子曰："不教而杀谓之虐，不戒视成谓之暴。"

领导人责任：教，戒。"不教而杀谓之虐，不戒视成谓之暴"（《论语·尧曰》），不合乎法、礼义的，即暴虐无道。《春秋》前之昏，怎懂得教与戒？故"不追治前事"。

每字皆有深意，就是写三百字方块，也必要有内容。

隐于是焉而辞立，则未知桓之将必得立也。

辞,让也。是时公子非一。

昔日称小老婆所生的孩子为"公子"。"诸公子",即很多公子。

且如桓立,则恐诸大夫之不能相幼君也。故凡隐之立,为桓立也。

"凡"者,凡上所虑二事皆不可。故于是己立,欲须桓长大而归之,故曰"为桓立"。明其本无受国之心,故不书即位,所以起其让也。

"隐为桓立"为况,微言,示让,成公意。《繁露·竹林》曰:"前枉而后义者,谓之中权,虽不能成,《春秋》善之,鲁隐公、郑祭仲是也。"

《尚书》首让,《春秋》为礼义之大宗,《春秋》与《尚书》相表里。孔子修《尚书》,以尧、舜为首;修《春秋》,以隐、桓为始,皆明让。但最好的时代是归往,和让不同,王,往也,天下所归往。

"吾道一以贯之",《五经》皆相通。《大易》上经以乾、坤为首,下经以咸、恒为始。《诗经》首《关雎》,明夫妇之道,"夫妻以义合",不能滥结婚,也不能不结婚。

追忆昔年促膝谈梦,皆要救国;今当再促膝言孽……唯有始作俑者,才值得言孽。现在干,乃要为21世纪青年留点东西。孽都造完了,应留点东西,教后人怎么干。有政权不一定成功。人造孽修佛也赎不了罪。

隐长又贤，何以不宜立？立适（通"嫡"，嫡子）以（因）长不以贤，立子（公子）以贵不以长。

"适"，谓适夫人之子，尊无与敌，故以齿。"子"，谓左右媵及侄娣之子，位有贵贱，又防其同时而生，故以贵也。

礼，嫡夫人无子，立右媵；右媵无子，立左媵；左媵无子，立嫡侄娣；嫡侄娣无子，立右媵侄娣；右媵侄娣无子，立左媵侄娣。

正乱制，防乱，自正伦始。那么多太太，怎能不色盲？

质家亲亲，先立娣；文家尊尊，先立侄。嫡子有孙而死，质家亲亲，先立弟；文家尊尊，先立孙。其双生也，质家据见立先生，文家据本意立后生：皆所以防爱争。

据"通三统"的例子正伦。

旧社会，生孩子皆可入族谱。在外生的不承认，乃随母姓。祭祖，都回去，姓不同，根一个。父母死，另成小宗。

世及，非公天下，此为乱制，《春秋》在拨乱反正。乱制，世及制、家天下之制。《春秋》正乱制之前，指出"公天下"的原则。正伦，乃为防乱，而立了王制，由据乱世而升平世、太平世。孔子受多少冤枉！几千年前即有此种思想，也算对得起祖宗。

微言大义也分据乱世、升平世、太平世，每世皆有微言大义。有几个真明白，才能与之讲。必要看书，人贵乎有志。

陈立疏，繁而乱，微言大义不大够。公羊学能传，乃靠何注。我已写公羊学，仍不太好，但至少让人明白。

中国学问是思想，考据为亡汉之学。博学宏词，特别科，大儒皆入，除顾炎武以外，都接受了，有名有利。庆升平时代，消磨读书人聪明才智的手段。任何立说，皆思想。

提醒你们，就是死也要做明白鬼。越不懂事的越胆大，完全不懂，演戏也非如此演法。

桓何以贵？母贵也。

据俱公子也，桓母右媵。

"公子"，小老婆生的；公子之子，为公孙。

母贵则子何以贵？子以（因）母贵，母以子贵。

礼，妾子立，则母得为夫人。

为乱制正伦，乃有嫡子、嫡孙之分。东西太后乃并尊。圣母皇太后，生儿子而立的太后，非真太后。皇太后独尊。

造孽的能有好儿子？世子、太子，就是白痴也得立。

昔日太太主家，二门以内的事必和太太商量。昔女人不嫉妒，有儿子即好，与现在不同。

《繁露·玉杯》曰："《春秋》之道，视人之所惑为立说，以大明之。"治起于衰乱之中，否极泰来。中国人的智慧，总有无限生机。革命何以不彻底？感情包袱特别重。为什么不敢面对真理，包括名与利？不敢谈革命，因为你就是被革命的对象。

董子"于所见微其辞，于所闻痛其祸，于传闻杀其恩，与情俱也"（《繁露·楚庄王》），何休"见恩有厚薄，义有深浅，时恩衰义缺，将以理人伦，序人类，因制治乱之法"（隐公元年"公子益师卒"注），义薄恩浅，恩衰义缺。孝子亦无与父母同死，圣人言"勿以死伤生"，不滥用感情。

自顾不暇还帮人，糊涂！应先自己站住，行有余力再去助人，要自己先有成。"见群龙无首，吉"，天下太平。先研究自己，小恶列出，不管别人，己立立人，己达达人。

革一社会，感情是最大的累赘，非脱下旧包袱，换上新装即成，除旧必要彻底。

我几十年就读这几部书，也没什么功利境界，当然熟了。"君子以俭德避难"，活得有兴味，不天天苦恼。

三月，公及邾娄仪父盟于眜（mèi，姑蔑）。

《春秋》褒仪父，以开义路。

及者何？与也。

若曰公与邾娄盟也。

会及暨，皆与也。曷为或言会，或言及，或言暨？会犹冣（音 jù，聚也）也。

直自若（就像）平时聚会，无他深浅意也。"冣"之为言聚，若今聚民为"投冣"。

何注，皆当时白话。"投冣"，聚会，一如"投宿"，到哪儿住一晚。

及犹汲汲也。

"汲汲"，做事快，不懈怠。

暨犹暨暨也。

"暨暨"，几几。

及，我欲之；暨，不得已也。

"我"者，谓鲁也。内鲁，故言我。

《说苑·指武》曰："《春秋》假鲁为京师，故内鲁言我也。"鲁与《春秋》，非一事，况也。

举"及、暨"者，明当随意善恶而原之。

"随意善恶而原之"，《繁露·正贯》曰："论罪源深浅，定法诛，然后绝属之分别矣。"

欲之者，善重恶深；不得已者，善轻恶浅。所以"原心定罪"。

《繁露·精华》曰："《春秋》之听狱也，必本其事而原其志，志邪者不待成，首恶者罪特重，本直者其论轻……"此"原心定罪"之义也。"故折狱而是也，理益明，教益行；折狱而非也，暗理迷众，与教相妨。教，政之本也；狱，政之末也。其事异域，其用一也，不可不以相顺，故君子重之也。"孔子思想"原心定罪"，特别重德。

《春秋》之义，原心定罪。没做，心里犯了，即意淫。一部《大学》讲修心，正心而后心正。

新王，不重爵，而尊人。

仪父者何？邾娄之君也。何以名？字也。

"父"，甫也，男子之美称。
加冠后，父取字，以字行，表字，不称其名，即尊重人。

曷为称字？褒之也。

据诸侯当称爵。有土嘉之曰"褒"，无土建国曰"封"。称
"字"，所以为褒之者。

《春秋》以隐公为新受命王，仪父慕之，与隐公盟，故知
当褒也。
《通义》云："《春秋》假天子之事，设七等之科，所善者进
其号，所恶者降其秩。"新王之法，设七等之科，假以进退当时。
七等：州不如国，国不如氏，氏不如人，人不如名，名不如字，
字不如子（爵）。

曷为褒之？为其与公（群也，双关语，微言）**盟也。**

为其始与公盟。

爵，几天即完，尊人比尊爵重要。专制时代世爵，故尊爵。
新王时代，"世卿，非礼也"，故尊人。
和百姓拉上手，《春秋》重人。
与隐公盟，以隐公当新王。公天下，以鲁当新王之"公"。

盟者，杀生歃血，诅命相誓，以盟约束也。

盟诅者，欲相与共恶之也。

《传》不足言（衍文）托始者，仪父比宿、滕、薛最在前，嫌独为仪父发始，下三国意不见，故顾之。

"托"，《论语·泰伯》"可以托六尺之孤"。"托始者"，言隐公实非受命王，但托之以为始耳。

宿、滕、薛三国，不及时也，盟得早，前夫凶！

与公盟者众矣，曷为独褒乎此？因其可褒而褒之。

问者，皆以常理问之。

《春秋》王鲁（此微言），托隐公以为始受命王，因仪父先与隐公盟，可假（假借）以见褒赏之法。

"因仪父先与隐公盟"，《春秋》时代与以前时代作划分。

托王于鲁，故别内外，以立王道；托隐公为《春秋》始受命王，故假以见新王褒赏之法。

《春秋》皆假事以托义。"托、假"，皆况，皆微言大义。政治理想与事实无关。

此其为可褒奈何？渐进也。

"渐"者，物事之端，先见之辞。去恶就善曰"进"。

渐，"掘井九仞而不及泉，犹为弃井也"（《孟子·尽心上》）。"渐进"，"渐之进也"（《易经·渐卦》）微言，故有据乱、升平、太平三世，明王化之渐，施详略之文。

譬若隐公受命而王，诸侯有倡始先归之者（有先见），当进而封之，以率其后。不言先者，亦为所褒者法，明当积渐，深知圣德灼然（鲜明貌）之后乃往，不可造次（鲁莽轻率），陷于不义。

仪父，本当在书"名"之等，进而书"字"，渐进也，因其有将进之渐而褒之，"以人治人，改而止"（《中庸》）。

昧者何？地期也。

会、盟、战，皆录地，其所期处，重期也。凡书盟者，恶之也，为其约誓大甚，朋党深背之，生患祸重。

凡书"会"者，恶其虚内务恃外好也。会无美词，盟则可知。

"胥命（相命）于蒲"，善"近正"是也。

古者不盟，结言而退。《穀梁传》曰："相命而信谕，谨言而退。"

君大夫盟例日，恶不信也。此月者，隐推让以立，邾娄慕义而来相亲信，故为小信辞也。大信者时，柯之盟是也。

《春秋》之例。

鲁称"公"者，臣子心所欲尊号其君父。"公"者，五等之爵最尊，王者探臣子心欲尊其君父，使得称"公"，故《春秋》以臣子书葬者，皆称"公"。

秦汉以后，君在父前，称"君父"。

"于"者，於也。凡以事定地者，加于例；以地定事者，不加于例。

旧疏云："'凡以事定地者，加于例'，谓先约其事，乃期于某处作盟会者，加于。'以地定事者，不加于例'，言先在其地，乃定会盟之事者，不加于。"

《何氏释例·地例第二十六》曰："若因事以定地，因地以定事，亦重其事而加详焉尔。"

此章要义：一、因其可褒而褒之，渐进也。孔子主张"渐进"。鲁隐公，假托为始受命王。二、原心定罪。三、假以见褒赏之法，此为新王褒赏之法，孔子之政治思想。

夏，五月，郑伯克（本为"杀"）段于鄢。

骨肉相残曰"克"，公、穀以为杀之……变"杀"言"克"，专以恶郑伯也。

孔子"改杀为克"，贱段而甚郑伯也，如二君，故曰"克"，兄恶弟逆，人伦道废，此大义之所在。无人伦之道，子弑其父者有之，不指一般家庭，指当政者。

"《春秋》之好微，与其贵志也"（《繁露·玉杯》），贵微重志。郑伯志在灭段，故如其意，书"克"。

克之者何？杀之也。

加"之"者，问训诂，并问施于之为。

杀之，则曷为谓之"克"？大郑伯之恶也。

以"弗克纳"，大郤缺之善；知加"克"，大郑伯之恶也。

《穀梁传》曰："贱段而甚郑伯也。何甚乎郑伯？甚郑伯之处心积虑成于杀也。"私而无亲，何民之有？乱制之为天下祸，可不拨乎？微言所示。

曷为大郑伯之恶？母欲立之，己杀之，如勿与而已矣。

"如"，即不如，齐人语也。加"克"者，有嫌也。

变杀言"克"，专以恶郑伯也。

段无弟，文称君，甚之不明。又段当国，嫌郑伯杀之无恶，故变杀言克，明郑伯为人君，当如《传》辞（《传》辞所言），不当自己行诛杀，使执政大夫当诛之。

乱制所施，千篇一律。

"克"者，诂为杀，亦为能，恶其能忍戾（违背）母而亲杀之。

骨肉相残曰"克"，公、穀以为杀之。
录月、言克者，责郑伯忍陷弟于罪，以戾其母也。

礼，公族有罪，有司谳（告）于公，公曰"宥（宽恕）"。及三宥，不对，走出。公又使人赦之，以"不及"，反命，公素服不举，而为之变，如其伦之丧。无服，亲哭之。

出自《礼记·文王世子》。无服，不往吊，为位哭之而已。

段者何？郑伯之弟也。

杀母弟，故直称君。

何以不称弟？

据"天王杀其弟年夫"，称弟。

段，弟也，而弗谓弟，贬之也。段失子弟之道。

当（故）国也。

欲当国为之君，故如其意，使如国君，氏上"郑"，所以见段之逆。

"当"，敌也，著其强御，与国为敌，《左传》所谓"如二君"是也。

"氏上郑"者，正以承上郑伯，明伯与段共此郑矣，所谓"如二君"也，兄弟二人交相害。

《经》例，当国为系国，此已书"郑伯"于上，故不复系郑，直言"段"也。

其地何？当国也。

据俱欲当国也。

齐人杀无知，何以不地？在内也。在内，虽当国，不地也。

其不当国而见杀者，当以杀大夫书，无取於地也。其当国者，杀于国内，祸已绝，故亦不地。

《通义》云："在内，谓国都之内，统于国，故可无更地也。知在外，非谓出境都，鄢亦郑地。"

不当国，虽在外，亦不地也。

明当国者，在外乃地尔，为其将交连邻国，复为内难，故录其地，明当急诛之。不当国，虽在外，祸轻，故不地也。

月者，责臣子不以时讨，与"杀州吁"同例。

讨贼例时。此月者，久之也。

不从讨贼辞者，主恶以失亲亲，故书之。

《何氏释例·主书例第二十九》释曰："《春秋》之为道屡迁，而其义必有所专主。其为文周流空贯，不言之眇（妙），皆在深察。一言之发，众例具举。"

秋，七月，天王使宰咺（xuān）来归（同"馈"）**惠公、仲子之赗**（音 fèng，送财物助人办丧事）。

宰者何？官也。

以周公加宰，知为官也。

盖治官最尊，不当役以聘吊之事，故系官讥之。

咺者何？名也。

别何之者，以有宰周公，本嫌（疑；近）宰为官。

曷为以官氏？宰，士也。

天子上士以名氏通，中士以官录，下士略称人。

惠公者何？隐之考也。

生称"父"，死称"考"，入庙称"祢"（近）。

仲子者何？桓之母也。

以（因）无谥也。仲，字；子，姓。妇人以姓配字，不忘本也，因示不适同姓。

礼，入庙称"妣"，比诸父（伯父和叔父）也。

仲子屈于孟子（惠公夫人），不得配惠公之庙，故还系桓言"母"，所以正名定分是也。

设谥，以彰其善恶。

清皇太后每年过上日，上尊号，"圣母皇太后"是生子的。死后给谥号。依其生前事迹与功劳加一字；如得恶谥，就是有孝子贤孙也洗不掉。此为民族文化。一个民族的文化特别重要，有好的应予保存。

谥号，由朝廷赐予，有文、忠、毅、襄等字，分上中下谥号，也有私谥。"文正"是最好的谥，清朝两百多年只八人谥"文正"。

帝王谥号，由礼官议定，再经继位帝王认可后，予以宣布。清朝起于努尔哈赤的建州女真，清朝建立时追封为清太祖，太祖高皇帝。清朝在顺治帝时入关，故顺治帝被视为开创之君，为清世祖，谥号章，为世祖章皇帝。康熙帝平定三藩、准噶尔，"名为守成，实乃开创"，庙号圣祖，谥号仁，为圣祖仁皇帝。

"女子十五许嫁，笄礼之，称字"（《仪礼·士昏礼》），笄，今之簪。"妇人以姓配字"何？明不娶同姓也。台湾姓成问题，有招赘等，姓皆改过。

生称"母"，死称"妣"。

明代归有光有《先妣事略》文，好文章。

何以不称夫人？

此难生时之称也。据"秦人来归僖公、成风之襚"，成风称谥。今仲子无谥，知生时不称夫人。

桓未君也。

《通义》云："礼无二嫡之义，《春秋》绝正之。""盖诸侯不得再娶，仲子之为夫人，本非正也。"

赗者何？丧事有赗。赗者，盖以马，以乘马束帛。

此道周制也。

非《春秋》新王之制。

"以马"者，谓士不备四也。《礼·既夕》（《仪礼·既夕礼》）曰"公赗，玄纁（浅红色）束帛两马"是也。"乘马"者，谓大夫以上备四也。礼，大夫以上至天子，皆乘四马，所以通四方也。天子马曰龙，高七尺以上；诸侯曰马，高六尺以上；卿大夫、士曰驹，高五尺以上。"束帛"，谓玄三纁二，玄三法天，纁二法地，因取足以共事。

车马曰"赗"，货财曰"赙"（音 fù，以货财助丧），衣被曰"襚"（音 suì，衣死人也）。

此者《春秋》制也。

"赗"，犹覆也；"赙"，犹助也，皆助生送死之礼。"襚"，犹遗（wèi）也，"遗"是助死之礼。知生者赗赙，知死者赠襚。

《春秋》制，为孔子为后世立的法。

孔子"存三统"，"行夏之时，乘殷之辂，服周之冕"（《论语·卫灵公》），所订礼法并非全自己发明，以"周监于二代"，夏、商加上周，为三代。故孔子的新王之制，仍采周制、殷制，加上新王之制，为三统。

桓未君，则诸侯曷为来赗之？

据非礼。

隐为桓立（况，非事实），故以桓母之丧告于诸侯。

经言王者赗，赴告王者可知。故《传》但言诸侯。

然则何言尔？成公意也。

"成公意"，双关语：一、成隐公之意；二、尚公，无把江山变成自家之所有。

尊贵桓母，以赴告天子、诸侯，彰桓当立，得事之宜。故善而书"仲子"，所以起其（隐为桓立）意，成其贤（隐公之公）。

其言来何？不及事也。

据归含且赗，不言"来"。比于去来为"不及事"，时以葬事毕，无所复施，故云尔。去来所以为"及事"者，若已在于内者。

贬，吊不及尸！

其言惠公、仲子何？兼之，非礼也。

据归含且赗，不言主名。兼之。礼，不赗妾，既善而赗之，当各使（动词，派）一使（名词），所以异尊卑也。言"之赗"者，起两赗也。

又以明妾母不得称夫人，不赗之义。

何以不言及仲子？仲子，微也。

据"及"者，别公夫人尊卑文也。"仲子"，即卑称也。比夫人"微"，故不得并"及"公也。

"及"字，含褒贬之义，别贵贱也。

月者，为内（鲁）恩录之也。诸侯不月，比于王者轻，会葬皆同例。

因不正，自系之过，以广是非。

孔子之大义，无以妾为妻，故削"夫人"二字；兼之非礼，又削"及"字，以明嫡妾之分。《春秋》重义不重事，无论桓母、惠母（《公羊》以仲子为桓公母，《穀梁》以为惠公母）皆不得称夫人，不得赗，是为孔子大义。

《公羊》以"母以子贵"，则夏道"亲亲"之义，皆非《春秋》之制也。

言"天王"者，时吴、楚上僭称"王"，王者不能正（拨乱反正），而上自系于"天"（天子僭天）也。

天王，"上自系于天"，阿Q，自我陶醉！

《繁露·深察名号》云："深察王号之大意有五科：皇科、方科、匡科、黄科、往科。合此五科以一言，谓之王。"又《王道》云："孔子明得失，差（去）贵贱，反（返）王道之本，讥天王以进太平。"公羊家讥天子僭天。

《春秋》不正者，因以广是非。

《春秋》就"因"乱制，"以广是非"。

孔子时代，周已不像国，等于亡国。《春秋》新朝应纠正周之不正，但《春秋》不正者，在以此例"以广是非"。因有此事，大家才知是非。因为大家不懂是非。

有许多人保留许多东西，留个根，即"广是非"。

吴守礼（1909—2005）是研究闽南语的祖师爷，台大老教授，台南吴园出身，台北"帝国大学"（台大前身）毕业。称自己的闽南语研究资料最全，却被烧光了，不能再提供研究闽南语的材料了，为此而泪流不已。起火原因不明，疑惑是非之言多。

台北市潮州街台大教职员宿舍，1988 年 12 月 7 日凌晨的一场无名大火，烧毁了 80 岁老教授吴守礼大半生的学术研究心血。他跟跄挽着老伴，逃出火海，跌撞到院子里，回头一望，火舌已经饿猛地扑到了玄关——他的生死，原来只是一步之差。

吴守礼发现远溯自唐代的一脉文化曾流传到日本，影响了日本语系的发展。而大陆中原语脉也自北南迁到了闽越，保存下相当的古音。这两支语系文化竟在当时的台湾相遇，进而激出火花。他开始四处收集古本数据，自己校勘、油印，最后选定了《荔镜记》（陈三五娘）的戏文为研究主题，写成一套完整分类的戏词篇。却不料，这套整理好的手稿竟全毁在 7 日的一场大火里了。（1988年 12 月 11 日《联合晚报》）

《公羊》不认真学，传之久远则成问题。《春秋》谁写的不管，就看这群人的思想。不正，在根据事实推广，叫人类知什么是"是"，什么是"非"。《春秋》明是非，不懂得是非，怎么去衡量天下的是非？不要自甘堕落，净划小圈子，净做窃盗之事。

称"使"者，王尊敬诸侯之意也。

董子曰："古之造文者，三画而连其中，谓之王。"三画者，天地人也；而参通之也，王也。王曰"天王"其如此，此明"天子"之义也。

王者据土，与诸侯分职，俱南面而治，有不纯臣之义。故异姓谓之伯舅、叔舅，同姓谓之伯父、叔父。

"不纯臣之义"，有联邦的思想。

言"归"者，与使有之辞也。

《论语·先进》"咏而归（kuì）"，一边唱着诗，一边上祭肉。
"与使有之辞"，允许、赞许有使者，承认使者之辞，所送的馈礼接受了。

天地所生，非一家之有，有无当相通。

上天"生而不有，为而不恃"，"天地所生，非一家之有"，故曰"万物皆备于我"。
"有无当相通"，通有无，"货恶其弃于地也，不必藏于己。力恶其不出于身也，不必为己"（《礼记·礼运》）。
何注虽有假话，但有几句"真话"，就足以闹革命。

所传闻之世，外小恶不书。书者，来接内（谓鲁）也。

内外例。
《何氏释例·内外例第三》释曰："慎言行，辨邪正，著诚去伪，皆所以自治也。由是以善世，则合内外之道也。"《中庸》曰："成己，仁也；成物，知也；性之德也，合外内之道也，故时措之宜也。"

《春秋》王鲁，以鲁为天下化首，明亲来被王化（新王之化），渐渍（浸渍）礼义者。

"王鲁"，以鲁当新王。文王，法王，以文化天下，"为天下化首"。

文化高，称"夏"，中国之人也。日月光华，"华夏"，以"夏"华天下。德、威，见贤思齐。

"齐一变而至于鲁，鲁一变而至于道"（《论语·雍也》），以鲁为化首，因其国以容天下，天下都容了，即大同。

"《春秋》者，礼义之大宗也"，"渐渍礼义"，把一个人放在礼义中，慢慢即养成礼义。日本酱瓜"腐神渍"不错，用许多东西掺在一起，经久时。

明白中国思想，不能只读《四书》。明白《春秋》了，再看《四书》，才了解其中某些深意。

在可备责（求全责备）之域，故从内小恶举（完全写了）也。

"小恶"是什么？莫以恶小而为之。

群之始，不懂群德，必得"乘马班如，泣血涟如"，"泣血涟如，何可长也"（《易经·屯卦》）。《易经》一卦真明白，从头至尾一想，就知怎么做事。

主书者，从不及事也。

"主书者"，写这件事的人；"从不及事"，刺不及事也。

《春秋》借事以明义。借，假也。所重不在历史。

此章要义：一、天地所生，非一家所有，人无生而贵者；二、有无当相通，"货恶其弃于地也，不必藏于己"，好东西不必藏于一家。

何以中国两千多年前就能这么想？读完，不会做，没有用，

"载之空言，不如见之于行事之深切著明也"。

做事不怕失败，失败可以当教训。有经验，自某一阶层知；知某一阶层的痛苦，必救此一阶层。就怕为人做走狗。大则救中国，奉元书院，并非兴之所至命名，是负有历史、文化责任。

必要下功夫，务实学，不要巧取名，没过三天，就没人知了。好好务实学，不要有功利的境界。下的功夫有多深，将来留的东西就有多大。

中国有几部佛经译得真是美到极点！《心经》后面的咒："揭谛、揭谛，婆罗僧揭谛。"就是："宣传、宣传，大家都宣传。"但咒一说明白，就一文不值了。《大悲咒》就只一句话："罪恶的世界！"八十一个菩萨的佛号。

到了境界，不叫别人感谢你都不行，如孔子。当时人并不重视夫子，死时就埋在河边；今天河水已干涸，但是桥仍在。墓是挟子抱孙形制，多窄！洙泗因孔子成名了，有《洙泗考信录》。

《洙泗考信录》，清代崔述撰，四卷，主在考核孔子生平事迹。孔子乃鲁国人，洙泗原是鲁国水名，洙水在北，泗水在南，其间即孔子讲学之地。

务实学，实与虚相对，空学，求名。务，专心致志。越久，就越知为什么活。我在屋中坐五十年，绝不和胡扯者一起扯。

九月，及宋人盟于宿。

鲁人、宋人和宿人一同盟，盟其所志，故君子"大居正"。"天子一位"（《孟子·万章下》），天子，一爵也。王与人无别，人亦可有盟，"有为者，亦若是"（《孟子·滕文公上》）。"子夏曰：《春秋》重人"（《繁露·俞序》"故子夏言《春秋》重人，诸讥皆本此"）。

孰及之？内之微者也。

"内"者，谓鲁也。"微"者，谓士也。不名者，略微也。

以鲁为化首，内其国而外诸夏，故凡言"内"者，皆鲁也。《说苑·指武》曰："内治未得，不可以正外。"《大学》先齐家而后治国、平天下，治国在齐其家。

大者正，小者治；近者说，远者来。是以《春秋》上刺王、公，下讥卿、大夫，而逮（及）士、庶人。

人人皆有士君子之行，远近大小若一。鲁人、宋人、宿人，皆可盟其所志，故君子"大居正"。

"大者正，小者治"，"子帅以正，孰敢不正？"大者不正，小者就不治，"其所令反其所好，而民不从"（《大学》）。为政如此，家庭亦如是，老的不正，小的正，未之有也。

"贬天子，退诸侯，讨大夫，以达王事而已矣"，"天子，一爵也"，可以贬职，《春秋》贬天子。

"近者悦，远者来"（《论语·子路》），《繁露·十指》曰："亲近来远，同民所欲，则仁恩达矣。"又《盟会要》曰："亲近以来远，因其国而容天下，名伦等物不失其理。"

"刺、讥"，《王道》曰："刺恶讥微，不遗小大。"《俞序》曰："所以内外微者书，为小者治故也……所以奉天而法古也。"

近悦远来，不能大者正，谁都剌你、讽你、讥你。以德化，只要缺德皆列入被化之中，再教育。

宋称"人"者，亦"微"者也。鲁不称人者，自内之辞也。

鲁人、宋人和宿人一同盟。王与人无别，人亦可有盟，有为者，亦若是。故微者也可盟，因其像人。"舜何？人也。予何？人也。有为者，亦若是"，都是人，没有不同，人人皆有士君子之行，人人皆可以为尧、舜。

盟其所志，故君子"大居正"。"大"，乃赞词，大者正，一个人必得能居于正，守正，"君子有诸己而后求诸人，无诸己而后非诸人"（《大学》）。开始不正，坏！好的开始，是成功的一半。为政者，必居正位，有法有理者为正。

《春秋》以鲁为化首，大者正，小者治；近者悦，远者来。

宿，不出主名者，主国、主名与可知，故省文，明"宿当自首其荣辱"也。

惠士奇《春秋说》曰："《春秋》会盟以国地，以国者国主必与盟，则盟不序。"

"自首其荣辱"，旧疏云："理是则主人先荣，理非则主人先辱。"把持自己的尊荣，荣辱皆自取的。荣与辱近，转瞬间，荣可成辱。

应好自为之，不要自以为非我不可。两条腿的人到处都是，人和人都差不多，送上门的便宜捡了，也该负点责任。

微者盟例时，不能专正，故责略之。

旧疏云："《春秋》之例，若尊者之盟，大信时，小信月，不信日，见其责也。若其微者，不问信与不信，皆时。"

此月者，隐公贤君，虽使微者，有可采取，故录也。

此书"月"，为取其能慕贤，故详之。

此章要义：一、只要缺德，皆列入被化之中，再教育；二、微者亦可盟，因其像人，人人皆有士君子之行，人人皆可以为尧舜，"有为者，亦若是"，都是人，没有什么不同；三、近者不悦，远者也没人来。

说"人无千日好"，可怕！昔讲"刎颈之交""托妻寄子"，有责任感，今天哪有朋友可言？连亲兄弟也没了！

我第一次看到"复性书院"，颇为反感！现在则觉得马一浮先生确有先见之明，五十年前即倡复性。今天却似无人性，真得复性了！许多听经的人未必对自己起作用，有什么用？

人人皆有士君子之行，人人皆可以为尧舜。《春秋》重人，谁像样，即可做事，不管其地位是否微者。今天仍重地位，有些人天天喊民主，行为却比专制时代还要腐朽！既要化天下，就不分谁，无分别心。

将《公羊》思想串在一起，看几千年前的思想，到今天也未能实行。

冬，十有二月，祭（zhài）伯来。

《汉书·刘向传》曰："鲁隐之始即位也，周大夫祭伯，乖离不和，出奔于鲁，而《春秋》为讳，不言其"来奔"，伤其祸殃自此始也。"

祭伯者何？天子之大夫也。

以无所系，言"来"也。

宰周公，天子三公。祭伯，周公之后，天子大夫。

旧疏云："外诸侯臣来聘，宜系国称使也……若直书'来'，亦有所系……若外诸侯之臣来奔，当系国言'来奔'……今无所系，直言'来'，故宜是天子大夫也。"

何以不称使？奔也。

据凡伯称"使"。"奔"者，走也，以不称"使"而无事，知其"奔"。

"奔"，况也，政争的奔。皆假事以明义，是个况。

孔子删《诗》《书》、订《礼》《乐》，在以之为法、为戒。

奔则曷为不言奔？王者无外，言奔，则有外之辞也。

据齐庆封来，言"奔"。言"奔"，则与外大夫"来奔"同文。故去"奔"，明王者以天下为家，无绝义。

《通义》曰："王臣奔他国，不言'出'，以示无外之义。"

"王者无外"，为微言，至大无外。大一统，有大同世之义。

王者，"居天下之广居，行天下之大道"，王天下。

《春秋》进退无义。王者无外，故去"奔"，"明王者以天下为家，无绝义"。尊王，亦"为尊者讳"之意。

天下一家，中国一人，"安仁者，天下一人"。

主书者，以罪举。

旧疏："一则罪祭伯之去主，一则罪鲁受叛人，故曰'以罪举'。"

内外皆书者，重乖离之祸也。

懂"乖离"，知祸源之所起，则处处小心，多合作。

父子有代沟，乖也。昔以父母都对，为儿女打算，不懂也不存怨恨心。现许多新名词，领到坏路，一言丧德。

当《春秋》时，废选举（选贤举能）之务，置不肖于位，辄（马上）退绝之以生过失，至于君臣忿争出奔，国家之所以昏乱，社稷之所以危亡，故皆录之（以为戒）。

古即知"选举"。选与举，两回事，选贤与（举）能，"贤者在位，能者在职"，领导人必有德，做事的必有能。

"废选举之务"，则贤、不肖混淆，而无所惩劝。《春秋》之义，贤者在位，能者在职。《盐铁论·除狭》曰："贤能器使之。"《繁露·天地之行》曰："量能授官，贤愚有差，所以相承也。"

《繁露·精华》曰："以所任贤，谓之主尊国安。所任非其人，谓之主卑国危……其在《易》曰：'鼎折足，覆公餗。'夫鼎折足者，任非其人也；覆公者，国家倾也。是故任非其人，而国不倾者，自古至今，未尝闻也。"

录所奔者，为受义者，明当受贤者，不当受恶人也。

《通义》曰："鲁受天子逋逃臣，亦为有恶。不言奔者，盖讳也。"

此如今之政治庇护。给政治庇护，当受贤者，不受恶人。南海先生喜讲此段。

"祭"者，采邑也。

《礼记·礼运》曰："大夫，有采以处其子孙。"

"伯"者，字也。天子上大夫字，尊尊之义也。

幼名冠字，当二十冠时称字，以字行，名为父母所称。

月者，为下卒也（为下一件事）。当案下例，当蒙上月，日不也。

内大夫奔例，无罪者日，有罪者月；外大夫奔例，皆时。《春秋》内鲁，故祭伯比外大夫，宜时。

旧疏云："一月有数事，重者皆蒙月；若上事轻，下事重，轻者不蒙月，重者自蒙月……谓一日有数事，即不得上下相蒙。"

奔例时。一月二事，月当在上。"十"言有"二"者，起十复有二，非十中之二。

旧疏引旧云："《春秋》王鲁，是以王臣来奔鲁者，悉与外诸侯之臣来奔，同书时……若王臣奔他国，悉书月。"

台湾"商务印书馆"《春秋公羊传今译本》，害多少人不明白。

现在上帝不是闭关，就是退休。孙运璇（1913—2006）事母至孝，现在却半身不遂。有一最不孝者，却有当"立法院长"的希望。

"金"斗焕，现世报，"光州事件"造成多少孤儿寡母。

1979年12月12日全斗焕发动肃军政变（双十二政变），打倒郑升和参谋总长，掌握军部实权。1980年崔圭夏总统在全斗焕的压力下下台，全斗焕成为韩国总统。曾武力镇压光州民主化运动，并把异议人士金大中、金泳三等拘捕入狱，并驱逐出境。1988年在民间多次压力下，宣布不再竞选总统。之后让其得力助手卢泰愚出选总统。

李承晚以下，都是"满洲"大学毕业。

李承晚（1875—1965年），字承龙，号雩南，韩国第一届至第三届总统（1948年—1960年）。1875年出生在朝鲜黄海道平山郡，自称是朝鲜王朝皇族旁系后裔（即朝鲜太宗李芳远长子让宁大君李裎的第十六世孙）。

公子益师卒。

亦在十二月。

此革命之道：人无生而贵者，平等观。故公子死，亦称"卒"。

"卒"字，即降为平民。皇陵，帝；园寝，王。

溥二爷墓有个亭，没有碑文，死前交代碑阴上面写"薨"。但断子绝孙了。不做亏心事，就是积德。

清亡，亡于恭亲王，鬼子六，利用西太后，最后被西太后利用，来个"君前失礼"，削其爵。在夺权时，杀无罪者太多，从"辛酉政变"到"垂帘听政"。

咸丰十一年（1861年），咸丰帝病死于热河（今河北省承德市）避暑山庄行宫，咸丰帝临终前指派顾命八大臣载垣、肃顺等人辅佐皇太子载淳继位。恭亲王奕䜣与两宫太后联手，由御史董元醇奏请太后垂帘听政，发动"辛酉政变"，结果载垣、端华均着加恩赐令自尽，肃顺以跋扈不臣、假传圣旨、悖逆狂谬等罪，判以斩立决。从此，两太后开始"垂帘听政"。

礼亲王训诫子孙：永不可丢掉"礼"字。

何以不日？远也。

孔子所不见。

时月日例，详略之旨。

皮锡瑞《经学通论》曰："胡安国曰：'《春秋》之文，有事同而辞同者，后人因谓之例；有事同而辞异，则其例变矣……'按《春秋》正变例，以日月时为最著明。正例日，则变例时；正例时，则变例日。而月在时日之间。"

《何氏释例·律意轻重第十》释曰："闻之董生：'《春秋》显经隐权，先德而后刑。'其道盖原于天，故日常盈，月常阙（主刑）……"又《张三世例第一》曰："《春秋》缘礼义以致太平……故分十二世以为三等，有见三世、有闻四世、有传闻五世。于所见微其词，于所闻痛其祸，于所传闻杀其恩。由是辨内外之治，明王化之渐，施详略之文。"

"孔子所不见"，在所传闻世，远也。《通义》曰："立乎定哀，以指隐桓，祖之所逮闻也，故言远也。"刘逢禄《后录·卷五》难曰：《春秋》之义，远则杀其恩，恶则略其恩。何氏之例，详而不乱……《春秋》不以疑辞眩人，而爱有差等，故张三世之义，《公羊》独得之。"

所见异辞，所闻异辞，所传闻异辞。

此予人很大的启示，所见都异辞，何况其他?

所见、所闻、所传闻，以孔子作为准。孔子死于鲁哀公时（孔子年七十三，以鲁哀公十六年四月己丑卒)，《春秋》绝笔于哀公十四年（《春秋》上至隐公，下迄哀公十四年)。

"所见异辞"，因智慧不同，"一言以为智，一言以为不智"（《论语·子张》子贡曰："君子一言以为知，一言以为不知，言不可不慎也")。话不要多说，当中肯。别人说什么，笑笑即可。

谣言止于智者。许多事，耳一过即知，"六十而耳顺"，必培养智慧。最低限度当以智取胜。静听，三言两语可以驳倒对方。

当善用智慧，多练达。你们训练自己机会少，许多事反应慢。到哪个环境，要察言观色，识机。想无入而不自得，必无入而不识机。必练达自己，做即经验。

刘逢禄曰："爱有差等，故张三世之义，《公羊》独得之。"《春秋》要旨：存三统，张三世。

存三统：新周，故宋，以鲁当新王。新、旧是比较，宋就是殷。此为道统、文化。

张三世：据乱世，所传闻；升平世，所闻；太平世，所见。

三世义，政治上三个历程，革命之道。

所见者，谓昭、定、哀，己与父时事也。所闻者，谓文、宣、成、襄，王父时事也。所传闻者，谓隐、桓、庄、闵、僖，高祖曾祖时事也。

《春秋》之道：异辞者，见恩有厚薄，义有深浅。时恩衰义缺，将以理人伦，序人类，因制（创）治乱之法。

"恩有厚薄"，即情有厚薄。朋友在一起，亦有厚薄。

"义有浅深"，人对我们有恩，必报之以恩，此即行义，"义者，宜也"。"子贡曰：'我不欲人之加诸我也，吾亦欲无加诸人。'子曰：'赐也，非尔所及也。'"（《论语·公冶长》）做事必真能行，非说得漂亮而已。

"时恩衰义缺"，现在许多事不够标准，如何下手？自"理人伦"入手。现在不太重视伦。"天、地、君、亲、师"，老师虽不在五伦内，但没有老师五伦就不亲。今天的结果皆自进步来。建设一个礼经几千年，而几十年就可以毁掉。昔见长辈，五伦以内皆有称呼，其余比父大为伯伯，小为叔叔。

"序人类"，此话骂人最深，最发人深省！人为动物，乃万物之灵，再不序，则与动物无异，"人之异于禽兽者，几希"。

"因制治乱之法"，治理太平为"治"，治理乱世为"治乱"。老一代不易完全进步。

"《春秋》者，礼义之大宗也"，完全讲礼义，自行事言。《易》为智海，"和顺于道德而理于义"（《易经·说卦传》），为义理之学；《春秋》礼义之大宗，以礼义为准。《大易》与《春秋》相表里，《大易》为智海，《春秋》以事论。

故于所见之世，恩己与父之臣尤深，大夫卒，有罪无罪，皆日录之，"丙申，季孙隐如卒"是也。

于所闻之世，王父之臣恩少杀，大夫卒，无罪者日录，有罪者不日，略之，"叔孙得臣卒"是也。

于所传闻之世，高祖曾祖之臣恩浅，大夫卒，有罪无罪皆不日，略之也，"公子益师、无骇卒"是也。

此时恩特别浅，道特别薄，但别失望。

讲《春秋》，以之作为一时代。所见、所闻、所传闻，亦为三世，此为礼义、道德上的三世。光说德，亦含道，"德者，得也"，道得，道德，为礼义的基础。

于所传闻之世，见治（名词，天下太平）起于衰乱（据乱世）之中，用心尚麤觕。

"麤、觕"，通作"粗"，"觕"可读 cù。两字在一起，不可念同一音。同义不同音。《繁露·俞序》曰："始于麤粗，终于精微。"

于所传闻之世，恩特别浅，道德特别薄。"见治起于衰乱之中"，微言，否极泰来。

不了解孔子者，以其"知其不可为而为之"。《论语·宪问》曰："子露宿于石门。晨门曰：'奚自？'子路曰：'自孔氏。'曰：'是知其不可为而为之者与？'"又曰："子击磬于卫。有荷蒉而过孔氏之门者，曰：'有心哉！击磬乎！'既而曰：'鄙哉！硁硁乎！莫己知也，斯己而已矣。"深则厉，浅则揭"。'子曰：'果哉！末之难矣。'"实则孔子以为"治起于衰乱之中"，否极泰来。我自年轻即如此盼望。

这个时代多少没家的……奔丧来。老爸一死，就要分家，哪有恩情？八国联军、日俄战争在中国打，受外人蹂躏太厉害，因此恨入外国籍者，就是跳河也不要移民。现又说"治起于衰乱之中"，但看现在的浑，也难说。

"富"是从"穷"来的。现在吃得越清淡，越懂得菜根香。没糊涂过日子，就不懂清闲日子是什么，闻草香。

故内其（己）国（重内）而外诸夏（轻外），先详（正）内（己立立人，己达达人）而后治外。录大（重要）略小，内小恶书，外小恶不书。大国有大夫，小国略称人（小国不书大夫名）。

《繁露·王道》曰："亲近以来远……所传闻世治衰乱，故先自内鲁始也，云先详内，而后治外者。"《天道施》云："近者详，远者略。"先详内，而后治外。人最大的毛病是不详己，对己都不详，还要管别人事，有工夫扯闲。自己没能治好，能影响别人？

《春秋正辞》曰："《春秋》详内略外，详尊略卑，详重略轻，详近略远。""录大略小"，当务之为急。"内小恶书，外小恶不书"，自顾不暇，还管别人闲事？此种人太多，有王婆也有王男。

《论语·宪问》云："子贡方人。子曰：'赐也贤乎哉？夫我则不暇。'"《论语》其实是最活泼的书。自己的小恶，当记得清清楚楚，外小恶何必管？国家事亦然。

理学一开始讲"功过格"，一念动邪，划黑点；有善念，点红点。以功过格匡己，内小恶皆书。治国，自本身入手。

《大学》讲齐家之道，太重要。今缺齐家之道，总以老的为障碍物，但小两口也闹离婚，因大本不立。

家中皆依礼行事，谁也不侵害谁。以前，一定时辰开饭，侍候小桌：正餐二、点心二。吃饭时间错开，正好侍候老的吃，妯娌合在一起侍候。大排行，堂兄弟皆排在一起。分支，才讲小排行。

中国的礼法经几千年，才如此严密，关系极清楚，都有一定的称呼。现在都毁掉了，将来再"理人伦"还很麻烦。

虽有兄弟之亲，也必先把自己的小家庭弄好，"宜室宜家"，由室而家，即自小两口开始，再谈家族的事。先齐家，再治国。

内离会书，外离会不书，是也。

二人以上才能开会。"离会"，办外交。

先正己，故略外，一步步来，哪有工夫管闲事！

于所闻之世，见治升平，内诸夏而外夷狄，书外离会，小国有大夫（文化、礼义进步）。宣十一年"秋，晋侯（晋景公）会狄于攒函（狄地）"，襄二十三年"夏，邾娄鼻我（邾娄大夫）来奔"是也。

旧疏云："升，进也。稍稍上进至于太平矣。按升者，登也，渐登于平也。"王者无外，中国为"夏"，外边所有称"诸夏"。诸侯，即斥候，分成大小。

中国古时称"夏"，《尚书·舜典》称"蛮夷猾（乱也）夏，寇贼奸宄（内为宄）"。《淮南子·说林训》云"中夏用箑（扇），快之，至冬而不知去"，熊十力用"中夏"。

大一统，王者无外，诸夏。夏，中国，以鲁为化首，内其国。《春秋》之"中国"与"夷狄"，不以种族分，而以进礼义分，

"夷狄进于中国则中国之，中国而为夷狄则夷狄之"。

"书外离会"，至升平世，"小国有大夫"，文化、礼义进步，小国也有文化了。

至所见之世，著治大平，夷狄进至于爵，天下远近小大若一，用心尤深而详，故崇仁义，讥二名，晋魏曼多、仲孙何忌是也。

三世义，儒家最重要的思想。三世异辞，《繁露·楚庄王》曰："《春秋》之辞多所况，是文约而法明也。"

"夷狄进至于爵"，夷狄懂得"礼义"了，则"中国之"。太平世，人人皆有士君子之行，人人皆可以为尧舜，"天下远近小大若一"，大一统，王者无外。不再黜黩，"用心尤深而详"。现则相反，成经济动物。

"讥二名"，《春秋公羊传·定公六年》"季孙斯、仲孙何忌师师围运"，《传》曰："讥二名，二名非礼也。"何注："《春秋》定哀之间，文致太平，欲见王者治定，无所复讥，唯二名故讥之。此《春秋》之制也。"《何氏释例·张三世例第一》释曰："世愈乱，而《春秋》之文益治。"

此时当"崇仁义，讥二名"。中国人名多，到一境界，即取一号。太平世，人人皆"崇仁义"，皆无毛病，故挑小毛病，"讥二名"，此时表里如一。

冰心（1900—1999），原名谢婉莹；任卓宣（1896—1990），笔名叶青。

年轻时什么都要会，都要做。我年轻时一早起床，定时学打枪。现在学校的军训，完全自欺。我们以前的军训完全和军队一样。

所以三世者，礼（丧礼）为父母三年（三年怀抱之恩），为祖父母期，为曾（重也）祖父母齐衰三月，立爱自亲（父母）始。

张三世例。所以三世异辞者，见恩有深浅，义有隆杀。

《礼记·祭义》曰："立爱自亲始，教民睦也；立敬自长始，教民顺也。教以慈睦，而民贵有亲；教以敬长，而民贵用命。孝以事亲，顺以听命，错诸天下，无所不行。"三世，由亲情来，"立爱自亲始"，非假的。

现礼没了！人刚死，立主有一定，木主入家庙，可自《礼记》找。

《礼记·檀弓》："重，主道也"，意味立主之前，重是新丧未葬所设的依神品物，其称名取义"以其木有物悬于下，相重累，故得重名"。

《礼记·士丧》又设有"铭旌"，系以死者生时所建之旗注于三尺竹杠，以表识其柩。古礼"神主"做为祭祀中的核心要角，通于内外诸神。前有桑木制作的"虞主"，属新鬼时期的丧祭之主，后有栗木制作的"练主"，属即将入庙成神的吉祭之主，"桑主不文，吉主皆刻而谥之。"三代练主复表现材质之异，"夏后氏以松，殷人以柏，周人以栗"。

故《春秋》据哀（最近，三年怀抱之恩）录隐（远），上治祖祢（入庙后）。所以二百四十二年者，取法十二公（哀公往前十二个公），天数备足，著治（《春秋》）法式。

旧疏："言取十二公者，法象天数，欲著治民之法式也。"

《通义》云："《春秋》分十二公，而为三世。"《春秋公羊传·哀公十四年》《传》曰："拨乱世，反诸正，莫近于《春秋》。"乱，谓隐、桓，《春秋》之初，由衰乱而升平而太平，所谓"反诸正"，此《春秋》之义也。《传》又曰："《春秋》何以始乎隐？祖之所逮闻也。所见异辞，所闻异辞，所传闻异辞。何以终乎哀十四年？曰：备矣！"《春秋》十二公，十二月，天数备矣！

《繁露·俞序》曰："史记十二公之间，皆衰世之事，故门人惑。孔子曰：'吾因其行事而加乎王心焉。'以为见之空言，不如行事博深切明。"况，《春秋》非历史。

又因周道始坏，绝于惠、隐之际。

下言时礼之乱。

《繁露·重政》曰："《春秋》明得失，差贵贱，本之天王之所失天下者，使诸侯得以大乱之说，而后引而反之，故曰博而明，深而切矣。"又《盟会要》云"名伦等物，不失其理"，所以为治乱之法。

王所以卒大夫者，明君当隐痛之也。君敬臣，则臣自重；君爱臣，则臣自尽。

《汉书·贾山传》曰："古之君人者于其臣也，可谓尽礼矣。""君敬臣，则臣自重"，君子不重则不威。"君使臣以礼，臣事君以忠"，"君爱臣，则臣自尽"，尽其所能，尽己之谓忠。

君臣之义，君臣关系是相对的，不是绝对的。

"公子"者，氏也。"益师"者，名也。诸侯之子称"公子"，公子之子称"公孙"。

《仪礼·丧服传》曰："诸侯之子称公子，公子不得祢先君。公子之子称公孙，公孙不得祖诸侯，此自卑别于尊者也。诸侯之子，适适相承，其支庶则称公子，支庶之子则称公孙，孙以王父字为氏，不得祢先君，祖诸侯。"

《礼记·丧服小记》曰："别子为祖……故公子公孙，则但以公子公孙为氏也。"庶出，可自己随便立姓，如溥心畬，以"溥"为姓。

"君子不重则不威"，一个君子人不自重，则无威仪；"学则不固"，学了，就不固陋。写父之号"莐"，相当于"进"。许多人不识此字。

回家高举《易经》，进门给他们看，圈出"后夫凶"（《易经·比卦》）。笑话百出！必造就几个明白人。台湾受日本统治五十年，再受愚民统治五十年。所以什么都是"似是而非"，什么都有，什么都不像。有几个像点样的都失品了，还能谈其他？

如无夫子之德，又如何继夫子之志？为往圣继绝学，下世纪焉知不是孔子接班？学阀，流氓也，哪是学人？

是思想，不可以当文章读。"所见异辞"，讲公羊学被视为口蹄疫。看演变多少！

此章要义：一、三世义。二、借事明义，与历史无关。

张三世，存三统，弘三夏。"张三世"，所见，所闻，所传闻。"存三统"，因而不失其新。"弘三夏"，弘，扬也；夏，中国之人，中道之人，懂礼义之人；三夏，夏、诸夏、华夏。三世义，政治上的三个历程。

脑子必要活活泼泼，否则绝不能应世，你们办事无伦无序。必多学，多改进。社会乱象之多，如何引导使之上正轨？教育为第一要义，而社会教育比学校教育重要。必要懂得怎么用脑，必要知道怎么做。没有做法，岂不任其性发展？必要有公心，打破自私自利心。

读书不求快，要慢；真懂了，才有功效。

台湾五十年培养几个学术领导人？人真站得住不易，熊子真有！不看《新唯识论》《体用论》，因绝对看不懂。在台湾讲佛经就印顺确有造诣，是"作佛"，作佛的事，自己就是佛，非"念佛"，不戴念珠。

人能有守，不见异思迁，绝对有成就。实学，绝非泛泛，基础都认清。《荀子》于你们做事有用，要多看。

我何以健？丢了都没人找，野人也！此有深意，不可吃太精细的。我真精神！

二年，春，公会戎于潜。

"潜"，鲁地，近戎，内夷杂处中国。

《穀梁传》曰："会者，外为主焉尔。知者虑，义者行，仁者守，有此三者，然后可后会。会戎，危公也。"

诸侯彼此相访，为"聘"；到天子处，为"朝"。开会结盟，为"会盟"。

凡书会者，恶其虚内务，恃外好也。

微言。明立国之道，贵内自治，不可虚内务而恃外好。

古者诸侯非朝时不得逾境。所传闻之世，外离会不书，书内离会者，《春秋》王鲁，明当先自详正，躬自厚而薄责于人（《论语·卫灵公》），故略（轻）外也。

"离会"：二国相会曰"离"，离，两也，"二人议事，各是所是，非所非，无所取决，故言离也"。三国以上始言"会"，"三人议，则从二人之言"。

《春秋》王鲁，《繁露·俞序》曰："圣王之道，莫美于恕。故予言《春秋》详己而略人，因其国而容天下。"

"明当先自详正，躬自厚而薄责于人"，详己之是与非、得与失，再正己。详己不易。"躬自厚而薄责于人"，《繁露·仁义法》曰："求诸己谓之厚，求诸人谓之薄。自责以备谓之明，责人以备谓之惑。""君子攻己恶，不攻人之恶。"（《论语·尧曰》）

"略外"，圣王之道莫美于恕，故《春秋》详己而略人，因其国以容天下，略外而详内，所以责鲁以正人也。

《繁露·会要盟》曰："名伦等物，不失其理，所以为治乱之法也。"《春秋》别嫌疑，明是非。言臣言内，皆鲁史旧文。王者无外，何可言内？

王者不治夷狄。录戎者，来者勿拒，去者勿追。

"王者不治夷狄"，对没有文化民族宽大为怀，使其自动归往。王者务德，不勤远，义也。

《孟子·尽心下》曰："夫子之设科也，往者不追，来者不拒。"《荀子·法行》曰："君子正身以俟，欲来者不拒，去者不止。"王者要化夷狄，非以法治夷狄。"王"，往也，天下人所归往。"来者勿拒，去者勿追"，使之出入自如。只要自己有德，则近者悦，远者来。

东方曰夷，南方曰蛮，西方曰戎，北方曰狄。

中国北方以黄河分，南方以长江分。江苏分南北，苏北习惯如山东、河南；苏南习惯则如江南。安徽也分南北，北吃面，南吃米。

何以说话完全像小孩子！我发现你们太呆了，不知脑子里净想些什么。先扎几针，教你们怎么想。天天训练你们用脑，必要学会用脑。没一人看得起你们，太呆了！我为你们搭上桥，也不会用。

朝聘会盟例，皆时。

正例。

《通义》曰："会例时。有所危，乃月录之。"

此章三个重点，三个启示。

一、内政上，不可以虚内务而恃外好。一些情形如代表进步，要不要这个进步？你们正事不足，闲事有余。

二、修身，先自详正。《春秋》王鲁，明当先自详正，好好详细地治自己毛病，"躬自厚而薄责于人"，看自己哪些地方不如人，应先好好学。

三、不治夷狄，"来者不拒，去者不追"，叫知识不足者来去自如，不受捆绑。"嘉善而矜不能"（《论语·子张》），不欺负低能者，且同情他。王者不治夷狄，王者要化夷狄，非以法治夷狄。"来者勿拒，去者勿追"，此为我的原则。

有工夫可以多看今文家东西。今文文章简单，为了传道。我打算明年起印点今文家的东西，不赔本就好。

皮锡瑞《经学通论》《经学历史》《师伏堂丛书》《皮氏八种》，较为纯正、正统。其后为崔适《春秋复始》《史记探源》，吕思勉《经子解题》，陈柱《公羊家哲学》。梁卓如亦走今文路子。

廖平有"六译堂"，思想有六变，晚年号六译，但离今文家也太远，有《六译馆丛书》。康南海受廖平的启示，有人说是抄来的。南海先生有目的地讲学，出一百多种，全集只收九十多种。

陈立《公羊义疏》，为杂货铺，并未说出微言大义。

昨天下山，走半个钟头，已五点半了，又到竹南，今天有点累，吃的东西有点不对，马上兑现。

我们团体不要有偶像，在造就你们，唯恐你们往前奋斗的心都被压住了。人都一样，不一样的是志。无修为，则跌倒了永远起不来。己无所系，到处彷徨，如丧家之犬。自己有一件拿得起来？你们根本不知自己要做什么，既不知人也不识环境。"不可为典要，唯变所适"，识时、势、理，然后才能办事。没出门前计划，出门环境一变，计划就必变。

殷琪父亲殷之浩（1914—1994）肯作德，说"人生必给国家多少留点纪念"，如每个人都有此观念，则国无内外奸。如王婆式的东扯西扯，完全是一下贱货。三姑六婆，淫盗之媒。

不分男女，人都得有志。学什么，都要学到第一，在乎会用脑。士尚志，人没志，就完了！

我家三代四口人。看今天台湾是人的社会？想达和平，要用良知，唤回人性。叫苦难者有幸福。

心残的人，如同行尸走肉。研究《公羊》，哪有《公羊》思想观念？口快，证明你缺德。做事无一点容人之雅量，能当领袖？造就领袖人物，得自六祖的启示。神秀光有学问，没有智慧。智慧，与生俱来的；学问，后天学的。看榜人物会影响真的六祖。老师希望你们做真的六祖。

夫妇者，人道之始，王教之端。台湾何以败坏至此？就是夫妇关系坏，毁于不德。我要唤醒你们的良知。无知女人一进家门，第一个破坏的即孝，孝是责任。贵乎能用，用上即成功。今天完全以畜生之见论是非，家中净是"是是非非"，现哪家不像动物园？我要发掘人性。

《春秋》为一朝代，以鲁当新王。孔子建立新朝——《春秋》，以《春秋》当新王。

观，察也。观世音，在寻声救苦。因避讳李世民，将"世"拿掉，成观音。我非天天讲社会经验，作学问要为众人造福。

夏五月，莒人入向。

"向"，姜姓，炎帝后，介于鲁，莒之间。盖向先为国，后并于莒，而后或属莒，或属鲁，以摄乎大国也。

入者何？得而不居也。

"入"者，以兵入也。已得其国而不居（守），故云尔。

侵、伐、战、围、入，虽不言帅，皆是用兵之文，故云"以兵入也"。

《春秋公羊传·庄公十年》《传》曰："觕（粗）者曰侵，精者曰伐。"孟子说"《春秋》无义战"（《孟子·尽心下》），《繁露·竹林》曰"是故战攻侵伐，虽数百起，必一二书，伤其害所重也"，重兵害众，"今战伐之于民，其为害几何？考意而观指，则《春秋》之所恶者，不任德而任力，驱民而残贼之"，"夫德不足以亲近，而文不足以来远，而断断以战伐为之者，此固《春秋》之所甚疾已，皆非义也"。文王，文德之王，新王，养生之首，养成万物。

凡书兵者，正不得也。外内深浅皆举之者，因重兵害众，兵动则怨结祸构，更相报偿，伏尸流血无已时。

《新序·杂事五》曰："昔卫灵公问阵，孔子言俎豆，贱兵而贵礼也……故《春秋》曰：'善为国者不师。'此之谓也。"

诸侯擅兴兵不为大恶者，保伍连帅，本有用兵征伐之道，鲁"入杞"不讳是也。

"鲁入杞"，旧疏云："即僖二十七年秋，'公子遂帅师入杞'。"何注："君子躬自厚而薄责于人，不当乃入之，故录责之。"

《繁露·竹林》曰："会同之事，人者主小；战伐之事，后者主先。苟不恶，何为使起之者居下？是其恶战伐之辞已。"

入例时，伤害多则月。

"莒人入向"，与鲁无与也，而孔子书之者，诚深恶侵国也，以明得国当以得民心为主，否则虽得之，必不能居（守）。不得人心曰"入"，不可名之曰"得"。

无骇帅师入极。

"极"，附庸小国，在今山东鱼台西极亭。

疾始灭也。《春秋》之义，"兴灭国，继绝世"（《论语·尧曰》）。继绝兴废，包含一切，少的更要去发现它。

无骇者何？展无骇也。何以不氏？贬。

据"公子遂帅师入杞"，氏公子也。贬，犹损也。

鲁司空展无骇，因灭同姓，故"不氏"。

"贬"，损也。说："怎么净损人？"此损，乃将人的东西弄少了，损人不利己。此损，是按其私德评价，"一字之褒，一字之贬"。《何氏释例·地例第二十六》释曰：《春秋》一字以制法。"又《诛绝例第九》曰："贬绝者，所以诘奸慝，除乱贼也。"

曷为贬？疾（恶，讨厌）始灭也。

以下终其身不氏，知"贬"。

公命以字为展氏，此不追氏者，即贬义，疾始灭人国。《通义》曰："贬者，黜也。《春秋》托天子之事，故有贬法。"拨欲见性。

宋儒说"为天地立心，为生民立命"，天地有心，还要你立？生民无命乎？其实，人一生下来就有了命，但因受外诱之私，可用"拨"的功夫，拨欲见性。

隐公第一
113

疾始灭，非但起入为灭。

"疾始灭"，"疾"，讨厌；"始"，以《春秋》为始。《春秋》以鲁当新王，新王之始，《春秋》之始。"疾始灭"，皆自新王后开始，不咎既往。"不教而杀谓之虐"（《论语·尧曰》），"既往不咎"（《论语·八佾》），亦解《春秋》。

陈柱《公羊家哲学·善恶说》曰："疾始者，君子不成人之恶，欲其有恶而即改也。《易》曰：'履霜，坚冰至，由辨之不早辨也。'此公羊家所以疾始也。"

《春秋》目的在拨乱反正，包括乱制在内，凡不正常皆属乱，拨乱，必将侵略者先除掉，如灭人国者。自《春秋》开始，有新王之制后，看谁做好做坏。

始灭昉于此乎？

"昉"，适也，齐人语。据《传》言拨乱世。

胡母生，齐人。今文家的文法不同于古文家，或为齐鲁语，当时白话文，掺有土话，成特殊语言。

"昉"，本当"起头"讲。严氏《春秋》作"放"，放，犹至也，极也，推而极之也。

前此矣。

前此者，在《春秋》前，谓"宋灭郜"是也。

《春秋公羊传·桓公二年》"夏，四月，取郜大鼎于宋"，《传》曰："宋始以不义取之，故谓之郜鼎。"

前此，则曷为始乎此？托始焉尔。曷为托始焉尔？

"焉尔"，犹于是也。据战、伐不言托始。

"托始焉尔"，托，即况。《春秋》曰况，《易》为象。

"战、伐不言托始"，旧疏云："注先言'战'者，直漫据《春秋》上下战伐之事而已。"

《春秋》之始也。

旧疏引《孝经说》云："孔子曰'《孝经》属参，《春秋》属商'，微似之言独传子夏，此孔子所作之《春秋》也。子夏传与公羊氏，五传乃至胡母子都、董仲舒，传之竹帛，推演其义，即此《春秋》之始诸精义也，盖隐、桓以下，为《春秋》之隐、桓，非鲁国之隐、桓。圣人以托诸空言，不如见之行事，故假鲁以张治本，非隐真为受命王也。"

《春秋》以鲁当新王，假鲁以张治本。新王之始，《春秋》之始，自此开始，孔子立新王之制开始。王制，新王之制。《礼记》有《王制篇》，已非今文思想。但旧社会不敢说，还捧之，里头制度为乱制一部分。

"以鲁当新王"，为设想，《春秋》假托为王者始。"新王"，文德之王，天下人所归往。"远人不服，则修文德以来之"，不能以武力征服。

《春秋》托王者始，起所当诛（责）也。

"诛"，必自"言诛"开始。《繁露·王道》曰："诛犯始者，省刑，绝恶疾始也。"

《孟子·滕文公下》曰："《春秋》，天子之事也。是故孔子曰：'知我者其惟《春秋》乎！罪我者其惟《春秋》乎！'"知孔子、罪孔子都自《春秋》，可见《春秋》的重要。

言"疾始灭"者，诸灭复见不复贬（不多贬），皆从此取法。所以省文也。

何注，为当时的白话文。
犹此灭国不胜讥，故于"无骇"张义也。然则后之灭人国者，皆《春秋》之所疾也。

此灭也，其言入何？

据"齐师灭谭"，不言入。

《春秋·庄公十年》："冬，十月，齐师灭谭。"
此讳"灭"为"入"，盖实灭也，没"灭"文，言"入"耳。
贬去氏者，正起其非实"入"乎？
《后录·卷二》曰："方伯连率，本有用兵征伐之道，非大恶也。兵连祸结，伏尸流血无已时，亦非小恶。故内外深浅悉举之，圣人之禁暴重民也。取邑比于用兵侵伐为浅，故外取邑但疾始，不常书；灭国，比于'入而不居'为深，故内独讳灭也。"

内（鲁）大恶，讳也。

明鲁臣子当为君父讳。

此义例，极绕弯。
《何氏释例·讳例第十四》释曰："凡讳，皆有恶，即刺也。

讳深则刺益深。"

《繁露·灭国上》曰："隐代桓立，所谓仅存耳，使无骇帅师灭极，内无谏臣，外无诸侯之救。"是其为大恶也。《繁露·王道》曰："无骇灭极不能诛，诸侯得以大乱，篡弑无已，臣下上逼，僭拟天子，诸侯强者行威，小国破灭。"

《通义》曰："侵、伐、围、入都无讳文，独灭讳恶者，诸侯有得专征伐之道，不得专灭国。"

"为君父讳"，秦汉以后称"君父"。《春秋》之义，为尊者讳、为亲者讳、为贤者讳。李固曰："《春秋》褒仪父以开义路，贬无骇以闭利门。夫义路闭则利门开，利门开则义路闭也。"（《后汉书·李杜列传》）君子恶兵以利动，灭国为大恶。《春秋》之义，为尊者讳、为亲者讳，故内大恶讳。

"敬其父，则子悦；敬其兄，则弟悦；敬其君，则臣悦"，出国也必为尊者讳，"所敬者寡，所悦者众，此之谓要道也"（《孝经·广至德章》）。

灭例月。不复出月者，与上同月。当案下例，当蒙上月，日不。

日不蒙上。

王者之师，得而不居曰"入"。为尊者讳，虽其亡人国，仍曰"入"，以仁者之师居之；然灭例日，仍书月以别之。

据乱世、升平世、太平世，三世又各有三世。《春秋》的据乱世，以新王标准衡事，不咎既往。此必看义与例。

秋，八月，庚辰，公及戎盟于唐。

"唐"，即棠，为鲁封内地，隐公观鱼处。

后不相犯。日者，为后背隐，而善桓能自复，为"唐"之盟。

《春秋》以不信责之，书日也。盟例日不信，大信时。

"桓能自复，为'唐'之盟。"《春秋公羊传·桓公二年》"公及戎盟于唐"，何注："不日者，戎怨隐不反国，善桓能自复，翕然相亲信。""冬，公至自唐"，何注："致者，君子疾贤者失其所，不肖者反以相亲荣，故与隐相违也。明前隐与戎盟，虽不信，犹可安也。今桓与戎盟，虽信，犹可危也：所以深抑小人也。凡致者，臣子喜其君父脱危而至。"

九月，纪履绯（音xū）来逆（迎）女。

讥始不亲迎。

《何氏释例·娶妇终始例第二十一》释曰："昏，其本也，人所以贵于物，莫先于夫妇之别。夫妇正，则父子亲。"

纪履绯者何？纪大夫也。

以逆女不称使，知为大夫。

《通义》曰："推褒犹称且字，知履绯盖下大夫，名见者，以接内（鲁）也。"礼，五十不称且字，所以示法。未五十不得命为卿也。

何以不称使？

据"宋公使公孙寿来纳币"，称"使"。

《春秋·成公八年》："夏，宋公使公孙寿来纳币。"

婚礼不称主人（新郎）。

为养廉远（音 yuàn）**耻也。**

此经礼也，乃安性平心者。

《繁露·玉英》曰："《春秋》有经礼，有变礼。为如安性平心者，经礼也；于性虽不安，于心虽不平，于道无以易之，此变礼也。是故昏礼不称主人，经礼也。辞穷无称，称主人，变礼也。"婚礼不称主人，称诸父兄师友，为养廉远耻。《白虎通·嫁娶》曰："男不自专娶，女不自专嫁，必由父母，须媒妁何？远耻防淫泆也。"

现在的家庭，没多少标准家庭，也很少有家像个家的。以前人有人的尊严与滋味。现礼坏，无一定的规矩，日常生活无定时。昔定时起床、做事、吃饭，今皆像要饭的，哪有人的生活？以前该做什么做什么，穷富也有三餐，坐着吃饭，有点规矩，老祖宗也还闻个味。现小家庭天天吵，勉强维持。礼极重要，礼坏，乃乱糟糟的。我年轻时羡慕人恋爱结婚。活得长，见得多，觉今人实不如昔人！

礼义太重要，今后当如何做？就如此混下去？乡下人就是两个人也会正常开饭。应正视问题，不要盲从，否则下一代不知成什么样。我按旧规矩过日子，自己坐着吃。

民国以来，家皆毁在女人手中，女人为家之主宰。今天除乡下外，无多少像样的家庭。小家庭也要勉强过人的生活，简单也可，不可以天天到外面买便当回来吃，除非有急事，不能养成习惯。更不能边走边吃，当守则守。

新家庭夫妇无旧家庭夫妇亲密，昔守住界限，男人白天出门，不到晚上不回去。

然则曷称？称诸父兄师友。宋公使公孙寿来纳币，则其称主人何？辞穷也。辞穷者何？无母也。

礼，有母，母当命诸父兄师友，称诸父兄师友以行。

婚礼当使同姓主之，故"称诸父兄师友以行"。

宋公无母，莫使命之，辞穷，故自命之。自命之，则不得不称使。

以"使命"，而不可以主婚，盖旁尊而不得加诸正嫡也。
《繁露·玉英》曰："昏礼不称主人，经礼也。辞穷无称，称主人，变礼也。"无母，则宜自定娶。辞穷，故自命之；自命之，则"不得不称使"。
中国礼法严，故不乱。守常之道，有历史、文化根基。
娶妻以德，家庭必守道，自家扎根。女子无言便是德，尽己责任。

然则纪有母乎？曰：有。以不称使，知"有母"。有则何以不称母？据非主人，何不称母通使文。母不通（通外事）也。礼，妇人无外事，但得命诸父兄师友，"称诸父兄师友以行"耳。

"母不通"，母不通外事，别内外，二门以外为外事，夫死由舅代。
《繁露·玉英》曰："妇人无出境之事，经礼也。母为子娶妇……变礼也。明乎经变之事，然后知轻重之分，可与适权矣。"

母命不得达，故不得"称母通使文"，所以远别也。

男女有别，别内外也。夫妇有别，各守己分，天爵自尊吾自贵。今不知分寸，无人的尊严。

外逆女不书，此何以书？讥。

据"伯姬归于宋"，不书逆人。"讥"，犹谴也。

《春秋·成公九年》："二月，伯姬归于宋。"
"讥"，较贬、绝为轻，所谓"轻重之旨"也。

何讥尔（是）？讥始不亲迎也。

礼，所以必亲迎者，所以示男先（求于）女也。

《通义》曰："贬不必为本事，多罪在于彼，而文见于此者。"
《春秋》讥不亲迎。新王之礼，迎于家。
《春秋公羊传》说："自天子至庶人皆亲迎。"亲迎之礼，在孔子立新王之法后，特别重视，示男必先求于女，以著平等之义。
《荀子·大略》曰："亲迎之礼，父南向而立，子北面而跪，醮而命之：'往迎尔相，成我宗事，隆率以敬先妣之嗣，若则有常。'子曰：'诺！唯恐不能，敢忘命矣！'"《释名·释亲属》曰："言婿亲迎用昏，又恒以昏夜成礼也。"
《荀子·大略》曰："《易》之咸，见夫妇。夫妇之道，不可不正也，君臣父子之本也。咸，感也，以高下下，以男下女，柔上而刚下。"

社会上，男占优势，所以"男先于女"，"亲迎"之，乃杀其气焰，示平等义。以亲迎之礼，著平等之义。"妻者，齐也"，妻平，而后夫妇有别。

"男先于女"，还不止平等，夫妇一体，所谓"无敌"外，夫人还"官大一级"。京剧中，夫妇二人同行，称"夫人请"，夫人官品高于先生一品。皇帝以太太为"内间"，监视丈夫是否造反。命妇，诰命封为某某夫人。

夏元瑜（1909—1995）父亲夏曾佑（1863—1924）是翰林，见多识广，到处开玩笑，人称"老盖仙"。

于庙者，告本也。夏后氏逆于庭（院子），殷人逆于堂（正厅），周人逆于户（庙门）。

"告本"，女之本，女之所从出也。

《春秋》革命前，犹行周礼，在家庙迎亲，拜祖宗，"告本"，有本有源。拜完祖宗，母亲亲手将女儿交于男方，表清白交其女于男，今后好坏当由男负责。男孩在门外接之，迎于户。

《春秋》新王之礼，则迎于女家，示齐也；齐者，平也。"君子之道，造端乎夫妇。"忠臣必出于孝子之家，不孝，根没了。

中国重视"亲迎之礼"，给人无限尊贵感。男的到女家亲迎，低声下气，为承祭祀也。旧式婚姻，夫妻吵架，女方可以说"是你磕头请来的"。纳妾，不必亲迎，也不问姓，喜欢即可。

"亲迎之礼"现尚存，但坐汽车，以前坐轿。

始不亲迎，昉于此乎？前此矣。前此，则曷为始乎

此？托始焉尔。

以惠公妃匹不正，不嫌无前也。"焉尔"，犹于是也。

一王之法，《春秋》之始，新王之始。
托始于此，《春秋》以前的为乱制。

曷为托始焉尔？《春秋》之始也。

据纳币不托始。《春秋》正夫妇之始也。

以《春秋》划时代，一切之始。《春秋》之始，每一开始皆责备，"《春秋》者，礼义之大宗也"。
"夫妇者，人道之始"，"君子之道，造端乎夫妇"。

夫妇正则父子亲，父子亲则君臣和，君臣和则天下治，故夫妇者，人道之始，王教之端。

一部《大学》，"君子之道，造端乎夫妇"，夫妇者，人道之始也。自家扎根，守常之道，为历史文化的根基。
今天父子亲否？夫妇亲否？一个家庭文化够不够就看每个人，应自家扎根。
《诗经》首《关雎》，《易经》下经首咸、恒，《仪礼》始冠、婚（《士冠礼》《士昏礼》）。

《礼记·昏义》曰："昏礼者，将合二姓之好，上以事宗庙，而下以继后世也。故君子重之。是以昏（婚）礼纳采、问名、纳吉、纳征、请期，皆主人筵几于庙，而拜迎于门外，入，揖让而升，听命于庙，所以敬慎、重正昏礼也。"

先正夫妇，天地《六经》，其旨一揆。一部《大学》，格致诚正，修齐治平。

做事要有理智，感情用事定出事，站得住，行得正，善用理智压住气。家必守道，"贤贤易色"（《论语·学而》），娶妻以德，女子无言便是德。男孩选有德者，女孩必修德。

人道怎么败坏的？因家不像家。"夫妇者，人道之始也"，正人伦，良知的存在。教好自己儿女，冷静地改造社会风气，影响社会的莫过于男女。

"王教之端"，教王者之道。中国即王道，倡王道主义。

应背书，前后才能连贯。《四书》《五经》八成熟，讲书才不矛盾。

内逆女常书。外逆女但疾始，不常书者，明当先自详正，躬自厚而薄责于人，故略外也。

内外例。

《何氏释例·内外例第三》释曰："慎言行，辨邪正，着诚去伪，皆所以自治也。由是以善世，则合内外之道也。"《春秋》之义，即小可以喻大，即大可以喻小，故书内（自己）小恶，先自正，"躬自厚而薄责于人"，先把自己调教好，比什么都重要。外（外面）小恶不书，大恶乃书，正己而后正人，《春秋》略外之道

孔子一刀两断，过去就过去，自此开始就好。自己行仁，自己开始。"天作孽犹可活，自作孽不可活"（《孟子·公孙丑

上》），如嗜好会跟随人，最好不要养嗜好。

女曷为或称女，或称妇，或称夫人？女在其国称女。

未离父母之辞，"纪履緰来逆女"是也。

在途称妇。

在途见夫服从之辞，"公子结媵陈人之妇"是也。

"在途称妇"，《春秋公羊传·僖公二十五年》《传》曰："其称妇何？有姑之辞也。"何注："称妇者，见姑之辞。"兼二义。

"妇"，服也，服家事也；"内子"，在闺门之内治家也。"别内外"，以二门作划分，夫妇有别，各守本分。

入国称夫人。

入国则尊，尊有臣子之辞，"夫人姜氏入"是也。

《释名·释亲属》曰："诸侯之妃曰夫人；夫，扶也，扶助其君也。"《春秋·庄公二十四年》："秋，公至自齐""八月，丁丑，夫人姜氏入。"

纪无大夫，书"纪履緰"者，重婚礼也。
月者，不亲迎例月，重录之。亲迎例时。

《春秋公羊传·庄公二十四年》"夏，公如齐逆女"，《传》曰："亲迎，礼也。"
时月日例。重而书月，时略月详，详略之旨。
《何氏释例·时月日例第四》释曰："天不言，以三光四时为言，视言相万也；圣人不辨，以时月日为辨，视辨相万也。详略之，以理嫌疑；偏反之，以制新义……《春秋》不待褒讥贬绝，以日月相示，而学之者湛思省悟。"

此章要义：亲迎。大义：依礼而行。

想达目的，必攻心为上，造一口碑，干事就易。

不知除你之外，还有别人，乃是没有家教，结果就剩你自己，没有人会理你。这是你们最大的毛病！

冬，十月，伯姬归于纪。

周受殷之封，至汉仍有称女为"姬"者。

韩国，殷人也，女子多称姬。

伯姬者何？内女也。

以无所系也。不称公子者，妇人外成，不得独系父母。

夫妇一体，"男有分，女有归"，分，半也；男有一半，女的归其半，乃成一体。故孔子改嫁为"归"有深意，著由"平等"而"一体"之深意。

其言归何？妇人谓嫁曰归。

据去父母国也。妇人生以父母为家，嫁以夫为家，故谓嫁曰"归"，明有"二归"之道。

上言亲迎之礼，此言有归之道。正人伦，乃太平之本。

谓嫁曰"归"，《诗经·周南·桃夭》曰："之子于归。"归宗，妇人在夫家恒凛凛有"求克终"之戒；省亲曰"归宁"，示不忘本，反哺报恩。故曰"二归"。

书者，父母恩录之也。

伯姬，隐公姊妹，鲁惠公鄋（古"许"字）女，嫁于纪侯。

礼，男之将取，三日不举乐，思嗣亲也；女之将嫁，三夜不息烛，思相离也。

"思嗣亲"，感亲之衰老代至也，继志述事。

内女归例月，恩录之。

正以从父母恩录之。

上言亲迎之礼，此言有归之道。归者，重伦也。伦莫大于孝，继志述事。嫁，归也；反哺报恩，归宁也。君子之道，造端乎夫妇。新王之法，亲迎于女家，示齐也；齐者，平也。继言人伦之正，示二归之道，以全伦常无亏，寓意深远。伦常乖则乱，等百世莫违也，试看今之举世可知。

纪子伯、莒子盟于密。

此阙文见义。

《何氏释例·阙疑例第二十八》释曰："圣人之文，欲使人疑，疑而问，问而得，乃为心得。阙疑之意，又欲使人信，信而执，执而固，斯莫能破。故以其所阙，知其所无阙，是谓善学矣。"

孔子曰"吾犹及史之阙文也"（《论语·卫灵公》），"君子于其所不知，盖阙如也"（《论语·子路》），"知之为知之，不知为不知，是知也"（《论语·为政》）。

纪子伯者何？无闻焉尔。

《后录·卷一》笺："著纪之本爵，则桓二年之纪侯为加爵明矣，《春秋》无虚加之辞也，存'伯'者，阙疑也。"阙疑，所以传信。

"无闻"者，公羊先师失传也，不敢附会，故曰"无闻焉尔"，则其余所闻口说，确可尊信矣！

言无闻者，《春秋》有改周受命之制（乱制），孔子畏时远害，又知秦将燔《诗》《书》，其说口授相传。

为掩《春秋》改周受命于人之乱制，说糊涂话以掩饰之。因历代皆要承周，"为汉立法"自此来。

《公羊》为"口授相传"，为掩《春秋》改周受命于人之乱制，如新周、故宋，以《春秋》当新王，所谓"知我者，其惟《春秋》乎；罪我者，其惟《春秋》乎"。"诸侯恶其害己也，而皆去其籍"（《孟子·万章下》），因历代皆要承周。

《春秋公羊传·定公元年》"元年，春，王"，《传》曰："定哀多微词，主人习其读而闻其传，则未知己之有罪焉尔。"是畏时远害。《繁露·楚庄王》曰："以故用则天下平，不用则安其身，《春秋》之道也。"

《汉书·艺文志》曰："《春秋》所贬损大人当世君臣，有威权势力，其事实皆形于《传》，是以隐其书而不宣（孔《传》并无传下），所以免时难也。及末世口说流行，故有公羊、穀梁、邹、夹之《传》……所以口授相传也。"

《春秋》"其事则齐桓、晋文，其义则丘窃取之"，况。

至汉，公羊氏及弟子胡毋生等，乃始记于竹帛，故有所失也。

旧疏引戴宏序云："齐人胡毋生子都，著于竹帛，与董仲舒皆见于图谶，盖口授相传，则不能无所遗失。无师传者，不敢妄臆，故《传》家直以为无闻，慎之词也。"

胜者王侯，败者贼寇。当皇帝，皆自以为天命所归，皆以己受之于天。孔子改周以前"受之于人"的制度。

尧、舜，天命所归，况，百姓亲向谁，谁即领袖。《论语·尧曰》曰："咨！尔舜！天之历数在尔躬。允执厥中。四海困穷，天禄永终。"尧传舜，今文家以此即"天听自我民听"。

十有二月，乙卯，夫人子氏薨。

夫人子氏者何？

旧疏云："欲言鲁之夫人，终无葬处。"

隐公之母也。

以不书葬。

不书葬，表乱制也。乱制，妄死不书葬。

何以不书葬？

据姒氏书葬。

《春秋公羊传·定公十五年》"秋，七月，壬申，姒氏卒"；

"辛巳，葬定姒"，何注："哀未逾年也。母以子贵，故以子正之。"

成公意也。何成乎公之意？子将不终为君（况），故母亦不终为夫人也。

据已去"即位"。时隐公卑屈其母，不以夫人礼葬之，以妾礼葬之，以卑下桓母，无终为君之心，得事之宜。故善而不书葬，所以起其意而成其贤（让位之贤）。

同一妾母，不得称夫人耳。

子者，姓也。夫人以姓配号，义与仲子同。

妇人以姓配字，不忘本，因示不适同姓。
以子氏配夫人，故云以姓配号。

书薨者，为隐公恩录，痛之也。

书薨者，以鲁当新王，故恩录之。参"宋公和卒"义。

日者，恩录之，公、夫人皆同例也。

日者详，不日者略，故为恩录之也。

郑人伐卫。

称"人"者，举国伐之也。
郑、卫、鲁，皆同姓。同姓尚伐之，况其他乎？

书者，与"入向"同。

"入"，一为讳灭，二为伐同姓。

凡书兵者，正不得也。外内深浅皆举（完全写出）之者，因重兵害众是也。

侵、伐、围、入，例皆时。

《通义》云："伐例时，虽在下月，不蒙上月，后放（仿）此。"

三年，春，王二月。

通三统例。

二月、三月皆有王者。二月，殷之正月也；三月，夏之正月也。

《春秋正辞》曰："必兼书王二月、王三月者，明改商正二月，夏正三月也，此《春秋》文外之意……《春秋》止书二月、三月者，则《春秋》之义，所以为通三统张法者也。"

《繁露·三代改制质文》曰："正者，正也，统致其气，万物皆应，而正统正，其余皆正，凡岁之要，在正月也。法正之道，正本而末应，正内而外应，动作举错，靡不变化随从，可谓法正也。"重三正，慎三微也。

《白虎通·三正》曰："明王者当奉顺而成之，故受命各统一正也，敬始重本也。"至清犹如此，清存元、明之后，因朱三太子案，自旁支立明后。

王者存二王之后，使统其正朔，服其服色，行其礼乐。所以尊先圣，通三统，师法（即"因"）之义，恭让之礼，于是可得而观（察）之。

《繁露·三代改制质文》曰："《春秋》上绌夏，下存周，以《春秋》当新王。"《春秋》新王存二王之后以小国，使服其服，行其礼乐，称客而朝，所以通三统也。《白虎通·三正》曰："王者所以存二王之后何也？所以尊先王，通天下之三统也，明天下非一家之有，敬谨谦让之至也。"通三统，客待之而不臣，明天命所受者博，非独一姓也。

"师法之义"，师承，承师说；"恭让之礼"，"温、良、恭、俭、让"（《论语·学而》）。

《论语·为政》曰："殷因于夏礼，所损益可知也。周因于殷礼，所损益可知也。其后继周者，虽百世可知也。"《季氏》曰："周监于二代，郁郁乎文哉！"《卫灵公》曰："行夏之时，乘殷之辂，服周之冕。"孔子存三统，使其有恭让之礼，可守其祖制，不必奉正朔，易服色。

《论语·学而》曰："因而不失其亲，亦可宗也。"今文说法，"亲"为新，因而不失己新。对前二朝，以客礼待之，在皇帝面前不称臣。

存三统，主在祭先祖和祭黄陵。祭祖，穿祖宗的服色。蒋介石有大祭时，犹知穿中国服色。

何以要存三统？朝可亡，礼不可灭，故封二公，以客礼待之。存三统，张三世，弘（扬）三夏。

《公羊传》何以与《左传》不同？一讲思想，一讲历史。

为往圣继绝学，为万世开太平，故曰"大道之行也，天下为公……是谓大同"。

试问自己像不像夷狄？陋，"君子居之，何陋之有"（《论语·子罕》）？

有用与否，在乎自己。没有智慧，能解决问题？今天正是有智慧、有头脑者成功立业的机会。真能，不叫历史写，历史都不留空白。

赶上末班车，没有来回票。志之所在，成立奉元书院。我是新铺的路，又一村。

没有人性，人从哪里来？先自问：是人，还是畜生？谁真同情老百姓了！

己巳，日有食（蚀）之。

何以书？

诸言何以书者，问主书。

《春秋正辞》曰：《春秋》……有主书以立教也，然后多连而博贯之，则王道备矣。"

《史记·太史公自序》曰："董子曰：《春秋》辨是非，故长于治人……拨乱世反之正，莫近于《春秋》。《春秋》文成数万，其指数千。万物之散聚皆在《春秋》。"《繁露·精华》曰："《春秋》无达辞，从变从义，而一以奉人。"《春秋》之为道屡迁，义必有专主，"是故为《春秋》者，得一端而多连之，见一空而博贯之，则天下尽矣"，不言之妙，皆在深察，"弗能察，寂若无；能察之，无物不在"，一言之发，众例具举，此《春秋》

主书之义也。

记异也。

异者，非常可怪、先事而至者。是后，卫州吁弑其君完，诸侯初僭，鲁隐系获，公子翚进谄谋。

《繁露·必仁且智》云："天地之物，有不常之变者谓之异，小者谓之灾……以为天欲振吾道，救吾失，故以此报我也。"

非常为异，明谓此为非常，为《春秋》示义也，故圣人得因其变常，假为劝诫。"先事而至"，事未至，先来个预兆。

《繁露·二端》曰："《春秋》至意有二端，不本二端之所从起，亦未可与论灾异也，小大，微著之分也。夫览求微细于无端之处，诚知小之将为大也，微之将为著也。吉凶未形，圣人所独立也，虽欲从之，末由也已，此之谓也……《春秋》异之，以此见悖乱之征。是小者不得大，微者不得著，虽甚末，亦一端。孔子以此效之，吾所以贵微重始是也。"《春秋》贵微重始，《易经》履霜知坚冰至，"防未然"的观念。

《二端》又曰："因恶夫推灾异之象于前，然后图安危祸乱于后者，非《春秋》之所甚贵。然而《春秋》举之以为一端者，亦欲其省天谴而畏天威，内动于心志，外见于事情，修身审己，明善心以反（返）道者也，岂非贵微重始、慎终推效者哉！"

日食，则曷为或日，或不日？或言朔，或不言朔？曰"某月某日朔，日有食之"者，食正朔也。

桓三年"秋，七月，壬辰，朔，日有食之"是也，此象君行外强内虚，是故日月之行无迟疾，食不失正朔也。

旧疏："'外强'，谓外有威严，其民臣望而畏之；'内虚'，虚心以受物，正得为君之道。故食不失正朔。"

其或日，或不日；或失之前，或失之后。失之前者，朔在前也。

谓二日食，"己巳，日有食之"是也，此象君行暴急，外见（现）畏，故日行疾，月行迟。过朔乃食，失正朔于前也。

失之后者，朔在后也。

谓晦日食，庄公十八年"三月，日有食之"是也。此象君行懦弱见（被）陵，故日行迟，月行疾。未至朔而食，失正朔于后也。

不言月食之者，其形不可得而睹也，故疑言曰"有食之"。孔子曰："多闻阙疑，慎言其余，则寡尤。"

或日或不日，或言朔或不言朔。孔子作《春秋》，陈天人之际，记异考符，不传天下疑者，"多闻阙疑，慎言其余，则寡尤"（《论语·为政》）。

《繁露·必仁且智》曰："灾常先至，而异乃随之。灾者，天之谴也；异者，天之威也。谴之而不知，乃畏之以威……故见天意者之于灾异也，畏之而不恶也。"

不传天下异者，从王录内可知也。

真以传真。专放小道消息做什么？"道听而涂（途）说，德之弃也"（《论语·阳货》）。

三月，庚戌，天王崩。

平王也。

周平王，幽王太子宜臼。公元前770年，在晋国和郑国的支持下迁都洛邑，历史学家称之为东周。宜臼在位五十三年，谥号平王。太子泄父早逝，平王之孙王孙林继位，是为桓王。在位期间郑伯掘突、郑伯寤生执政。

跻王于天，不与齐民，故不名。天下世共主之，何名为?

何以不书葬?

据书"葬桓王"。

《春秋公羊传·桓公三年》"五月葬桓王"，《传》曰："盖改葬也。"《释名·释丧制》："葬，藏也。"

天子记崩不记葬，必其时（时而葬）**也。**

至尊，无所屈也。

天子，一等爵，为至尊，天下所尊敬，尊王义，明葬时同轨宜毕至。

诸侯记卒记葬，有天子存（在），**不得必其时也。**

设有王后崩，当越绋而奔丧，不得必其时，故恩录之。

陈立云："《公羊》以为嗣子在丧，有奔丧之礼者。"

曷为或言崩，或言薨？天子曰"崩"。

大毁坏之辞。书崩者，为天下恩痛王者也。

《释名·释丧制》："天子曰崩，崩，坏之形也，崩硼声也。"

诸侯曰"薨"。

小毁坏之辞。

《释名·释丧制》："诸侯曰薨，薨，坏之声也。"《白虎通论·崩薨》曰："薨之言奄也，奄然亡也。"

大夫曰"卒"。

卒，犹终也。

《释名·释丧制》："大夫曰卒，言卒竟也。"

士曰"不禄"。

不禄，无禄也。

《释名·释丧制》："士曰不禄，不复食禄也。"

皆所以别尊卑也。葬不别者，从恩杀，略也。

《白虎通论·崩薨》曰："尊卑有差也。天子七月而葬，同轨必至；诸侯五月而葬，同会必至。所以慎终重丧也。"

记诸侯卒葬者，王者亦当加之以恩礼，故为恩录。

隐公第一

《白虎通论·崩薨》曰:"臣死亦赴告于君何?此君哀痛于臣子也,欲闻之加赗之礼。"又曰:"天子闻诸侯薨,哭之何?惨怛发中,哀痛之至也。使大夫吊之,追远重终之义也。"

夏,四月,辛卯,尹氏卒。

微言。《春秋》之微义,即孔子之微义。

"尹氏卒",自今后,叫尹氏之世爵都卒了。即尹家的世爵,自此都没了。

尹氏者何?天子之大夫也。其称尹氏何?

以"尹氏立王子朝"也。据"宰渠"氏官,刘卷卒名。

《春秋公羊传·昭公二十三年》"秋……尹氏立王子朝",何注:"贬言尹氏者,著世卿之权……明罪在尹氏。"《桓公四年》"夏,天王使宰渠伯纠来聘",何注:"系官者,卑不得事官事也。称伯者,上敬老也。"《定公四年》"秋……刘卷(读 quán)卒",何注:"主起大夫卒之。"

贬。何为贬?

据俱"卒"也。

"刘卷卒",《后录·卷一》笺:"存刘者,明天子大夫得世禄。去子者,明爵不得世也。"

讥世卿。

世卿者,父死子继也。

三十年曰一世。父子相继，曰世。

贬去名言氏者，起（示）其世（动词，世及）也，若曰"世世尹氏"也。

凡"言氏"者，世其官也。

世卿非礼也。

礼，公卿大夫、士，皆选贤而用之。

孔子以"人无生而贵者"，天子之子为元士。"世卿非礼也"，《春秋》大义在"安乐一世"，不世及。

《繁露·王道》曰："观乎世卿，知移权之败。"又《建本》曰："执民柄者，不在一族。"世卿为乱源，因为权大，可以假公济私，恩德有之，甚至有黄袍加身事。

《潜夫论·忠贵》曰：《书》称'天工，人其代之'，王者法天而建官。"《繁露·十指》曰："论贤才之义，别所长之能，则百官序矣。"《立元神》曰："天积众精以自刚，天序日月星辰以自光，圣人序爵禄以自明。"《说苑·君道》曰："夫王者得贤材以自辅，然后治也。"又《繁露·建本》："君身必正，近臣必选，大夫不兼官，执民柄者不在一族，可谓不权势矣。"选贤举能，贤者在位，能者在职。

卿大夫任重职大，不当世（动词，世袭），为其秉政久，恩德广大。小人居之，必夺君之威权。故尹氏世，立王子朝；齐崔氏世，弑其君光。

此"世卿不得世"之义。

《通义》曰："古有世禄，无世卿。世禄，故'故旧不遗'；不世卿，故'选不失贤'。"选贤举能，贤者在位，能者在职。

《繁露·度制》曰："凡百乱之源，皆出嫌疑纤微，以渐寝稍长至于大。圣人章其疑者，别其微者，绝其纤者，不得嫌以蚤防之。圣人之道，众堤防之类也。"《正贯》曰："故志得失之所从生，而后差贵贱之所始矣。"《王道》曰："以所任贤，谓之主尊国安；所任非其人，谓之主卑国危。万世必然，无所疑也。"

君子（孔子）疾（讨厌）其末（结果），则正其本（先正本）。

《春秋》中之"君子"，皆指孔子。

《汉书·张敞传》曰："仲尼作《春秋》，迹盛衰，讥世卿最甚，云疾其末，则正其本者。"今每天眼之所见皆"末"，"君子疾其末则正其本"。《繁露·十指》曰："见事变之所至者，则得失审矣。因其所以至而治之，则事之本正矣。"《论语·学而》曰："君子务本，本立而道生。"《繁露·重政》曰："不及本所从来而承之，不能遂其功。"

有思想，当想这些不正常应自何处入手正本？知识分子对时代当负责任，非光给奖金而已。六合彩乱，每县要出彩券，台湾岂不要成为赌博省？此正本之智慧。有无正本之术？

"出租车之狼"张正义的不正当行为，一而再，再而三，还不懂这是犯法，值得研究，心理学家当研究其心理。

1988 年台北之狼张正义，连续奸杀六女，手段非常残忍，勒毙、性侵，再弃尸。警方侦办一度陷入困难，但后来追踪到出租车的车牌号码，逮到他时，张的身上只剩下五十元，正准备要再犯案，完全没有悔意，之后在刑场被枪决。

遇事哪有办法？应自根本正起。感到自己生活懒散，应先正本。读书在改变器质，器质不能改变，书白读了！昔行住坐卧，皆自小训练，养成威仪，君子不重则不威。

见讥于卒者，亦不可造次（马虎），无故驱逐。必因其过卒绝之。

陈立疏云："所以'必因其过，卒绝之'者，亦所谓'因行事而加吾王心焉'义也。"乱制三害：天子、诸侯、大夫。《春秋》贬天子、退诸侯、讨大夫；此用心良苦，鼓动昏君去世爵，讨大夫。

"大夫不世爵"（《礼记·王制》），"士无士官"（《孟子·告子下》），"天下为公，选贤举能"（《礼记·礼运》）。孔子删《书》，首尧舜，美其让贤而不私子也。至禹而德衰，创此乱制，不能骤去，先讨大夫之世于乱世，退诸侯于升平世，贬天子于太平世，以渐而进也。"氏卒"者，其一氏之世皆卒也。

何注云："见讥于卒者，亦不可造次。"如注文："……不能退无罪。"此见"裁世卿"之法。妄去，则深罪巨室而生变，当应其卒而去其世，则事易行而除患，此乃圣人深虑之术。又因"卒"字，而明"渐"也。一经兼数义，故《春秋》之为书，义密而旨深也。

明君案见劳授赏，则众誉不能进无功；案见恶行诛，则众谗不能退无罪。

"案"者，考也。"众恶之，必察焉；众好之，必察焉"（《论语·卫灵公》），"左右皆曰贤，未可也；诸大夫皆曰贤，未可也；国人皆曰贤，然后察之；见贤焉，然后用之。左右皆曰不可，勿听；诸大夫皆曰不可，勿听；国人皆曰不可，然后察之；见不可焉，然后去之。"（《孟子·梁惠王下》）

《繁露·天地之行》曰："任贤使能，观听四方，所以为明也；量能授官，贤愚有差，所以相承也；引贤自近，以备股肱，所以为刚也；考实事功，次序殿最，所以成世也；有功者进，无功者退，所以赏罚也。"

不可以吝赏，否则无人效力。泛赏亦不可，不值钱。重民力，是重民。有功必赏，有过必罚。私情用事耽误事，无病不死人。用人才极为重要。

外大夫不卒，此何以卒？

据"原仲"不卒。

《春秋·庄公二十七年》"秋，公子友如陈，葬原仲"，而《经》不书原仲之卒。

天王崩，诸侯之主也。

时天王崩，鲁隐往奔丧，尹氏主傧赞诸侯，与隐交接。而卒，恩隆于王者，则加礼录之，故为隐恩录痛之。

"隐"，犹痛也。《穀梁传》曰："外大夫卒，此何以卒之也？

于天子之崩为鲁主，故隐而卒之。"与《公羊传》同义，此又明人道相接，宜有恩礼而不忘之。

日者，恩录之，明当有恩礼（而不忘之）。

《春秋》托王于鲁，书日，比内大夫，著王者当有恩礼。

一个人做事不能耽误自学，清大儒皆做官的。认真执笔，也会多点作用。

此章要义：一、以私人恩情，写"尹氏卒"。隐公曾住尹氏家，交往密切。二、以天子崩时，尹氏为招待行丧者。三、此见"裁世卿"之法。妄去，则得罪巨室而生变。贬天子、退诸侯、讨大夫。讥世卿，世卿非礼也，父死子继。礼，公卿大夫士，皆选贤而用之。卿大夫任重职大，不当世。

秋，武氏子来求赙。

讥贪位薄恩。

武氏子者何？天子之大夫也。其称武氏子何？

据宰渠氏官，仍叔不称氏（桓五年，"天王使仍叔之子来聘"），尹氏不称子。

讥。何讥尔？父卒，子未命也。

时虽世大夫，缘孝子之心，不忍便当父位。

《春秋》之法，不世位，世卿非礼也。

故顺古（古之制）先试一年，乃命于宗庙。

因世卿不能即除，故"先试一年，乃命于宗庙"，借武氏子以明之。

武氏子，父新死，未命，而便为大夫，薄父子之恩。故称氏言子，见未命以讥之。

称"子"者，犹系于父之词也……三年之中，恒若父存。书"武氏子"，如其意，著其恶。

何以不称使？

据南季称使。

《春秋·隐公九年》："春，天王使南季来聘。"

当丧（桓王也）未君也。

"当丧"，谓天子（平王丧在殡）也。"未君"者，未三年也。未可居君位称使也，故绝正其义，与毛伯同。

《春秋公羊传·文公九年》"春，毛伯来求金"，《传》曰："何以不称使？当丧，未君也。逾年矣，何以谓之未君……以天子三年然后称王……缘孝子之心，则三年不忍当也"。

孔子之礼法，"君薨，百官总己以听于冢宰，三年"（《论语·宪问》），三年内称"子"，故嗣子未毕三年丧，不得称君而使人。

武氏子来求赙，何以书？

不但言“何以书”者，嫌主覆问上所说二事，不问求赙。

讥。何讥尔？丧事无求。

不可以丧事有求。

求赙，非礼也。

主为“求赙”书也。

《说苑·贵德》曰：“周天子使家父毛伯求金于诸侯，《春秋》讥之；故天子好利则诸侯贪，诸侯贪则大夫鄙，大夫鄙则庶人盗，上之变下，犹风之靡草也。”

礼，本为有财者制，有则送之，无则致哀而已。不当求，求则皇皇伤孝子之心。

又讥贪位薄恩，无人子之心。《繁露·玉英》曰：“夫处位动风化者，徒言利之名尔，犹恶之，况求利乎？故天王使人求赙求金，皆为大恶而书。”

丧事无求，求赙非礼也。《穀梁传》曰：“赗，归死者曰赙，曰归之者正也，求之者非正也。周虽不求，鲁不可以不归；鲁虽不归，周不可以求之。交讥之是也。”

盖（皆）通于下。

云尔者，嫌天子财多不当求，下财少可求。故明皆不当求之。

盖通言上下皆不当求。

人在利上看得太重，绝对没有出息；不知替别人着想，完全利己就完。小行为可以影响人的一生，不可以有窃盗心。我一生奋斗，是好路都走，不走坏路。吃亏，是交学费。

"见性立诚"，自以为了不起，无诚信以立身，绝不能打入核心。"人之视己，如见其肺肝然"，人以你不可靠，宣判了你。除了能干，诚信人方信之。要承认别人和你差不多，别人比你聪明，不可有轻忽之心，也不可存占便宜的心理。

创业得有横的关系，必叫人信你，"诚信"为不二法门，检讨、认识、改造自己。团体有一败类，就不得了！吃小亏，但绝不吃大亏。总想着"别人比我高明"，有了点基础，千万不可以自毁，否则永远爬不起来。

评论，不能说真话，不如不说，百姓聪明得很。读书人读"输"了，穷酸！善用智慧，有成就必自根着手。人贵乎有建树，不要天天给人系鞋带。

求己之所当为，不做非分之想。有定力，有方向，往前奋斗，不为某个人干。关系近，谁知谁，谁也不听谁。

认清方向，天天干；不要闲，一闲就多烦、生烦！一个人天天闲，就不足为。考虑自己应走的路子，不要天天为人做嫁衣裳；人家嫁出去了，你仍孤零零一个！创造自己，装潢自己，不要净用精力去塑造别人。

有守有为，有所不为才能有所为，养成此种精神，不要自迷。造就自己，海阔天空，不要给人当跑腿。

八月，庚辰，宋公和卒。

不言"薨"者，《春秋》王鲁，死当有王文。圣人之为文辞孙顺，不可言"崩"，故贬外言"卒"，所以褒内也。

《春秋》王鲁，以鲁当新王，为继天奉元之王，人皆可王之，故不称"崩"。德不称位，虽为君，皆称"卒"，即一夫卒。"卒"者，终也，是终殁之词。

宋公，殷后，于周为客，当称"薨"，此不言"薨"者，因《春秋》以鲁当新王，死当有新王之文。天子死曰"崩"，诸侯死曰"薨"。新王之文者，当言崩。但圣人说话客气，且重"一字之褒贬"，而不可言"崩"。贬诸侯死曰"卒"，不言"薨"；鲁王曰"薨"，贬外言"卒"，所以褒内而言"薨"也。

宋称公者，殷后也。王者封二王后，地方百里，爵称"公"，客待之而不臣也。《诗》云"有客宿宿，有客信信"是也。

通三统，因而不失其新。《白虎通·王者不臣》曰："不臣二王之后者，尊先王，通天下之三统也。"

"宋称'公'者，殷后也。王者封二王后，地方百里，爵称'公'，客待之而不臣也"，此"存三统"，损益以适时也，因而不失其新。

《越绝书·吴内传》曰："当此之时，上无明天子，下无贤方伯，诸侯力政，疆者为君。南夷与北狄交争，中国不绝如线矣。臣弑君，子弑父，天下莫能禁止。于是孔子作《春秋》，方据鲁以王。故诸侯死皆称'卒'，不称'薨'。"德不称爵也。

《春秋》褒贬之法于此见，此新王之礼。《春秋》是平民化的，贬天子。

名家讲学一样问题很多，可见承学之不易！还必懂实际事如何处理。

"君子大居正"，为一大事，故加"大"之赞词。大居正，大一统。《易经》是体，《春秋》是用。

"蒙以养正"，居正；养正，"圣功也"。生完，人，有了蒙，启蒙，第一件事要养正；没养正，就不是人。正，性命；养正，养性命。"保合太和，乃利贞"，养之。不能只养一天，所以必居正。居正，即安正，造次、颠沛皆必于正，死而后已，非一二日而已。

儒，每天干"人所需"的事。读书人必谈政。养正的目标，是圣功。圣功，大一统也。统一，霸道；一统，王道，用"一"统。天下定于一，"不嗜杀人者能一之，天下莫不与也"，与，合作。"杀一无辜而得天下，不为也"，引申，一统即仁统。

《春秋》这朝是干什么的？《春秋》一书一朝，即"养正圣功"的注解。居正、一统，都是顶尖的事，乃加"大"字，大居正，大一统。

好好努力，成就奉元学派。元经，《大易》与《春秋》，一为体一为用。《易》养正，圣功；《春秋》居正，一统，元统，仁统。仁统而大同。孔子志在《春秋》，《春秋》在完成夫子之志。

"因鲁以容天下"，懂此，则知自己要做什么，不但要为中国，更要为众生谋。中国不单为人，乃为天下苍生，凡是生的都在内。

我一生净做可怜梦，号"安仁居士"，我母亲提示要"慰苍"，因为仁者爱人，仁者无不爱。这几个字，就把我支配了一辈子。

物质文明进步，但人的质量如何？既活着，何不活得像样？小家庭哪个家像家？再这样下去，就不可救药了！

冬，十有二月，齐侯、郑伯盟于石门。
癸未，葬宋缪（穆）公。

《孟子·滕文公上》曰："及至葬，四方来观之，颜色之戚，哭泣之哀，吊者大悦。"可当大事，大悦其子之尽礼也。

古时哪天埋葬，按其地位而不同。天子自登基起，即找吉地，陵的体制一样（坟丘大小、衣襟棺椁、墓葬仪式）。

顺治自找吉地，于风景不错处，将玉佩往地一扔，那儿即其吉地。吉地找完，即修到死。如在位久，则修得好。

慈禧陵修得不错，是金色地方皆纯金，但受破坏也最大。

普陀峪定东陵，由裕妃园寝再往西是安葬东、西太后的定东陵。西太后慈禧陵在普陀峪，东太后慈安陵在普祥峪，二陵原皆于同治十二年（1873年）兴建，形制、规模相仿，但慈禧陵于光绪年间全面重修，因此其建筑之华丽精美冠于东陵。尤其隆恩殿殿里殿外都装饰贴金彩绘，殿内明柱也盘旋金龙，可谓金碧辉煌；殿前汉白玉台基中央有透雕的龙凤陛石，其构图为凤上、龙下。

1928年，孙殿英以军事演习为名，严密封锁清东陵，经七天七夜疯狂盗掘。在姜石匠引导和炸药的千钧神力下，硝烟弥漫中，慈禧太后的陵寝大难临头，所有殉葬宝物很快被一抢而空。棺木被打开，慈禧嘴中所含一颗巨大的夜明珠被抠出，尸骸被抛出棺外，脸朝下趴在泥水中，一手反扭在身后。

清朝自道光始有失土，道光帝乃发誓"不收复收土，陵永不上彩"，而大臣善于拍马，乃使用楠木。

道光皇帝爱新觉罗·旻宁的陵寝慕陵，位于清西陵昌陵西南十五公里处龙泉峪。慕陵在清东陵、清西陵中，规制比较特殊，基本上不遵从祖陵制度，简化了清代帝陵原有的一些规制，是清代所有帝陵中规模最小的一座，没有方城和明楼。

慕陵是一座木雕艺术的殿堂，以精湛的楠木雕龙闻名，三座楠木殿不施油漆彩画，而是在楠木本色上以蜡涂烫，用楠木雕龙装饰于天花、雀替、隔扇、门窗，仅隆恩殿就有龙一千多条，堪称龙的世界和海洋。隆恩殿内每一块天花板都是一件雕龙艺术的杰作。雕刻大师用高浮雕加镂空手法，刻成在云雾中舞动的龙身和向下俯视的龙头，龙头突出平面达半尺多高，个个张口鼓腮伸向空中，和着楠木的芳香，仿佛"群龙聚会，龙口吐香"。

已之所好，不能为部下所知，因下面人最善于逢迎。

葬者，曷为或日（记日期），或不日？不及时而日，渴（急也）葬也。

"不及时"，不及五月也。

日月未满而葬曰"渴"，言谓欲速葬无恩也。

"或日，或不日。不及时而日，不及时而不日。过时而日，过时而不日。当时而不日，当时而日”，礼例。言礼例，言外之意，乱制之所以为乱。

礼，天子七月而葬，同轨毕至。

《礼记·王制》注："尊者疏（慢），卑者速（快）。"
"同轨毕至"者，所以慎终重丧也。
"同轨"者，海内皆至也，以别四夷之国也。
诸侯以下不言"毕至"者，有来有否，不必尽来。

诸侯五月而葬，同盟至。

"同盟"者，同在方岳之盟也。同盟，同盟会，同会。

大夫三月而葬，同位至。

"同位"，同在列位，同朝。
"大夫三月"者，除死月为三月。

士逾月，外姻至。

士数死月为三月，正是逾越一月，故言"逾月"。
台湾古礼，"士逾月，外姻至"，母妻之党。昔为宗法社会，亲戚多。
婚礼，第二天亮轿，最热闹，摆阔。第三天迎娶，结婚在半夜，天亮礼开始，到晚上入洞房，大家忙一天。第四天分大小，亲戚留下，吃完中饭才走。
大家有小份钱，即体己钱，此所得为己所用。大宾，请来的，有单，皆能手。昔女儿无继承权，有钱人家给"聚宝盆"

陪嫁，一定有珊瑚，皆传家之宝，其次"锁麟囊"。

结婚轿，不同于出门轿，因是"小登科"，可以僭越，任何人皆必避让，最有人情味。

读书像吃饭，每天必用筷子，方便。自定义许多规矩，此过日子之道。读时，要做易于辨别的记号。读书有一通盘记号，则知道看到哪里。研究出许多办法，书常看，就研究出办法。

孔子曰："葬于北方，北首，三代之达礼也，之（往）幽之故也。"

孔子卒，葬于鲁城北。

《白虎通·崩薨》曰："所以于北方何？就阴也。"《礼记·檀公下》曰："葬于北方北首，三代之达礼也，之幽之故也。"西首，是受佛教影响，西方为极乐世界。中国古礼为北首。

渴，喻急也，"乙未，葬齐孝公"是也。

北方以"急"为"渴"。最难为"渴难"，做得"渴快"。

《春秋·僖公二十七年》："六月，庚寅，齐侯昭卒""八月，乙未，葬齐孝公"。《释名·释丧制》："日月未满而葬曰渴，言谓欲速葬无恩也。"

不及时而不日，慢葬也。

慢葬，不能以礼葬也，"八月，葬蔡宣公"（隐公八年）是也。

漫不经心，为"慢葬"。过时而不葬曰慢，谓慢傲不念早安神也。

过时而日，隐之也。

"隐"，痛也。痛贤君不得以时葬，"丁亥，葬齐桓公"是也。

"隐"，痛也，哀戚之至隐。《春秋·僖公十七年》"冬，十有二月，乙亥，齐侯小白卒"；《僖公十八年》"秋，八月，丁亥，葬齐桓公"。

过时而不日，谓之不能葬也。

解（懈怠）缓不能以时葬，"夏，四月，葬卫桓公"（隐公五年）是也。

不及时，为懈怠，谓之"不能葬"。

当时而不日，正也。

"六月，葬陈惠公"（定公四年）是也。

当时而日，危不得葬也。

《通义》曰："水火兵寇，危之小者也。适（嫡）嗣不定，国有争祸，危之大者也。"

《三朝记》曰："人君尊本重统。卒、葬者，君位之终始，《春秋》于是示大经大法。"

此当时，何危尔？

《繁露·玉英》曰："非其位而即之，虽受之先君，《春秋》危之，宋缪公是也。"于此危之，亦"疾其末必正其本"之义。

宣公谓缪公曰："以吾爱与夷，则不若（如）爱女（汝）。以为社稷宗庙主，则与夷不若女，盍（何不）终为君矣。"

与夷者，宣公之子；缪公者，宣公之弟。

宣公死，缪公立。缪公逐其二子庄公冯与左师勃。

左师，官。勃，名也。

曰："尔为吾子，生毋相见，死毋相哭。"

所以远绝之。

"远绝之"，却种下未来的乱。

与夷复（报）曰："先君之所为（以）不与臣国，而纳（致）国乎君者，以君可以为社稷宗庙主也。今君逐君之二子，而将致国乎与夷，此非先君之意也。且（若）使子而可逐，则先君其逐臣矣。"

缪公曰："先君之不尔（汝）逐，可知矣。吾立乎此，摄（持）也。终致国乎与夷。"

"可知"者，欲使我反国。暂摄行君事，不得传与子也。谦辞。

究竟谁是真理？

庄公冯弑与夷。

冯与督共弑殇公，在桓二年。

《春秋·桓公二年》"春，王正月，戊申，宋督弑其君与夷及其大夫孔父。"《经》不书庄公冯弑。《繁露·玉英》曰："今此《传》言庄公冯，而于《经》不书，亦以有避也……故君子为之讳不居正之谓'避'。"

危之于此者，死乃反国，非至贤之君不能不争也。

世及，乱制。此章讲乱制，私情私义。

读《春秋》，比读《易经》还费脑，完全讲微言大义。是非之争，看自哪个角度看。

唐尧、虞舜，唐山，唐庄，唐人。日本的唐，是指唐朝而言。唐世尧，取名字必慎重。

故君子大居（守）正。

故君子"大居正"，大一统，王者无外，大居正。皆重要之微言。大，为赞词。

孔子《春秋》之法：继承问题必大居正，不以血缘。世及制，父死子继、兄终弟及，皆以血缘。

明修法守正，最计之要者。

此注像《孙子》之注。

或日或不日，不及时而日，不及时而不日；过时而日，过时而不日；当时而日，当时而不日。乱制之礼繁，繁于人事之不齐也，非至贤之君不能不争也。乱制废，则一道。孔子曰"吾道一以贯之"，故君子"大居正"，以"修法守正，最计之要者"。

"修法守正"，法必随时而易，守住正，以除乱制。"修法"之修，同"修《春秋》"之修，即修去乱制之法；"守正"，守先王，即尧舜以前公天下之正道。

"修法守正"，立制度，以法治天下。故新王之制为法制。修法制，守礼。中国非光凭法，还要有德，守正。有德必知礼，"子帅以正，孰敢不正？"以谁作标准？以"中"为标准，"君子而时中"，即礼义。修法，还要守礼。

"最计之要者"，拨乱反正，为闵患之及于无辜也。

宋之祸，宣公为之也。

弑君弑父，皆发生在有国者身上。一步错，造成几代的杀伤。

亲情、血缘，完全无法超越人的欲与私。利害攸关时，连亲情都不能约束，其他更不行。

言死而让，开争原也，缪公亦死而让。得为功者，反正也。

"死而让"，非世及，"开争原也"。"得为功者，反正也"，拨乱反正。

《潜夫论·断讼》曰："《春秋》之义，责知诛率。"不得为让者，死乃反之，非所以全其让义也。

如尧舜，生让，不私其子。生而让，看《尚书》的《尧典》《舜典》，让国容易，为天下得贤才难，故尧对舜历试诸艰、诸难，试用二十八年，方传位于舜。

外小恶不书，录渴隐者，明诸侯卒，王者（《春秋》之新王）当加恩意，忧劳其国，所以哀死闵（悯）患（天下之患）也。

陈立疏云："渴、慢、隐，及不能葬，皆是小恶，而并书于传闻之世，明王者当哀死闵患也……但记卒记葬，录鲁恩义之所及，则哀其丧而恤其终，亦可知矣。"

圣人"贵除天下之患"，"闵患"，哀死也。有悯患之心，必有拨乱反正之行。拨乱反正，为悯患之及于无辜也。中国人给最圣洁人的责任："贵除天下之患"。看报纸，提醒，即悯患，隐藏无尽的后患，如何防患、除患？

不要一天苦读一本书，应换着看，夹纸条以别之。必要善用时间，做一小时事，休息十分，打坐也可以。洗碗就是休息，学六祖。必要懂分配时间，就不会累！读书，时间一定，一天都不累。做一小时事，休息十分钟，很快就过去了。人累，是自厌倦出来的，并非真累。

写文章必要勤，不能只引别人东西，免得引错了。

办事时，你没事，别人有事，办完事就走。一天看五份报，休息就看。会利用时间，可以接触很多新东西，就有新发现，日子过得愉快。实际做，不必急功近利。

做事必要机警，看环境说话、办事，"君子受命不受辞"，见机行事。既受命又得受辞，外交失败就难免。应有一原则：于国家有利，专之可也。

四年，春，王二月，莒人伐杞，取牟娄。

杞，姒姓，夏之苗裔。武王克殷，求禹之后，得东楼公，封之于杞。

牟娄者何？杞之邑也。

以上年伐杞。

外取邑不书，此何以书？

"杞"，鲁之外国，彼夺取杞国地，则于鲁言之，是名外邑也。据乱世，外取邑不书，故问此何以书？

据楚子伐宋，取彭城，不书。

《春秋公羊传·襄公元年》"仲孙蔑会晋栾黡、宋华元、卫宁殖、曹人、莒人、邾娄人、滕人、薛人围宋彭城"，《传》曰："鱼石走之楚，楚为之伐宋，取彭城，以封鱼石。"

疾始取邑也。

此亦《春秋》之始，"疾始取邑也"。

《穀梁传》曰："诸侯相伐，取地于是始，故谨而志之也。"为入春秋以来取地之始。虽不灭国，而夺取他国之地者，亦《春秋》所必诛，则后之取人邑者，皆《春秋》之所疾。

外小恶不书，以外见疾始，著取邑以自广大，比于贪利差为重，故先治之也。

所传闻世，"外小恶不书"。

既伐其国，又取其地，明伐不以罪，而贪其利，两书"取、伐"，以彰其恶，盖比之寻常小恶差重，故治之也。

内取邑常书，外但疾始。不常书者，义与上"逆女"同。

但疾始，不常书者，明当先自正，故略外也。

不《传》托始者，前此有灭，不嫌无取邑，当托始明故。省文也。

旧疏云："凡不托始之义有四：一则见其经而不托始，二则其大恶不可托始，三则省文不假托始，四则无可托始，前此未有，无所托也。"

取邑例时。

"取邑"，按《春秋》之例，必写时。
此月者，盖为下"戊申，卫州吁弑其君完"日起。
凡例宜时，而书月者，皆缘下事当日。日必继于月。

戊申，卫州吁（卫庄公庶子）**弑其君完**（卫桓公，名完）。

二子争嫡，弑君夺位。

曷为以国氏？

据"齐公子商人弑其君舍"（文十四年，秋），氏公子。

当国也。

与段（共叔段）同义（隐元年，"郑伯克段于鄢"）。

"曷为以国氏？当国也"，欲当国为之君，故"如其意，著其恶"。《穀梁传》曰："大夫弑其君以国氏者，嫌也，弑而代之也。"孔子诛绝乱制之臣弑君，更著其代为君之不道。

圣人"贵除天下之患",天下至大之患,莫过于乱制,此即"拨乱反正"的目的。

日者,从外赴辞,以贼闻例。

"日者,从外赴辞",《公羊》之例,合书则书,不待赴告。而言"从外赴辞"者,谓其君被弑,此君之臣,即以其日赴于天子,诸侯望天子早来救己,是以《春秋》悉皆书日。

"以贼闻例",言以弑君贼闻于天子诸侯,例日如此,故下八年,《传》云:"卒何以日,而葬不日?卒赴。"何注:"赴天子也。缘天子闵伤,欲其知之。"义亦通乎此。

夏,公及宋公遇于清。

清地,在郑、卫之界。

遇者何?不期也。一君出,一君要之也。

"遇",不期而会。《春秋·隐公八年》:"春,宋公、卫侯遇于垂。"《穀梁传》曰:"不期而会曰遇。遇者,志相得也。"义同《公羊传》。此《传》云:"及者,内为志焉尔。遇者,志相得也。"是另一义。

古者有遇礼,为朝天子,若朝罢朝,卒相遇于涂,近者为主,远者为宾。称先君以相接,所以崇礼让、绝慢易也。

当《春秋》时,出入无度,祸乱奸宄,多在不虞,无故卒然相要,小人将以生心,故重而书之,所以防祸原也。

言"及"者,起公要之,明非常遇也。

宋公将会诸侯伐郑，公往要与相见，故言"及"。"及"，我欲之。

陈立疏云："鲁隐有内难不知防，汲汲与外诸侯遇。宋亦有公子冯之祸，而不知慎。《春秋》两责之。"

地者，重录之。

会、盟、战皆录地。

不期而遇，无期可重，亦书地，所以重其事，所以防祸原故也。

遇例时。

书月，《春秋公羊传·僖公十四年》"夏，六月，季姬及鄫子遇于防"，何注："月者，甚恶内也。"

宋公、陈侯、蔡人、卫人伐郑。

秋，翚帅师，会宋公、陈侯、蔡人、卫人伐郑。

翚者何？公子翚也。

以入桓称公子。

《春秋·桓公三年》："秋，公子翚如齐逆女。"

何以不称公子？贬。曷为贬？

据"叔老会郑伯，伐许"（襄十六年，夏），不贬。

与（参与）弑公也。

"弑"者，杀也，臣弑君之辞。以终隐之篇贬，知与弑公也。

"弑"，伺也，伺间而后得施。隐之罪人，"终隐之篇贬"也。《通义》云："《春秋》大夫不氏之例有四：一曰贬……二曰未命……三曰小国、夷国之大夫……四曰一事而再见者，卒名……"录氏为善，斯去氏为贬益昭矣。圣人随事为之杜其渐，隐之弑也，于"翚帅师"戒之，此大夫不得专兵柄之义也。

其与弑公奈何（如何）**？公子翚谄**（侫）**乎隐公，谓隐公曰："百姓安子**（百姓之心安于您）**，诸侯说子，盍**（何不）**终**（终生）**为君矣**（乎）**？"**

《繁露·王道》曰："观乎公子翚，知臣窥君之意。""言行，君子之枢机；枢机之发，荣辱之主也"（《易经·系辞上传》），言行，君子所以动天地也，可不慎乎？听话、谈话时皆要小心。杀人之心不可有，但防人之心不可无。左右的一言一行，必分析分析，没认清其来之目的前，少说自己的意见。有人在你面前阿谀，必要小心，其想左右逢源。

遇事必要用心眼，不能马虎。对戴高帽者，当加以小心。人来说闲，把心话说给人，糟！人在你面前说好话，得吓一跳。出恶言，则不必，因那人没智慧。

隐曰："吾否（不）**，吾使修涂裘**（邑名）**，吾将老**（终老）**焉。"**

将辟（避）桓居之，以自终也。

一个"否"字，种下杀身之祸。此言泄志、淫祀无福，足为后戒。

不知心者，不必谈心事。认识不清，不要盲目交往。一切操之在我，不要聪明外露。

想叫人不要说的话，何要给他知？你告诉他不要说，他出门就说，广告钱皆不必花。了解事情易，守住，能做，难！善用智慧，机警，视环境处理。

故南面之君，势不可复为臣，故云尔。

一个做领袖者，绝不可再做跟班。

不以成公意者，隐本为桓守国，国邑皆桓之有，不当取以自为也。

"隐为桓立"，举国皆知。隐公其实也非好人。

要有纳气，气在腹中，绝不发，有分寸，有所守。夫妇尚且有别，何况其他？

每天要学怎么处理事情。何以有朋友自远方来找你？如念完书，一点也没用，办事就出纰漏，弄得不可收拾。

公子翚恐若（此）其言闻乎桓，于是谓桓曰："吾为子口（当动词，犹口语相发动）隐矣。隐曰'吾不反也'。"

我为你探个口风。是非者即是非人。

没有同学敢在老师面前说是非，社会没有真的好人和坏人，说是非者就是是非人。不听是非，也不怕是非。

哪个时代没有小丑？有小丑才热闹。听是非，笑得牙不合拢，王婆，没骨头！

桓曰："然则奈何？"曰："请作难（兵难），弑隐公。"

谥者，《传》家所加。

认识不清，不要盲目交往。无法约束天下人，但可以约束自己。"型于寡妻"者有几人？

于钟巫之祭焉，弑隐公也。

"钟"者，地名也。"巫"者，事鬼神祷解以治病请福者也，男曰觋（音xí），女曰巫。

好诡，事败。
《白虎通·五祀》曰："礼曰：天子祭天地，诸侯祭山川，卿大夫祭五祀，士祭其祖。""非其鬼而祭之，谄也。"（《论语·为政》）
满族萨满教于子时开始祭祖，又喊又敲脚跳。汉人说旗人在打祖宗。

萨满教的特色，每一仪式必须有火与火献祭。东北流传"跳大神"活动，即萨满教之流传。萨满教认为天地生灵都有沟通的可能，通过萨满的各种仪式活动，能与某些生灵，特别是有修为的生灵进行沟通，从而到达问卜、医疗，甚至控制天气的目的。

拜拜，实可打牙祭，一个月两次，进补。
祭天、祭地，有天齐庙、城隍庙、祖师庙，为国家祭祀。

《传》道此者，以起淫祀之无福（以起淫祀之祸）。

不是国家指定祭祀的神，皆"淫祀"。"淫"，过分。《礼记·曲礼下》曰："非所当祭而祭之，名曰淫祀，淫祀无福。"启示：淫祀之无福。千万不要妄求，自私之迷，只有自误。

一章读完，得什么教训？

历史是面镜子。积重难返，整个反对传统东西，全盘西化，传统则丢得差不多。自己要能读书，才能进步。

家族，君臣。何以隐公挨杀？因为关系近，说了真心话。"一字之褒，一字之贬"，此贬公子翚。翚拍隐公马屁，不成功；变王婆，又谄桓公，出卖隐公。隐公见翚说真话，垮了！

人问，说"不管事，不清楚"，绝不可以王婆，最后被出卖都不知。要少说话在此，说话应有分寸。连老婆都可能出卖你。为保自己的脑袋，可以要你的脑袋。人生就是利害。

老师如唱戏，唱完，你们也不懂怎么用，完全自欺，什么都不懂，还自以为懂，习惯如此！

台湾之所以没救，就因没脑，不会成功，不懂怎么做。说到最后剩自己，绝没人信你。

同学有什么关系？同宗，且是君臣，结果？懂一句话就玩命？这么近的关系，都得拿命换。

净走邪门，早晚被人干掉，我可没脑袋陪你们玩命。先暗示，试看他嘴紧不紧，过几天就明白，其下就不必谈了！我说出的绝对假棋子，声东击西。不是货就提不起来，怎么成事？

不能瞻前也不能顾后，如何成事？三姑六婆焉能成事？应守口如瓶。两个中必死一个，多心想保命，"疑"太可怕了！群奸竞舞，影响别人的决策，你命绝对没了！

不要老说闲话，影响组织前途。命一条，背后有多深的问题，杀的动机如何？真正的敌人是叫你看不到的。不保密，玩命也。脑子一点也不发挥作用，许多事都断送在你们自己手中。无守口之诚，永打不入核心。

人问，一问三不知。没脑，叫人当猴子耍。活学问，不能用的是死学问。研究怎么"克己复礼"，克，是痛苦的，如何可以达到而不痛苦？

九月，卫人杀州吁于濮（陈地）。

《穀梁传》曰："称人以杀，杀有罪也。称月者，谨之也。"书"于濮"者，言陈亦欲杀之也。

其称人何？

据"晋杀大夫里克"（僖公十年，夏），俱弑君贼，不称人。

讨贼之辞也。

"讨"者，除也。明国中人人得讨之，所以广忠孝之路。

《春秋说》曰："《春秋》讨贼，皆称人。"称"人"，举国讨之。于国有害之人，人人得而诛之。故《春秋》书人，明人人所欲甘心焉。国家百姓皆如此做。

《繁露·王道》曰："明君臣之义，守国之正。"一个人对团体有害，人人得而讨之。

人可不能做贼，各方面的贼，如贼道者，"老而不死谓之贼"（《论语·宪问》），孔子以言讨之。今天骂"老贼"。

书者，善之也。

谨而危之也，广讨贼之义。

讨贼例时。此月者，久之也。

《春秋》之例，写时，谨其时月所在。

书"月"，危之之义，亦即《穀梁传》谨之之义，谨而危之也。

写"月"者，非马上讨，乃经久才讨贼。责其久者，以著臣子之缓慢，为讨贼者张义，所谓"责备贤者"也。

做人不易，在自己本分内，绝对要守分。不在其位，不谋其政，思不出其位。人各有所长，发展己之专长，不务乎其外。所想不在己专门之外，下苦功无不能。

你们在此文化下长大，长处就在自欺，自己不能还必说能，净骂别人。若不以国民党作为教训，则仍在失败圈中。

守自己本分，素其位而行，弄出成绩也不虚此生。不要看什么好东西皆想出手，不要要己之小聪明。

冬，十有二月，卫人立晋。

晋者何？公子晋也。

以下有"卫侯晋卒"，又言"立"。

《春秋·桓公十二年》："冬十有一月，丙戌，卫侯晋卒。"言"立"，篡文，知为公子。

立者何？立者不宜立也。

诸侯立不言"立"，此独言"立"，明"不宜立"之辞。

于"立"讥之，亦所谓"实与而文不与"者也。恐开后世权臣废立之渐，故书"立"以戒之。

其称人何？

据"尹氏立王子朝"也。

众立之之辞也。

晋得众，国中人人欲立之。

《繁露·王道》曰："卫人立晋，美得众也。"此为《春秋》之正义。盖王者，人之所归往之谓，故"得乎丘民为天子"（《孟子·尽心下》)，凡自国至乡，一切君长者，众之所举者，宜立之人也。故董子传微言而独发此意。唯隐公为据乱世，则子之（燕相）之狭心，田常（齐田桓，即陈桓）之买民，何所不有？故预防其害，虽众立而不许。

《史记·燕召公世家》记子之相燕，贵重，主断。苏代为齐使于燕，欲以激燕王以尊子之。于是燕王大信子之。子之因遗苏代百金，而听其所使。鹿毛寿谓燕王："不如以国让相子之。"或曰："今王言属国于子之，而吏无非太子人者，是名属子之而实太子用事也。"王因收印自三百石吏已上而效之子之。子之南面行王事，而哙老不听政，顾为臣，国事皆决于子之。

《史记·田敬仲完世家》载田常相齐简公，"以大斗出贷，以小斗收"，采减轻租税方式，在收租时，采取小斗进，大斗出的方式，给老百姓实惠。齐人歌之曰："妪乎采芑，归乎田成子！"百姓纷纷投奔其门下，迅速增强了家族实力，奠下"田氏代齐"的基础。

《穀梁传》曰："立者，不宜立也。"此为乱世发，非升平、太平义也。

然则孰立之？石碏立之。石碏立之，则其称人何？

据"尹氏立王子朝"，不称人（明罪在尹氏）。

书"人"，以善其得众；书"立"，以见其篡。美刺不相掩也。

众之所欲立也。众虽欲立之，其立之非也。

凡立君为众，众皆欲立之，嫌得立无恶，故使"称人"，见众言"立"也，明下无废上之义，听众立之，为立篡也。

《春秋》为张义之书，非记事之史。别嫌明微，恐开后世权臣废立之渐，故书"立"以戒之。明虽得众者，犹不免于篡，其不可得众者可知矣。治乱必表其微，所谓"礼禁未然之前"也。

《春秋正辞》曰："治乱必表其微，所谓礼禁未然之前也。凡所书者，有所表也，是故《春秋》中无空文。"

不刺嗣子失位者，时未当丧，典主得权重也。

《繁露·玉英》曰："明乎经变之事，然后知轻重之分，可与适权矣。"

月者，大国篡例月，小国时。立、纳、入皆为篡。

卒日葬月，达于《春秋》，为大国例。

《春秋·桓公十二年》"冬十有一月……丙戌，卫侯晋卒"，《桓公十三年》"三月，葬卫宣公"，从大国卒日葬月例，无讥文，见其得众宜立也。

《繁露·玉英》曰："苟能行善得众，《春秋》弗危，卫侯晋以众立书葬是也。"又曰："卫宣弗受先君而不危，以此见得众心之为大安也。"

主书，从受位也。

"从受位"，主书其立，亦"责备贤者"之义也。

五年，春，公观鱼于棠（鲁地）。

何以书？讥。何讥尔？远也。

实讥张鱼，讳大恶，而言讥远。远且讥之，则张鱼之失不待言矣！

戒君子好游旷政也。

公曷为远而观鱼？据浚洙也。

《春秋公羊传·庄公九年》"冬，浚洙"，《传》曰："洙者何？水也。浚之者何？深之也。曷为深之？畏齐也。"何注："洙在鲁北，齐所由来。"

旧疏云："然则近国北自有洙水，何故远至棠地而观鱼乎？

故难之。"

登来之也。

"登"，读言得。"得来之"者，齐人语也。齐人名"求得"为"得来"，作"登来"者，其言大而急，由口授也。

"登来之"，求来之，美大之辞，讥公之不当。
《春秋》"讥"，是最轻的处罚。

百金之鱼，公张之。

解言"登来"之意也。"百金"，犹百万也。古者以金重一斤，若今万钱矣。"张"，谓张罔罟、障谷之属（类）也。

一金，万钱。张者，张弓矢以射。张，大也。

登来之者何？

弟子未解其言大小缓急，故复问之。

美大之辞也。

"其言大而急"者，美大多得利之辞也。

"美大"，双字词，同《论语》"孝乎惟孝"，美大孝之词，语意同。
讥其"远而观鱼"，且"自美大之"。百斤之鱼，公张弓而得之，故美大之也。公自美大其能得百斤（金）之鱼也。

实讥"张"鱼，而言"观"。

社会情形，古今一也。

求利，非卖鱼，乃借"观鱼"之名，为有所求而去。求利，以"观鱼"之名而有所求，非为求金或求钱，就是有所求。

讥"远"者，耻公去南面之位，下与百姓争利，匹夫无异，故讳使若以远观为讥也。

《繁露·玉英》曰："公观鱼于棠，何恶也？凡人之性，莫不善义，然而不能义者，利败之也。故君子终日不言不及利，欲以勿言愧之而已，愧之以塞其源也。夫处位动风化者，徒言利之名尔，犹恶之。况求利乎？今非直使人也，亲自求之，是为甚恶。"

《繁露·度制》曰："君子不尽利以遗民。"《大学》曰："畜马乘，不察于鸡豚；伐冰之家，不畜牛羊。"《汉书·董仲舒传》曰："故受禄之家，食禄而已，不与民争业，然后利可均布，而民可家足。"

微言大义：在位者，不可与民争利。

诸讳主书者，从实也。

《穀梁传》曰："礼，尊不亲小事，卑不尸大功。鱼，卑者之事也，公观之，非正也。"

《春秋》之义，为尊者讳，为亲者讳，为贤者讳。讳之，正所以讥之，以大恶书之。

观例时，从行贱略之。

《繁露·玉英》曰："何故言观鱼？犹言观社（庄公二十三

年"夏公如齐观社",《传》曰:"何讥尔?诸侯越竟观社,非礼也。")也,皆讳大恶之辞也。"实以见其恶之大也。

《读经示要》曰:"以君之嗜利为大恶,其贬绝之深,严于斧钺。"

棠者何?济上(水之北)之邑也。

"济"者,四渎之别名。江、河、淮、济为四渎。

中国地方命名,皆有深意。

《风俗通》引《礼三正记》曰:"江、河、淮、济为四渎。渎者,通也,所以通中国垢浊,民陵居,殖五谷也。江者、贡也,珍物可贡献也。河者,播为九流,出龙图也。淮者,均,均其务也。济者,齐,齐其度量也。"

《说苑·贵德》曰:"天子好利则诸侯贪,诸侯贪则大夫鄙,大夫鄙则庶人盗,上之变下,犹风之靡草也。故为人君者,明贵德而贱利以导下,下之为恶尚不可止。今隐公贪利,而身自至济上。以此化于国人,国人安得不解(懈)于义?解于义而纵其欲,则灾害起,而臣下僻(邪僻)矣。"

太史公曰:"利诚乱之始也。夫子罕言利,常防其源也。"必要有守,有所不为才能有为。不是先有为贪污,然后守住不放。

夏,四月,葬卫桓公。

以州吁难,卫桓公见弑于去年春,"戊申,卫州吁弑其君完";越十五月而葬,故书月。

《穀梁传》曰:"月葬故也。"《传》云:"过时而不日,谓之不能葬也……过期乃葬,故以解(懈)缓言之。"

乱制之结果，为君者能成礼者没几个。

秋，卫师入盛（chéng）。

"盛"，文之昭也，初受封者为叔武，为文王之子，武王与周公之弟。天子尝命为上姬之长。

卫，蔑王弃亲，入兄弟之国，《春秋》所尤恶，故令与"吴入州来"（成公七年，何注："承前不恤民之所致"），"於（wū）越入吴"（定公五年，何注："疾罪重，故谓之於越"）同例矣。

曷为或言率（帅）**师，或不言率师？将尊师众，称某率师。**

"将尊"者，谓大夫也。"师众"者，二千五百人以上也。二千五百人称师，"无骇率师入极"是也。

"师，众也"（《易经·师卦》）。杜预《春秋释例》曰："《春秋》不书军旅，壹皆曰师，从众词。"

礼，天子六师，方伯二师，诸侯一师。

将尊师少，称将。

"师少"者，不满二千五百人也，"卫孙良夫伐将咎如"（成公三年）是也。

将卑师众，称师。

"将卑"者，谓士也。"卫师入盛"是也。

将卑师少，称人。

"郑人伐卫"（隐公二年冬）是也。

君将不言率师（重君之义），**书其重者也。**

分别之者，责元帅，因录功恶有小大，"救徐"（僖公十五年）"从王伐郑"（桓公五年）是也。

"分别之者"，已明者去之，未明者著之。"公孙敖救徐"，将尊师众无功，是其恶大；"蔡人等从王伐郑"，称人而行义，是其功大。

《繁露·竹林》曰："战、攻、侵、伐，虽数百起，必一二书，伤其害所重也。"又曰："会同之事，大者主小；战伐之事，后者主先。苟不恶，何为使起之者居下？"是其恶战伐之辞。

故《春秋》凡书将者，皆责元帅，为其重兵害众，构怨结祸，更相报偿故也。而又录功恶大小者，《孟子》所谓"彼善于此者"也，功恶不相掩，而大小自见。

陈立疏曰："据此《传》，知《经》虽以称人为贬，至围、入、侵、伐之等，书人者，皆将卑师少。常辞非尽义所系，大抵功罪之别，多于月日详略见之也。"

今入例月，而"卫师入盛"不月者，同姓相入，托始于是，疾略之也。

九月，考（成）**仲子之宫。**

何休曰："失礼鬼神，例日；不日者，嫌独考宫，以非礼书故也。"

考宫者何？考犹入室也，始祭仲子也。

"考"，成也。成仲子之宫庙而祭之。所以居其鬼神，犹生人入宫室，必有饮食之事。

成之为夫人也。
古人缘生以事死，"事死如事生"（《中庸》）。

不就惠公庙者，妾母卑，故虽为夫人，犹特庙而祭之。

配无二嫡。"特庙"，另立祀庙。

礼，妾庙，子死则废矣。

妾"于子祭，于孙止"，"子祭孙止"，此礼法造成"一夫一妻制"。

不言立者，得变礼也。

《繁露·玉英》曰："《春秋》有经礼，有变礼。为如安性平心者，经礼也。至有于性虽不安，于心虽不平，于道无以易之，此变礼也……明乎经变之事，然后知轻重之分，可与适权矣。"

加"之"者，宫庙尊卑共名，非配（嗣）号称之辞，故加"之"，以绝也。

加"之"，正是绝之。见其殊乎"君与嫡夫人"。
古者多配，一夫数女。孔子明"一夫一妻"之礼，卑妾而终不得为夫人，子祭孙止，以礼耻之，尊夫妇之伦，于此明之。

桓未君，则曷为祭仲子？

据无子不庙也。

"母以子贵"。"桓未君"，未为君之时，"无子不庙"。

隐为桓立，故为桓祭其母也。然则何言尔？成公意也。

"成公意"，双关语，成公天下之意。

微言大义之显，由世及之礼，进为升平、太平也。以礼运天下，行礼运之至德。

尊桓之母，为立庙，所以彰桓当立，得事之宜。故善而书之。所以起其意，成其贤也。

复明"尊让"之义。《春秋》以明义为主，但托之于事耳。知其义，则事可略矣。

《公羊》以仲子为桓公母，《穀梁》以为惠公母，皆妾母也。于大义无乖。其传闻世虽异，不足辨。

正与不正，自良知决定。

"老要张狂，少要隐"，要有自己远大的想法。不能有远大看法者，绝难成就辉煌功业。天下没有白来的事，必要撒种子。

我省吃俭用，必有所为，有自己远大的想法。死了留棺材本，此私不必，愚人也。人生必有所为，希圣希贤也有所为。人可以不私，可不能没有私。自己有所为，下一代也必有所为。

不可自迷，无论为名为利，皆必有所为。所谓有所为，又分为许多境界。人皆有私，自其私的境界，可看出其人之高低。"大儒不必私其子，死了弟子埋"，可见圣人之私。

一言一行，小地方都得过智慧生活。看一人玩的东西，即可知其人格。如何立己之私？东西给别人，此为厚其德。成大事的私，放出去的才是得。怎么来的也将怎么去，不是好来的也不是好去。

智慧非一般人能了解，一般人了解的是常识。商君智慧高，但光有智，缺德。智慧中必含德，用来成事，不是害人。

夫妻间相敬如宾，是智慧的运用，应升华愉快之事，生活久就适应。如连最近的人都不能处，又如何处人？有个人的生活习惯、看法，但两人在一起，不要净显自己的看法，"久假而不归，焉知其非仁也"？有不愉快之事，应以智慧藏之。用理智克制自己私欲，圣人即"久假而不归"者。

人生就像捧砂锅般，稍一不慎，漏水了就没用。"大德不逾闲，小德出入可也"（《论语·子张》），不一定有标准，全在自己的立场。

旋乾转坤者，其德与常人之德标准不同。处事之标准，威与恩。此必有专对之智慧、原则之运用。不重视对方的决定，但也不能忽略对方的决定，然后才能用自己的决定，采取主动。

中国的政治科技是成方子，随机应变——原则，造成主动——配合好左右环境。任何一事，不能失去主动。发现不能主动，立刻退出。中途退出，也比失败好。要用心机，对事无戒心最可怕，对任何人都必有戒心，因立场不同，无法同心。但不能以气领事，智者不怒，一生气，方寸就乱。社会太可怕，看破世情惊破胆。

曾文正养心之术，忙中下棋。人家扰乱你的方寸，是有备的；应不被扰，才能胜。严格训练自己，从自己之所短训练。

因隐藏不了，一旦爆发就毁了。

重视自己，不必重视别人。在年轻时，应训练自己超越环境，声色货利有所好者，绝非成就不世之业者。貌似冷酷无情，实是不敢泛情。老时的机会也是自年轻培养的，天下没有白捡的，应自求多福。

"行远必自迩，登高必自卑"（《中庸》），迩、卑即入手处。空想一辈子，只见其高，如懂得迩、卑就有希望。沙子不大，但积沙能成塔，成万里长城。

善用智慧，最好的实习环境。反对谁，都是下策，一报还一报，不能解决问题。众志成城，十个臭皮匠胜过一个诸葛亮。不是高手不来就不能成事。因山以为高，为什么要等人家来养你？自己干，自求多福。只要是锥子，什么地方都能出头。

要有想法，"前人种树，后人乘凉"，成功不必在我。在学术、事业上都有路可走，但要切实际。就是开荒，十年也能开出几甲（一甲地约 14.5 亩）地。人家的基础雄厚，也不会请你去当高阶主管。

处人要能容，虽各有主张、见地，但必要能容；开会，少数服从多数。人家干得好，必有其所长。失败就是交学费，学经验。应有实力，要货真价实，成就霸王型的事业。

写文章，是练习自己进步最快的方法，不学无术，学就有术。

政治是绝对阴险的事，无毒不丈夫。不可以循规蹈矩处理非常事，非常事必用非常手段。人成功就不怕万人骂，一美可以遮百丑。

《春秋》之义，"子为父隐，父为子隐，直在其中矣"（《论语·子路》），为亲者讳，为尊者讳。

与民争利，古今皆一也！

《繁露》示据乱世，乃入升平、太平之步骤，有深意，非为乱制也。儒家立法，逼人以达境界。孔子"有教无类"，毁尽天下的坏人。

孔颖达曰："自夏以前，皆以文德王于天下，殷周二代唯以武功。"（《礼记正义·卷三十八乐记第十九》）据此，则文德之王，乃指夏以上之诸王也。"文德之王"，天为文，万物之主，文德之王即天德之王。以体称"天"，以用称"文"。文王者，行天德之于大宇者也，故曰"法其生，不法其死"。

养性的乐，必声音低沉、缓慢，如古琴。每天不知欣赏音乐，可怕！野蛮人。不守礼得受伤，不客气，人亦对你不客气。读书再多，没能改变自己性情，没用！

看破世情惊破胆，任何事皆有原因。社会不可以遗世独立，要自实际看问题，练习适应环境，以改造环境。要有渗入团体的德，在外面叫喊没用。

一步赶不上，步步赶不上。国家、社会、个人皆如此。活容易，要活得有意义，好好建树自己。

《春秋》不能明说，乃拐弯抹角说。今用《公羊》笔法写现代《春秋》，没人看得懂。

《陆宣公奏议》极为实用，应仔细看，笔法清新。

陆贽（754—805），字敬舆，苏州嘉兴（今浙江嘉兴）人。唐代宗大历年间进士，德宗初为翰林学士，后为中书舍人，又迁中书侍郎平章事，死后谥号"宣"。《陆宣公奏议》一名《翰苑集》。分为制诰、奏草、中书奏议。制诰八十三篇，为唐代贞元年间所作；

奏草三十二篇，任宰相前所作；中书奏议十二篇，任宰相时所作。内容广泛，涉及中唐时期的社会历史问题，对当时的财政、经济、军事情况，以及藩镇割据，与回纥、吐蕃的关系等，所论多深切时弊，具有较高的史料价值。

赵孟頫才子，赵体不能练，自成一格。

赵孟頫（1254—1322），宋宗室之后，在诗、书、画、印上皆有很高造诣。书法上精通行书、楷体，独创"赵体"，对后代书法艺术影响很大。他主张"以云山为师""书画同源"，为文人画奠定理论基础。

按自己才智造就，不求高。高兴时就写，按规格写，日久就成。为文，必要有真感情，写什么像什么。有感想就写，写要能传神。空想不行，辞必要达意，把高深道理藏在最浅的文辞里才高。表达出还得叫人接受，否则为祭文。

做事，必叫人人都懂，才能影响社会。文章，必要有思想，别人能接受才行。古人一面做事一面读书，遇事必能出奇制胜。

学术，是有源流的。有高智慧，还要加上高的修养。智慧是先天的，修养则是后天的。遇危急时，得有急智，必经严格训练才行。临事不乱，才能有成就。会理事，很重要。天下不是要怎样，而是得使它怎样。乱—平定，有实力者占上风。水落，石必出！改革的都得是高手。识时，则一拍即合。

初献六羽。

初者何？始也。

"初"，有责备义。

六羽者何？舞也。

持羽而舞。

"羽"者，翟也。文用翟，树雉尾于竿，执而舞之，故称羽。

初献六羽，何以书？讥。何讥尔？讥始僭诸公也。

僭，齐也，下效上之辞。

《繁露·王道》曰："观乎献六羽，知上下之差。"差，亦僭也。"大丈夫当如是"，差，亦僭也。社会因有差，有等级，乃有僭。天子僭天，不可言也。"差贵贱"，去贵贱也，就没有僭。《春秋》辨是非，差贵贱，人人皆可以为尧舜，人人皆有士君子之行。

六羽之为僭奈何？天子八佾。

"佾"者，列也。八人为列，八八六十四人，法八风。

"八风"，整个全天下。象八风，所以风化天下也。

诸公六。

六人为列，六六三十六人，法六律。

六佾，象六律也。

黄钟、太簇、姑洗、蕤宾、夷则、无射，六阳律；大吕、夹钟、仲吕、林钟、南吕、应钟，六阴律。

诸侯四。

四人为列，四四十六人，法四时。

"四时"，春、夏、秋、冬，循环有序。

诸公者何？诸侯者何？天子三公称公，王者之后称公，其余大国称侯。大国，谓百里也。小国称伯、子、男。小国，谓伯七十里，子、男五十里。

《春秋》变周之文，从殷之质，合伯、子、男以为一。《春秋》以公为一等，侯为一等，伯、子、男为一等。合伯、子、男为一爵。

天子三公者何？天子之相也。相，助也。天子之相则何以三？自陕而东者，周公主之；自陕而西者，召公主之；一相处乎内。陕者，盖今弘农陕县是也。

礼，司马主兵（兵者，为民除害也），司徒主教，司空主土。

《白虎通·封公侯》曰："司马主兵，司徒主人，司空主地。王者受命为天地人之职，故分职以置三公，各主其一，以效其力。"

《春秋》拨乱世，以绌（退也）陟（进也）为本，故举绌陟，以所主者言之。

"诸公"有二：天子三公称公，王者之后称公。天子三公，主黜陟：绌，退除乱制；陟，进用民。"所以勉贤抑恶，重民之至也"（《白虎通·考黜》）。《春秋》为拨乱之书，以黜陟为本，故偏取以明所主焉。

《繁露·考功名》曰："考绩绌陟，计事除废（用舍），有益者谓之公（背私为公），无益者谓之烦（扰民故烦）。挈名责实（循名责实），不得虚言，有功者赏，有罪者罚，功盛者赏显，罪多者罚重。不能致功，虽有贤名，不予之赏；官职不废，虽有愚名，不加之罚。赏罚用于实，不用于名；贤愚在于质，不在于文。故是非不能混（混淆），喜怒不能倾（偏侧），奸轨（奸宄，犯法作乱）不能弄（玩弄），万物各得其真，则百官劝职，争进其功（各居其职，以责其效）。"是王者黜陟以拨乱之义。

始僭诸公，昉于此乎？前此矣。前此，则曷为始乎此？

《春秋》之始。

僭诸公，犹可言也；僭天子（有的本，以"子"为衍文），**不可言也。**

"天子僭天，不可言也"，天子，爵称，一爵也。《春秋》贬天子，此"非常异议可怪之论"，乃微言大义所在。

《周官·地官司徒》曰："凡小祭祀，则不兴舞。"诸侯既不得亲祭妾母，若妾祖母安得奏文乐乎？故曰"初献六羽"。其称"初献"，则仲子之宫初祭用此，始僭诸公也。僭诸公，犹可言也；僭天，不可言也。天子僭天，孔子托此以戒僭也。

孔子谓季氏："八佾舞于庭，是可忍也，孰不可忍也？"僭天子，用八佾舞，就不可原谅。季氏，鲁之权臣。鲁，周公封地，但周公没去过，以其长子主政，嘱其"故旧不遗"。周公庙可用天子礼，此周朝感周公之德，但其后人也用，实不可原谅。季氏亦学鲁侯之僭越，用八佾。

天子僭天。天子是否有天之德？还是自封、自称的天子？鲁自周公后，代代皆僭天子之礼。天子何德与天相齐？是齐天大圣？

天子，继天之志，述天之事，必具天之德，奉元、体仁。"王者当继天奉元，养成万物"（隐公元年，何注），勉天子当真像天之子，奉天时行事。

《传》云尔者，解不托始也。

此《传》不言"托始"，正以鲁隐上僭，不始于是。其在先者，为僭天子，又不可言，故不得托始也。可见隐亦非知礼之士，"隐为桓立"乃况。

前僭八佾于惠公庙，大恶不可言也。还从僭六羽讥。

鲁舞八佾，如天子之为，"献八佾，讳八言六"（《繁露·王道》），从"僭六羽讥"，内大恶讳，为尊者讳也。

然六羽犹讥，八羽可知。《易》本隐以之显，《春秋》推见以至隐。

本所当托者，非但六也。故不得复《传》上也。

本所当托者为八羽，今"讳八言六"，"故不复发《传》上"，上古已有六矣。

加"初"者，以为常也。

遂以为常，故加"初"。

"献"者，下奉上之辞。

凡献，皆荐也，下奉上之辞。

不言"六佾"者，言"佾"则干舞（武舞）在其中，明妇人无武事，独奏文乐。

《通典》引刘向《五经通义》曰："王者之乐，有先后者，各尚其德也。以文得之，先文乐，持羽旄而舞；以武得之，先武乐，持朱干玉戚而舞，所以增威武也。"是文乐象文，武乐象武。妇人无武事，不得有武舞。文舞，用笛；武舞，用干、戚。孔子，文宣王，诸侯。台湾祭孔，用六佾舞。

"羽"者，鸿（大雁）羽也，所以象文德之风化疾也。

"羽"者，翟也。文舞用翟，树雉尾于竿，执而舞之，故称羽。

《汉书·董仲舒传》曰："乐者，所以变民风，化民俗也。其变民也易，其化民也著。""草上之风，必偃"（《论语·颜渊》），疾风知劲草，中流砥柱，最可怕的。

"夫乐本起于和顺，和顺积于中（内圣），然后荣华发于外（外王）。"（出自《礼记·乐记》）

"中"，中心悦之，中行，中德。"诚于中，形于外"（《中庸》）。

《繁露·楚庄王》曰："乐者，盈于内而动发于外者也。应其治时，制礼作乐以成之。成者，本末质文皆以具矣。"王者不空作乐。

是故，八音者，德之华也；歌者，德之言也；舞者，德之容也。

《礼记·乐记》曰："诗言其志也，歌咏其声也，舞动其容也。三者本于心，然后乐器从之。"京剧，有声皆歌，无歌不舞，载歌载舞，一举手一投足无不美。又曰："凡音之起，由人心生也。人心之动，物使之然也，感于物而动，故形于声。故听其音，可知其德也。"闻其歌，知其德。

故听其音，可以知其德；察其诗，可以达其意；论其数，可以正其容。

《诗·周南序》曰："在心为志，发言为诗。"诗言志，歌咏言，《礼记·乐记》曰："是故情深而文明，气盛而化神。和顺积中而英华发外，唯乐不可以为伪。"见其礼而知其政，闻其乐而知其德。

荐之宗庙，足以享鬼神；用之朝廷，足以序群臣；立之学宫，足以协万民。

《尚书·舜典》曰："夔！命汝典乐，教胄子。直而温，宽而栗，刚而无虐，简而无傲。诗言志，歌永言，声依永，律和声。八音克谐，无相夺伦，神人以和。"乐以和性，"成于乐"（《论语·泰伯》）。

今天的歌，一个比一个描写得更实际，如同念咒般。今天不易听到雅乐。南管真能乱雅乐，比得上国乐，听起来多舒服，真是"郑声之乱雅乐也"（《论语·阳货》）。中国音乐，温。

凡人之从上教也，皆始于音。音正，则行正。

《乐典》引河间献王《乐记》曰："古之为乐也，本于诗。今之为诗也，沿乎乐。乐之典教，不可复已，故礼慝（差错）而乐淫（过分）。乐节则礼，礼和则乐。乐节则礼，是以容得其正焉；礼和则乐，是以心得其平焉。"昔人重乐，家家有乐。今天听不到乐！

故闻宫声，则使人温雅而广大；闻商声，则使人方正而好义；闻角声，则使人恻隐而好仁；闻徵声，则使人整齐而好礼；闻羽声，则使人乐养而好施。

中国音乐五声：宫、商、角、徵、羽。《礼记·乐记》曰："乐必发诸声音，形诸动静，人道也，声音动静，心术之变尽于此矣。"

所以感荡血脉，通流精神，存宁正性。

"存宁正性"，"成性存存"（《易经·系辞上传》），"蒙以养正，圣功也"（《易经·蒙卦》）。

故乐从中出，礼从外作也。

"乐从中出"，"喜怒哀乐之未发，谓之中"，性也。听乐以养性。

"礼从外作"，礼，人之所守，"不学礼，无以立"（《论语·季氏》)。

今天学声乐，像拉警报，高低拉，不知唱什么，只能说和唱京剧不一样。喉咙都喊出，真野！二黄、西皮，多平缓！

国乐，笛子，大陆的吹得真好，精神随着走，神笛！唢呐的《百鸟朝凤》曲，真像百鸟鸣叫。中国乐确实感人。

礼乐接于身，望其容而民不敢慢，观其色而民不敢争。

《史记·乐书》曰："乐由中出，故静；礼由外作，故文。"穷本知变，著诚去伪。又曰："内和而外顺，则民瞻其颜色而弗与争也，望其容貌而民不生易慢（轻忽怠慢）焉。"容，脸；貌，整个体态。色，形色，举止行动、出辞气。又曰："大乐必易，大礼必简。乐至则无怨，礼至则不争。"立于礼，成于乐，天下易简之理得，而成位乎其中矣。

故礼乐者，君子之深教也，不可须臾离也。君子须臾离礼，则暴慢袭之；须臾离乐，则奸邪入之。

《史记·乐书》曰："故君子不可须臾离礼，须臾离礼则暴慢之行穷外；不可须臾离乐，须臾离乐则奸邪之行穷内。""暴慢"，失德事。"暴"，一触就易发；"慢"，马上表现出，傲慢。小孩懂点事就傲慢，从两岁多就懂得意，即慢。

问："学礼乎？"曰："不学礼，无以立。"立于礼，成于乐。

是以，古者天子诸侯，雅乐钟磬，未曾离于庭；卿大夫御（当动词）琴瑟，未曾离于前。所以养仁义而除淫辟（僻，邪僻）也。

《史记·乐书》曰："故乐音者，君子之所养义也。夫古者，天子诸侯听钟磬未尝离于庭，卿大夫听琴瑟之音未尝离于前，所以养仁义而防淫佚也。"

"淫辟"最为可怕，你不正，看天下人皆不正，以自己去衡量别人。必培养器识，否则年纪大就完了！

做事，最难为群德。一部《论语》真身体力行，就站得住了。中国现最需要有器识的人存在，两边皆刚放松，有识之士皆想做事，但合在一起难。

钱穆办新亚书院，兼工友，刻苦，最后在台孤独近二十年。自胡美琦口中略知一二。专用术，结果？同甘苦易，共享富贵难。可以有智慧，但不能缺德，否则难以做事。

有超人之智慧，但无容人之德，亦不能成事。在存亡之秋干的事，借地生财，还斗私？社会绝非净聪明人占住的。

昭和死，其子明仁年号"平成"（自1989年1月8日明仁继位起开始使用），出自《尚书》"地平天成"。

平成，出自《尚书·大禹谟》："俞！地平天成，六府三事允治，万世永赖，时乃功。"取其内外、天地能够平和，《史记·五帝本纪》称："父义，母慈，兄友，弟恭，子孝，内平外成。"

日本人的恩怨不谈，其能由战败至今，确有所守。天皇死，全用中国礼法。埋葬，也用中国古礼。平成继位，但未登基，明年再登基。

我们讲《四书》《五经》，人以为落伍，至此程度，真是不能谈！中国就败在这些人手中。死了，还要像野狗让人参观，物必自腐而后虫生！

《鲁诗传》曰：天子食日举乐，诸侯不释县（同"悬"，指钟磬），大夫、士日琴瑟。

《史记·乐书》曰："故圣王使人耳闻雅颂之音，目视威仪之礼，足行恭敬之容，口言仁义之道。"《礼记·曲礼下》曰："大夫无故不彻县（悬），士无故不彻琴瑟。"日习乐以养性。

王者治定（天下太平）制礼，功成（大功告成）作乐。

《白虎通·礼乐》曰："乐言作、礼言制何？乐者，阳也，阳倡始，故言作；礼者，阴也，阴制度于阳，故言制。乐象阳，礼法阴也。"天下太平安定才能制礼，一时代有一时代的礼，新王之治定了才制礼，大功告成才作乐。

未制作之时，取先王之礼乐宜于今者用之。

《白虎通·礼乐》曰："王者始起，何用正民？以为且用先王之礼乐，天下太平，乃更制作焉。"天下太平才制礼，未治定则用前朝之礼。新兴之国，仍用前朝之礼乐。

尧曰《大章》，舜曰《萧韶》，夏曰《大夏》，殷曰《大护》，周曰《大武》。

《春秋元命苞》曰："是故作乐者，必反天下之始乐于己为本。舜之时，民乐其绍尧乐，故乐名《韶》；韶者，绍也。禹之时，民大乐其骈三圣相继，故乐名《夏》；夏者，大也。汤之时，民大乐其救之于患害，故乐名《大护》；护者，救也。武王之时，民乐其兴师征伐，故乐名《武》；武者，伐也。"历代各有其乐。

以己所作为乐，前朝的为声。商乐仍和周乐相伯仲，故曰"郑声能乱雅乐"(《论语·阳货》)。

各取其时民所乐者名之。

《繁露·楚庄王》曰："故凡乐者，作之于终，而名之以始，重本之义也。"归于民中之所感。音同于中，中之所感，音乐。《乐书》云："名与功偕。"

尧时民乐（当动词，音yào）其道章明也，舜时民乐其修纪尧道（尧规舜随）也，夏时民乐大其三圣相承也，殷时民乐大其护己也，周时民乐其伐讨也。

"声音之道，与政通矣"(《礼记·乐记》)，闻其乐知其政。一代不如一代，一如其乐名，缺德也。一代比一代缺德，乐名也一代不如一代。

盖异号而同意，异歌而同归。

"异号同意"，名号不同，但意同，民之所感相同。
"兴于诗，立于礼，成于乐"，兴人之志。"食色，性也"，浸淫于靡靡之音，岂不只会那一套?

失礼鬼神例日。此不日者，嫌独考宫（成宫室），以非礼书，故从末言初可知。

"从末言初"，"初"是非礼辞，则"献羽"非礼可知。
从结果谈开始的事。从国民党的末，可言国民党的初。
《穀梁传》曰："初献六羽，始僭乐矣，是亦以知为非礼辞。"初献六羽"，皆有责备意。《繁露·王道》曰："讳八言六，是从僭六羽讥，为八佾讳也。"《易》本隐以之显，《春秋》推见以至隐。重要的没写出，僭天。"贬天子"，天子僭天，谁封你是天子？绝无特权。天子，一爵也，一等爵，爵称，没有神秘。人无生而贵者，天子之子曰元士，不过是士的头而已。

全世界无若中国懂得人性，到大同，都有一套步骤、办法。另起炉灶太难！

山东曲阜有几个碑犹保存。孔林于氏坊没有拔，是道光给其姑母立的，乾隆女儿过给姓于的，嫁给姓孔的。孔家门前一对狮子，是宋朝的，留下了。

文王之德，尧为文祖，马融注："文祖，天也，天为文，万物之祖。"（《尚书·尧典》）盖本此意，以是文德之王也，以体言称天，以用言称文。文王者，行天德之于大宇宙者也，故曰"法其生，不法其死"。乡愿，僭德者，名德不相称，"君子疾没世而名不称焉"（《论语·卫灵公》）。"天子僭天，不可言也"，自以为是天子，乃"一字之贬"，此斧钺加身，难受！

差贵贱，去贵贱。有差、有等级，乃有僭。《春秋》辨是非，差贵贱，人人皆有士君子之行，人人皆可以为尧、舜。

你们在学校读死书，应读活书。

此章要义：如何以礼乐陶冶一个人。

现实太乱了！读《春秋》，贵知"微言大义"之所在。每章之微言大义必要知。

邾娄人、郑人伐宋。

邾娄，小国，序上者，主会也。

夷狄懂得文化了，人人皆有士君子之行。

无《传》。何休述微曰："邾娄，小国，序上者，主会也。"小国进至于爵，远近大小若一，人人皆有士君子之行，均可主治。立新去故，治平之计要；慎始要终，存新于不弊。拨乱制以反正，《春秋》之治也。

宋者，乱制之魁，孔子立义于《春秋》曰："新周、故宋，以鲁当新王。"新王，乃拨乱之主，因势渐进，存三统以"因故"，张三世以"序新"。宋，乃三统之世爵。人者，众志所趋。伐宋者，绝乱统耳。称人而伐，举国伐之。

此章要义：一、不主战伐，恶兵。主会，首其恶。二、邾娄本为小国，后进至于爵，而能主会。夷狄进至于爵，与郑人伐宋，宋为乱制之世爵者，世及之公。把乱制除光，天下远近大小若一。

螟。

何以书？记灾也。

灾者，有害于人，物随事而至者。

《白虎通·灾变》曰："灾之为言，伤也，随事而诛。"先有事，而后有物之象产生，物（害虫）随事而至。

先是隐公（为了）张百金之鱼，设苛令急法，以禁民之所致。

因在"隐公张百金"之前，即有准备。"苛令急法"，《春秋公羊传·隐公三年》"春，王二月，己巳，日有食之"，何休注："此象君行暴急，外见畏。"

《说苑·贵德》曰："天子好利则诸侯贪，诸侯贪则大夫鄙，大夫鄙则庶人盗，上之变下，犹风之靡草也，故为人君者明贵德而贱利以道（同'导'）下，下之为恶，尚不可止。今隐公贪利，而身自鱼济上，而行八佾，以此化于国人，国人安得不解（懈）于义？解于义而纵其欲，则灾害起而臣下僻矣。"因托恶政，灾由政起。

《汉书·五行志》云："董仲舒、刘向以为时公观渔于棠，贪利之应也。刘歆以为又逆臧僖伯之谏，贪利区瓒（三玉二石也），以生嬴虫（无鳞甲毛羽的虫类）之孽也。"古今不二！汉人将"天象"与"人事"合言。

灾之必书，欲除天下之患也，恐其伤我民也。胡康侯（北宋胡安国，字康侯）曰："凡志灾，见《春秋》有谨天戒、恤民隐之心，王者之事也。螟，虫之食苗心者，此时秋九月，为夏时七月，禾尚未登也，而虫食苗心，不其饥乎？"《春秋公羊传·庄公七年》"无麦苗"，《传》曰："何以书？记灾也。"《穀梁传·桓公五年》"螽"，《传》曰："虫灾也。甚则月，不甚则时。"

冬，十有二月，辛巳，公子彄（kōu）卒。

日者，隐公贤君，宜有恩礼于大夫。

"彄"，鲁大夫臧僖伯名，鲁孝公之子。公观鱼时，臧僖伯九谏不听，故于其卒，公曰："叔父有憾于寡人，寡人勿敢忘，葬之加一等。"故为隐公恩痛，日之，因以褒诤臣。胡康侯曰："所传闻之世也。而书日，见恩礼之厚，明矣！"

"益师"始见法、"无骇"有罪、据"侠"又未命（隐公九年"三月，侠卒"）也，故独得于此日。

可将有关系者列表。

鲁孝公之子：鲁惠公、公子益师、公子彄。鲁惠公之子：鲁隐公、鲁桓公。

宋人伐郑，围长葛。

邑不言围，此其言围何？

据伐于余丘，不言围（庄公二年"夏，公子庆父帅师伐于馀丘"）。

强也。

至邑虽围，当言"伐"，恶其强而无义也，必欲为得邑，故如其意，言"围"也。

《传》曰："邑不言围，此其言围何？强也。"何以书？无仁隐之心，而有贪利之行，故围、伐兼举以明之，亦恶其强而无义也。

《繁露·玉杯》曰："《春秋》之好微，与其贵志也……宋人志在得长葛，故如其意，言'围'。所谓逆（迎）而罪之，不如徐而味之也。《春秋》之所恶者，不任德而任力，故表其意，以恶其强也。"《春秋》灾异详写，兵事一二书者，乃为民除害，圣人贵除天下之患也。

所以不知郑强者，公以楚师伐宋，围缗，不言强也。

外围伐恶，恃强用兵也，此报邾娄人之役也。"长葛"，郑邑；"围"者，师环其地也。此书"围长葛"，围而即还；次年冬，书"取长葛"，然后又"取其地"，本是两事。而《穀梁传》曰："伐国不言围邑，此其言围何？久之也。"误矣！

郑此时被围，已属冬末，而次年春即书"郑人来输平"，非兵解而能之乎？故杜（杜预）注云："前年冬，围不克而还，今冬乘长葛无备，而又取之。"足资参考。

《穀梁传》曰："伐不逾时，战不逐奔，诛不填服。"此发孔子据乱世战法之义。又曰："苞人民、驱牛马曰侵；斩树木、坏宫室曰伐。"侵、伐悉书之者，为害民伤财也。

围例时。宋人舍主会（郲娄）而伐从（郑），示乱制诡谲难黜，又一义也。

据乱世不得已下，亦得有约法，但不听者亦有之。许多事不可乱扯，乱帮忙，乱做，应考虑周到再做。

六年，春，郑人来输平（更盟，不果成也）。

和而不盟，曰"平"。"输"者，纳也。《穀梁传》曰："来输平者，不果成也。"不是我们输了，是他们"更盟"来了。不知耻之甚！

国民党没有读《春秋》，就懂"转进"。撤退不光明，被剥个精光。

输平者何？输平，犹堕成也。何言乎堕成？

据翚会诸侯伐郑（四年"秋，翚帅师会宋公、陈侯、蔡人、卫人伐郑"），后，未道平也。何道"堕成"？

据《传》，公未立之时，与郑战狐壤（郑地），而获公焉，《传》曰："狐壤之战，隐公获焉。然则何以不言战？讳获也。"何休注："称人，国共辞者，嫌来输平，独恶郑，明郑擅获诸侯，鲁不能死难，皆当绝之。"此孔子大义也，以君获，为尊者讳，故孔子修之曰："郑人来输平。"

败其成也。

翚伐郑后，已相与平。但外平不书，故云尔。

旧疏云："鲁与郑平而言'外平'者，谓伐郑之后，时公子翚在外，与郑平，不得公命，是以不书，故曰'外平不书'耳。"

曰：吾成败矣。

吾，鲁也。

旧疏云："称鲁人之辞，故加'曰'。"

吾与郑人未（无也）有成（盟）也。

此《传》发者，解郑称人，为国共辞。

旧疏云："传发此'吾与郑人未有成'一段事者，非直解郑擅获诸侯为有罪，而鲁侯不能死难亦当绝，故令郑称'人'。言'输平'，则鲁侯亦合称'人'矣。"一个"人"字，两国共有，当是"国共"，非共国也。

吾与郑人，则曷为末有成？

据无战伐之文。

狐壤之战，隐公获焉。

时与郑人战于狐壤，为郑所获。

然则何以不言战？

战者，内败文也。据鞌战君获（成公二年），言"师败绩"。

讳获也。

君获，不言"师败绩"，故以"输平"讳也。与鞌战，辟（避）内败，文异。

《春秋公羊传·桓公十年》，何休述微曰："《春秋》托王于鲁。战者，敌文也。王者兵不与诸侯敌，战乃其已败之文，故不复言'师败绩'。"

凡举"师败绩"，为重众。君获，不言"师败绩"。"获"者，绝之。《繁露·竹林》曰："《春秋》推天施而顺人理，以至尊为不可生于至辱大羞，故获者，绝之。"

战例时，偏战日，诈战月。

《繁露·林竹》曰："《春秋》之书战伐也，有恶有善也。恶诈击，而善偏战……《春秋》爱人，而战者杀人……战不如不战，然而有所谓善战。""诈战"，则出其不意，伤害尤多；"偏战"，结日而战，有忿不加暴之义。《春秋》恶诈战，善偏战。

不日者，郑诈之。

明此为"诈战"。

归"输"于郑者，起郑人不肯也。

不月者，正月也，见隐终无奉正月之意。

"输平"在正月，若书正月，则嫌隐有正。

不月者，鲁隐公终生"无奉正月之意"，根本不想让，故桓公杀之。

不地者，深讳也，使若实"输平"，故不地也。

旧疏云："若地，宜言'输平于狐壤'，似若战于之类。"

《繁露·林竹》曰："大辱莫甚于去南面之位，而束获为虏也。"辱莫大乎君获，故深讳之也。其辱弥甚，其讳弥深，《春秋》多微文。

"子为父隐，父为子隐，直在其中"（《论语·子路》），为亲者讳，此为礼。如舜之父瞽叟犯法，舜窃负而逃，亲情重于天子之位，可以牺牲天子之位，不可以牺牲国家之命。

《孟子·尽心上》曰："舜为天子，皋陶为士，瞽瞍杀人，则如之何？"曰："执之而已矣。""然则舜不禁与？"曰："夫舜恶得而禁之？夫有所受之也。""然则舜如之何？"曰："舜视弃天下，犹弃敝蹝也。窃负而逃，遵海滨而处，终身欣然，乐而忘天下。"

明此，知中国人法之严。立法而犯法者，为特权阶级。

中国法令应按传统道德修，不可照搬外国的法。应以中国传统道德修法令，全依外国的，则许多说不通。

称"人"，国共辞者，嫌来输平，独恶郑，明郑擅获诸侯，鲁不能死难，皆当绝之。

书"人"以起之，明郑称"人"，鲁亦应称"人"焉，乃两国共有之辞。故为"国共辞"者，不专恶郑，是郑与鲁皆当坐绝。

慢慢了解《春秋》，也能启发自己做人。

人必多读书，千古艰难惟一死，因果。金人对徽、钦二宗侮辱备至，留下多少笑话。当世作孽多，丢脸！

懂《春秋》之义，就不丢脸。能入外国籍？成立"移民局"，既不能养，何必生那么多？

在旧社会，外患来绝不能迁都，领袖必与国都共存亡。人有必死的心，国才不亡。西太后逃往西安，还称"巡狩"，是非多！

千古艰难惟一死！苟延残喘地活着，等死，有何幸福、意义可言？活一天，当有一天的使命。

此章要义：责难本身软弱无能，以致失败，然后以文辞掩饰。

夏，五月，辛酉，公会齐侯盟于艾（山名，山东省蒙阴县西北）。

若势均力敌，则"盟"。中立区，势均力敌，结盟。

旧疏云："下无相犯之处。而书日者，以下八年三月，'庚

寅，我入郱'，《传》云'其言我何？言我者，非独我也，齐亦
欲之'。然则虽不复侵伐，亦有争邑之隙，故书日也。"

秋，七月。

《通义》云："王者向明而治，必奉顺四时之正。天道正
于上，人事正于下，故《春秋》谨时月日，以进退中失之事
焉。""向明而治"，示无暧昧之事。

谨四时，定"进退中（合于道）失（不合于道）之事"。礼者，
国之所命，天之所为，非人之所设也。子思作《中庸》，以发
明《春秋》之旨，言《春秋》以中为用也。

此无事，何以书？《春秋》虽无事，首（始也）**时**（四
时也）**过**（历也，经过）**则书。**

春以正月为始，夏以四月为始，秋以七月为始，冬以十月
为始。历一时无事，则书其始月也。

多么慎时！

《通义》云："方见变文以起微意，常不立则变不见，是故
无事必具四时，为常法也。其或不具者，即有所为可知尔。"
不立常道，则无法看出失常的事。

《易经·系辞下传》曰："天地之道，贞观者也；日月之道，
贞明者也。"四时之序，天地之运，贞观也。日月会合，有晦
有朔，贞明也。贞之为言正也，不正则无观无明，而乾坤几乎
息矣。

按正规，《易经》应先讲传，再讲经。

首时过，则何以书？

据无事也。

《春秋》编年，四时具，然后为年。

明王者当奉顺四时之正也。

《春秋》之脱"四时"，犹《易》之脱"无咎、悔亡"。

谨四时，定进退中失之事。《春秋》以时月日，进退王公大夫。

《尚书》曰"钦若（敬顺）昊天，历象日月星辰，敬授民时"是也。

刚开始，叫领导人懂得时，"敬授人时"；其后"敬授民时"，民，则指百姓。明王谨于尊天，慎于养人。

有事不月者，人道正则天道定矣。

《春秋》之例。

"人道正，则天道定"，寄微言大义，故曰"乃御天"，天听自我民明听。人道不正，则天道亦不定，四时反常，不能时序也。人不能失序，天亦不能失序。

《尚书·皋陶谟》曰："天聪明自我民聪明，天明畏自我民明威。"孟子尝言："天视自我民视，天听自我民听。"（《孟子·万章上》）上天给的灾难，完全自百姓来的。故以天道正人，仍以人道奉天……所以必"奉四时之正"也。

此章要义：《春秋》编年，四时具然后为年。天听自我民明听，不立常道，则无法看出失常之道。人道不正，则天道亦不定，四时反常，不能时序也。人不能失序，天亦不能失序。

《通义》云："王者向明而治，必奉顺四时之正，天道正于上，人事正于下。故《春秋》谨时月日，以进退中失之事焉。"正，难言。人摆东西，正与否，完全以自我作标准，"观过，斯知仁矣"（《论语·里仁》）。多学，就能补己之拙，故"子孙虽愚，经书不可不读"，多读书以补智慧之不足，舜无一不取于人。读书要能受用，王阳明（1472—1529）《大学问》乃"知行合一"的法典。

《大学问》被认为是王阳明最重要的哲学著作，主在阐发"万物一体之仁"。采用语录体。

《春秋》十二公之篇，有无冬者、无秋冬者，五月或以冠夏，十有二月或不冠冬……方见变文，以起微意。常不立，则变（失常之道）不见。是故，无事必具四时，为常法也。其或不具者，即有所为可知尔。

例，必要记住，串在一起，可都懂了。言《春秋》者，皆一经之达例，所以损益旧史，而示新义者也。孔子得人性的启示，受大环境的影响。

熊十力捡了今文家的便宜，因清末民初的北京，今文家学说盛行，师说公开，因此能接触今文家的环境，成其《乾坤衍》《体用论》，乃立了说。

清末民初，中国学问除了熊十力外，无一成形，马一浮、梁漱溟是两个标准的中国人。夏，中国之人也。夏历，中国之历，始于尧。

慢慢想，经义都有层次。如顺口溜，有押韵，会背可想，想完写笔记。不记住，拿书本不能贯通。选出一部经，做参考。

看始皇陵工程何等浩大，动用两千万人口，岂不累死百姓？徭役之繁重，故揭竿起义者众，三世而亡。

今后来学的新学生，必要有学生证明，绝不收有背景的学生。

讲书，讲微言大义，非讲字。

冬，宋人取长葛。

外取邑不书，此何以书？久也。

古者，师出不逾时（三个月）。

《白虎通·三军》曰："古者师出不逾时者，为怨思也。天道一时生，一时养。人者，天之贵物也。逾时，则内有怨女，外有旷夫。"古者师出不逾时，所以厚民之性也。

今宋更年（经一年）取邑，久暴师，苦众居外，故书以疾（厌）之。

《公羊传》曰："外取邑不书，此何以书？久也。"《穀梁传》曰："外取邑不志（记也），此何以志？久之也。"二传同文（参考"宋人伐郑，围长葛"）非据史实，立言示义也。

"子之所慎：齐（斋）、战、疾"（《论语·述而》），盖孔子重民恶战，必不得已而后动。立"不逾时"之法，以儆之，亦据乱世中战争之明文也。

不系郑，举伐者，明因上伐、围，取也。

《春秋公羊传·隐公五年》"宋人伐郑，围长葛"，此言"取长葛"，则郑邑可知，故"不系郑"。

此章要义：逾时而战，久战，不合礼。

南海先生以战争原野蛮，野蛮中立法，为战争之文明。

七年，春，王三月，叔姬归于纪。

叔姬者，伯姬之滕（音 yìng）也。

《白虎通·嫁娶》曰："备侄娣从者，为其必不相嫉妒也。一人有子，三人共之，若己生之。"嫡滕，姑侄姊娣者。古之一夫多妻，尽一家之姑侄姊娣而娶之，故以礼节之。

天子一娶十二女，诸侯九女，大夫三女，士一妻一妾。

庶人匹夫匹妇，以校乱制也。

至是乃归者，待年父母国也。妇人八岁备数，十五从嫡，二十承事君子。

《礼记·杂记》："女子十有五年许嫁，笄而字。"可以从嫡。

滕贱书者，后为嫡，终有贤行。

旧疏云："《春秋》之内例不书滕，以其贱故。今此书，以其后为嫡，终有贤行也。"伯姬卒，叔姬升为嫡。《春秋·庄公二十九年》"冬，十二月，纪叔姬卒"；《庄公三十年》"八月，葬纪叔姬"。卒、葬皆书，为嫡。

纪侯为齐所灭，纪季以酅入于齐。叔姬归之（归于酅），能处隐约（贤能守节），全竟妇道，故重录之。

妇道。

《春秋传》曰："声伯之母不聘，然则叔姬者至明，能全夫人之行也。"《春秋》者，礼义之大宗，而贵全行也。素富贵行乎富贵，素患难行乎患难，素陷敌行乎陷敌，分有尊卑，行无贵贱，以全行为上，故君子（《春秋》）贵之。

自己的品德，人皆不重视，自己也要重视，所谓"自尊自贵"也。

滕侯卒。

《春秋·隐公十一年》："春，滕侯、薛侯来朝。"本应称薨，称卒，去贵也。

古乱制"称孤道寡"，女称"哀家"，坏名用尽，而福享全。皆为人，不应有名号之分，此《春秋》革命观。

褒德除贵也，因先朝隐公，《春秋》褒之以礼，称"侯"，见其义；称"卒"者，去贵也。

何以不名？

据蔡侯考父卒，名。

微国也。

小国，故略不名。

所传闻世，未卒小国。"小国，故略不名。"

微国则其称侯何？

据大国称侯，小国称伯、子、男。

远近大小若一。

不嫌也。

滕侯卒，不名。下常称子，不嫌称侯为大国。

《春秋》贵贱不嫌同号，

"贵贱不嫌"者，通（全）同号称也。

《春秋》贵德不贵位。《春秋》者，礼义之大宗也。
"嫌"，则当别之；其"不嫌"者，当文自见，故无须别也。

若齐亦称"侯"，滕亦称"侯"；微者亦称"人"，贬亦称
"人"：皆有起文，"贵贱不嫌同号"是也。

"起文"，不同于古者。曰"起文"，起义、起新之文，起
其新义，即立新王之法。新王之法：父为大夫，子为士，葬以
大夫，祭以士；父为士，子为大夫，葬以士，祭以大夫。

官为世禄，世卿非礼也，此为新王之制，革命观，人各有
其位。《孟子》所谓"士无世官"，即新王之制，非乱制。

旧制，子尊加于父母，还褒封三世。

作谥号，褒三世，可勉人为善，否则辱及其先人。礼有好的应存之。《礼记·礼运》曰："唯圣人为知礼之不可以已也，故坏国、丧家、亡人，必先去其礼。"亡人之国，先毁其礼乐，礼坏乐崩。

美恶不嫌同辞。

若继体君亦称"即位"，继弑君亦称"即位"，皆有起文，"美恶不嫌同辞"是也。

《春秋》"贵贱不嫌同号，美恶不嫌同辞"。《孟子·滕文公上》曰："舜何？人也。予何？人也。有为者，亦若是。"

滕，微国，所传闻之世未可卒，所以称侯而卒者，《春秋》王鲁，托隐公以为始受命王。滕子先朝隐公，《春秋》褒之以礼，嗣子得以其禄祭，故称侯见其义。

《春秋》托隐公以为始受命王，滕子先朝隐公。新政府成立，得外国承认。

《后录·卷一》笺："何君说纪季姜义曰'子尊不加于父母'，此云嗣子得以其禄祭，互相足也。礼，己孤暴贵，不为父作谥。父为士，子为大夫，葬以士，祭以大夫。盖三王通义。此先书'滕侯卒'者，明王者有先施之谊，所以怀诸侯也。"

此章之要义：一、侯死，当称薨。以鲁当新王，故侯死称"卒"，鲁新王则称"薨"。二、《春秋》不嫌，"贵贱不嫌同号"。远近大小若一，没远近、大小的观念，是平等观。"天命之谓性"，"在天曰命，在人曰性"，生来皆平等。

说"中产阶级不愿管事"，但中国并无"阶级观"，此乃套用外国用语。中国有贫富，但无阶级观念，人人皆可以为尧舜，有为者，亦若是。

自己无为，应怨自己无若尧、舜之贤。《中庸》曰："或生而知之，或学而知之，或困而知之。及其知之，一也。"《论语·季氏》曰："生而知之者，上也；学而知之者，次也；困而学之，又其次也；困而不学，民斯为下矣。"知此，必要拼命干，不能埋怨别人。

好吃懒做，太聪明就会做无本买卖，以恶衣恶食为可耻，就不走正路，是一个人的致命伤。

交友，偶一不慎就完了！今父母不约束小孩，就毁了！"不识其人，则视其友"，不是一类人，绝不会在一起。

一个青年，不是骗钱就是骗色，是自掘坟墓！宗教对一个人没有用处，总走黑路没有不碰到鬼的。可以往前闯，但不可以不走正路。

"远敬衣帽，近敬财"，在钱的大前提下，能站得住很重要。任何事，非你之所有，绝不可乱取，人生必须有原则。

做人"久假不归"，就达到"做人"的境界。天下事绝不可伪，必要下真功夫。民国史在惊涛骇浪中，究竟成就了几个？研究其成功之所在，可知做人不易！

家庙，有几个重要东西，祖先发迹物供着，示儿孙不可以忘旧、忘本。你的儿孙特别重视你的本是怎么来的。创业维艰，守业更难！少人敢说以做官起家，怕被人说是贪污。利令智昏，逞一时之快，就完了！

《孟子·万章上》："其非义也，非其道也，一介不以与人，一介不以取诸人。"一介不取、一介不与，做人完全自微小处入手，故《春秋》识微、重微，不可以"虚内务，而恃外好"。《易经·乾卦》曰："天行健，君子以自强不息。"行健不息，乃医贫之不二法门。

我一生万事不求人，但有一长处即能干。必自己面对实际去做，任何人不能阻你的干劲。怨天尤人，没用。

你感到社会障碍多，就是你没有冲力。做事，少说，少立障碍，应声东击西，狡兔有三窟。立一目标往前干，纵有困难，也能甘之如饴。大成就，是于别人有好处，"五十以学《易》，可以无大过"。

朋友贵乎能切磋琢磨，有时见面也得动刀，但必要有机术。真想有所得，必要有所牺牲，每天去自己的毛病。

一时代和一时代，大事不同；地理环境不同，大事界说亦不同。群策群力，必知合群。必要有实力，成形的东西，贵精不贵多。

家政亦不易，能齐家就能治国，家齐而后国治。

任何事，必有负责企划者运筹帷幄。事业必要企业化，仔细加上经验，微小处必特别注意，重视小螺丝钉。年初定计划，但定完计划也可能情势都改变了，要因时因势，随时变，加以修改。

到了那个经历，才能有那个建树。书生不能政，政治非得外国博士学位就能讲。能做中流砥柱，就能兴邦。自经验充实自己，加上细心，经验是一部活教材。生在今天，必重视今天。学了这一段，就能应付下一段。

水清无大鱼，是圈内的应都有用，天下无突不破的难关。

遇危险事，才懂得何谓"造次必于是，颠沛必于是"。

做事讲经验，不是讲理论。第一步先试探路子，扎根，开始不要好大喜功。自己做，老板兼工友，事业非一下子就能成功的。全力安根，再做事业，则后力无穷。宣传就有人吃，就能独占。生财必要有眼光，识时才能乘势。对时看得准很重要，什么能做、什么不能做。成就之大小，视与时合之大小。

古书皆遗嘱，要如何了悟？

夏，城中丘。

中丘者何？内之邑也。

中丘，在山东琅琊临沂县（今临沂市）东北，鲁境内。"城中丘"，"城"，当动词，修城。

城中丘，何以书？

上问"中丘者何"，指问邑也，故因言"何以书"，嫌但问书中丘，故复言"城中丘，何以书"也。

以重书也。

以功重，故书也。当稍稍补完之。

《繁露·十指》曰："举事变，见有重焉，则百姓安矣！"《盐铁论·备胡》曰："《春秋》动重则书，重民也。"《通义》曰："重用民力，故得时、不得时，必书。"

"重"有二义：一者重民力，二者功重。

至令大崩弛、坏败，然后发众城之，猥（多）苦百姓，空虚国家。

"崩弛、坏败"，皆败坏之义。不早修完，重苦百姓，故曰"猥"也。

空虚国家方域内之邑也。若国家充实，内无游氓，外无边患，何内邑可城？反之，既城内邑，复城边关，岂不重民之功乎？故云以功重则书也。

故言"城"，明其功重，与始作城无异。

《穀梁传》曰："城，为保民为之也。"《繁露·竹林》曰："《春秋》之法，凶年不修旧，意在无苦民尔。"是凶年修旧亦讥，丰年但可修旧耳。不知补完至大兴工作，故书"城"以讥。

城邑例时。

此内城之例。外城，则不止书时。

齐侯使其弟年来聘。

聘例时。

其称弟何？据诸侯之子，称公子。

世子以外，皆称公子。

母弟称弟，母兄称兄。

"母弟"，同母弟；"母兄"，同母兄。

不言"同母"言"母弟"者，若谓"不如"为"如"矣，齐人语也。

古人多有此例，如"无念"，念也；"无宁"，宁也。

分别同母者，《春秋》变周之文，从殷之质，质家亲亲，明当亲厚，异于群公子也。

杀（降也）公子，不称公子，称"弟"，以广亲亲之义，明非专厚于同母也。

《繁露·十指》曰："承周文而反之质，则化所务立矣，是变文从质之义也。"《通义》云："《春秋》承衰周之弊，文胜而离，人知贵贵，莫知亲亲。开端首见郑段之祸，将大矫其失，非因人情所易亲者而先示之亲，则其教不易成。盖由父言之，凡我兄弟，岂有同异？由母言之，虽爱无差等，亦施由亲始，特拨乱之渐，不得已之志耳。故至所见之世，且录责小国。"

"聘"者，问也。"来聘"书者，皆喜内见聘事也。

《周礼·大宗伯》曰："时聘曰问，殷覜曰视。"

诸侯不与盟，《春秋》耻而为之讳。《穀梁传》曰："其弟云者，以其来接于我，举其贵者也。"亦以贵者来聘为喜。

古者诸侯朝罢朝聘，为慕贤、考礼，一法度，尊天子。

"天子无事与侯相见曰朝"（《礼记·王制》），"诸侯使大夫问于诸侯曰聘"（《礼记·曲礼下》），相尊敬也。诸侯相厚，则有聘问之礼。

不言聘公者，礼，聘受之于大庙，孝子谦不敢以己当之，归美于先君，且重宾也。

"不言聘公者"，朝觐聘皆于庙。必于庙者，孝子归美先君，且重赏之义。

闻其乐知其政，观其礼知其政。人必要懂礼，于错误中调整，使不齐为之齐，应多读书。

今承时之弊，以之为美就坏。英国有其礼法，一切均有威仪，中国更应如此。读《通鉴辑览》（从羲皇至南明）的目的，在数典知祖，就不会以己之所知来评定一切。

精读一部书，熟能生巧，可用于做事上。今天最大毛病，只知讲书，不知行为是什么。做事必合乎情、理、法。

秋，公伐邾娄。

《春秋公羊传·隐公元年》"三月，公及朱娄仪父盟于眛"，何休注："君大夫盟例日，恶不信也。此月者，隐推让以立，邾娄慕义来相亲，故为小信辞也。"据此以难盟蔑（轻蔑），不书日。

环境影响人的智慧，要使自己的智慧升华。《孙吴兵法太公六韬》（夏振翼纂订）乃理事之智慧。一切靠实力征服，一个人没有实力，绝不会受人重视。人家不能，我做，在没办法中想出办法，制造一个"危"的环境。懂法律，不处处生毛病。"不成章，不达"（《孟子·尽心上》），不成章法，不能达其事。

除大同世以外，武备必须重视跟上。铲除恶势力，不可以随便动兵，否则反咬你一口。

冬，天王使凡伯来聘。

书者，喜之也。

与上书来聘，义同。

古者诸侯有较德（觉德行；较，明也），殊风异行，天子聘问之，当北面称臣，受之于大庙，所以尊王命，归美于先君，不敢以己当之。

天子于诸侯，有不纯臣之义，故有朝聘之礼。相接则曰宾，来朝则车送迎。《春秋》于天子聘屡书矣，皆无贬词。

"殊风异行"，可见昔日已知保存不同风俗，每一省的语言、生活习惯皆不同。

"受之于太庙，所以尊王命，归美于先君，不敢以己当之"，重宗庙、朝廷在此。

专制时代，犹依礼行事。古者诸侯有较德，以德是尚。何以要赞美齐桓、晋文？因为久假而不归，焉知其非仁也？

戎伐凡伯于楚丘（在河南，为周鲁往来之地，以其逼近宋都），**以归。**

凡伯者何？

上言"聘"，此言"伐"，嫌其异，故执不知问。

天子之大夫也。

凡伯，天子之大夫。

此聘也，其言伐之何？

据出聘与郊、柳（郊、柳皆是天子之邑）异，不得言伐也。

《繁露·王道》曰："不得执天子之大夫，执天子之大夫与伐国同罪，执凡伯言伐。"

问伐加"之"者，辟（避）问轻重两举之。

此专为"伐戎伯"问，故加"之"也。

执之也。执之则其言伐之何？

据"执季孙隐如"不言伐。

大之也。

尊大王命，责当死位，故使与国同。

大夫，代表国家。《论语·子路》曰："使于四方，不辱君命，可谓士矣。"

刘敞曰："以一人当一国，大天子之使也。"为天子使尊矣，而屈卑乎？戎狄可言伐不可言执，是亦大天子之使也。

曷为大之？不与（许）夷狄之执（制治）中国也。

因地不接京师，故以中国正之。中国者，礼义之国也。

《春秋》以鲁为京师。内京师而外诸夏，内诸夏而外夷狄，是以京师当治诸夏，诸夏乃治戎狄，方得远近、中外之差次也。

"以中国正之"，"中国者，礼义之国也"，正之以礼义，以有礼义制无礼义。

"执"者，治文也。君子不使无礼义制治有礼义，故绝不言执，正之言"伐"也。

《春秋》之笔。不以无礼义制治有礼义，故变文言"伐"，以绝正其义。此董子所谓"执天子大夫，与伐国同罪"，执凡伯言伐，止乱之道也。

执天子大夫，而以中国正之者，执中国尚不可，况执天子之大夫乎？所以降夷狄，尊天子，为顺辞。

《繁露·王道》曰："观乎执凡伯，知犯上之法。执中国且不可，执天子之使，犯上甚矣。""降夷狄，尊天子"，顺礼义之辞。

其地何？

据执季孙隐如，不地。

大之也。

顺上伐文，使若楚丘为国者，犹庆父伐于余丘（庄公二年夏）也。

"其地何？大之也。"《通义》云："实执则不地。加地，顺伐文也。"

"顺上伐文"，一则以凡伯一人当一国，以责其不死位；一则以楚丘一邑当一国，以卫当赴其难也。天子使臣过境，诸侯犹宜致其礼，其有患难，更宜赴救。故以楚丘为国，而当与国君等也，何休述微曰："尊大王命。"明守土之义。今叫外人同化，以拥有绿卡，引以为骄。

不地以卫者，天子大夫衔王命至尊，顾在所诸侯有出入，所在赴其难，当与国君等也。

《后录·卷一》曰："何君明守土之义精矣。穀梁子曰：'戎者，卫也。戎卫者，为其伐天子之使，故贬而戎之也。'"

录"以归"者，恶凡伯不死位（死于位），以辱王命也。

言"以归"者，起实执。不直书"执"，亦为中国讳。
辱王命都不可，为领袖者不能失国，当死国。
"君子不使无礼义制治有礼义"，此乃进化之要。若使无礼义制治之，则礼坏乐崩矣。中国自乱制始，时盛时衰者以此，如近世之军阀当政，毁礼去教，几近鸟兽之林，堪浩叹也。故君子示之，知君子志者鲜矣，真君子之所重，小人之所轻也。

读《春秋》，真不能活了！有些人不但民族思想没，连民族精神也没了！日本说其年号"平成"出自《尚书》，而今天中国有些人则将经书看得一文不值。

八年，春，宋公、卫侯遇于垂（卫地）。

《穀梁传》曰："不期而会曰遇。遇者，志相得也。"
遇在内，不月也，况在外乎？

宋公序上者，时卫侯要宋公，使不虞者为主，明当戒慎之。

旧疏云："会盟则以大小为序，遇则以不虞为先。"

鲁与遇，不论内要或是外要，皆由内及外也。

无王者，遇在其间，置上则嫌为事出，置下则嫌无天法可以制月，文不可施也。

遇例时。春，天法；月，王月。岁之始，莫先于临天下之人。

三月，郑伯使宛来归邴。

宛者何？郑之微者也。

"宛"，不书爵而名，讥助恶也。《榖梁传》曰："名宛，所以贬郑伯，恶与地也。"

邴者何？郑汤沐之邑也。

邴者，郑伯所受于天子（况），而祭泰山之邑也。

天子有事于泰山，诸侯皆从。泰山之下，诸侯皆有汤沐之邑焉。

"有事"者，巡守（狩）、祭天告至之礼也。当沐浴絜齐（斋）以致其敬，故谓之"汤沐邑"也。

"巡守"，巡视所守。

"汤沐邑"，诸侯朝见天子，天子赐以王畿以内的供住宿和斋戒沐浴的封邑。"汤"，热水，温泉。

所以尊待诸侯而共其费也。礼，四井为邑，邑方二里，东方二州四百二十国，凡为邑广（东西）四十里，袤（南北）四十二里，取足舍止，共稟（禾苗）谷而已。

"共其费"者，谓飧牢（熟食和牲口，牢礼的一种）牵积、刍薪禾米之属。

归邴书者，甚恶郑伯，无尊事天子之心，专以汤沐邑归鲁，背叛当诛也。

归者罪明，则受者之罪亦明矣！

录使者，重尊汤沐邑也。

王者所以必巡守者，天下虽平，自不亲见，犹恐远方独有不得其所。故三年一使三公绌陟，五年亲自巡守。巡，犹循也；守，犹守也，循行守视之辞，亦不可国至人见为烦扰，故至四岳，足以知四方之政而已。

"巡"者，循也；"狩"者，牧也。为天下循行守牧民也。

《尚书》曰："岁二月，东巡守，至于岱宗，柴。望秩（次）于山川，遂觐东后，协时月，正日，同律度量衡，修五礼，五玉，三帛，二生、一死贽，如（以物相授予）五器，卒乃复。五月，南巡守，至于南岳，如岱礼。八月，西巡狩，至于西岳，如初。十有一月朔，巡守，至于北岳，如西礼。还至嵩，如初礼。归，格于祢祖，用特。"是也。

"岱宗"者，东岳名；"柴"者，考绩燎也；"望秩于山川"者，遍以尊卑祭之。《尚书·舜典》曰："岁二月，东巡守，至于岱宗，柴。望秩于山川，肆觐东后。协时月正日，同律度量衡。修五礼、五玉、三帛、二生一死贽。如五器，卒乃复。五月南巡守，至于南岳，如岱礼。八月西巡守，至于西岳，如初。十有一月朔巡守，至于北岳，如西礼。归，格于艺祖（尧），用特。五载一巡守，群后四朝。"尧为艺祖、文祖。

庚寅，我入邴。

其言入何？

据上书归，取邑已明，无事复书入也。

《穀梁传》曰："入者，内弗受也。"《通义》云："上言来归邴者，致郑伯之意也。先言归，而后言入，专恶于郑伯也。明我无欲于邴，宛既来请，迟之又久，不得已而许。故退受地之日于下，曰：我以庚寅之日然后入也。"

难也。

入者，非已至之文，难辞也。此鲁受邴，与郑同罪当诛，故书入，欲为鲁见重难辞。

其日何？

据取邑不日。

《春秋公羊传·隐公四年》"春，王二月，莒人伐杞，取牟娄"，不日。

难也。

以归后乃日也。言时重难，不可即入，至此日乃入。

其言我何？

据"吴伐我"，以吴伐，故言"我"。

言我者，非独我也。

自入邑，不得言"我"。有他人在其中，乃得言"我"，故能起其"非独我"。

"我"者，对人之辞。故有他人，则言我以起之也。

齐亦欲之。

时齐与郑、鲁比聘会者，亦欲得之，故以"非独我"，起齐恶。齐恶起，则鲁蒙欲邑见，于恶愈矣。

归地者当诛，受归地者亦当诛。
《穀梁传》曰："日入，恶入者也。"时天子不巡守，无所用汤沐之邑。邴，在泰山之下，远郑而近齐，故齐欲得之。郑人利鲁朝宿之邑，将以邴易许田，是以不与齐而与鲁。然鲁入邴，卒未与许田。至桓公即位，始更以璧假之，则鲁重难其事，难其不合于义，其事信矣。

夏，六月，己亥，蔡侯考父卒。

《穀梁传》曰："诸侯日卒，正也。"自天子至于庶人，一是皆以仁为本。"舜何？人也。予何？人也"，人皆曰"卒"，何崩、薨之有别也？故曰"正"。

崩、薨者，乱制也。拨乱反正，正也。卒日者，正也。

辛亥，宿男卒。

《后录·卷一》笺："此日者，其国早灭于宋，不能至所见世见正文，故尽其辞。"

宿，本小国，不当卒，所以卒而日之者，《春秋》王鲁，以隐公为始受命王，宿男先与隐公交接，故卒褒之也。

王鲁之例，假以见褒赏之法。

达于《春秋》者，为大国例，故卒日。小国向义，故达于《春秋》也。宿本小国，亦不当卒，为先与隐公交接，故褒而卒日之。

《繁露·精华》曰："《诗》无达诂，《易》无达占，《春秋》无达辞，从变从义，而一以奉人。""入中国则中国之"，达于《春秋》者为大国。《春秋》者，礼义之大宗也。

不名、不书葬者，与微者盟功薄，当褒之为小国，故从小国例。

"与微者盟功薄"，故"不名、不书葬"，仅褒而书卒，仍从小国不书卒之例，而加褒之也。

秋，七月，庚午，宋公、齐侯、卫侯盟于瓦屋（杜预注，周地）。

存日，以记恶，盖《春秋》之始也。

《穀梁传》曰："外盟不日，此其日何也？诸侯之参盟于是始，故谨而日之也。诰誓（训勉文告）不及五帝，盟诅（结盟立誓）不及三王，交质子（交换人质）不及二伯。"贬盟托始于此，盖言而不信，信誓旦旦，孔子所恶也。

八月，葬蔡宣公。

卒何以名，而葬不名？卒从正，

卒，当赴告天子，"君前臣名"，故从君臣之正义言也。

《通义》曰："名者，所以为识别，正其世及之系，迂回不可从。"乱制，君前臣名、父前子名，封建时代立的东西。应是平等，世及、世卿非礼也。

而葬从主人。

至"葬"者，有常月可知。不赴告天子，故自从蔡臣子辞称"公"。

《通义》曰："葬，生者之事也，故从主人辞也。"生有五等，没壹称"公"。

父为大夫，子为士，葬以大夫，祭以士。

卒何以日而葬不日？卒赴，

赴天子也。缘天子闵伤，欲其知之。又臣子疾痛，不能不具以告。

"赴"，赴告天子。臣死，其子使人至君所告之。

而葬不告。

不告天子也。发《传》于葬者，从正也。

《通义》云："卒以日为正者，见赴丧之礼，当言日也。葬不以日为正者，见告葬之礼本不言日也。"

九月，辛卯，公及莒人盟于包来（纪邑）。

公曷为与微者盟？

据与齐高傒盟，讳之。

《春秋公羊传·庄公二十二年》"秋……及齐高傒盟于防"，《传》曰："讳与大夫盟也。"

称人则从，不疑也。

从者，随从也，实莒子也。

言莒子，则嫌公行微不肖，诸侯不肯随从公盟，而公反随从之。故使称人，则随从公，不疑矣。

"行微"，其行卑微。"不肖"者，不似。中国观念，父母是最伟大的。父母在，称己"不肖"，不似父母伟大。

名，父母叫，"犹有双亲唤小名"，彩戏娱亲。

隐为桓立，狐壤之战不能死难（上无天子），又受汤沐邑（下无方伯），卒无廉耻，令翚有缘（缘由）谄，为桓所疑。故著其不肖，仅能使微者随从之耳，盖痛录隐所以失之。

没有因缘，无隙可乘，人不加害你。

又见获、受邑，皆讳不明，因与上相起也。

旧疏云："'见获'讳不明者，即言'输平'是也。'受邑'讳不明者，即'庚寅，我入邴'是也……言'因与上相起'者，此经著其不肖，起其事实，甚恶矣。"

《繁露·玉英》曰：《春秋》之书事，时诡其实以有避也。"包来之会，"诡莒子号，谓之人，避隐公也"。《春秋正辞》曰："《春秋》之义，不可书则避之，不忍书则隐之，不足书则去之，不胜书则省之……故诡其词，以隐所不忍，避所不可也。"董子所谓"随其委曲而后得之"者也。

读《春秋》者，探其称"人"，味其避"子"之旨，则《春秋》之讳义见矣，讳义见而隐之恶著也。

螟。

先是有狐壤之战，中丘之役，又受邴田，烦扰之应。

灾者，有害于人，物随事而至者。蔽恶生孽，虫食心，《尔雅·释虫》曰："食苗心，螟。"

《汉书·五行志》云："八年九月，螟，时郑伯以邴将易许田，有贪利心。"率皆贪酷烦扰所致也。

冬，十有二月，无骇卒。

此展无骇也，何以不氏？

据公子彄卒，氏公子。

疾始灭也，故终其身不氏。

嫌上贬，主起入为灭，不为疾始。故复为"疾始灭"，终身贬之，足见上贬为疾始灭。

"疾始灭"，对不起祖宗。《春秋》重首恶，当诛，托始于"无骇"，故"终其身不氏"，恶之深也。

《繁露·灭国上》云："隐代桓立，所谓仅存耳。使无骇帅师入极，然则贬无骇，亦以贬隐公。"以力灭人者，罪大恶极。《春秋》之法，必诛不赦也。

九年，春，天王使南季来聘。

"南"氏，姓也；"季"，字也。"南季"，天子之上大夫。"聘"，问也。

《穀梁传》曰："聘诸侯，非正也。"

三月，癸酉，大雨，震电。

何以书？记异也。

灾异例。

何异尔？不时也。

震、雷、电者，阳气也。有声名曰"雷"，无声名曰"电"。

震为雷，离为火、为日、为电。《春秋元命苞》曰："阴阳合为雷，阴阳激为电。"震、雷、电，皆阳气也。

周之三月，夏之正月，雨当水雪杂下，雷当闻于地中，其雊雏（gòu，鸡叫），电未可见。

"雏"，《说文》曰："雄雏鸣也。雷始动，雏鸣而雏其颈。"

而大雨震电，此阳气大失其节，犹隐公久居位不反于桓，失其宜也。

"大雨震电"，《汉书·五行志》曰："大雨，雨水也；震，雷也。"大雨水而雷电。

"异"，事未至而先见也。先几而作，谨始慎微之道也。

日者，一日之中也。凡灾异，一日者日，历日者月，历月者时，历时者加自文为异。

发于九年者，阳数可以极，而不还国于桓之所致。

九变者，究也。"始、壮、究"，究，阳极于九，《易经·乾卦》"上九，亢龙有悔"。"发于九年"，阳数已极，动而有悔。

董子云："有国者不可以不知《春秋》，前有谗而弗见，后有贼而不知。"（《史记·太史公自序》）防谗防贼，懂是非。自谗，多笨！

庚辰，大雨（当动词）**雪。**

何以书？记异也。

"异"，异于平常。

何异尔？俶甚也。

"俶"，始怒也。始怒甚，犹大（太）甚也。

盖师说以为平地七尺（或七寸，有疑惑）雪者，盛阴之气也。

"师说"一词，首出现于此。昔为口语相传。今文家重师承、师说。

阳刚之气，精神。

八日之间，先示隐公以不宜久居位。

说真的。"隐为桓立"，况，非隐真有德为桓立。

而继以盛阴之气大怒，此桓将怒而弑隐公之象。

不祥之事发生前，必有"象"。《中庸》曰："国家将兴，必有祯祥；国家将亡，必有妖孽。"国之将兴，求之于人；国之将亡，求之于神。情，看敌情，如败象；势，理之势，细中之细。

今文家为了救灾异，必详细写灾异，圣人"贵除天下之患"在此，并非迷信地讲灾异。异于平常之事皆记之，圣人"贵除天下之患"，故《春秋》遍书灾异。但在"贵除天下之患"之前，必先"贵通天下之志"。

孔子作《春秋》，"始乎隐"，祖之所逮闻也；"终乎哀公十四年"，曰："备矣！"以十二公之数备矣。十二之后，终而复始，自然之运。熊十力曰："盖借十二公时代之行事，而假说三世，以明通变不倦，随时创进之义。"（《读经示要·卷三》）

侠卒。

书"卒"者，见隐公贤君，宜有恩礼于大夫。于益师，见隐公之于"命大夫";于侠,见隐公之于"未命大夫"。

侠者何?吾大夫之未命者也。

以无氏而卒之也。未命所以卒之者,赏疑从重。无氏者,少略也。

《后录·卷一》笺:"礼,卿大夫疾,君问之无算;士,壹问之。君于卿大夫,比(及)葬不食肉,比卒哭不举乐;为士,比殡不举乐,吊、临、襚、赗,士丧礼备矣。此托隐公贤君,宜有恩礼于未命大夫也。"

《穀梁传》曰:"弗大夫者,隐不爵大夫也。"与《公羊传》异。

夏,城郎。

"郎",盖鲁之边邑,故数受兵。

秋,七月。

《穀梁传》曰:"无事焉,何以书?不遗时也。"《公羊传》曰:"《春秋》虽无事,首时过则书。"

冬,公会齐侯于邴。

齐主动。《穀梁传》曰:"会者,外为主焉尔。"鲁被动的。

十年,春,王二月,公会齐侯、郑伯于中丘。

《春秋》将假隐无正月以见义,故特避之也。

《公羊》得其义，而不详其事，"其事则齐桓晋文，其义则丘窃取之"。

月者，隐前为郑所获，今始与相见，故危录内，明君子当犯而不校也。

会例时，此月故危之。凡《春秋》会书月，皆为危。

范宁云："隐行自此皆月者，天告雷雨之异，以见篡弑之祸，而不知戒惧，反更数会，故危之。"

"明君子当犯而不校也"，"不校"，不交。释为"不为报"，乡愿！以德报怨，何以报德？应是"以直报怨，以德报德"（《论语·宪问》），"举直错诸枉，能使枉者直"（《论语·先进》）。

夏，翚帅师，会齐人、郑人伐宋。

此公子翚也，何以不称公子？

据楚"公子婴齐"贬，后复称公子。

《春秋公羊传·成公二年》"冬……丙申，公及楚人、秦人、宋人、陈人、卫人、郑人、齐人、曹人、邾娄人、薛人、鄫人盟于蜀"，《传》曰："此楚公子婴齐也，其称人何？"何注："上会不序诸侯大夫者，婴齐，楚专政骄蹇臣也，数道（导）其君率诸侯侵中国，故独先举于上，乃贬之，明本在婴齐，当先诛其本，乃及其末。"

贬。曷为贬？隐之罪人也，故终隐之篇贬也。

嫌上一贬，可移于他事者，故终隐之篇贬之。明为隐贬，所以起隐之罪人也。

所谓不待贬黜而自明者，微而显也。《穀梁传》亦云："翚，隐之罪人也，故终隐之篇贬也。"

杀人者、灭人国者，皆终身贬之。天德重生、尊生，天有好生之德。

此章要义：一、《春秋》重人，不杀人。贬之，在杀人之罪。二、乱制之可除，"臣弑其君，子弑其父"。

六月，壬戌，公败宋师于菅（音 jiān，宋地，今山东省单县北）。辛未，取郜。辛巳，取防。

取邑不日，此何以日？

据取阚不日也。

《春秋·昭公三十二年》："取阚。"
《通义》曰："偏战日，诈战不日。诈战者，曰某败某师于某；偏战者，曰某及某战于某，某师败绩。"

一月而再取也。

欲起一月而再取，故日。

何言乎一月而再取？

据取漷东田及沂西田，亦一月再取两邑，不日。

甚之也。

甚鲁因战，见利生事，利心数动。

二事俱发，从重论。

《穀梁传》曰："礼不重伤，战不逐北，公败宋师于菅，复取其二邑，贪利不仁，故谨其日。"儒不言利，以利愧之也。

内大恶讳，此其言甚之何？《春秋》录内（鲁）而略外，于外大恶书，小恶不书；于内大恶讳，小恶书。

明取邑为小恶，一月再取，小恶中甚者耳，故书也。

此甚鲁取二邑，近大恶，故书也。

于内大恶讳，于外大恶书者，明王者起，当先自正，内无大恶，然后乃可治诸夏大恶。

《繁露·仁义法》曰："是故人莫欲乱，而大抵常乱。凡以暗于人我之分，而不省（明）仁义之所在也。是故《春秋》为仁义法。仁之法在爱人，不在爱我；义之法在正我，不在正人。我不自正，虽能正人，弗予为义。"内无大恶，乃治外小恶，先正己以正人。

《何氏释例·讳例第十四》释曰："凡讳皆有恶，即刺也；讳深，则刺益深。"记外大恶，有深意，可警国内之大恶，知是非，合理。

因见臣子之义，当先为君父讳大恶也。

"君父"，乃秦汉以后的思想。

《春秋》为尊者讳，为亲者讳。大恶讳，小恶不讳，仁之至，义之尽也。

内小恶书，外小恶不书者，内有小恶，适可治诸夏大恶，未可治诸夏小恶，明当先自正，然后正人。

"先自正"，"躬自厚而薄责于人"（《论语·卫灵公》）。《春秋》详己而略人，因其国而容天下。

侯很多，天子称之为"诸侯"。所有附属国皆叫"诸夏"，我是为使你们明白而如此解的。

小恶不讳者，罪薄耻轻。

莫以恶小而为之，"不贰过"（《论语·雍也》）。莫以恶小而为之，小恶得不讳而书，罪重耻重更不行。能书小恶，大恶自减。

读书人当政，做恶事，有所愧耻，否则不知耻之为何物，就糟。

败宋师日者，见结日，偏战也。

《通义》云："偏战日，诈战不日。诈战者，曰某败某师于某；偏战者，曰某及某战于某，某师败绩……《春秋》尊鲁，不以敌词言之，若内胜皆曰败某师于某，但以日、不日别偏诈尔。"

不言战者，托王于鲁，故不以敌（匹敌，对等）辞言之，所以（加）强王义也。

太平世。《春秋》托王于鲁，此王为文德之王。强王之义，王者无敌。战者，敌文也。王者兵不与诸侯敌，战乃其已败之文。

陈立疏于此引《孟子·尽心下》云"征者，上伐下也"，但"上伐下"为据乱世。孟子深于《春秋》与《大易》，陈立所引也是《孟子》，但此引法不对，陈立疏有毛病。

《春秋》托王于鲁，"其事齐桓晋文，其义则丘窃取之"。经书分三世，每世中又有三世，太平世中也有据乱世。此为据乱世中的太平世。"吾道一以贯之"，绝不能相抵触。《春秋》细讲，五年才能讲一遍。

此章要义：一、王者无外，何敌之有？"王者无外"，大一统，太平世，大同，孟子所谓"居天下之广居，立天下之正位，行天下之大道。得志与民由之，不得志独行其道，富贵不能淫，贫贱不能移，威武不能屈，此之谓大丈夫"，有信仰，则不随波逐流，为中流砥柱，乃是大丈夫。二、仁者无敌，何战之有？因是仁者，根本就没有敌人。《孟子·梁惠王上》曰"仁者无敌，王请勿疑"，仁义之师至，"箪食壶浆以迎王师"。

秋，宋人、卫人入郑。

《通义》云："二国以上，连师合众，入人之国，于是始……君子恶恶疾其始，始于诸侯擅兴侵伐，乃至擅相入。擅相入，乃至擅相灭。"《繁露·十指》曰："见事变之所至者，则得失审矣。因其所以至者而治之，则事之本正矣。"事之远近因弄清，解铃还得系铃人。对症下药，因其本而治之。

宋人、蔡人、卫人伐载。郑伯伐取之。

宋、蔡、卫三国伐之。郑因其力而取之。

其言伐取之何？易也。

据国言灭，邑言取。又徐人取舒，不言伐。

"伐取之"者，三国伐载，郑独取之，因人之力，是为"易"词。郑伯非但不能救人之危难，反乘人之危而灭之，不仁莫此为甚！故书"伐取"，以著其恶。

其易奈何？因（当动词，借也）**其力也。**

"因"，乃不忘祖，承，"因而不失其新，亦可宗也"（《论语·学而》），"温故而知新，可以为师矣""殷因于夏礼，所损益，可知也；周因于殷礼，所损益，可知也；其或继周者，虽百世可知也"（《论语·为政》）。

三统，即讲相因之道，彼此相因。三世，讲维新之道，取进步义。

《尚书》的"新"字，皆为"亲"字。

因谁之力？因宋人、蔡人、卫人之力也。

载，属（连，合聚）为上三国所伐，郑伯无仁心，因其困而灭之，易若取邑，故言"取"，欲起其"易"，因上伐力，故同其文言"伐"，就上载言"取之"也。

《繁露·灭国上》曰："内无谏臣，外无诸侯之救；载亦由是也，宋、蔡、卫国伐之，郑因其力而取之。此无以异于遗重宝于道，而莫之守，见者掇之也。"

不月者，移恶上三国。

灭例月，凡不月者，各有起文。此既书"取"，明为灭国，归恶于郑。

冬，十月，壬午，齐人、郑人入盛（音 chéng，《左传》作"郕"）。

日者，盛，鲁同姓。于隐篇再见入者，明当忧录之。

入例时，伤害多则月。

"再见入"者，《繁露·灭国下》曰："卫人侵成、郑入成及齐师围成，三被大兵，终灭，莫之救，所恃者安在？"鲁之不救可见矣。

"日"者，为鲁"忧录之"。明鲁当法王者亲亲义，"忧录之"也。

《通义》云："入国恒月，惟讨有罪者乃日……所尤恶者乃日。"灭国一切皆恶，无所分别，但以日、不日，见罪之轻、重耳。《易经》曰"穷则变，变则通"，《春秋》之于例，亦犹是也。

十有一年，春，滕侯、薛侯来朝。

朝例时。

亲亲为上。由尊尊而亲亲。懂亲亲之道，绝对不卖国，有理智。

其言朝何？诸侯来曰朝，大夫来曰聘。

据内（鲁）言"如"。《传》言"来"者，解内外也。《春秋》王鲁，王者无朝诸侯之义，故内适外言"如"（往也），外适内言"朝""聘"，所以别外尊内也。

"王鲁"，以鲁当新王。鲁君臣出，皆曰"如"，《春秋·成公十三年》："春……公如京师。"内出言"如"，其诸侯来曰"朝"，大夫来曰"聘"。有内外之别，新王必尊己。

《繁露·王道》云："内出言如，诸侯来曰朝，大夫来曰聘，王道之意也。"倡王道，然所行却是霸道。《孟子·公孙丑上》讲王、霸之分："以力假仁者霸，霸必有大国；以德行仁者王，王不待大，汤以七十里，文王以百里。以力服人者，非心服也，力不赡也；以德服人者，中心悦而诚服也，如七十子之服孔子也。"

不言朝公者，礼，朝之于大庙，与聘同义。

礼，聘受之于太庙，孝子谦不敢以己当之；朝先君，归美于先君。

《礼记·聘义》云："诸侯相厉以礼，则外不相侵，内不相陵。此天子之所以养诸侯，兵不用而诸侯自为正之具也。"诸侯相朝礼，所以相与习礼乐也。诸侯相与习礼乐，则德行修而不流也。

其兼言之何？微国也。

据邓、穀来朝，不兼言朝。略小国也。

滕，子；薛，伯，《春秋》合伯、子、男为一，故皆从小国例略之也。

称侯者，《春秋》托隐公以为始受命王，滕、薛先朝隐公，故褒之。

《繁露·王道》曰："诸侯来朝者得褒，邾娄仪父称字，滕、薛称侯，荆得人，介葛卢得名。"

已于仪父见法，复出滕、薛者，仪父盟，功浅；滕、薛朝，功大。宿，与微者盟，功尤小。起（起义之文）行之当各有差也。

来朝之行为，各有差别。《繁露·爵国》曰："有大功德者受大爵士，功德小者受小爵士；大材者执大官位，小材者受小官位。如其能，宣治之至也。"

滕序上者，《春秋》变周之文，从殷之质，质家亲亲，先封同姓。

《春秋》之义，皆以"况"论。文、质，为两个况。文，饰也，"金玉其外，败絮其中"，"其文则史，其义则丘窃取之"，孔子之气势！

"变周之文"，文家尊尊，笑贫不笑娼，怎能不忘本？"从殷之质"，质，本也，质家亲亲，表明"故宋"，由尊尊而亲亲，《繁露·观德》曰："德等也，则先亲亲。"滕，与周同姓，质家亲亲，先同姓后异性也。

懂得亲亲之道，绝对不卖国。"老吾老以及人之老"（《孟子·梁惠王上》），有理智。

夏，五月，公会郑伯于祁黎（《左氏》作"时来"）。

会例时。书月者，危之。

秋，七月，壬午，公及齐侯、郑伯入许。

入例时，伤害多则月。日，决其为危也。

日者，危录隐公也。为弟守国，不尚（崇尚）推让，数（屡次）行不义，皇天降灾，谄臣进谋，终不觉悟。又复构怨入许，危亡之衅，外内并生，故危录之。

此为后之伏笔。隐公为况在此，事实是为弟守国，不尚推让。《春秋》隐为桓立，与《尚书》首尧、舜二典同，孔子的政治主张，"祖述尧舜，宪章文武"。

冬，十有一月，壬辰，公薨。

十一月，冬至月；十二月，腊月。
哪日死不重要，重要的是死的意义安在？
称"薨"，《春秋》王鲁。

何以不书葬？

据庄公书葬。

《春秋·闵公元年》："夏，六月，辛酉，葬我君庄公。"
隐公因被弑，"不书葬"。按礼，亦不应书葬。"无臣子不书葬"，因无臣子为君报仇。昔日凶服不可面君，父母死丁忧三年。

隐（痛）之也。何隐尔？弑也。

为桓公所弑。

"隐"，痛也，《穀梁传》曰："隐之，不忍地也。"
司马迁称"《春秋》推见至隐"，《司马贞索隐》云："李奇曰'隐，犹微也，言其义显而文隐'。"此今文家看法，因被弑，故"不书葬"。

《大易》由隐之显，《春秋》由显之隐。日常行事，就是显，用；由显返回隐，体，复性，克己复礼。在人，微者，性也；在事，理也，礼也。天人境界，与天地参矣！

《孟子·离娄下》曰"其事齐桓晋文"，"其义则丘窃取之"，《春秋公羊传·昭公十二年》《传》曰："其词，则丘有罪焉尔。"何注："贬、绝、讥、刺之辞，有所失者，是丘之罪。"《孟子·滕文公下》曰："孔子成《春秋》，而乱臣贼子惧。"《公羊传》传《春秋》，是"修的《春秋》"。

弑，则何以不书葬？

据桓公书葬。

《春秋·桓公十八年》："冬，十二月，己丑，葬我君桓公。"

《春秋》君弑贼不讨，不书葬，以为无臣子也。

道《春秋》通例，与文、武异。

《中庸》"仲尼祖述尧舜，宪章文武"，《春秋》本据乱而作，因设其法，以文、武作参考。

《后录·卷一》笺："一人弑君而不讨贼，诛及一国臣子，所以刑乱国用重典，与文、武刑新国用轻典异。"又《卷二公羊广墨守》曰："文、武之世，道在天子，克商之后，惟纣都为乱国，灭国五十，自是无敢为篡弑者，故刑新国用轻典。夫子无位，而《春秋》积乱，世衰道微，甚于商季。贼不讨不书葬者，将众杀之，所谓刑乱国用重典。'拨乱反正，莫近乎《春秋》'，是之谓也。"

诛、讥、贬、绝，为孔子修《春秋》四笔法。

据乱世之据乱世，自"正"入手。臣子必为其君报仇，"刑乱国用重典"，"拨乱反正，莫近乎《春秋》"。

子沈子曰："君弑，臣不讨贼，非臣也；子不复仇，非子也。葬，生者之事也。《春秋》（《春秋》之义）君弑，贼不讨，不书葬，以为不系乎臣子也。"

"子沈子"，后师，明说此意者。

"子沈子"，公羊后师，同一学派，后辈称前辈。

明臣子不讨贼，当绝，君丧无所系也。

《白虎通·诛伐》曰："篡弑其君而立，臣下得诛之者，广讨贼之义。"乱臣贼子，人人得而诛之。贼不复见，以其宜绝灭也。

"不书葬"者，贼未讨，以讨贼在葬后。不书葬为礼，仍须下葬，或按礼，或不按礼而葬。无臣、无子，即"不书葬"。明贼一日未讨，臣子即一日当绝。

桓公被弑而书葬者，仇在外也。以齐强鲁弱，力不能讨，则《春秋》恕之矣。力不及，蒙羞，无力复仇。

《史记》上承麟书，许多皆意在言外。

沈子称子，冠氏上者，著其为师也。

沈子、高子……乃本师承。子沈子、子司马子、子公羊子、子女子，皆已师传《春秋》说者。如程朱学派，程子的弟子称其"程子"，再传弟子则称其"子程子"。

你们称我"毓子"，将来承我学的后辈，就称我"子毓子"。

不但言"子曰"者，辟（避）孔子也。其不冠"子"者，他师也。

以其圣德广著，师范后世，不须言其氏，直言其"子"而已，故《论语》亦唯孔子称"子曰"。

不冠"子"者，他师，此学派之外者。

孔子"无常师"，因"自师其性"，为"生而知之者"，即"豪杰之士不待文王犹兴"。一般人皆有老师，即"待文王而兴"的凡民，为后知后觉者。

公薨，何以不地？

据庄公薨于路寝（庄公三十二年）。

"路寝"："路"，大；"寝"，宫室。天子、诸侯所居宫殿的正殿，春秋时代称"路寝"。

不忍言也。

不忍言其僵尸之处。

不终天年者，非人之所欲也，故谓被杀之处为"僵尸之处"。

隐何以无正月？

据六年"输平",不月。

《繁露·玉英》曰:"隐不言正,桓不言王者,皆从其志,以见其事也。行贤之志,以达其意;从不肖之志,以著其恶。"

隐将让乎桓,故不有其正月也。

嫌上诸"成公意",适可见始让,不能见终,故复为终篇去正月,明隐终无有国之心,但桓疑而弑之。

隐公"成公意",双关语:一、隐为桓立,本身要成公意;二、成公天下之意。

《何氏释例·公终始例第二十》释曰:"成隐之让,以正立子之法。隐非能让者,又不能诛察奸佞,故以身蒙首恶之名。"

《穀梁传》曰:"隐十年无正,隐不自正也,即不有其正月之义也。"《通义》曰:"《春秋》之教,莫大乎五始,凡事不正其始,不善其后,隐公是也。"又曰:"自二年后不书正,虽其让足多,又不知早退,致见疑弑,故责其不善于始也。"

公薨,主书者,为臣子恩痛之。他国自从王者恩例录也。

这一段为据乱世的据乱世。

孔子作《春秋》,自"正"字入手,正人伦。

"隐为桓立",其尊卑也微,国人不知,此为乱源,故必先正人伦,正君臣、父子之义。"子帅以正,孰敢不正?"五伦之内必正。人伦不正,为乱之源。

任何社会皆必自"正"入手,今似是而非,愈弄愈糟。在不合法中强制使之合法,乃乱。以多数表决,维护既得利益。

政治，真正能不易。

《春秋》推见至隐，因"其事齐桓、晋文，其义则丘窃取之"，即由显之隐。《易》"太极生两仪""远取诸物，近取诸身"，是由隐之显；《春秋》见之于行事，是由显之隐。《大易》与《春秋》互为表里。

微言与大义："微言"，隐而未显之言，如"贬天子，退诸侯，讨大夫"。"大义"，一切决之以礼义，《春秋》为礼义之大宗。我始终反对中国人入外国籍在此。

《左氏》不传《春秋》之义，传《春秋》之史，为"不传《春秋》"。

发心，有趣味，当认真，不要泛，求专一。现要你们《五经》都读，没办法，时间没那么多。

要尊师，父母皆望子成龙，但说多说少，都在老师的嘴。你们"时髦（十毛）"，老师就"九毛九"，玩票！做人必有原则。现讲书，愈讲愈守分，因见外面乱，愈造愈远。

"天下有道，何必找我们去办学校？"跑八年，才找一块地办书院。有八百五十米长的平地，现已可以住。我一生，一事不做完，绝不停止，将做梦的事变成实际。若一个人对自己都没有信心，又如何叫人相信你？

见风转舵，无人样，还要掩饰，可欺人，焉可欺心？心即天，即佛，必先修己。前人种树，后人乘凉，念兹在兹。一个人若好变，成不了一件事。我一辈子在台就干一件事。

司马迁自称《史记》"上承麟书"，自视甚高，但其微言大义怎能与孔子《春秋》相比？后人以史视之，然其中存今文家东西仍多。崔适《史记探源》，为今文家东西。读完《公羊》，必接着读《史记》。

人的智慧不同，成就有别。孔子绝不色盲，能分辨朱与紫，故"恶紫之夺朱"（《论语·阳货》）。色盲，谈问题乃似是而非。读书非易事。

做学问，不当加上自己的主观见解，依经解经最佳，但经文必要熟，此为本。《公羊传》，智高者可多作印证，但其为一家之言。

清儒训诂，日久，乃不能将智慧显现，且在那个环境下，也不想那么多，纵想也不敢写。

汉奸使中国陷于悲惨之境。日本登台，若无辜显荣引路，又焉能顺利自基隆进入全台？可以通外语，但不能作为资敌之术。

以《春秋》责备贤者。杨振宁、李政道、丁肇中，可以本孔子责管仲以责之。一般人入美国籍怕什么？多读点书，许多事叫你做都不做。"微管仲，吾其披发左衽矣！"中国有三仁：杨、李、丁。此道《春秋》通例，无一例外。如三年之丧，为天下之通丧，"自天子以至于庶人，皆一也"。

周公时，管、蔡造反，焉能无乱臣贼子？周室之乱，周公盛德，即在一"狠"字，胜者王侯，败者贼寇。

《春秋》通例，为孔子所立《春秋》之法，即新王之法，王制，以王制为例。引书必要小心，《礼记·王制》已非真王制，《荀子·王制》也非新王之制。但由其名称，显见孔子确有"王制"。

新王之制，即王制，祖述尧舜之制。"正者，王道也"，《春秋》在"拨乱反正"。仲尼"祖述尧舜"，尧、舜为王制；"宪章文武"，以文、武做参考。文、武，乃乱制之法，虽有德，仍是乱制。父死子继，兄终弟及，世及之乱制。

孔子法自然，即"时"，"上律天时，下袭水土"，此必应时，故孔子为"圣之时者"，《论语》首"学而时习之"。

应了解人，因"性相近，习相远"。说一人"习气乖张"，乃后天环境造成的。好好修己，习以为常就坏！

其实，中国最重要精神在"体仁"与"奉元"，《易经·乾卦·文言》称"君子体仁，足以长人"，昔有体仁阁大学士。中国思想必要弄清，再立说。中国学术之所以乱，乃因基本书没看，皆看参考书。应窥其全豹，《四书》《五经》必要熟。

《尚书》至少选一半，有些意境同。但必读过了再选，要下真功夫，对中国思想负责任。最高文化民族落伍了？因为太优秀，大家接受不了。诛、贬、讥、绝，春秋笔法。《春秋》之义，即礼义。中国，乃礼义之国。失去礼义，就不像中国了。

"不党，不器，圣时"，一党，即有私，党同伐异，如何找正义？由"仁"入手，最低限度有"中行"，即入"圣"。中国学问为仁圣之学。行为，中行；心，中心；国，中国。

中国以史为鉴，勉人要"见贤思齐，见不贤而内自省"（《论语·里仁》），才能由一般人进至圣人、大人境界。

中国由最平凡至天人境界，西方人难以明白，即自"仁"与"圣"入手，成仁圣之学。仁，相人偶也，爱人而无不爱。圣人，"知进退存亡而不失其正"，即中，"喜怒哀乐之未发"，已达中道。大人，则已至天人境界，"大人者与天地合其德，与日月合其明，与四时合其序，与鬼神合其吉凶"（《易经·乾卦·文言》）。

儒讲复仇。复仇方式不同，有以直报怨，有以德报怨。孔子的术的确高明。因"举直错诸枉，能使枉者直"，即可达天下大同，为仁者之风也。对立，则终必回来。"举皋陶，不仁者远矣"（《论语·颜渊》），使不仁之人远离不仁之事，乃以仁化之。

当选一子，熟烂在胸，"子孙虽愚，经书不可不读"，皆成方子。多看历史，以了解成方子，遇事对症下药。读书要实际读，读完若吃一帖药。

知"无所不用其极、无入而不自得"了，才算明白《学庸》，比子书还狠。皆与生俱来的，不必学，认识自己后，即能达此二境界。

《通鉴辑览》当人手一部，作为国民教材，尤其上面御批必重视，乾隆为一枭雄。

自近代所谓的大师所写能得些什么？完全耍笔杆，搞名词。《中国文化书院讨论集》序文说"不谈其他"，但中国人就得天天谈其他，不能谈还要偷偷谈，否则岂不成一群呆子？《论语》无一章无主旨，皆实学也。拿学术当消遣品，还不如看《红楼梦》。

旧大师尚言中有物，如钱穆有主旨。熊十力有气势，恢宏。不必盲从，东西在嘴里，可以自己体味。

昔为人子必为父母"亲涤尝药"。对父母要是真孝，送东西必自动尝热不热，此出自良知，非伪为也。儒家东西皆自本性发出。人有愧于孝道，绝对出毛病。

傻子易处，聪明人不能处。许多人聪明一世，最后挂零。没几分呆气，不必想成事。

"敌强国弱，力不能讨，则《春秋》恕之矣"，稍微理智，都不能再颓废，懂往前看，既得利益能维持几天？到末代尝"前朝亡"的滋味，就因自私而祸国殃民。

两位同学在美国得硕士，在加州开炸鸡店，不好混想回台；其亲弟来，证明在美国也不好混，没有读博士，要回台闯荡。

儒尚志，夫子"吾十有五而志于学"，立志后永不变，才能"素贫贱行乎贫贱，素富贵行乎富贵"。想做一件事，障碍重重，天下有几人"人之有技，若己有之"？愈做好事，障碍愈多；做坏事，没人敢理你。做事必靠自己，不能靠别人，且必历尽艰辛，造次、颠沛、富贵、贫贱皆在内。强国难，强己也不易。谁不望子成龙？后来不敢失望，"马尾穿豆腐——没法提"。强家、强国谈何容易？"知耻近乎勇"为强己之不二法门。自己不能强，如何强家、强国？

"随遇而安"的境界，当是造次必于是、素夷狄行乎夷狄……念兹在兹，什么环境皆改变不了自己。必先强己，即立志，不改变，早晚会成功。

我在每一环境都会做一点事，做得差不多了，叫人接收了。旧时东北一片荒地，山东、河北人去垦荒，生活清苦，我办学校供吃住，自小学到中学都有。现最年轻的已五六十岁，十分优秀。师母说那帮"小家伙"很能帮忙。

一点一点准备，一点一点做，凑在一起就有作用，一个个对付。喜冲风破浪，不喜上下班打卡的生活。我刚来台时，尽量读日本书，到新店乌来看山地，乡长现还活着，然后到各处走一遍，有冒险精神。

《春秋》述志，能使人发愤，少些自私心。善智慧，重视今天，乃为明天。人必知明天当怎么做，不能光看眼前的利。

读《春秋》，乃为深明大义，不能再浑。是中国人，当以中国人的道德标准为标准。占世界五分之一人口，要由外人来领导？还要尽量引进外来文化，以削弱自己的文化，此为比汉奸还可怕的"文奸"所为。

当年，外国学生来跟我学的，都得拜师，行磕头礼。外国人来学的，对中国文化迷信地崇拜，那时我一天可以赚一两黄金。外国人就好怪，但不了解中国文化，用中文写笔记，还不明白。既来学中国文化，必把你当种子。

本身文化特别重要，优势文化才能领导社会，"人能弘道，非道弘人"（《论语·卫灵公》）。但不相信别人能改变你。

我若不是有爱国狂，恐怕也不亚于星云。胡适（1891—1962）接朱家骅（1893—1963）当"中研院"院长，没回台，由董作宾（1895—1963）代理。我与董有同门之谊，董介绍外国人来见我，请我吃饭，后拜师。曾邀我到美国，我拒绝了。

必要有信心，不要见人即自卑。谈自己懂的事，可以侃侃而谈；不懂的事，就说不懂。我第一个说不懂，却赚美金。与董作宾是同门，罗振玉教甲骨文，我不喜。李济（1896—1979）与董为同门，董时提罗，李则不谈，这种学生很多。

最后我有五个洋学生，哈佛等名校学生至少八十人。最有权势的是席文。

席文（Nathan Sivin），美国科技史学家。和李约瑟以研究中国科技史著名。现为美国宾夕法尼亚大学教授，专业为中国科技史、中国医学史、中国哲学和中国宗教。

许倬云在台湾不识我，到海外却听说，回台想见我，请芝生引见，我以"不见二鬼子"拒之。同学有绿卡的也就不敢来。事在人为，天无绝人之路。看环境做事，立定一主张，随时发生作用。

"德之不修，学之不讲，闻义不能徙，不善不能改，是吾忧也"（论语·述而）。昔日乱讲，听课的人多，在"政大"讲子书时，政治学教授领学生来听课，许仁图堂堂去听。现在不会哗众取宠，越来越旧，越来越近真理。素其位而行，无人不接受。

山西人以醋当酱油用。说"娃娃"，指孙子而言。

做事业，有高理想，也必自最低处入手，"行远必自迩，登高必自卑"，自第一步开始，但仍有远高的理想。"好的开始，是成功的一半"，"慎始诚终"。高深学问也从认识第一个字开始。

《太史公自序》为名序，必看，里头有许多今文思想。还要看《史记探源》。

崔适《史记探源》，八卷，先为序证，论说贯串全书之问题，据今文经学观点，考证辨析所谓《史记》为刘歆所窜改者。以《史记》原属今文经学，西汉时尚未有古文，东汉时刘歆据古文经学窜改，而杂有古文学。此外尚有后人所增及钞胥所脱，以及传抄过程中出现的衍、倒、改、解之误，皆一一进行深入仔细考辨，以"证其所本有，辨其所本无"，志在恢复《史记》原貌。

有贤，再浑，必重责。《春秋》责备贤者，因其有力量负责任，以赵盾为例。

赵盾，即赵宣子，谥号宣孟，亦称赵孟。赵盾与赵同、赵括、赵婴齐为异母弟，父为赵衰。赵衰跟随重耳逃亡狄地，娶狄女叔隗，生赵盾。赵盾仕晋襄、灵、成三世，屡有政绩，孔子称为"良大夫"。今襄汾赵康镇有其墓及祠庙。

读书多，做糊涂事，愈不能原谅在此。杨振宁肯说出其为父所责，值得赞美。

郑玄家丫鬟说话，皆引《诗经》。主人最喜欢的丫头为红丫头，余为紫丫头。有文风的家庭，举止皆在文化内。世家，男女皆各有专精，在一起，气质必不同。读书能受用，才能改变器质。"三世为官，学会吃穿"，"医不三世，不服其药"。文化基础深，出手就能。针灸一针错，即终身致残，现旅行社招生到广州学针。现不重视道德。

今没有真是非，不谈忠与义。依《春秋》之义，失忠义者，当责以重罪。做事，利害攸关乃变节，出卖人格。有几人能避利而趋害？

继室，续弦，大太太死又娶。旧社会讲究人家，绝不能把姨太太变正夫人，此在官宦之家绝不可。有权再娶继室，来了即为大太太。有些人家不续弦，大太太空着，姨太太仍是姨太太。继室是名门之女；姨太太则不问姓，不娶名门。

嘉庆帝师父王尔烈，三江才子。但子孙不行，临死前续弦，以继室为皇帝师母，可以面君。王上朝时穿旧鞋，衣服补又洗，极清廉，却生一傻儿子。王的才华实不亚于纪晓岚（1724—

1805），但走得早。

王尔烈（1727—1801），字君武，号瑶峰，功诗善文，奉天府辽阳（今辽宁辽阳）人，清朝翰林，闻名遐迩的辽东才子。官宦世家，自幼喜读书，曾在千山龙泉寺就读。乾隆三十年中举人，乾隆三十六年中进士，殿试二甲第一名。选庶吉士，散馆授翰林院编修。为官多年，历任陕西司郎中，刑部主事，甘州知府，陕西道监察御史，内阁侍读学士等职，参与编纂《四库全书》。奉旨赴千叟宴。以大理寺少卿荣归故里。王尔烈能文善诗，书法承袭王羲之神韵。名噪乾隆、嘉庆年间，被誉为"词翰书法著名当世者，清代第一人"。

昔人重情义。李鸿章（1823—1901）批台湾人："男无情，女无义。"

要重视文化，培养器质，慎始诚终，表里如一。

桓公第二

桓公（前731—前694），名允，隐公弟，在位十八年，为齐侯诸儿、夫人文姜所弑。

元年，春，王正月，公即位（立）。

乱制，无王而行，而笔之以王，君子意也。无正无王，《春秋》大义。

王制，奉天而行，以养万物，表明继之于天，非继之于人。

继弑君不言即位，此其言即位何？

据庄公不言即位。

"继弑"，何继之有？《春秋》者，礼义之大宗也，故"继弑君不言即位"。

隐、桓，代表两个制度。隐公，成公意，一、本身要成公意；二、成公天下之意。桓公，完全讲乱制，无王而行，臣弑其君，子弑其父。

如其意也。

弑君欲即位，故如其意，以著其恶。

"如其意"，正为彰其恶，况乱制，本身愿即位，君子使之如其意。"著其恶"，桓志欲立，故书即位，言其弑兄也。捅坏主意者，叫其如意，同时必著其恶。

《繁露·玉英》曰："隐不言正，桓不言王，皆从其志，以见其事也。"《公羊传》中之不见明文，而见诸董、何书者，不胜枚举，其时去古未远，师说未替，绝非后学以臆说经者比。

关公读《春秋》，深明大义，贵在行事上表现。

大国与小国气势绝对不同。如其意，也必著其恶。没有民族气节，不亡也亡了，苟延残喘，"礼义廉"，不知耻也。

传学必要有责任感，民族精神最重要。清如无吴三桂，想做中国皇帝也办不到。吴为了陈圆圆，请清兵入关，助其消灭敌人。

时间问题，必应验，强调"一个中国"，达到统一必经的手段。

直而不显，讳而不盈。

"直而不显"，以直报怨，对其不必客气。要彰其恶，必直而不显，使其达不到目的，但也不能完全公之于世。不能帮助坏人，但也绝没资格揭露人之恶。"讳而不盈"，讳，但不能完全避讳。

"郑国以璧假许田"，坏事，"以……假"，讳也，但不圆满讳之，乃曰"假"。讳，但必使人知道，将其失德处说出。无论任何理由，绝不能把国土送人，读《春秋》贵明大义。

"直而不显，讳而不盈"，真中国文化！"君子而时中"（《中庸》），能恰到好处。

桓本贵当立，所以为篡者，隐权立，桓北面君事隐也。

"贵"，有时是真正的贵，说此人很有德；有时则是比较的贵。分根本论与比较级论。

母以子贵，子以母贵。大太太所生为世子，既已得正名，没贵不贵说法，社会即如此。

隐立为君，乃权变，隐为桓立。《春秋》为明伦之书。隐代桓立，虽云摄位，桓亦北面而臣，故加之"篡"，以张法。

即者，就也。先谒宗庙，明继祖（继之于人）也。还之朝，正君臣之位也。事毕而反凶服焉。

"即位"，就位。桓本身愿即位，君子使之"如其意"。

继体之君，继之以德；继位之君，弑君也即位。继体之君，即使是弟弟，也必服三年丧。事毕反丧服，所谓"先君以正终，后君以正始"也。

《春秋》者，禁于未然，礼义之大宗，最要即正名分。孔子说"必也正名乎"（《论语·子路》），即《春秋》之义。《春秋》之义、《春秋》之志，即孔子之义、孔子之志。《春秋》当一王之法，为孔子之政治理想。孔子为素王，有王之德，无王之位，空王也。有王之德，才能制礼作乐。《春秋》代表孔子的理想与抱负。

"王制"与"乱制"相对。王制,"大道之行也,天下为公,选贤举能";乱制,家天下,父死子继,兄终弟及。《左传》乃真正历史,与《公羊传》含义根本不能相比。

将旧解释留一套,否则将断了。但找不到保存录音带的好方法。你们当多接触,听完才知自己责任之所在。

《当代》办得不错,但太高深了,不看三遍看不懂,现年轻人能有此禅功?现在这些人和五四那辈相比,连孙子都不够格。五四时,年轻人看到那些杂志必沸腾,才能形成力量。现在笔力特别不够,费了很多力量,但不能生效,文章不生动。是中国人,必须将本身文化吸收,但对于外来文化也应真懂,看到底哪一思想能够应世。有志趣,必要下功夫。

孔子山东土老头,但没人干过他,真有实学!我不照镜子,一点也不感到老,有股热劲,天天忙也不打瞌睡。你们当好好努力,不要天天扯自己。老师不饱满,还要办书院。一分耕耘,一分收获,每天半个小时,成就都不得了!中华民族才配做大同思想的梦,也有实现的一天。

三月,公会郑伯于垂。

桓公会皆"月"者,危之也。

《春秋》之例。

桓弑贤君,篡慈兄,专易朝宿之邑,无王而行,无仁义之心,与人交接,则有危也,故为臣子忧之。

借事明义,处处显桓之恶,不能净以诈骗行事。

"不致"之者，为下"去王"，适足以起"无王"。未足以见"无王"罪之深浅，故复夺臣子辞，成诛文也。

视三年"去王"，仅足起"无王"者，无王（文德之王）而行，其恶尤著，明君臣皆当诛也。天下不能"无王"，故君子笔之以"王"。

"致"者，为臣子喜其君脱危而至之辞。此"不致"者，桓之臣，皆隐之臣也。桓公弑君而立，鲁之臣子不能讨贼，反颜事仇，故于此绝之，若曰"无臣子"，成诛文也。因桓责鲁臣皆当绝，则桓之罪深矣。言诛笔伐。

此《春秋》之例。

《春秋》借事明义，不同于历史。《公羊传》重义。

郑伯以璧假许田。

"许田"，鲁国在王畿郊外的朝宿之邑，邻近郑国。郑伯请以泰山之"祊"交换，郑鲁易地。

其言以璧假之何？

据实假，不当持璧也。

喜事皆用璧。圭代表政令，如今之到任国书。

易（交换）之也。易之，则其言假之何？为恭也。

为恭孙（逊）之辞，使若暂假借之辞。

曷为为恭？

据取邑，不为恭敬辞。

有天子存，则诸侯不得专地（擅自处置封地）**也。**

《穀梁传》曰："非假而曰假，讳易地也。"此云为恭，亦即讳言易地之故。璧犹可言，衸则不可言。

《繁露·王道》曰："《春秋》立义，有天子在，诸侯不得专也。"不可自己做主，将土地割让，自专以处理国事。

"邦畿千里，维民所止。"远郊，京城五百里外。诸侯不可假借专权，把地让人。同样的，一国领袖亦无权命把领土割给外人。

《春秋》者，礼义之大宗也。

许田者何？

地皆不得专，而此独为恭辞，疑非（不）凡（之）邑，故更问之。

鲁朝宿之邑也。诸侯时朝乎天子，天子之郊，诸侯皆有朝宿之邑焉。

"时朝"者，顺四时而朝也。缘臣子之心，莫不欲朝，朝莫（暮）夕。

《白虎通·爵》曰："王者，父天母地，为天之子也。故《援神契》曰：'天覆地载谓之天子，上法斗极。'《钩命决》曰：'天子，爵称也。'"

《援神契》《钩命决》均为汉时《孝经》纬书，又称《孝经援神契》《教经钩命决》。清赵在翰云："孝道之至，行乎阴阳；通乎神明，天人合契；援引众义，阐发微旨，故名《援神契》。""孝通天地，以立性情；钩稽天命，以崇人伦；撮其微旨，故以诀名，所以叫《钩命决》。"

能大一统者，曰"天子"。《春秋》，天子之事也。《春秋》讲大一统、大居正。

王者与诸侯别治，势不得自专朝。故即位比年，使大夫小聘；三年，使上卿大聘；四年，又使大夫小聘；五年，一朝。

王者亦贵得天下之欢心，以事其先王，因助祭以述其职。故分四方诸侯为五部，部有四辈，辈主一时。《孝经》曰"四海之内，各以其职来助祭"，《尚书》曰"群后四朝，敷奏以言，明试以功，车服以庸"是也。

孔子骂季氏无耻，《论语·八佾》云："三家者以《雍》彻。子曰：'"相维辟公，天子穆穆"（《诗经·周颂·雍》），奚取于三家之堂？'""相维辟公，天子穆穆"，义同《孝经·圣治章》："四海之内，各以其职来祭。"《孝经》与《论语》皆相通。

"敷奏以言"，"奏"，自下言之，令其陈言而纳之。"明试以功"，"试"，用也，明试以国事之功。"车服以庸"，昔赏有功者，以车或官服。

"宿"者，先诫之辞。

"宿"，止，先，久也。

古者天子邦畿千里，远郊五百里。诸侯至远郊，不敢便入，必先告至，犹如他国至竟而假涂也，皆所以防未然，谨事上之敬也。

王者以诸侯远来朝，亦加殷勤之礼以接之。为告至之，须当有所住止，故赐邑于远郊。其实天子地，诸侯不得专也。

桓公无尊事天子之心，专以朝宿之邑与郑，背叛当诛，故深讳，使若暂假借之者。不举假为重，复举上会者，方讳言许田。不举会，无以起从鲁假之也。

此鲁朝宿之邑也，则曷为谓之许田？讳取周田也。讳取周田，则曷为谓之许田？系之许也。

《繁露·王道》谓"鲁易地，讳易言假"，"观乎许田，知诸侯不得专封"。

曷为系之许？近许也。

做事后，系以别处。

清朝逊位后，没有将中国文化保存起来，当时无战争，但当时无一若萧何者，许多东西被接收委员会卖掉了。

李石曾（1881—1973，1924 年故宫博物院清室善后委员会委员长）与孙中山同一行辈，李父为同治帝师李鸿藻（1820—1897，同治、光绪二帝太傅，同治帝启蒙老师）。

同治帝殡天之际，将李鸿藻叫来，要其草遗诏，嘱咐不能再立幼君；西太后的耳目得知，找李去，李无逊国之心，将遗诏给了西太后，遗诏乃没了。李出卖其弟子同治帝。

李鸿藻家有一立匾——"三朝元老"。李自成进北京，逼崇祯帝（1611—1644）上吊；吴三桂为了陈圆圆借清兵，要杀李自成，造成多尔衮（1612—1650）入京。李祖在明为元老，闯王进京，李祖领群臣降李自成；多尔衮入关后又降清，故乾隆帝开玩笑，送李家"三朝元老"之立匾。

国民党认为以李石曾家与清朝关系，接收故宫必不成问题。李宗侗（1895—1974，*李鸿藻之孙，李石曾之侄*）在台还卖宫里皮袍。

此邑也，其称田何？田多邑少称田，邑多田少称邑。

分别之者，古有分土无分民，明当察民多少，课功德。

中国古时无限制居住自由，可择主而事。是主，就有德之义。

人民有迁徙的自由、择主的自由。以百姓有多少，考课诸侯之德。"课"，由上面决定好坏。上课，课图，即有主权者评好坏。

中国古时是自由的，以西方观点分中国史，用奴隶制套之，实不合。中国旧时无阶级观念，官位代表德，有德者居之。天子必有天子之德。

自中国观点讲中国学问，不要以西方思想讲中国东西。孟子会将中国东西归在一起，说"闻诛一夫纣矣，未闻弑君也"（《孟子·梁惠王下》）。

中国不讲阶级，讲辈，齐家，一辈一齐，一个待遇，非全家一样。

王阳明讲学东西皆无干货，现更不能谈，这一代人怎有如此高超的笔法？天资不同可，但努力当同，"子孙虽愚，经书不可不读"。

桓公第二

263

会背经书，还要明白其意义，才用得上。智慧无新旧，中国术太多，连老太太都懂得办事。

孩子哭，睡不着，就读书！小孩会背《千字文》了，就可为他讲解诗词。"熟读唐诗三百首，不会作诗也会吟"，背熟就能作诗词，不如法没有关系，慢慢调整，日久即成形。

汉诗不重押韵，愈后愈重平仄。女孩心细，可学韵文，诗词歌赋当下功夫。韵文很能表现情感，古文就不行，桐城文淡如水，比《文选》差多了。注释文字又是一派，不能称其为文。朱子注《四书》，文笔有些地方很美。

每天背一两首诗，背上千首了，拿出即可观。人就怕会利用时间，成就乃辉煌。昔女子琢磨文字，拿出即惊人。今天夫妇谈什么？没得看。今天有些所谓的作家，在我看来是"作孽"！不是今天绝对没有，在台湾绝对是少数。台大有一张老师，曾文正小女的孙子，其行动为一饱学之士，屋内挂曾文正女儿写的颜体字，多少有点修养，可见确有家学。

人最要在改变器质，绝不能傲，有良知者都把自己放到零度以下。"谦者，德之基也。"（《易经·系辞下传》）如读多少书仍是一样，就等于没读。守不住，绝无慧。本不立，绝对不行，本立才能有慧，戒、定、慧。什么不正常，都得"戒"。

坐不住，还能写文章？现是"抄文章"。今人病在浮躁，即缺"定"的功夫。出去到哪儿参观，回来后必反问自己："得到什么？"不在看热闹，观摩后，检讨所得，"无入而不自得"，绝不白走一趟。人生几十年，得到什么？做什么？无"入"而不自得，"入世"也是入，自己得到什么？上学曰"入学"，得到什么？每字，真了解意思后，即有所得。有出，就有入。

得，必有术、手段，即"无所不用其极"，要用最高的手段与智慧。得，还要看得什么？钱多，只会重钱与女人有何用？有钱买女人，得到以后？商女不知亡国恨，只要有楼地方就……还《知勉录》？

今人什么都有，最缺的就是德，早晚必走回头。

讳，"讳而不盈"，不完全避讳。"直而不显"，"吾党之直者异乎是，子为父隐，父为子隐，直在其中矣"（《论语·子路》）。

小圣人也走了（孔德成长子孔维益，1939—1989），剩下小小圣人（孔垂长），孔老师之忧。衍圣公大儿子可以免试入文史哲大学，小圣人"政大"中文系毕业，在艺专教书。

"圣裔和番"，孔老师女儿（孔维鄂）嫁美国大兵（詹姆士·康格尔），擦皮鞋的。圣人真是哭笑不得！说："女婿会读中国诗了。"很高兴。

将来圣裔会有问题。孔老师太太孙琪方乃孙家鼐（1827—1909，晚清状元，光绪帝师）孙女，尚可负起家教，教小圣人。屈万里（1907—1979）为衍圣公府职员，李炳南（1891—1986）为秘书。小圣人的太太（于日洁）能否教小小圣人，已成问题。

昔世袭罔替必嫡子嫡孙。孔德成在1920年2月出生，是孔家遗腹子（1919年11月，孔令贻卒于北京太仆寺街衍圣公府），奉当时北洋政府之命，密宗大师做证，当时孔家争得不得了，唯恐被调包了，百日即袭封三十二代衍圣公。

衍圣公分南、北二宗，真正嫡子嫡孙为南宗，宋室南渡随之南迁到浙江，元朝时立北宗，明朝时打官司，三百年未决，至康熙时乃分为南、北二宗，但北宗在曲阜占便宜。南宗现亦在台，子孙曾为文，但已不争了。孔门之后有修养，故只发表一次文章。孔德成应快快回山东，此为统系问题。

1918 年，我在北京皈依，由班禅主持，住雍和宫。

《春秋》多所况，以人事有所指。

清自三藩之乱后，不再封地，满洲（含东北三省及内蒙古东部地区）分给八大王，王皆在北京，出京百里就必上折，不奉命不能出京。在北京有爵位者，朔、望必上朝，苦。上奏回家祭祖，则可以回满洲。清亡后，很多回满洲，民初还收税。

不要净用西方观点看中国东西。中国"择主而事"，自由，如鸟择枝而栖，《论语·子路》所谓"四方之民襁负其子而至"，无分民，有分土。

台湾无一传熊十力之学者。当年，我要广文书局印熊十力《读经示要》，答说："不能赚钱，谁印？"

殷海光（1919—1969）是好人，嘴大但胆小。他一进我门，就称其名。他说：一生就拜访两人，"一熊一您"。说借两个钟头，后来谈到下午五时，两人就此订交。但殷总感苦，五十多即过世。任何事，我皆牵连上。不必怕事，但不要找事，不要自己制造是非。

回当年住处，当年派出所的残迹犹存，但是现在房子都要倒了，"四十年前在这儿住，现写回忆录要写上"。北投车站也照了。来台之初，我全台山地走一遍，妙事极多。山地第一所学校是我办的，第一期学生就有杨传广，1947 年到 1948 年的事。我在苗栗买的地，那些人可以到此盖房，现都已经五十几了。

年轻必要练一套，身体才会强健。人就要胆大，胆小不得将军做。我说干就干。中国人是"前人种树，后人乘凉"。年轻人不要在屋里想，而一点事也不能做。

没比儿女情长再苦的，没用！连猪、狗、蚊子都懂爱情，还有什么神圣可言，何必想不开？天天不想人事，净想苍蝇、蚊子的事，岂不师其故技？人低，看谁都低。游戏人生，天天得动，且要"恒"之。

现中国最需肯干的人，能给人类带来幸福。全世界五个中就有我们一个，如不争气，就会给人类带来灾难。中国人当自强，不能再自私，否则苍蝇有所不足。人事，乃万物不能做的事。人就怕真明白，什么都是零！重视实际事，能使别人快乐就是贡献。

"万物皆备于我"，我就是万物主。必从我们自身做起，必重视卑、迩，人的精神与责任。人为万物之灵，猫、狗、猪也追求美食，人吃美食也同狗之挑美食，也是物欲。蚊子也有表情，天天所争无非兽欲，岂是人事？人生就几十年，一转眼即过，做人事，愈做愈愉快。小鸡也竞相追逐、嬉戏。

要升华自己的境界，然后不能为物欲所苦，过精神生活，该怎么做就怎么做。看看蚂蚁犹知有明天，平日即知储备食物，人能不如蚁乎？今天有多少人连蚂蚁都不如。

先悟"物"，体会"人何以为万物之灵"？知"属灵的人"，大家都奋起，就有成就。

夏，四月，丁未，公及郑伯盟于越。

盟例日，恶不信也。

"越"，近垂，地名。

《穀梁传》云："及者，内为志焉尔。"与此《传》例"及"，为我欲之同义。

《何氏释例·朝聘会盟例第十五》释曰："鲁桓与郑会垂、盟越，而叛王之事巫矣；会稷，而宋乱遂成，盟平丘而楚乱遂成矣。"

秋，大水。

何以书？记灾也。

"灾"，伤二谷以上，书灾也。《经》曰"秋，大水，无麦苗"，《传》曰"待无麦，然后书无苗"是也。

伤至二谷以上，故直言"大水"也。至麦苗独书（写）者，民食最重。

先是桓篡隐，百姓痛伤，悲哀之心既蓄积，而复专易朝宿之邑，阴逆而与怨气并之所致。

"阴逆"者，专易朝宿之邑；"怨气"者，百姓痛伤悲哀之心是也。

冬，十月。

《穀梁传》曰："无事焉，何以书？不遗时（四时）也。"
按《公羊》已发例于隐公六年"秋，七月"，《传》曰"《春秋》虽无事，首时过则书""《春秋》编年，四时具，而后为年"。后面不再重复。

二年，春，王正月，戊申，宋督（宋大夫，名督）**弑其**

君与夷（宋殇公，名与扶），**及其大夫孔父**（宋大夫，字父）。

此讨大夫。

《春秋公羊传·隐公三年》"癸未，葬宋缪公"，《传》曰："庄公冯弑与夷。"何注："冯与督共弑殇公在桓二年。"

"督"，未受命自封的大夫，故国氏之。

及者何？

以公、夫人言"及"，仲子微，不得及君。上下大夫言及，知君尊，亦不得及臣，故问之。

"公及夫人"，夫妇一体。此"及"字，不可用于妾，不得与君享同一之礼。礼上，微者不可称"及"。

旧社会，夫人地位极尊，二门之内由其做主，来客还必演戏，此为礼，非阶级。《春秋》者，礼义之大宗也。礼义坠落至今，是人的生活？以前人生活多艺术，什么都有一套，一切皆循规蹈矩，哪有工夫吵架！礼，有一定距离，各守其分。昔日老的有人的尊严，因有悠久文化，皆有层次，活的艺术。

累也。

"累"，累（受连累）从君而死，齐人语也。

受连累而死。

弑君多矣，舍此无累者乎？曰："有，仇牧、荀息皆累也。"

《春秋·庄公十二年》"秋，八月，甲午，宋万弑其君接，及其大夫仇牧"；《僖公十年》"春……晋里克弑其君卓子，及其大夫荀息"。

舍仇牧、荀息，无累者乎？曰："有。"有，则此何以书？贤也。何贤乎孔父？

据叔仲惠伯不贤。

叔仲惠伯，傅子赤。公子遂知其不可与谋，退而杀之，弑子赤，立宣公。因其非卫君而死，《春秋》不贤之，是以不书。

《春秋》贤者不名。明书"及"者，《春秋》特笔，亦《春秋》通例。

孔父可谓义形于色矣。

以称字，见（由此才知）先君死。

贤者不名，君称其字。孔父称"字"，贤臣死在君前，故称字。昔日称"字"，如同后来的"谥法"。古今，一也。

"义形于色"，即表里如一。合乎道的行为，义必形于色，在形色上表现出，让别人能看出。

其义形于色奈何？督将弑殇公（与夷），孔父生而（能）存，则殇公不可得而弑也，故于是先攻孔父之家。

大夫称"家"。父者，"字"也。礼，臣死，君字之。以君得字之，知先攻孔父之家。

要除一人，必先除其保镖。"字之"，有功于国而谥之。

左文襄、张文襄，因得罪人故谥"襄"。曾纪泽，袭侯，没考进士，故谥"惠敏"。罗振玉，恭敏；郑孝胥，襄勤。解元，为举人第一名。真的历史，不知哪朝才有。

"在邦必达，在家必达"（《论语·颜渊》），"家"，昔称张家、李家，今称"公馆"，岂不成窑子？大夫才称家；国，君之国。故称"国家"。

殇公知孔父死，己必死，趋 (走) 而救之，皆死焉。

《传》道此者，明殇公知孔父贤而不能用，故致此祸。

微义在此，明皆安存时不用，急则思之，无及也。

明知是人才不用，因人才说得多，见地高，有智慧。当官的多半喜人说"是"。

私心一起，告诉自己：早晚把事弄垮。人难免有私心，但读书明理，至少私心可少些。得自己治自己的病。

《大学》云："见贤而不能举，举而不能先，命也。""举"，用也；"先"，近也。《说苑·尊贤》曰："得贤者则安昌，失之者则危亡，自古及今，未有不然者也。"又曰："夫智不足以见贤，无可奈何矣，若智慧见之，而强不能决，犹豫不用，而大者死亡，小者乱倾，此甚可悲哀也。"

设使殇公不知孔父贤，焉知孔父死，己必死？设使鲁庄公不知季子贤，焉知以病召之？皆患安存之时，则轻废之；急，然后思之。故常用不免 (免弑)。

明皆安存时不用，急然后思之，则思之无及也。《繁露·精华》曰："吾按《春秋》而观成败，乃切悁悁（忧貌）于前世之兴亡也。任贤臣者，国家之兴也。夫知（智）不足以知贤，无可奈何矣。知之不能任，大者以死亡，小者以乱危，其若是何邪……以殇公为不知孔父贤邪？安（怎）知孔父死，己必死，趋而救之……宋殇素（平日）任孔父，尚将兴邻国，岂直（只）免弑哉？此吾所悁悁而悲者也。"

多难才思起用贤良，故常用不免于杀身亡国。为君者、掌政者平日不知用贤，危险！有德者有所守，有所为时能守死善道，终其业而不见异思迁。许多人光有崇高地位，但不贤。贤者在位，能者在职，大小事皆必用贤。

孔父正色而立于朝，则人莫敢过而致难于其君者，孔父可谓义形于色矣。

内有其义，而外形见于颜色。

"内有其义"，见义勇为；"义形于色"，孔父自我牺牲，而招来杀身之祸，此古人之正义。

孔子曰"君子正其（己）衣冠，尊其瞻视，俨然人望而畏之"是也。

"正其衣冠"，一切生活习惯都得合理，乃尊重自己，不使人看到难受。是大学生，人一看你像个大学生，即"正衣冠"，穿衣戴帽必与自己身份相称。"出门如见大宾"（《论语·颜渊》），现分不出男女，女孩穿得像孕妇。

"俨然"，有定静的功夫。"君子正其衣冠，尊其瞻视，俨然人望而畏之，斯不亦威而不猛乎？"（《论语·尧曰》）

重道义形于色者，君子乐道人之善。

"乐道人之善"（《论语·季氏》），能"和而不流"（《中庸》），达到群德。一个人的正义，非表现在和人不合作，孤高自赏，不虚心接受。古人之正义：和而不流。"举直错诸枉，能使枉者直"，得有高的修养，方不致招祸。

言"及"者，使上及其君，若附大国以名通，明当封为附庸，不绝其祀，所以重社稷之臣也。

《春秋》新义，《春秋》之义，大夫不得世，故当为附庸也。孔父、仇牧、荀息，社稷所系，当不绝祀，与附庸等。

督不氏者，起冯当国。不举冯弑为重者，缪公废子而反国，得正，故为之讳也。

《春秋经》不书"庄公冯弑"，亦以有避也。《繁露·玉英》曰："让者《春秋》之所善。"《春秋》之义，善无遗也。曰："若直书其篡，则宣缪之高灭，而善之无所见矣。"又曰："其为善不法不可取，亦不可弃"，"故不弃亦不载，以意见之而已"。《论语·里仁》曰："苟志于仁矣，无恶也。"

不得为让者，死乃反之，非所以全其让意也。

留恋之欲，让得太慢，无法"全其让意"。既得之，不愿失之，真不懂时、势，该让就让，则成尧、舜以来第一人，否则成历史罪人。人活着，非求当时之荣辱，历史的裁判才是最重要的。生死安足论？

有人看明白了，但动手时又怯了，应下野，却舍不得。人有成就有败，光荣地失败，处理失败处理得成功也是成功，在其他事追求成功。用任何方式掩人耳目，皆愚妄行为，没人能和时间赛跑。要有担当失败的勇气，在别的事上会有建树。

第二次世界大战的局面，乃前所未有，给后人莫大启示，全世界英雄人物斗智。

神，乃有遗爱在民者。保生大帝，古之功臣，后人祭祀之。

中国闽南、潮汕、台湾地区及东南亚华人所信奉的医神，俗称"大道公"。乡人私谥为"医灵真人"，供奉为地方神祇。

供前朝的功臣，此即"神道教"，为神其道而设教。

滕子来朝。

《通义》云："朝桓公，不足褒，故还从本爵尔。"

三月，公会齐侯、陈侯、郑伯于稷，以成宋乱。

内大恶讳，此其目言之何？

"目"，见也。斥见其恶，言"成宋乱"。

远也。所见异辞，所闻异辞，所传闻异辞。

《春秋》三世异辞，诚三辞，《易经·乾·文言》曰："修辞立其诚。"

所以复发《传》者，益师以臣见恩。此以君见恩，嫌义异也。

所见之世，臣子恩其君父尤厚，故多微辞（不明说）是也。所闻之世，恩王父少杀，故立炀宫不日，武宫日是也。所传闻之世，恩高祖、曾祖又少杀，故子赤卒不日，子般卒日是也。

隐亦远矣，曷为为隐讳？

据观鱼，讳。

讳"观鱼"，实"讥"张鱼，而言"观"。在高位，不能与民争利。耻隐公去南面之位，下与百姓争利，匹夫无异，故讳，若使以远观为讥者是也。

隐贤而桓贱也。

宋公冯与督，共弑君而立。诸侯会于稷，欲共诛之，受赂便还，令宋乱遂成。

"以成宋乱"，"以"者何？从其意也。

桓公本亦弑隐而立，君子疾（疾，衍文）同类相养，小人同恶相长（臭味相投），故贱不为讳也。

《春秋》虽不为桓讳，然犹书"以"，若随人者，然则犹为亲尊讳之旨也。然《春秋》虽为亲尊讳，亦不没其实。

古者，诸侯五国为属，属有长；二属为连，连有帅；三连为卒，卒有正；七卒为州，州有伯也。州中有为无道者，则长、帅、卒正、伯当征之。不征，则与同恶。

只要有一人无道，是有责任的皆得正之。何注把儒家精神说出很多。

"以成宋乱"，则不仅不征之，且为同恶矣。假貌为善者，即姑息养奸，不尽其责。

当《春秋》时，天下散乱，保伍坏败，虽不诛（诛不胜诛），不为成乱。今责其成乱者，疾其受赂也。

鲁桓不能戮宋督，既不能戮又取赂，而复立之。乱臣贼子，人人得而诛之。

加"以"者，辟（避）直成乱也。

"以"者，内为志焉尔。意在言外，"其义则丘窃取之"。
"避直成乱"，对无道者，不逼之太甚。

儒家思想设想得特别缜密，不易有漏洞。后有"挂羊头卖狗肉者"毁之。中国思想早就树立得完完整整，反而以资本主义等破坏之，"上下交争利，而国危矣"（《孟子·梁惠王上》）。

何以要学外国的博士服？中国服制特别完整，为何不重视自己的文化价值？从言辞上都必须纠正，细心正视问题。日常生活必须中国化，有自己的本色。

夏，四月，取郜大鼎于宋。

此取之宋，其谓之郜鼎何？

正名"郜鼎"，不是宋的大鼎，是得之郜，故从其本主之名名鼎。

据"莒人伐杞，取牟娄（杞之地）"（隐公四年），后"莒牟夷以牟娄来奔"（昭公五年），不系杞也。

"莒人伐杞"，取得杞地牟娄，不系杞名，地从后属主人。

器从名。

从本主名，名之。

按本主之名，即以做鼎之主人，名之。器必从本主名，以识别之。

中国艺术品到处流浪，但仍冠以主名。

地从主人。

从后所属主人。

自己土地，别国虽占，但不易搬走，非永归那地方，有力量就可以拿回。实力能与之平，就能要回。

器何以从名？地何以从主人？

据错。

旧疏云："二理相违（不同），故谓之错。"

器之与（给）人，非有即尔（非即有尔）。

"即"，就也。若曰"取彼器与此人异国物"。凡人取异国物，非就有。取之者，皆持以归为有。为后不可分明，故正其本名。

言器与人，不相连着，今日为此人之器，明日可为彼人之器。地有常处，虽数易主，而不可迁移。故器必从其本名，以识别之也。《繁露·玉英》曰："器从名、地从主人之谓，制权之端焉，不可不察也。"

宋始以不义取之，故谓之郜鼎。

宋始以不义取之，不应得，故正之，谓之"郜鼎"。如以义应得，当言"取宋大鼎"。

"不义"者，《传》恶宋灭郜，而取其鼎，聊广言之耳。其实就令以义取之，器固当从本主名。

郜本所以有大鼎者，周家以世孝，天瑞之鼎以助享祭。诸侯有世孝者，天子亦作鼎以赐之。

鼎上刻有铭文，赐予者记赐之因。

礼，祭，天子九鼎，诸侯七，卿大夫五，元士三也。

人无生而贵者，天子之子曰"元士"。"士"，公务员最低位。百姓祭祖，饭三盂。

至乎地之与人，则不然。

凡取地，皆就有之，与器异也。

地有常处，虽数易其主，终可识别也。

俄而可以为其有矣。

"俄"者，谓须臾之间，制得之顷也。诸侯土地，各有封疆里数，今日取之，然后王者起，兴灭国，继绝世，反（返还）取邑。不嫌（担心）不明，故卒可使以为其有，不复追录系本主。

"仁者无敌"，不得所应得的，对小国有"兴灭继绝"的责任。"反取邑"，拿回所应得的，终可为本国所有，无须追系本国名。把别国占领地收回，而非再占领他们的。

然则为取，可以为其有乎？

为取，恣意（从心所欲地拿）辞也。弟子未解，故云尔。

曰：否（不也）。何者？

何者，将设事类之辞。

若楚王之妻（动词）媦（妹妹），无时焉可也。

引此为喻者，明其终不可名有也。

以楚王以妹为妻作比喻，明不论何时都是办不到的。

《经》不正者，从可知省文也。

《经》不正者，《春秋》通例。

戊申，纳于大（同"太"）庙。

何以书？讥。何讥尔？遂（成也）乱受赂，纳于大庙，非礼也。

纳者，入辞也。

《穀梁传》曰："桓内弑其君，外成人之乱，受赂而退，以事其祖，非礼也。"

周公称太庙（貌），所以必有庙者，缘生时有宫室也。孝子三年丧毕，思念其亲，故为之立宗（尊）庙，以鬼享之。庙之为言貌也，思想仪貌（行住坐卧）而事之。

"宗"者，尊也；"庙"者，貌也。象先祖之尊貌也。
"立宗庙"，缘生以事死，《中庸》"事死如事生，事亡如事存"。

故曰齐（斋）之日，思其居处，思其笑语，思其志意，思其所乐（喜欢），思其所嗜。祭之日，入室，僾然（仿佛）必有见（现）乎其位；周旋出入，肃然必有闻乎其容声；出户而听，慨然必有闻乎其叹息之声，孝子之至（敬）也。

孝子继志述事。心中有父母在，"佛在家中坐，何必远烧香"？

质家右宗庙，上亲亲；文家右社稷，尚尊尊。

质家亲亲，文家尊尊。《春秋》改周文，从殷质。

秋，七月，纪侯来朝。

称"侯"者，天子将娶于纪，与之奉宗庙，传之无穷，重莫大焉，故封之百里。

昔天子必娶大国，有爵位的。
结婚目的："与之奉宗庙，传之无穷，重莫大焉"，《孝经·圣治》云："父母生之，续莫大焉。"娶妻以德不以貌，皇后"母仪天下"。

皇家先娶东西宫，再娶皇后。东西宫不自正门进。"我是从大清门抬进宫的皇后"，一句话得罪人，同治帝后（"蒙古状元"崇绮之女阿鲁特氏）被西太后害死。权势中无亲情。

"月"者，明当尊而不臣，所以广孝敬。

朝例时。以其尊而不臣，故书"月"，令与朝异。

《繁露·王道》曰"天子不臣母后之党"。妻者，与己一体，日升月恒，恭承宗庙。

当天子，不臣老师与岳父，皇帝对岳父恭敬，太傅与皇帝东西坐，不南北坐，故称"西席"，平等。

盖以为天子得娶庶人女，以其得专封也。

孔子《春秋》之义，天子得娶庶人女。

旧社会，平民不得面君，必有一定品级，天子得"专封"妻之父母。昔皇帝岳父封承恩公，但依礼仍不得干政。事实上第二代就干政了。

"妻者，齐也"，与夫地位平等，共同奉宗庙，传之无穷。一部《孝经》，即"续莫大焉"四字，亦即重视子嗣，旧社会"妻尊"在此。昔日视结婚特别神圣，不可以离婚，除非犯七出之条。姨太太生的儿子归大太太养，小孩与之亲近，甚于自己亲生母亲。

《中庸》可以"贵德贱货"四字概之。

何以"货"如此吸引人？陶器，根本是泥土做的。"临财

桓公第二

281

"毋苟得"不易，能守太难！你们净是名嘴，在于能不能守。必要有守。属灵的，既是万物之灵，何不做属灵的事？"临财毋苟得"的有几人？碰到好东西无不动心！

《春秋》讲义与例。此章之义例：一、天子可以娶庶人女，无阶级观。二、朝例时。天子岳父尊而不臣，故书月，令与朝异。

清朝限制种族，不娶汉女，可以娶同族平民女。

天道尚公，唯有德者居之。天子"继天之志，述天之事"，故可行天子之礼。

蔡侯、郑伯会于邓（小国，逼楚境）。

离不言会，此其言会何？

据"齐侯、郑伯如纪"。

《春秋公羊传·桓公五年》"夏，齐侯、郑伯如纪"，何注："时纪不与会，故略言如也。"

二国会曰"离"，二人议各是其所是，非其所非，所道不同，不能决事，定是非，立善恶，不足采取，故谓之"离会"。

二谓之"离"，三谓之"参"。"离"，丽也，偶也。
何注："凡书会者，恶其虚内务而恃外好。"是《春秋》于会无美辞。二国会，是非不决，美恶不立，尤无足取。在所传闻世不及责，故但书内离会，以正己也。

盖邓与会尔。

时因邓都，得与邓会。

《通义》云："凡盟会以国地者，皆主人与会。"

自三国以上言"会"者，重其少从多也，能决事，定是非，立善恶。《尚书》曰"三人议，则从二人之言"，盖取诸此。

三国以上必有主者，首其荣辱，则是非善恶可定，《繁露·王道》曰："诸侯会同，贤为主，贤贤也。"其不贤为主，为恶恶审矣。

《尚书·洪范》曰："三人占，则从二人之言。"三人才能决事定是非。

中国东西重在经义。依经解经，讲微言大义，重义理。

强调民族思想，不同于西方，中国东西必受西方肯定？胡扯！

九月，入杞。

《穀梁传》曰："我入之也。"

《通义》云："不出主名者，是内将卑师少例也。不言我者，《春秋》录内事从省可知。"

《春秋公羊传·隐公二年》何注："保伍连帅本有用兵征伐之道，鲁'入杞'不讳是也。入例时，伤害多则月。"

公及戎盟于唐。

不日者，戎怨隐不反（返、还）桓国，善（动词，嘉许）桓能自复（复位），翕然（与桓一致）相亲信。

复位、复职、复行视事。

朝聘会盟例皆时；君大夫盟例日，恶不信也。此月者，于桓为小信辞。信之深，恶之严矣。

此为《春秋》之义例。义例必记住，否则难懂。《春秋》无达例，有时称隐，有时道出真事。

今天名嘴下乡，夫子没去。读书人不值钱在此。

上课当程度相同，否则老中少三代一起就难上，《公羊》讲不成在此。做事当有原则，不能破坏。

冬，公至自唐（棠，封内地）。

《通义》曰："唐，内地也……《传》曰：'未出其地，故不言会也。'由此推之，致公会例，当亦封内以地致，封外者以会致。"

"致"者，君子（孔子）疾贤者失其所，不肖者（无知者）反以相亲荣，故与隐相违也。

"贤者失其所，不肖者反以相亲荣"，不论哪一时代，只要领导人不正经，皆此结果。

明前隐与戎盟，虽不信，犹可安也。今桓与戎盟，虽信，犹可危也：所以深抑小人也。

此书致者，起其"与隐相违"也。

《中论·修本》曰："世之治也，行善者获福，为恶者得祸；及其乱也，行善者不获福，为恶者不得祸，变数也。"隐贤君被弑（况），桓无信之人，戎反与亲荣，君子疾之，故隐桓相违，隐盟不致，桓盟致是也。《通义》云："桓之盟皆日，桓无信也。"

为君者，不该走不能乱走，应分层负责，几年一巡狩；限制多，乃因影响太大，出去玩可以，不可以管太多。地位高者常出去，无处不走，百姓难免有所求，答应之，则影响人之权势与尊位。

凡致者，臣子喜其君父脱危而至。

此道《春秋》通例。

致君者，殆其往而喜其反。殆，危也。即其臣子喜其君父脱危至也。《何氏释例·致公例第二十二》释曰："致公者，危之也，喜之也。宜致不致，安之也，或贱之也。不宜致而致，幸之也，亦贱之也，或以明不耻也。"

人生有既定的，虽有偶发事件，但非必然的，如人吃饭，难免碰沙子，没什么。

荣之以禄，荣之以爵。有禄，不一定有爵。

同学最缺的是守。年轻做事，必有所不为，也不能考虑到失业问题。做什么都可以，人家不知你所长。官僚以做官为业。当为己之所能为，不能为者告诉别人。说"我来"，鬼扯！应是能教什么，才教什么。"课程没人排，我来"，吓死人！上课，六七位学生到咖啡厅上。当导师的没导，将导师费请吃饭。私校什么费都收，什么都不买。不能做的，绝不能做。

文化学院初创时，初名"东方文化学院"，我很高兴；先办研究所，有导师制，后来却成"导失"了。

有守有为，儒家重行，即做事之术。不能行，即挂零。多少实行些，即有成效，自历代观看。有守才能有为，此为君子之第一步，非开始即能成德。小人，"空心码子"，任谁都可以填！人无所守，则无不为矣。

桓公第二

你们缺功夫，必要自修。应世也必要有几套，必要有功夫，何况传学？传学，是为国家传统负责任。

必练到有为有守，"人之视己，如见其肺肝然"。想有作为，无守绝办不到。"将相本无种，男儿当自强"，在自己去修。在大学混，并不证明你有学问、有贡献。

胡佛，"何方之佛也"？胡适死，"胡适之"？为其所作的挽联。扯了一辈子，死后到哪儿去？可以扯一辈子，最后哪儿是你的归宿？曾文正、孔子，不论时代怎么变，都有其定位。在哪一方面，皆必有一定的贡献。

年轻开始做事，必记住"人之视己，如见其肺肝然"，就不作伪。愈需要人才一代，愈能树立自己。好行小慧、小惠，皆坏。好耍小聪明，好给人小惠。

三年，春，正月，公会齐侯于嬴（齐邑）。

无王者，以见桓公无王而行也。

"桓公无王而行"，专行其事。

本心没有王，但行为无人见之为"无王"。孝道，人见你目中无父母，而自己本身并没无父母。

《繁露·玉英》曰："桓之志无王，故不书王。其志欲立，故书即位。书即位者，言其弑君兄也。不书王者，以言其背天子。是故隐不言正（凌本'正'，苏本'立'），桓不言王者，从其志以见其事也。从贤之志以达其义，从不肖之志以著其恶。由此观之，《春秋》之所善，善也；所不善，亦不善也，不可不两省也。”

二年有王者，见始也。

弑逆之人，党恶相济，故于二年书王，以正其始。

十年有王者，数之终也。

“十年”，十为数之极，复书王以张义。

十八年有王者，桓公之终也。

桓公在位十八年，十八年书王，以正其终。

明终始有王，桓公无之尔。

《何氏释例·公终始例第二十》释曰：“无终始者，无正也。无正，安有国哉！”

不就元年见始者，未无王也。

桓公书“元年，春，王正月，公即位”，《穀梁传》曰：“元年有王，所以治桓也。”桓初即位之时，自知己篡，怀惧畏讨，未敢无王，行为尚尊王合礼，是以《春秋》于正月之际，不得见始，谨始也。

中间没有王，是人之为道，一点也不影响《春秋》之志，天下所归往的新王，文德之王。

读书不难，明理为难，因心所缺的为心之所主。心无主宰，说话就语无伦次。遇事必慎思明辨，才能看清楚。人不要在病态里生存。今人之通病——欲速不达。

一个人的志，不一定及身成功。孔子是周时人，本想及身而成，说"三世必复"；后来知道不行，乃说"九世必复"。志永远不变，但时间难免延长，"由百世之后，等百世之王"（《孟子·公孙丑上》）。

中华民族精神终始都得有王。王，天下所归往。不合乎王，百姓有权命去之。

中国政治思想不单民主，"天听自我民听"，"天明畏自我民明威"，国家百姓真做主就好，那中国的"天民""天德""天爵"思想就不得了。替天行道，《尚书》"天工人其代之"，替天做主，民能代天做主。得其天爵，则人爵随之。人能"与天地参矣"，故曰"三才"，天、地、人，三者皆平等。

将《四书》《五经》时常琢磨，就能了解中国东西。"作之君，作之师"，国家有君，人类有师，乃为配上帝。君必有德，师亦必有德，方能配上帝。"凡学之道，严师为难。师严然后道尊，道尊然后民知敬学"（《礼记·学记》），师严而后道尊，但"严师"难求，能严己身的老师难找。导师与学生谈恋爱，道如何能尊？到底是谁先说"我爱你"？时代之所以乱，乃从这些人开始，而造成风气。人皆好欲，一旦形成风气，大家都跟着走。

大同思想，中国文化产物，看《礼记·礼运》可知："大道之行也，天下为公。选贤与能，讲信修睦。故人不独亲其亲，不独子其子，使老有所终，壮有所用，幼有所长，矜寡孤独废疾者，皆有所养。男有分，女有归。货恶其弃于地也，不必藏于己；力恶其不出于身也，不必为己。是故谋闭而不兴，盗窃乱贼而不作，故外户而不闭，是谓大同。"

二月非周之正月，所以复去之者，明《春秋》之道，亦通于三王，非主假周以为汉制而已。

《春秋》之道，即夫子之道。"亦通于三王"，采长补短，趋时也。

《春秋》是孔子的王朝，"吾其（邑）为东周乎？"不为东周了，另立自己的理想国。

"为汉制者"，皮锡瑞说"在汉言汉，在清言清"，《孟子》称"由百世之后，等百世之王，莫之能违也"。合乎公法者为王者之制，否则为乱制。《春秋》之道，拨乱反正，使之永远有作用，以"王制"（公法）等之。

"非主假周以为汉制而已"，而是为后世制，《春秋公羊传·哀公十四年》《传》曰："制《春秋》之义，以俟后圣。"无圣王，则《春秋》之法永不能行。《春秋》之法，孔子乌托邦的理想。尧、舜是孔子提出的两个理想代表人物。

《左传》是历史，《公羊》绝非历史，指孔子立的法——王制。拨乱反正，正，王道。

办学校，没人讲学，如何办成？"中国文化书院"已非正统中国文化。终有一天，要使大家知"中国思想"是什么，专制不过是旧时中国的点缀品。当为文，以纠正一般人错误的观念。必依经解经，串在一起。

夏，齐侯、卫侯胥命于蒲（卫地）。

胥命者何？相命也。

"胥"，相也。时盟不歃血，但以命相誓。

《礼记·曲礼下》云："约信曰誓，莅牲曰盟。"用言词共相约束以为信，曰"誓"。"莅牲曰盟"，"盟"者，杀牲歃血誓于神。

古人学《春秋》，皆以"胥命"为善也，彼此互相平行的，谁也不支配谁，完全是平等的，一诺千金。

中国遇事，不是用《春秋》，就是用诸子之术。

何言乎相命？

据盟亦相命，不道（不合乎道）也。

近正也。

以不言盟也。

《繁露·竹林》曰："盟不如不盟，然而有所谓善盟。""相命"，则泯然无际。《春秋》善胥命，《诗》戒屡盟，其心一也。

此其为近正奈何？古者不盟，结言而退。

善（动词）其近正，似于古而不相背，故书以拨乱也。

"古"，谓三代时也。"古者不盟"，但以言相缔结，不歃血为盟也。

《繁露·王道》曰："《春秋》记纤芥之失，反之王道。追古贵信，结言而已，不至用牲盟而后成约。故曰'齐侯卫侯胥命于蒲'。《传》曰：'古者不盟，结言而退。'"君子屡盟，乱是用长；相命不盟，可期弭乱，故书而善之，以《春秋》为拨乱之书故也，表之以张义而已。

《春秋》为空王之法，不要想今天有没有用，而是当智慧用。

以"时"为上，以"智"为上。

借钱，写借据，不还有何用？如有信，即结言而退。拨乱的不二法门：孚，即信也。

要点抓住，必要深入。《大易》与《春秋》很重要，但也必配其余三经（《诗》《书》《礼》），孔子曰"吾道一以贯之"，只有层次之深浅。

孟子深通《五经》，《春秋》受人重视自孟子来。《论语》并无提及《春秋》。孟子说"愿学孔子"。通《五经》，必同孟子的通法，要融会贯通。

"拨乱反正"，近正，都能拨乱，可见"正"的重要。何以近正？近于诚信，有孚，天下就不乱。中国反对盟，盟必写东西，结言则近正而信。讲出深意，懂才能活用。

我有工夫必好好整理《尚书》，是中国最早的一部政书。文史哲专业，正业在治国平天下；无能力、智慧走政治则治学，但必身体力行过，否则难以深入。《通鉴辑览》的御批重要。虽有想法，但与事实可能不通，事是变的，"通变之谓事"（易经·系辞上传）。

要多看书，多翻字典，不要净是闲着。多看词典，可以了解很多事，增进知识。「观」，读 guàn，观天下，有象以示人，人类的模范；读 guān，仰观，自下观上，见贤思齐。太上老君，宫观，道观。佛寺，太常寺（掌宗庙礼仪），寺庙。

"正"，就是性命。"在天曰命，在人曰性"，故曰"天命之谓性"。"各正性命，保合太和，乃利贞"（《易经·乾卦》），保合以养性，太和以培命。"太和"，元，仁也。拨乱反正，用什么？

熊十力曰："万行本乎仁，立乎强，归乎中和。"（《读经示要·卷三》)人的成功,是靠"中和"功夫,"致中和,天地位焉,万物育焉,与天地参矣"(《中庸》),"大人者,与天地合其德"(《易经·乾卦·文言》)。拨乱,返于人的性命,熊十力谓:"教化修,人皆全其所性之正。"(《读经示要·卷三》)"各正性命,保合太和,乃利贞。"拨乱反正,拨乱返道,行正道。

平心静气,才有所得。培智,非易事。

六月,公会纪侯于盛。

"盛",音成。

"盛",鲁地。《通义》云:"盖亦盛伯与会。"

秋,七月,壬辰,朔,日有食之,既。

既者何? 尽(日全食)也。

光明灭尽也。是后楚灭榖、邓,上僭称王,故尤甚也。

《汉书·五行志下之下》云:"董仲舒、刘向以为前事已大,后事将至者又大,则既。先是鲁、宋弑君,鲁又成宋乱,易许田,亡事天子之心;楚僭称王。后郑拒王师,射桓王,又二君相篡。"

日食,皆象君之进退为盈缩。当《春秋》拨乱,日食三十六,故曰"至谴"也。

楚灭榖、邓不书者,后治夷狄。

所传闻世,不治夷狄也。

内外,是层次。虽是弟兄,亦必先造就好自己,再内弟兄。

自己没有力量，去救济别人，偶一不慎，自己反成被救济的对象。

公子翚如齐逆女。

《通义》云："加'公子'者，于隐则罪，于桓则亲，所以恶桓也……以不日，见罪。"又曰："一见公子翚于此，则隐之篇不称'公子'，贬意益显。"

九月，齐侯送姜氏于讙（ huān，鲁地 ）。

何以书？讥。何讥尔？诸侯越竟（国境）**送女，非礼也。**

以言姜氏也。礼，送女，父母不下堂，姑姊妹不出门。

《穀梁传》曰："送女逾境，非礼也。"礼法，必有分寸。

此入国矣，何以不称夫人？

据讙，鲁地。

自我（鲁）**言齐。**

《春秋》据鲁而作，故"自我"言之，则谓之曰"齐"。

恕己以及人也。

父母之于子，虽为邻国夫人，犹曰"吾姜氏"。

所以崇父子之亲，从父母辞。不言"孟姜"，言"姜氏"者，从鲁辞，起鲁地。

"犹曰吾姜氏"，"父母之于子"，虽为天王后，犹曰"吾季姜"，亦即崇父子之亲之义。

"言姜氏"，从鲁辞，以讳鲁地也。

公会齐侯于谨，夫人姜氏至自齐。

翚何以不致？

据"遂以夫人妇姜至自齐"（宣公元年）致。

得见乎公矣。

本所以致夫人者，公不亲迎，有危也。

上三年，"公子翚如齐逆女"，是公不亲迎，故为夫人危。

《何氏释例·娶妇终始例第二十一》释曰："自古王业之隆，非独君德茂也，亦有后夫人之行焉……亲迎之礼，致女之文，自天子达于士，礼之本也。"

《通义》云："'于谨'已入国矣，复言'至自齐'者，已见宗庙，然后致也。"

翚当并致者，翚亲迎，重在翚也。上会谨时，夫人以得见公，得礼失礼在公，不复在翚，故不复致。

《榖梁传》曰："公亲受之于齐侯也。子贡曰：'冕而亲迎，不已重乎？'孔子曰：'合二姓之好，以继万世之后，何谓已重乎？'"

不就谨上致者，妇人危重，故据都城乃致也。

"妇人危重"，虽未至谨前，亦危也。

月者，为夫人至例，危重之。

凡书"至"者，喜之也，亦危之也。故"夫人至"，危尤重。

冬，齐侯使其弟年来聘。

此为"无知之弑君"张本也。母弟虽亲，不可使逾其分也。《春秋公羊传·庄公八年》"冬，十有一月，癸未，齐无知弑其君诸儿"，《传》曰："诸儿，襄公也。无知，公子夷仲年之子，襄公从弟。"

有年。

有年何以书？

方分别问"大有年"，故不但言何以书。

以喜书也。

禾千，周谓之"年"，五谷收也。《穀梁传》曰："五谷皆熟为有年。"嘉禾备登，年功乃成，故以"有年"名，喜而书之者，重民食也。

"大有年"何以书？亦以喜书也。此其曰有年何？仅有年也。

"仅"，犹劣也。谓五谷多少皆有，不能大成熟。

"仅有年"，犹言才有年也。言"有"，非其所宜有。

彼其日大有年何？

问宣十六年（冬，大有年）也。

大丰年也。

谓五谷皆大熟成。

仅有年，亦足以当喜乎？恃有年也。

"恃"，赖也。若桓公之行，诸侯所当诛，百姓所当叛，而又元年大水，二年耗减，民人将去国，丧无日，赖得五谷，皆有使百姓安土乐业，故喜而书之，所以见不肖之君为国尤危。又明为国家者，不可不有年。

桓公、宣公皆享国十有八年，犹此二年书"有年"，他年之歉（收成不好）可知也。知二公之行事，不宜"有年"；言"有"，非其所宜"有"，皆贬也。

四年，春，正月，公狩于郎（鲁地）。

狩不月，此月，决不王也。

狩者何？田狩也。

"田"者，蒐狩之总名也。古者肉食，衣皮服，捕禽者，故谓之田。取兽于田，故曰"狩"。《易》曰："结绳罔以田鱼。"

《易经·系辞下传·第二章》云："黄帝、尧、舜垂衣裳而天下治。"以此言之，则黄帝以后，始有火化而去毛羽，则此"古者"，三皇时可知。

春曰苗。

"苗"，毛也。明当见物取未怀任（妊）者。

古时打猎，有春、秋、冬的形制，为智慧产物。

秋曰蒐。

"蒐"，简择也。简择幼稚，取其大者。

"蒐"，《说文》云："人血所生，可以染绛。云'人血所生'者。释此字所以从鬼也。"简择幼稚不杀，取其大者杀之。

天有好生之德，但何以有生就吃小鱼的大鱼？有吃草的动物，却被别的吃？何以吃荤的多，而吃草的少？自根上，应使之生来即吃素。

社会就弱肉强食。中国讲不杀，但无生作用，被杀也杀人，故应讲求如何强。懂杀的道理，宇宙皆弱肉强食，若必杀，应想尽办法杀，否则外边皆杀，我们不杀，岂不成软弱之国？

讲仁义，那岂不是乡愿？应认识真理到底是什么。

冬曰狩。

"狩"，犹兽也。冬时禽兽长大，遭兽可取。

不以夏田者，《春秋》制也。以为飞鸟未去于巢，走兽未离于穴，恐伤害于幼稚，故于苑囿中取之。

《公羊传》得之口授，汉初公羊学盛行。公羊先师以三田为《春秋》制，故汉博士据以作《王制》。

《春秋》制，新王之制，孔子之制，作为启示。

承德围场即苑囿，昔杀乃为祭祀。古时祭祀在报恩，非在求福求寿，后来受五斗米教、佛教的影响。"道教"与"道家"，是两回事。

东北四平街（四平市旧称）往北，打野鸡，味真鲜。现人口多，动物都到山里。四平到辽宁，吃野鸡，新鲜，养在园里。肉风干，挂在风口。昔野鸡肉放干，到夏天也不坏。用水一发即吃，不知用何方法。干贝发好，恰到好处，滋味才会出来。兔肉真香，未杀前必要灌酒，肉才无土气味。死兔肉，要以酒泡一泡，既鲜又嫩。

一方水土一方人。台湾无山产，净啃树皮。旧时山地的生肉用石灰做，比臭豆腐臭，鸡猪都养在床底下。

老同学真想当年老师做的菜。我现在不为你们做了，真想你们家的菜。

常事不书，此何以书？讥。何讥尔？远也。

以（因）其地远。礼，诸侯田狩不过郊，有限制。

旧疏云："此言'狩于郎'者，据郊外属地言之，故言'远'，去国远狩。"

清宗室不可以任意出城，防其惹祸，此即礼，即今之法，违者必讥。《春秋》者，礼义之大宗；失礼，则天下人讥之。民主国家，一国之主当是人民，人民当家做主。古今名词不同，智慧、道理都同。

中国礼法严密，八十年却破坏到无一样。中国是礼义之邦，现在却要教吃饭、穿衣。今天无几个人吃饭会拿碗筷。我除拿筷子外，全用左手。

昔日教育，衣、食、住、行皆有一定。告诉小孩"未造生，先造死"，人一生吃穿皆有一定数，一切用度必要节省，浪费完就先走，未用完则延寿。"谁知盘中餐，粒粒皆辛苦"，一步一步地告诉小孩，生活教育。

诸侯曷为必田狩？

据有囿也。

《春秋·成公八年》："筑鹿囿。"

一曰干豆。

"一"者，第一之杀也。自左膘射之，达于右髃（肩前），中心（穿心）死疾，鲜屑，故干而豆之，中荐于宗庙。

"髃"，《说文》："胁后髀前肉。"肩前，《字林》："肩前两乳骨也。"以其贯心死疾，肉最洁美，故作为祭祀。

"豆"，祭器名，状如镫。天子二十有六，诸公十有六，诸侯十有二，卿、上大夫八，下大夫六，士二。

"豆"，礼器，祭器。"镫"：一、马镫；二、点油的灯。

二曰宾客。

"二"者，第二之杀也。自左膘射之，达于右脾，远心，死难，故以为宾客。

言以为宾俎实（俎上所盛的食品）。肉不太干净的，宴客给客人吃。

三曰充君之庖。

"充"，备也。"庖"，厨也。"三"者，第三之杀也。自左膘射之，达于右腰，中肠胃，污泡，死迟，故以充君之庖厨。

最慢死的，充庖厨之用，自己吃。
先宗庙，次宾客，后庖厨，尊神、敬客之义。

已有三牲，必"田狩"者，孝子之意，以为己之所养，不如天地自然之牲，逸豫肥美。禽兽多，则伤五谷，因习兵事，又不空设，故因以捕禽兽，所以共（恭）承宗庙，示不忘武备，又因以为田除害。

此章之要：一、练习武备，以强国防；二、为国除害。
现在有些人不知除害，只知糟蹋。昔日少清道夫，门前至马路中心，由各家负责打扫。旧时东北垃圾早就分类，学自德国。路树如非自然死，那家必赔钱，大家保护路树。
今天环保问题，以处理垃圾为最重要课题，尚无一提出良策者。台湾地区的河川污染，皆成"爱河"（高雄爱河早年污染严重）了！今天没有人用知识、智慧解决问题，完全以经验解决问题。
浊水溪（台湾地区最长的河流）不清，现在清了，灾难必生。

再几年，必有大地震。

狩例时，此月者，讥不时也。

书月，以"讥不时"。

周之正月，夏之十一月，阳气始施，鸟兽怀任（同"妊"），草木萌牙，非所以养微。

以"养微"为重，何休述微曰"不以夏田者，《春秋》制也。"故书月，以"讥不时"。

有些动物有害五谷，动物生来即吃、即杀。儒讲仁，是否违背人性？是否人性即杀？平齿的都吃草，尖齿的吃肉，但人亦喜吃肉。人性到底是否嗜杀？满街有几个讲仁义道德？许多讲道的并无行道。

立哲学之说，当有自己的看法，不拘于传统的说法，《诗经·小雅·小旻》"如彼筑室于道谋，是用不溃于成"，筑室道谋，三年不成。读书不能马虎，否则碰重要问题就解决不了。我现在要办事又要教书。

真有志于传统学问，必要按部就班，否则贻笑大方。天下事绝无白捡的。真明白不易，传统东西都有步骤，从头至尾好好读书。

我们是瞪眼说假话，我对"杀"自有悟，动物皆弱肉强食，人性亦如是。人做善事，但被养一辈子者绝无说好。我没有碰过报恩者。你们结婚，谁请老师吃一顿？人真懂得报德？

人性到底是好是坏？净讲仁，民族愈讲愈弱。当认真想一想。我有自己的说法，无法立说，不同于前人骗人。在台四十年，无为自己活一天，也无一人来报恩。

我启发你们另立说。荀子讲性恶，完全不够分量，因没再敢发掘人的性恶是什么，没说透彻，即导之以礼，故其学说没能用世。

《荀子·性恶》："人之性恶，其善者伪也。今人之性，生而有好利焉，顺是，故争夺生而辞让亡焉；生而有疾恶焉，顺是，故残贼生而忠信亡焉；生而有耳目之欲，有好声色焉，顺是，故淫乱生而礼义文理亡焉。然则从人之性，顺人之情，必出于争夺，合于犯分乱理，而归于暴。故必将有师法之化，礼义之道，然后出于辞让，合于文理，而归于治。"

商鞅学说就用世，表现人性的残酷。

《商君书·说民》："辩慧，乱之赞也；礼乐，淫佚之征也；慈仁，过之母也；任誉，奸之鼠也。乱有赞则行，淫佚有征则用，过有母则生，奸有鼠则不止。八者有群，民胜其政；国无八者，政胜其民。民胜其政，国弱；政胜其民，兵强。故国有八者，上无以使守战，必削至亡；国无八者，上有以使守战，必兴至王。用善，则民亲其亲；任奸，则民亲其制。合而复之者，善也；别而规之者，奸也。章善则过匿，任奸则罪诛。过匿则民胜法，罪诛则法胜民。民胜法，国乱；法胜民，兵强。故曰：以良民治，必乱至削；以奸民治，必治至强。"

熊十力成一家之言，亦接人性善来。传统东西没作用，恐有问题。

人是窝囊废！基督叫人要忍耐，唾面自干，何不自己造成一强权？苟延残喘忍耐强权，何不使自己成为强权？智者若用智慧考虑，当能解决，何以要忍？

古人告人不要好色，但自家有三个姨太太。何不使之导入好色的正轨？何以要说谎以掩饰？应本人性去发挥，懂如何正视问题。

佛讲忍辱，以之为"妙智慧"。人辱我，当想法更辱之。若再忍，下一代岂不成……何以人家可以多说话，而我们却要少说话？必要战胜对方，不叫人辱我。不要净是乡愿，许多老夫子净讲违心之言。应反过来正视实际问题。知有许多合理的，往下却曲解了。"道不远人，人之为道而远人"，净想办法叫人听他的。

民主，当按每个人的良知，做利害的结合。《中庸》所谓"率性之谓道"，即本人性去做事，大家都喜欢吃好穿好，应自喜欢中满足人性，则此一民族必然活活泼泼。不使他吃，造成他偷偷地吃。既喜吃，何不就让他吃，吃饱了就不吃。吃时，也必要问人吃不吃，此为道德。"己所不欲，勿施于人"，反之，己所欲，施于人。拨正伪君子，如此活，很愉快。何必先定"善恶"的标准？如人喜好的颜色不同，又何必强迫人喜好同一颜色？人就为贪，牺牲此，为那个。说为上极乐世界的，乃成了。

认识之后，如何建立思想以领导时代。

再胡扯下去，绝非人性之道。"率性之谓道"，要打破性的善恶观。应善用头脑，革命当自根上革。孔子说"己所不欲，勿施于人"，而后人愈解愈伪。帝王制下的"伪文化"传承，成就几千年的专制时代。

不必盲目接受外国文化，并不是好坏的问题，乃是一国民族有其口味。五四时期，推销西方东西极为彻底，但也无收效。当年那些人所写的东西，无不使青年读后为之热血沸腾。

《商君书·修权》："故法者，国之权衡也，夫倍法度而任私议，皆不知类者也。不以法论知能贤不肖者，惟尧，而世不尽为尧，是故先王知自议誉私之不可任也，故立法明分，中程者赏之，毁公者诛之。赏诛之法，不失其义，故民不争。授官予爵，不以其劳，则忠臣不进。行赏赋禄，不称其功，则战士不用。""立法明分，中程者赏之，毁公者诛之"，商君的学说近乎人性，故成功一点。

与百姓打成一片才有效用。中国学说出毛病，一碰暴君即忍耐。应研究：你暴，我必制暴。伯夷、叔齐反对"以暴易暴"，成为"圣之清者"，而历代则依然"以暴易暴"。

应面对现实，重视今天。梁漱溟骨子里犹以圣人自居，他自乡村着手，成立乡建派；国共合作时，他是民盟秘书长，最伟大的失败者。

人生活当有人生活的水平，包含人的尊严在内。若大家都不忍，时代当无暴君。应是愈较量愈进步，百家争鸣的时代即如此。

说"绝不谈政治"，当老师的还敬鬼神而远之。当认真研究问题。人皆慢慢地渐进，到某一年龄有一境界了，但生命也将完了。一个思想成熟不易，何不按中国民族环境想一想？尽己之性，然后尽人之性，进而尽物之性。孔子思想应予正视，不当以后人注释解之。《论语》谈孝，皆自人性，说："今之孝者，是谓能养。至于犬马，皆能有养；不敬，何以别乎？"又说："子生三年，然后免于父母之怀。夫三年之丧，天下之通丧也。"孝，乃儿女对父母还债，没尽孝即欠债。

康德在德国，他在那个时代产生其思想。

康德（Immanuel Kant，1724—1804）为启蒙时代著名德国哲学家，德国古典哲学创始人，其学说深深影响近代西方哲学，并开启了德国唯心主义和康德义务主义等诸多流派。

不必以必读康德、黑格尔为进步，就在自己的时代建设自己的哲学。

黑格尔（Georg Wilhelm Friedrich Hegel，1770—1831）时代晚于康德，黑格尔的思想，标志着19世纪德国唯心主义哲学运动的顶峰，对后世哲学流派，如存在主义和马克思的历史唯物主义都产生了深远的影响。

熊十力在内外冲突的环境下建设其哲学。现在时代又变了，有冲突当另有一哲学出。

继某学说，皆过时也。今天是今天的事，老是做别人的附庸，能有出息？有"诺贝尔奖"，何不成立自己的奖？

一个思想家还要叫人肯定？若是一个好东西，大家都抢着吃，何必要人肯定？

大家当振奋，建设自己民族属人的东西，全世界只要是人，焉不倾向之？我们并非无文化的民族，必自旧有东西生出新东西。中国文化资产丰富，在于后人没想，"未之思也，何远之有"？任何一句话，就看你如何了悟。应活活泼泼地读书，不要被注释家给注垮了。

《诗经·关雎》是自人性来的，代代皆有佳人，君子能不好逑？我当年看顾正秋（1929—2016，被称为"一代青衣祭酒"），只能"戏台想媳妇"，那时有蒋经国、任显群，但我最穷，怎敢追？前人的东西活泼，却被后人束缚住了。

思想应彻底革命，但革命必解放。真有时间，必将《四书》《五经》好好诠释一遍。现在生活安定，真应懂得如何想。后人不读经，专看注，就完了！中文系叫学生点注释，我如"当政"则将之放到牛棚。

失败的是人，并非经书错了。但也绝不索隐行怪，"虽小道，必有可观者焉；致远恐泥，是以君子不为也"（《论语·子张》）。

真用心，一两年就通。但你们回去不看书，一人不勤最可怕。我父亲告诫"勤、俭、恒"三字：一勤天下无难事；俭但不吝，嗜欲深者天机浅；必念兹在兹，即恒。非每个人皆能成为哲学家，但人皆有此机会。

有想法，写笔记，必要勤。浏览书，置于床头，没事时在床上浏览。非要拉架子作书，一有灵感，拿笔就写。思想愈用，愈深愈敏锐，虑深通敏。好好创一思想，但必要有本有源。时已不同，不必把几千年的东西拿到今天，是复元，而非复旧。第二次世界大战结束后，光复东北、台湾，颁布《复员计划纲要》，进行接收，用"复员"一词，岂不完蛋？人必进步，复员就完了！《中庸》曰："生乎今之世，反（返）古之道。如此者，灾及其身者也。"

我至少《四书》《五经》每天在脑中转。《论语》每一章都是结论。《四书》《五经》不通，没办法通《论语》。孔子"五十以学《易》，可以无大过"，无大过必经过多少步骤？"五十而知天命"，自何经验得的？何以致之？稍微用脑，问题多得很。没有深入，则任何问题也解答不了。

建设思想的纲目。不要看注，自上下经文领悟。依经解经，六经互证，彼此做注脚，"吾道一以贯之"。

时不同，错在后人解释。"学而时习之"，学能以时习之，则每一思想皆"圣之时者"。

批评："现在还办书院？读《四书》《五经》干什么？"现在不读，那什么时候读？文化没了，民族也没了。自思想树立，拯救此一民族。思想必有本有源，自人性立说。是给有志、有智者说的，非人人皆能办。有智无志，有志无智，皆不能成事。士尚志，"造次必于是，颠沛必于是"，"素富贵行乎富贵，素患难行乎患难"，好好干上三十年，绝对有成，但必要解脱一切的束缚。

马一浮只成旧时代的传人。熊十力则利用旧往前走，仍无脱掉理学家的阴影，但能超熊先生仍不易。学术必接着讲，即述，而非照着讲。有抱负，应尽量远离世俗观，一时之名算不了什么，真是过眼之云烟。

我事事不参加，免得失望。"都教出你们这种学生，还值得讲？"气得学生都不来了。上电视，就有不看电视的。不要将巧取之名看得那么重。满街贴布告，还有不识字的。

熊十力的境界是学术，给我们许多资料，启发我们。费希特直接影响人生，复兴德国，讲人的生活。

费希特（Johann Gottlieb Fichte，1762—1814）往往被认为是连接康德和黑格尔两人哲学间的过渡人物。费希特由一种自给自足的观点发展出他的国家理论，被认为是德国国家主义之父。1806 年，柏林被拿破仑占领期间，费希特发表了数篇《对德意志民族的演讲》，激发了德国国家主义。

《四书》《五经》没错，并没有叫你背朱注。我整天琢磨：光有超强的武备，没有超强文化也不行。热战少，航母只能参观。思想是每天活的东西。思想亡身的例子多，思想如无偏差能犯罪、亡身？读书必知其流弊。

读书，有问题再研究。"群居终日，言不及义"（《论语·卫灵公》），没用，必要有重心。每天有重心，知要做什么。以传什么为家，可笑！现文章不少，皆食古未化，看完不知所云，没有重心。多少大师文章几千字，不知所云，现大家皆如此。想法、说法易，做难！在房中一天无出屋，没做什么事的多得是！

夏，天王使宰渠伯纠来聘。

宰渠伯纠者何？天子之大夫也。其称宰渠伯纠何？

据"刘卷卒"（定公四年），氏采，不名且字。

称"字"者，贤之。

下大夫也。

天子下大夫，系官氏，名且字（称字者，敬老也）。

系"官"者，卑不得专官事也。称"伯"者，上敬老也。上敬老则民益孝，上尊齿则民益弟，是以王者以父事三老（久也，旧也），兄事五更（所更历者众也），食之于辟雍（大学），天子亲袒（脱去上衣）而割牲（制俎食），执酱而馈，执爵而酳（吃东西后用酒漱口），冕而总干（首戴冕而手执干盾），率民之至也。

先王之所以治天下者有五：贵有德，为其近于道也；贵臣，为其近于君也；贵老，为其近于父也；敬长，为其近于兄也；慈幼，为其近于子弟也。

《礼记·祭义》云："立爱自亲始，教民睦也。立敬自长始，教民顺也。"

礼，君于臣而不名者有五：

诸父兄不名，经曰"王札子"是也，《诗》曰"王谓叔父"是也。

"诸父、诸兄不名"，有敌体之义。"札"者，冠且字也。礼，天子庶兄冠而不名，所以尊之。

上大夫不名，祭伯是也。

"祭伯"，天子之大夫。

盛德之士不名，叔肸（音xī）是也。

"盛德之士不名"，尊贤也。宣公篡立，叔肸（鲁文公庶子，鲁宣公母弟）不仕其朝，不食其禄，终身于贫贱，故孔子曰："笃信好学，守死善道，危邦不入，乱邦不居。天下有道则见，无道则隐。"（《论语·泰伯》）

老臣不名，宰渠伯纠是也。

先王老臣，尊而不名。旧疏云："渠是其名，而言不名者，谓计其官爵之时，实合氏官名而且字，但以其年老，故兼称伯，示有不名之义也。"

下去二时者，桓公无王而行，天子不能诛，反下聘之，故为贬，见其罪，明不宜。

今桓公无王而行，王法所当诛。今反下聘之，赏罚乖方，有春夏而无秋冬之象也。

《何氏释例·时日月例第四》释曰："昔子思之赞《春秋》也，曰'上律天时'，又曰'如四时之错行，日月之代明'，是以知圣人之文，天文也……故天不言，以三光四时为言，视言相万也；圣人不辨，以时日月为辨，视辨相万也。详略之，以理嫌疑；偏反之，以制新义……圣人议而勿辨，其言弥微，其旨弥显，使人属辞比事，而辨惑崇德，斯善学矣。"

五年，春，正月，甲戌、己丑，陈侯鲍卒。

曷为以二日卒之？恱（音xù）也。

恱者，狂也。齐人语。

《公羊》《穀梁》皆有师，《传》本之子夏。
"以二日卒之"，盖言君死，不知其日，所以罪其臣也。

甲戌之日亡，己丑之日死，而得君子疑焉，故以二

日卒之也。

君子，谓孔子也。以二日卒之者，阙疑。

《穀梁传》曰："《春秋》之义，信以传信，疑以传疑。"

《繁露·观德》曰："'甲戌、己丑，陈侯鲍卒'，书所见也，而不书其暗者。"

《论语·为政》孔子曰："多闻阙疑。""多闻"，谓所传闻世、所闻世也。《春秋》于所传闻、所闻世阙疑，皆据鲁史旧文。《何氏释例·阙疑例第二十九》释曰："阙疑阙殆，以明其无我，学者当取法，故曰'如尔所不知何'，谓述而不作也。"

夏，齐侯、郑伯如纪。

外相如不书，此何以书？

据"蔡侯东国卒于楚"（昭公二十三年夏），不言如也。

离不言会也。

时纪不与会，故略言"如"也。

两相丽，谓之"离"。两国相会，故曰"离会"。

《通义》云："纪与会则为参，纪不与会则为离。参，则可谓'齐侯、郑伯会于纪'。离，则不可言会于纪。故变文以明之。"就入国都而会者，须分别主人与不与会，故作此例。

《春秋》始录内小恶，书内离会；略外小恶，不书外离会。

所传闻世，书内离会，《春秋》王鲁，明当先自详正，内无大恶，乃可治诸夏大恶。

至所闻之世，著治升平，内诸夏而详录之，乃书外离会。

于所闻世，见治升平，内诸夏而外夷狄，书外离会。

嫌外离会当书，故变文见意，以别嫌明疑。

不书外离会，故变文言"如"，所以别嫌而明疑。《繁露·盟会要》云："《传》曰：'诸侯相聚而盟。'君子修国，曰：'此将率为也哉？'"《何氏释例·朝聘会盟例第十五》释曰："《春秋》防其渐，故谨其始……故坏法乱纪之事，必托于常礼而后成。"

天王使仍叔之子来聘。

仍叔之子者何？天子之大夫也。其称仍叔之子何？

据宰渠氏官，武氏子不称字，又不加之；尹氏不称子。

旧疏云："欲言大夫，而文言'之子'；欲言未仕，而'天王使'之。"

讥。何讥尔？讥父老，子代从政也。

礼，七十县（同"悬"）车致仕。

《通义》云："讥父老子代从政者，亦讥世卿之意也。"
"悬车"，示不用；"致仕"，退休。
旧时，十家中，两三家有轿子。小车挂起，轿子不用亦挂起。车不用，轮卸下，挂上。不做官了，乃悬车致仕。人年七十，亦一世之暮，而致其事于君。

不言氏者，起父在也。加"之"者，起子，辟（同"避"）一人。

明父老，子不得代从政，天道无贵贱。据乱世，讥大夫之世；升平世，但存天子，治诸侯之世；太平世，贬天子之世。亦治有次第，此先讥大夫，以著意。

政治上，人无生而贵者，不可以父死子代。孔子之意，天子之子也是士。以后皆称"太子"，岂是孔子之意？到底谁弄错了？世卿非礼也，人无生而贵者。

当"总统"，女儿即住公家的别墅，民主在哪里？传统思想，乃腐儒"人之为道"所造成的。

《论语》中，孔子思想有三次变迁。《论语》之篇章次序，不代表时间先后。《公羊传》成于汉，汉时笔之于书，一套完整的思想，一笔就完，不必考据。我讲子书，是中国思想皆有用。

葬陈桓公（陈侯鲍）。

不月者，责臣子也。知君父有疾，当营卫，不谨而失之也。《传》曰"葬，生者之事"。

旧疏云："正以卒日葬月，乃是大国之例。今书时，故决之。"

城祝丘。

齐、鲁两境上之邑。

秋，蔡人、卫人、陈人，从王伐郑。

其言从王伐郑何？

据河阳举王狩，别出朝文，文不连王，王师不道所加。

旧疏云："僖二十八年'冬，公会晋侯以下于温。天王狩于河阳。壬申，公朝于王所'。彼举王狩，此不举之。彼别出'公朝'之文，其文不连上王；今言'从王伐郑'，《经》连王言之，故难之。"

《穀梁传》曰："为天王讳伐郑也。""郑"，同姓之国也。亲近者犹不能服，则疏远者可知。

从王正也。

美其得正义也，故以从王征伐录之，盖起时天子微弱，诸侯背叛，莫肯从王者征伐，以善三国之君，独能尊天子死节。

称"人"者，刺王者也。天下之君，海内之主，当秉纲撮要，而亲自用兵，故见其微弱，仅能从微者，不能从诸侯。

《孟子·告子下》曰："天子讨而不伐。"《繁露·王道》曰："天王伐郑，讥亲也。"天子有方伯以致讨，不当亲往。"伐郑不能从"，亦言仅能从微者，不能从诸侯也。

《王道》又曰："讥天王以致太平。刺恶讥微，不遗小大，善无细而不举，恶无细而不去，进善诛恶，绝诸本而已矣。"

犹莒称人，则从不疑也。

"从"者，随从也。实"莒子"，言莒子则嫌公从微不肖，诸侯不肯随从公盟，而公反随从之，故使称"人"，则随从公不疑矣。

不使王者首兵者，本不为王举也。

旧疏云："若使王者首兵，宜言王以蔡人、卫人、陈人伐郑。"

知实诸侯者，以美得正。

《通义》云："以人从己曰'以'，以己从人曰'从'。言'从王'者，若诸侯畏威服义，不召而至，不令而行，有征而无战，深为尊者讳，以纯王义焉。"

大雩。

大雩者何？旱祭也。

"雩"，旱请雨祭名。不解"大"者，祭言大雩，大旱可知也。

《繁露·精华》曰："大旱者，阳灭阴也。阳灭阴者，尊压卑也。"

君亲之南郊，以六事谢过，自责曰：政不一（政不专一，出自权臣之门）与？民失职（不能务农）与？宫室荣（若丹楹刻桷之属）与？妇谒盛（通过宫廷宠信的女子干求请托）与？苞苴行（受人之馈，政以贿成）与？谗夫倡（谗人得志）与？使童男女各八人，舞而呼雩，故谓之"雩"。

"南郊"，天子祭天。

"谗夫倡"，《荀子·成相》曰："谗夫多进，反复言语，生诈态。"

不地者，常地也。

旧疏云："谓在鲁城南沂水上。"鲁设雩祭于沂水上，《论语·先进》曰："浴乎沂，风乎舞雩，咏而归。"

然则何以不言旱？

据"日食，鼓用牲于社"。

《春秋公羊传·庄公二十五年》"六月，辛未，朔，日有食之。鼓用牲于社"，《传》曰："日食则曷为鼓用牲于社？求乎阴之道也。"何注："月者，土地之精也。上系乎天而犯日，故鸣鼓而攻之，胁其本也……嫌起用牲，为非礼书。"

言雩，则旱见；言旱，则雩不见。

从可知，故省文也。日食独不省文者，与大水同礼，若但言"鼓，用牲"，则不知其所为。必见雩者，善其能戒惧天灾，应变求雨，忧民之急也。

《白虎通·灾变》云："天所以有灾变何？所以谴告人君，觉悟其行，欲令悔过修德，深思虑也。《授神契》曰：'行有玷缺，气逆于天，情感变出，以戒人也。'"书"雩"者，人君能悔过修德，深思虑也。

何以书？记灾也。

旱者，政教不施之应。先是桓公无王行，比为天子所聘，得志益骄，去国远狩，大城祝丘，故致此旱。

"大城祝丘"，旧疏云："在今年夏，正以大崩坏败，然后发众城之，故曰'大城'。"

《繁露·二端》曰："因恶夫推灾异之象于前，然后图安危祸乱于后者，非《春秋》之所甚贵也。然而《春秋》举之以为一端者，亦欲其省天谴而畏天威，内动于心志，外见于事情，修身审己，明善心以反道者也。"

螽。

何以书？记灾也。

"螽"者，烦扰之所生，与上"旱"同说。

"螽"，如蝗之类，蝗与旱相因而至。《榖梁传》曰："螽，虫灾也。甚则月，不甚则时。"

冬，州公如曹。

外相如不书，此何以书？过我也。

为六年"化我"张本也。《传》不言"化我"者，张本，非再化也。

《榖梁传》曰："外相如不书，此其书，何也？过我也。"与《公羊传》同。

将有其末，必先录其本。

称"公"者，申其尊，起其慢，责无礼。

旧疏云："天子三公称公，王者之后称公。州、国非此二者，必非是公。但今过鲁，自尊若公，故如其意，书之曰'公'，以起其无礼也。"

今后讲学宗船山。船山非文学家，文句难读，但少有及其才华者，其半生遍注群经，皆一以贯之。《船山全集》，断句不难，细心坐着看。先印教本，再印三部书。大小买卖，就是一个"信"字！

一东西能传之千年，必有原因。《公羊传》有问题，当求智慧解决之，不迷信，让人牵着鼻子走。因其有问题，故研究之，当趣味研究。读书，锻炼脑力，轻"下断语"绝不可靠，科学亦如此。连一个人的姓氏都有所据，不必守株待兔似的。

"君子坦荡荡，小人长戚戚"（《论语·述而》），"望之俨然，即之也温，听其言也厉"（《论语·子张》），于平坦中看出丘壑来。成就乃是智慧的结晶，在此之前为磨炼，失败就是交学费。是吃了亏才学精的，人生是个大宇宙。自己苦，别人不一定跟你同一个苦，此乃你自讨。

处事，看法，志同道合，可遇而不可求，"如有所用，必有所试；若有所试，必有所悟"。孔子叹才难，天下有那么多的人才？必要识才。冷静，非冷酷，练达，毁誉不为所动才是境界。

"言中伦"，不言，乃功夫之所在，言必有中。"行中虑"（《论语·微子》），知行合一了！特别细心，要注意别人不注意处，必细心才能理事。

找人不易，必加以过滤。察微，不看大事，自微处看一人，试用之。不能识微，就找不出真人，因人皆善于伪装，要找其所长。不以圣人期天下人，天下哪有那么干净！什么都找、都用，但伪的不行。事、时、地异，用人亦不同。

有担当才能翻天覆地，最起码要有胆，做大事业的初步。胆、量、识，自根上练达。有智慧，才知虑。有抱负，见人即说真话，失败之根，应"说玄不说闲"。认识一分，说一分话；见什么人，说什么话，即识人。多接触，多磨炼。什么都接触，才有体验，不能闭门造车。观察人，没能入微，不能说真话。不要见人即谈抱负，人不以为是。妄想、狂想，非志。志，是有计划、有步骤、有进度的。

今天家庭教育太差，学校也没碰到好老师，学点概论就乱盖，"愚而诈"，自以为高人一等！军中无士气，只求幸福，不能作战，就为自己想得太仔细，皆私欲太重，净为自己打算！各为己私，无能推心置腹，如水乳交融。必大环境转变，才可能改变。

群德，得牺牲小我，以成就大我。举才，举尔所知；修己，修己所能，去己所私。人的才华重要，应视其才能而任事，否则"贼夫人之子"（《论语·先进》）。

有抱负也必要切实际，历代名臣全集必要细看，为其从政实验报告，靠经验治事，大奸也能成大圣。留下的必有真功夫，是真读书的。领悟其知行，理论与实践，皆实学也。

《冰鉴七书》应看，依此看这时代有多少非常人？百事非才莫举。

《皇清经解》《续皇清经解》收今文家的东西多。《白虎通论》也要看。

汉章帝邀集名儒、诸王集于白虎观，由五官中郎将魏应代表皇帝发问，其后各家儒生加以讨论，形成共识后由侍中淳于恭加以回答，此后章帝再亲自决定对此答案是否满意。会议连续举行了一个多月，会后，班固奉旨对会议内容加以总结，写成《白虎通议》四卷。

人愈动愈有智慧，智慧是自创伤来的，有术比有钱重要。我这一生，不觉自己老，有精神，意志能使人不老，一生净在颠簸中，于奋斗中求生存，每天忙。精神必养，看书、报、电视皆必选择，保存自己力量、精力，不要透支。精神一到，何事不成？血气不周，必养之。体力极为重要，充满精神在养。

东西吃过度也不行，中道即恰到好处，不能超过。守中道，才能养中气；中气不足，寿命就不永。

华侨在国外，在万险环境中争生存，重钱，为政亦如是。一个人的环境会影响人的一生，国政亦如此，政权的决定影响国运。我坚决反对华裔回国当政，完全不懂中国文化。

为万代子孙开太平，应为祖宗做看家犬，责任在此，生死安足论？应培养正知正见，应怎么生怎么死最重要。面临苦难，重急智，惊慌没用！要找刺激自己急智的环境。经过实际后，体会才深刻！绝不能将自己良知为任何人利用。人生的体验丰富，可以了解常人所不了解的。学点防身的技能。

何以谈中国问题，无五四时代思想的澎湃，而完全委之于过去、文化、帝王？没有提出一点意见，如何解决问题？值得启发你们，如何解决此一问题。有智者当为其解决问题，所谈必要全民接受才有作用。现全世界有五分之一中国人，用什么方法使全民能接受？

明治维新是日本的黄金时代。严复（1854—1921）与伊藤博文（1841—1909）是同学，严回国后本想维新，但最后完全归向中国文化。

我在五四时，亦为一新人物，绝不守分，我母亲以为早晚必丢脑袋。但失败后，愈加以为中国文化有价值，只是没有发挥，最后也醉心于中国文化。是否中国文化确有生命，然而无法发挥出来？

我与熊先生意气相投，他以为人有最高的智慧，称"性智"。但我以为距离"性智"太远，必先接受"文智"，即先人的智慧，因为后觉者必先经文智，才能知性智。孔子以为"智者不惑"，此为结论，但人非生来即不惑。"天命之谓性"，但有外诱之私，故必加"明明德"的功夫。以文智启发，而恢复性智。外国讲"智者不怒"，境界实太低。中山先生说："一个政治家必有高深的学问。"有高深的学问，才有应世之智。

五四从"中学为体，西学为用"到"全盘西化"，发挥作用了？必要站在中国人立场治理中国，必叫百姓接受，有改进的效率才有用。

必要慎重、恭敬地了解本国东西。接受西方，推销西方，不能有作用，又何必做？坐谈文化，太浪费宝贵时间，只坐屋里空谈，给出门什么也不懂的人看，焉有作用？

做事必要有效率才做，否则浪费时间。先看所得到的利是什么，再做。影响太小，这种文化事业又何必做？最没有用的是"臭老九"，关门批评，出门什么都不懂。做事，必自根上入手。

唤醒群众为第一要义。知识分子不要自己坐在金字塔上，而忘了底下的社会大众。

改造中国文化，主要在百姓能否接受。"五四"之所以失败，在于知识分子所论皆远离百姓。应再自失败中找出新方法。我办书院，要重新估计中国文化。

读古书当智慧，不必看重注解。时间宝贵，有很多问题可叫学生做。好好研究商君何以能强秦，而不能保身？必了解当时背景，各个学派。世界地图，每天跟着走。

同学中表现最好的是成仁，能干，是在海外最有成就的，七八年即有此一成就。但入美国籍，此后我不再见他。

训练是一回事，必要认真。自己下几分功夫才有成就，不能自欺。条条道路通罗马，天天看，天天持之以恒，愈忙愈愉快，愈闲愈悲观。休息做活，更要动。必要勤，谁都想留名千载，皆在自己求。值得研究的东西太多。

必要懂如何想，生存在智慧中。有智还必有毅力，要持之以恒。书呆子教书不教错，对后代也有好处，尽自己的责任，会影响部分人。当老师的混，真得下十八层地狱。摆地摊也比教书赚得多，不能在自己责任上混人家，此最不道德。我做事绝不违背良心，干什么像什么，自己成就是自己的。

有工夫好好练简体字，此为实际问题。实际最重要，必要迎接实际。再有抱负，也必要能适应明天。重视今天的努力，才有明天的好。净想当年，有何用！学什么，都有境界，"心诚求之，虽不中，亦不远矣"。

郎静山（1892—1995）的女儿也是我学生。写字，必如溥二爷，除吃饭、睡觉外，手不离笔。写怪字，只能骗外行，不能骗行家。抄径路，自欺！上过电视，是为电视做不花钱的广告，可以求得一时之名，绝无传世之实。熊十力即传世之实。

马一浮、梁漱溟恐未必有传世之著作，传世非易事。

在自己本位表现，有志不分男女。幼儿教育、儿童读物皆专学，必有专学才能做。静园可以办幼儿园，一年税五万多。同学正事不做，净为人打零工，何不自己好好发奋，三年亦可有成。毕业数年，一事无成，若办十年幼儿教育，岂不成为终身事业？

我生活方式与一般人不同。不期待任何东西为自己私产，要平坦心。同住一起，也只是点缀，无权把别人的人生变成你的人生。

做事业必要有群德，各有所长，看长不看短，人的志趣不同，看自己适合做什么。面对社会，必要有专学，否则是投机。文化、社会是多彩多姿的，不论哪方面都必要有人。

有关"儿童"的事，就有太多事要做。现幼儿刊物皆投母亲之所好，而非投幼儿之所好。人有志都得累死，无一处不需要专家领导。大学毕业了，还要学自己不知的事。

对本国利弊了解多少？应研究毛病之所在。中国黄河治理重要，有多少人专门研究治河？办书院，治文化心理病。有十个肯干就有用，还在多？毛泽东、周恩来把中国又往前带一步。你们不知中国之所需，就天天日出而作，日入而息。将来有一天，教书匠必受淘汰，因为思想不同就必受淘汰。

六年，春，正月，寔来。

寔来者何？犹日"是人来"也。

犹曰"是人来"，不录何等人之辞。

《繁露·玉杯》曰："有文无质，非直不子，乃少恶之，谓州公寔来是也。"盖"是人来"者，略之之辞，若曰"是一人来"耳，其何等人则不录也。《春秋》重详略之旨，故详言之者多美文，其恶者则略辞也。

孰谓？谓州公也。

以上如曹，书。

曷为谓之"寔来"？慢之也。曷为慢之？

据葵丘之盟，日。

化我也。

行过无礼谓之"化"，齐人语也。诸侯相过，至竟（同"境"）必假涂（途），入都必朝，所以崇礼让，绝慢易，戒不虞也。

《白虎通·诛伐》曰："诸侯家国，入人家，宜告主人，所以尊敬、防并兼也。"将入人国，先使大夫执币假道，主人亦以请大夫迎于郊，为宾主设礼而待之，是相尊敬也。诸侯之行必有师旅，恐掩人不备，士卒敛取恒迟，先假途预备之，防并兼也。

今州公过鲁都，不朝鲁，是慢之，为恶，故书"寔来"，见其义也。

《繁露·观德》曰："州公化我，夺爵而无号。"亦书"寔来"，见慢之，为恶义也。

月者，危录之，无礼之人不可备责之。

朝例时。此不朝，故书月以见危。不书日以见其危者，无礼之人不可责备也。

做事，重要事一两天前必约定，次要事也必事前约定。

我在台几十年，没受太太骂，这就是伟大。练习早起，精神才会好。我早起，比人多活半天。早起就得做事，散步也身体健康。早起，慢慢就有成就，有冷静功夫。不抽烟，不喝酒。把家当成家，没有规矩不能成方圆。对社会有贡献，尽自己的责任。

夏，四月，公会纪侯于成（鲁之北境，近齐之邑）。
秋，八月，壬午，大阅。

大阅者何？简车徒也。

大简阅兵车，使可任用而习之。

"简"，有选义。简其乡民，择其兵车之善者习之，使可知其数已也。

何以书？盖以罕书也。

罕，希也。

讥其罕也。《通义》云："罕者，不常举也。鲁忽略武备，故重录之尔。"

孔子曰："以不教民战，是谓弃之。"（《论语·子路》）

《汉书·刑法志》曰:"鲁成公作丘甲,哀公用田赋,蒐、狩、治兵大阅之事皆失其正。《春秋》书而讥之,以存王道。于是师旅亟动,百姓罢敝,无伏节死难之谊。孔子伤焉,曰:'以不教民战,是谓弃之。'"意谓用不教之民以战,徒使百姓白白牺牲。孟子以"不教民而用之,谓之殃民"(《孟子·告子下》)。

故比年简徒谓之"蒐",三年简车谓之"大阅",五年大简车徒谓之"大蒐",存不忘亡,安不忘危。

宋翔凤曰:"何以教为习战事,故举蒐狩之期……盖以教民使知礼义,与信而后可以一战。"

《汉书·刑法志》曰:"古人有言:'天生五材,民并用之,废一不可,谁能去兵?'鞭扑不可弛(解除)于家,刑罚不可废(废除)于国,征伐不可偃(停止)于天下。"是亦存不忘亡,安不忘危之义。《易经·系辞下传》曰:"危者,安其位也;亡者,保其存也……是故君子安而不忘危,存而不忘亡……是以身安而国家可保也。"

不地者,常地也。

陈立疏:"授兵可于庙,治兵不可于庙。"旧疏云:"盖在郊内。"《周礼·大司马》注:"天子、诸侯蒐狩有常,至其常处。"

蒐例时。此日者,桓既无文德,又忽忘武备,故尤危录。

"三年简车谓之大阅",明未循三年之制,知桓公忽忘武备,故书日,以为"尤危录"。

蔡人杀陈佗。

"陈佗"者何？陈君也。

以"跃卒"（桓公十二年，何注"不书葬者，陀子也"），不书葬也。

《穀梁传》曰："两下相杀，不道。其不地，于蔡也。"

陈君，则曷为谓之"陈佗"？

据杀蔡侯般（昭公十一年"楚子虔诱蔡侯般，杀之于申"），不言蔡般。

《穀梁传》曰："其称陈佗，何也？匹夫行，故匹夫称之也。"

绝也。

"绝"者，国当绝。

《通义》云："绝者，诸侯有罪，当绝其世也。""国当绝"者，亦谓佗不宜有国。

"讥、贬、诛、绝"四者，《春秋》之科条也。讥、贬轻，而诛、绝重，且讥、贬之中实寓诛、绝。"诛"有三等：曰遣让，曰刑戮，曰磔弃。"绝"有四等：曰黜爵，曰夺土，曰覆嗣，曰灭宗庙社稷。《何氏释例·诛绝例第九》释曰："夫诛者，小则遣罚之，甚则加之五刑，又其甚者，焚弃之，辜磔之，先王之典也。绝者，轻则放流之，绝其身。重者，诸侯则变置之，绝其子孙；卿大夫则绝其小宗。"

《孟子·滕文公下》曰："世衰道微，邪说暴行有作，臣弑其君者有之，子弑其父者有之。孔子惧，作《春秋》。《春秋》，天子之事也。是故孔子曰：'知我者其惟《春秋》乎！罪我者其惟《春秋》乎！'……孔子成《春秋》而乱臣子惧。"

曷为绝之？

据戎鄁子（宣公十八年"邾娄人戎鄁子"，称子而不名），不绝。

贱也。其贱奈何？外淫也。

《繁露·王道》曰："陈侯佗淫乎蔡，蔡人杀之。古者诸侯出疆必具左右，备一师，以备不虞。今陈侯恣（放纵）以身出入民间，至死闾里之庸（庸夫），甚非人君之行也。"

恶乎（于何）淫？淫于蔡，蔡人杀之。

蔡称"人"者，与使得讨之，故从讨贼辞也。

称人者，讨贼之辞，明国中人人得讨之也。
《穀梁传》曰："其不地，于蔡也。"
不可以犯淫的毛病，难改。"荒淫无度"，此戒一犯，难以成。烟酒尚可戒，许多杀身之祸，皆由淫起，这一戒最为难守，无论男女，皆犯不得，对方永远会以此刺激你，必受一辈子的瘟，因一犯，价即低。站得住脚，就有理。人皆自私的。

贱而去其爵者，起其见卑贱，犹律文立子奸母，见乃得杀之也。

旧疏云："犹言对子奸母也。"

不日、不书葬者，从贱文。

君被外国杀者，不责臣子不讨贼，例合书葬。今不书日、不书葬者，"从贱文"。

九月，丁卯，子同生。

此《春秋》特笔，以起不能防文姜之失。

《史记·孔子世家》曰："《春秋》笔则笔，削则削，子夏之徒不能赞一辞。"善善恶恶，义逾衮钺，然后是非由此明，功罪由此定，劝惩由此生，治乱由此正，故曰"《春秋》，天子之事也"。

"子同生"者，孰谓？谓庄公也。

以夫人言，同非吾子。

《春秋公羊传·庄公元年》《传》云："夫人谮公于齐侯，公曰：'同非吾子，齐侯之子也。'"旧疏云："正以道公疑非己子，则是其长子同，既系体是常，故知庄公也。"

何言乎"子同生"？

据君存称世子，子般不言生。

《春秋公羊传·庄公三十二年》"冬，十月，乙未，子般卒"，《传》曰："君存称世子，君薨称子某……子般卒，何以不书葬？未逾年之君也。"何注："未逾年之君，礼，臣下无服。"庄公八月"薨于路寝"，其子般十月卒。

喜有正也。

喜国有正嗣。

若是正，就说"世子生"。若以正书，宜书"世子同生"也。

未有言"喜有正"者，此其言"喜有正"何？久无正也。

不正中之正。庄公以嫡夫人长子得夫妇、父子之正，故喜其有正而书也。

子公羊子曰："其诸以病桓与？"

"其诸"，辞也。本所以书庄公生者，感隐、桓之祸生于无正，故喜有正。而不以世子正称书者，明欲以正见无正，疾恶桓公。

同实世子，而不以正称书之，是其"以正见无正"之义。桓由不正而篡弑，故曰"疾恶桓公"也。

儒家立说"必也正名"。今天民主，仍以正名分为主。正名，治乱世的第一个步骤。否则有民主之名，无民主之实。

做事必有"正"的观念，若开始做事就想到"我"，必失败，不必做。要正，一天有几件事是为别人想？若真替人想，人格必升华，慢慢必成功。正，乃对别人有好处，相反则为私。

日者，喜录之。

《春秋》详略之旨，日详而时略。"喜有正"，故录从日录也。

礼，生与来日，死与往日，各取其所见日也。

《礼记·曲礼上》："生与来日，死与往日。"旧疏云："与，由数也。由生数来日，故书'丁卯'而录之。"

礼，世子生三日，卜士负之寝门外，以桑弧蓬矢射天地四方，明当有天地四方之事；三月，君名之，大夫负，朝于庙，以名遍告之。

昔生男孩，门口挂弓，桑弧蓬矢。三日，射天地四方，"不家食，吉"（《易经·大畜卦》）。小孩会想许多事。

三月，取名，旧家庭由家中最高者取，在祖宗面前上香，告以谱名。在外则以字行。

孔、孟、颜、曾，排一个辈。颜、曾、孟，跟孔家排。孟子，子思的再传门人。文化，有一定的规矩，有人的滋味。

冬，纪侯来朝。

朝聘例时。

以《春秋》当新王，《春秋》非一部书，乃一王之法，指一个时代。立一王之法，以俟后圣，"制《春秋》之义，以俟后圣"。《春秋》为一假设王朝，故孔子为"素王"，有王之德，无王之位。孔子有其抱负，立其思想，为后人留王法，本人虽无革周朝的命，乃为后世立法，以等百王。

人生来有性智，必以文智启发性智。古圣先贤的罪人，先人立说等后贤。

中国学术未被发掘。依经解经，看古人到底说些什么？

桓公第二

不要等外人发掘出来，再予重视。讨论亚洲"四小龙"是否儒家精神造成的？洋人永远难以了解中国东西，无法解答此一神秘，故归之于儒家精神。必真找，不能以此安慰。

开明书局《十三经白文》，找书方便，但《十三经索引》漏了不少。

不能光是喊叫，而不提解决之道。西北，黄河经过，黄土却无水，若能研究开发，加以利用，不得了！敦煌山洞被沙土埋没，现在被整理得很干净。民国时，什么都不能做，根本看不到张大千盗壁的情形。

七年，春，二月，己亥，焚咸丘。

疾始以火攻，暴而不仁之至。

"咸丘"，鲁地，在今山东荷泽市巨野县南。《公羊》以为邾娄之邑，或先属邾娄，后为鲁有也。

焚之者何？樵之也。

"樵"，薪也。以樵烧之故，因谓之"樵之"。樵之，齐人语。

以火焚地，谓之"樵"。

樵之者何？以火攻也。何言乎以火攻？

据战、伐不道所用兵。

以火攻城，亦谓之"樵"。

疾始以火攻也。

"疾始以火攻"，然则后之以火攻者，皆《春秋》之所疾也。《穀梁传》曰："疾其以火攻也。"《后录·卷一》笺："以火攻人，君大恶也。目言之何？远也，贱桓也。"《春秋公羊传·桓公二年》《传》曰："内大恶讳，此其目言之何？远也。"

征伐之道，不过用兵，服则可以退，不服则可以进。火之盛炎，水之盛冲，虽欲服罪，不可复禁，故疾其暴而不仁也。

《淮南子·兵略训》曰："故闻敌国之君，有加虐于民者，则举兵而临其境，责之以不义，刺之以过行。兵至其郊，乃令军师曰：'毋伐树木，毋抉坟墓，毋烧五谷，毋焚积聚，毋捕民虏，毋收六畜。'"

《传》不托始者，前此未有，无所托也。

此火攻，前此无有，直始于桓公，故只云"疾始"，无庸托也。

咸丘者何？邾娄之邑也。曷为不系乎邾娄？

据邢、鄑、郚系纪。

《春秋公羊传·庄公元年》"冬，齐师迁纪邢、鄑、郚"，《传》曰："迁之者，取之也……自是始灭。"

国之也。

欲使如国，故无所系。加"之"者，辟实国也。

"国之"，明非国，而国之也。既已国之，故无所系，似实国也。

曷为国之？

据邢、鄣、鄌不国。

君存焉尔。

所以起邾娄君在咸丘邑，明臣子当赴其难，与在国等也。

"邾娄君在咸丘邑"，二《传》无文，此本《公羊》先师所传，"君在咸丘"，故通咸丘为国。又以责邾娄"臣子当赴其难"，主忧臣辱，主辱臣死。

"与在国等"，国君所在，犹言王所焉耳。虽外邑，亦如都也。

日者，重录以火攻也。

旧疏云："侵伐例时，即隐七年'秋，公伐邾娄'。"

夏，榖伯绥来朝，邓侯吾离来朝。

皆何以名？

据滕、薛不名也。

《春秋·隐公十一年》"春，滕侯、薛侯来朝"，不名。

失地之君也。其称来朝何？

《繁露·灭国上》曰："邓、榖失地，而朝鲁桓，邓、榖失地不亦宜乎！"《穀梁传》亦以其失国。穀、邓之君，失国来托，先行朝礼，故书"来朝"。

据以贱也。

《左传》云："名，贱之也，以其失地，故贱之。"刘逢禄难曰："来朝何故贱之？《曲礼》'诸侯失地名'，真《春秋》家言也，是也。"（《后录·卷四》）

贵者无后，待之以初也。

穀、邓本与鲁同贵为诸侯，今失爵亡土来朝，托寄也，义不可卑，故明当待之如初，所谓"故旧不遗，则民不偷"。

《白虎通·王者不臣》："王者臣得复为诸侯臣者，为衰世主上施行其道。《易》曰：'不事王侯。'此据言王之致仕臣也，言不事王可知。复言侯者，明年少复得仕于诸侯也。"待之如初，《论语·泰伯》孔子曰："故旧不遗，则民不偷。"

无后者，施于所奔国也。独妻得配夫，托衣食于公家，子孙当受田而耕，故云尔。

旧疏云："知如此者，正以《郊特牲》云'诸侯不臣寓公，故古者寓公不继世'，彼注云'寓，寄也。寄公之子，非贤者世不足尊也'，是其义；又云'继世以立诸侯，象贤也'，注云'贤者，子孙恒能法其先父德行'。"

下去二时者，桓公以火攻人君，故贬，明大恶。

所传闻世，于内大恶讳，故"桓公四年"及"七年"，并去秋、冬二时，以起义，明大恶不可言也。《论语·阳货》孔子称"天何言哉，四时行焉"，刘逢禄释曰："圣人不辨，以时日月为辨，视辨相万也。"（《何氏释例·时日月例第四》）

不月者，失地君朝恶人，轻也。

旧疏云："朝例时，《春秋》常典，即文十五年'夏，曹伯来朝'是也。而此责其月者，以文十二年'春，王正月，盛伯来奔'，《传》云'盛伯者何？失地之君'。彼书月见其奔重，宜厚遇之；此不月者，朝恶人轻故也。僖二十年'夏，郜子来朝'，僖公非恶人而不月者，正以朝轻于奔故也。然则此注因桓恶人，故言此。若其不然，正宜直云'失地之君来朝'，轻矣。"

名者，见不世也。

旧疏云："郜子、盛伯皆不名者，兄弟故也。"

八年，春，正月，己卯，烝。

讥失礼鬼神。
《传》云讥亟，十二月已烝，正月又烝，为亟也。

烝者何？冬祭也。

《繁露·四祭》曰："古者岁四祭。四祭者，因四时之所生孰，而祭其先祖父母也。故春曰祠，夏曰礿，秋曰尝，冬曰烝。"
《繁露·深察名号》曰："名也者，名其别离分散也。号凡而略，名详而目。目者，遍辨其事也；凡者，独举其大也。享鬼神者号，一曰祭。祭之散名，春曰祠，夏曰礿，秋曰尝，冬曰烝……是故，事各顺于名，名个顺于天，天人之际，合而为一，同而通理，动而相益，顺而相受，谓之德。"《祭义》曰："宗庙上四时之所成，受赐而荐之宗庙，敬之性（卢作'至'）也，于（字误）祭之而宜矣。宗庙之祭，物之厚无上也。"

春曰祠。

荐尚韭、卵。祠，犹食也，犹继嗣也。春物始生，孝子思亲，继嗣而食之，故曰祠，因以别死生。

《繁露·祭义》曰："春上豆实……豆实，韭也，春之所始生也。""始生故曰祠，善其司也。"思继嗣，"续莫大焉"。

夏曰礿。

荐尚麦、苗。麦始熟可礿，故曰礿。

《繁露·祭义》曰："夏上尊实，尊实，黀（fēng）也，夏之所受初也。""夏礿故曰礿，贵所受初也。"

秋曰尝。

荐尚黍、肫。尝者，先辞也。秋谷成者非一，黍先熟可得荐，故曰尝。

《繁露·祭义》曰："秋上朹（簋）实……朹实，黍也，秋之所先成也。""先成故曰尝，尝言甘也。"尝，让祖宗尝新。

冬曰烝。

荐尚稻、雁。烝，众也，气盛貌。冬万物毕成，所荐众多，芬芳备具，故曰烝。

"烝"，冬祭，《繁露·四祭》曰："烝者以十月，进初稻也。"又《祭义》曰："冬上敦实……敦实，稻也，冬之所毕熟也。""毕熟，故曰烝……烝之言众也。"冬之物成者众。

无牲而祭谓之荐。天子四祭四荐，诸侯三祭三荐，大夫、士再祭再荐。

"盥而荐"，"盥"，祭之前洁手；"荐"，奉酒以祭，将祭品供奉于鬼神面前。

祭于室，求之于幽；祭于堂，求之于明；祭于祊，求之于远：皆孝子博求之意也。大夫求诸明，士求诸幽，尊卑之差也。

"祊"，庙门。《礼记·礼器》云："设祭于堂，为祊乎外。"主祭四方，报成万物。

殷人先求诸明，周人先求诸幽，质文之义也。

周尚文，殷尚质，《春秋》改周文，从殷质。

礼，天子、诸侯、卿大夫牛羊豕，凡三牲，曰大牢。

大牢，最隆重，用三牲：牛、羊、猪。

天子元士、诸侯之卿大夫羊豕，凡二牲，曰少牢。诸侯之士特豕。天子之牲角握，诸侯角尺，卿大夫索牛。

"天子元士"，天子之子曰元士，士的老大。

《礼记·曲礼下》云："天子以牺牛，诸侯以肥牛，大夫以索牛，士以羊豕。"

常事不书，此何以书？讥。何讥尔？讥亟也。

亟，数也。属十二月已烝，今复烝也。不异烝祭名而言烝者，取冬祭所荐众多，可以包四时之物。

旧疏云："烝者，冬祭之名。明去年十二月已有烝。但得常不书，今正月复作烝，故言亟。"

《礼记·曲礼下》云："凡祭，有其废之莫敢举也，有其举之莫敢废也。非其所祭而祭之，名曰淫祀。淫祀无福。"

《繁露·深察名号》曰："是非之正，取之逆顺，逆顺之正，取之名号，名号之正，取之天地，天地为名号之大义也。"《四祭》曰："古者岁四祭。四祭者，因四时之所生孰，而祭其先祖父母也……此言不失其时，以奉祭先祖也。过时不祭，则失为人子之道也。"

亟则黩，黩则不敬。

"黩"，渫黩也。

"渫"，狎也，烦琐。"黩"，《广雅》云："狎也。"《易经·蒙卦》云："初噬告，以刚中也。再三渎，渎则不告。"烦琐不敬，则不告。

君子之祭也，敬而不黩。

子生则敬养，死则敬享，故将祭，宫室既修，墙屋既绣，百物既备，序其礼乐，具其百官，散齐（斋）七日，致齐三日，夫妇齐戒沐浴，盛服。

《礼记·祭义》曰："齐之日：思其居处，思其笑语，思其志意，思其所乐，思其所嗜。齐三日，乃见其所为齐者。"《繁露·四祭》曰："孝子孝妇，缘天之时，因地之利。地之菜茹瓜果，艺之稻麦黍稷，菜生谷熟，永思吉日，供具祭物，齐戒沐浴，洁清致敬，祀其先祖父母。"

君牵牲，夫人奠酒；君亲献尸，夫人荐豆。卿大夫相君，命妇相夫人，洞洞乎，属属乎，如弗胜，如将失之；济济乎，致其敬也；愉愉乎，尽其忠也；勿勿乎，其欲飨之也。文王之祭，事死如事生，孝子之至也。

祭，接神，迎尸入室，以酒献尸……九献之后，谓之加爵。《中庸》"事死如事生"，《论语·八佾》"祭如在，祭神如神在"，祭在崇本报恩，饮水思源。

疏则怠，怠则忘。士不及兹四者，则冬不裘，夏不葛。

礼本下为士制。"兹"，此也。"四者"，四时祭也。疏数之节，靡所折中，是故君子合诸天道，感四时物而思亲也。

《礼记·祭义》曰："祭不欲数，数则烦，烦则不敬。祭不欲疏，疏则怠，怠则忘。是故君子合诸天道。"合诸天道，因四时变化，有四时之祭，以四时之物进献先人。

祭必于夏之孟月者，取其见新物之月也。

"必于夏之孟月者"，祭以首时，荐以仲月。

裘葛者，御寒暑之美服。士有公事，不得及此四时祭者，则不敢美其衣服，盖思念亲之至也。故孔子曰："吾不与祭，如不祭。"

"有公事"，不以私废公。

《繁露·祭义》曰："君子之祭也，躬亲之，致其中心之诚，尽敬洁之道，以接至尊，故鬼享之。享之如此，乃可谓之能祭。祭者，察也，以善逮鬼神之谓也。善乃逮不可闻见者，故谓之察。吾以名之所享，故祭之不虚，安所可察哉！祭之为言际也与？祭然后能见不见。见不见之见者，然后知天命鬼神。知天命鬼神，然后明祭之意。明祭之意，乃知重祭事。孔子曰：'吾不与祭，如不祭。祭神如神在。'"

九年，冬，曹伯（曹桓公）使其世子射（yè）姑来朝。

诸侯来曰"朝"。此世子也，其言朝何？

据臣子一例，当言聘。

《春秋》有讯父老，子代从政者，则未知其在齐与？曹与？

"在齐"者，世子光也。

疑则存疑。"吾犹及史之阙文也"（《论语·卫灵公》），写历史必疑以存疑，此为人的精神。后世愈写愈清楚，岂非造谣？

时曹伯年老有疾，使世子行聘礼，恐卑，故使自代朝，虽非礼，有尊厚鲁之心。《传》见下卒、葬详录，故序《经》意依违之也。

《春秋》为一时代，世卿非礼也，讥父老子代。

小国无大夫，所以书者，重恶世子之不孝甚。

旧疏云："世子代朝，明亦合讥。世子序诸侯之上，明亦合讥。"

所传闻世，小国无大夫。陈立以为曹伯有疾，世子当躬亲药膳，而忍去左右，代父朝，《春秋》因其可责而责之，书以恶其不孝，以立为人子之坊也。

十年，春，王正月，庚申，曹伯终生卒。

夏，五月，葬曹桓公。

小国始卒，当卒月葬时。而卒日葬月者，曹伯年老，使世子来朝，《春秋》敬老重恩，故为鲁恩录之尤深。

秋，公会卫侯于桃丘，弗遇。

桃丘，卫地。在今东阿县安平镇十八里。

会者何？期辞也。其言弗遇何？公不见要也。

"要"，约也。

时实桓公欲要见卫侯，卫侯不肯见公，以非礼动，见拒有耻，故讳使若会而不相遇。

鲁桓约卫侯为会，卫侯不肯，是鲁公以非礼见拒，有耻。故讳为"不遇"之词。

言"弗遇"者，起公要之也。"弗"者，不之深也。起公见拒深。《传》言"公不要见"者，顺《经》讳文。

《后录·卷一》笺："此非大恶，反讳之者，正以桓弑逆之人，诸侯将诛之。下'来战于郎'（冬，十有二月，丙午，齐侯、卫侯、郑伯来战于郎）、'盟于恶曹'（十有一年，春，正月，齐人、卫人、郑人盟于恶曹）是也。"

十有一年，夏，五月，癸未，郑伯寤生卒。
秋，七月，葬郑庄公。

庄公杀段，所以书葬者，段当国，本当从讨贼辞，不得与杀大夫同例。

旧疏云：《春秋》之例，君杀无罪大夫，皆去其葬，即成十年晋侯孺卒，注云'不书葬者，杀大夫赵同'等是。今段有罪，故庄公书葬也。然则此言'不得与杀大夫同例'者，谓不得与杀无罪大夫同例耳。"

《穀梁传》注曰："庄公杀段，失德不葬，而书葬者，段不弟，于王法当讨，故不以杀亲亲贬之。"义同何氏。

九月，宋人执郑祭仲。

祭仲者何？郑相也。

"相"，扶也。"'相维辟公，天子穆穆'，奚取于三家之堂？"（《论语·八佾》）诸侯助祭于太庙。

对一个问题的看法，有一般人看法，也有超俗之见。不要读死书，读完一篇，智慧必升华一段。

不言"大夫"者，欲见持国重。

何以不称"大夫"？因君被出。有君，即有所属，大夫必有维护国君之责。

"持国重"，"国"，包含太多。国民，以国为重，与国君虽无名分，而对国家则每个人皆有其责任。妇女团体，不一定妇女参加，男人也可以参加。

"国（國）"，每一口人都必扛着枪，以保住框框。《孟子》"居天下之广居"，中国的国境为大宇，即宇宙。

若真知"国重"，还有今天这帮知识分子、华裔学人如此谈中国问题？乡愿难以负责，但知识分子当负责任。乡下老夫妇犹知尽己责任，日出而作，日入而息。

何以不名？贤也。何贤乎祭仲？

据身执君出（被罢），不能防难。

"贤乎祭仲"，非"仁乎祭仲"，因不过知"国重君轻"而已，不如管仲"乃其仁，乃其仁"。我得改名"长仲老人"！康有为号"长素"，有其师必有其徒嘛！

以（因）为知权也。

"权"者，称也，所以别轻重，喻祭仲知国重君轻。

"权者，称也，所以别轻重"，"国重君轻"，《论语·宪问》云："子路曰：'桓公杀公子纠，召忽死之，管仲不死。'曰：'未仁乎？'子曰：'桓公九合诸侯，不以兵车，管仲之力也。如（乃）其仁！如其仁！'"管仲以民族为重，乃其仁，乃其仁，即为民族尽大孝。

子贡曰："管仲非仁者与？桓公杀公子纠，不能死，又相之。"子曰："管仲相桓公，霸诸侯，一匡天下，民到于今受其赐。微（无）管仲，吾其被发左衽矣。"无管仲，什么都没了！孔子在民族立场赞美管仲。今人以入外国籍为荣，实不知耻。"全盘西化"就能强国？应用中国智慧领导中国人。

君子以"存国"除"逐君之罪"，虽不能防其难，罪不足而功有余，故得为"贤"也。

《春秋》中的"君子"，皆指孔子。此为《公羊传》经义也。"以存国之功除逐君之罪"，所以为"别轻重"也。"罪不足而功有余"，中国文化精神：恕。

人生不必"希圣希贤"，先做好"人"。每人皆有难言之隐，有时连太太都不能说。何以要做损人不利己的事？纵然不报在己身，亦无不报在子孙。自己为什么而活？真正为自己活，即是人。

不引度量者，取其平实以无私。

"权"，称也；"衡"，平也，所以任权而均物。权为秤锤，衡之轻重，在秤锤之进退。

《汉书·律历志》曰："准者，所以揆平取正；绳者，上下端直，经纬四通也。准绳连体，衡权合德，百工繇（由）焉，以定法式。"又"度者，分尺、寸、丈、引也，所以度长短也……量者，龠、合、升、斗、斛也，所以量多少也。"

"平实无私"，不要到处找高人、奇才。平实无私，到处都有，两条腿的人到处都是，三条腿的蛤蟆没有。没你，照样成。你孤高，就自赏去。平实无私，就是人才。

其为知权奈何？古者郑国处于留。先郑伯有善于邻（音 kuài）公（邻仲）者，通乎夫人（叔妘，邻夫人），以取其国，而迁郑焉。

迁郑都于邻也。

而野留。

野，鄙（边邑）也。《传》本上事者，解宋所以得执祭仲，因以为戒。

庄公死，已葬，祭仲将往省于留，涂（途）出于宋，宋人执之。

宋人，宋庄公也。

"宋人"，是称"人"，指举国而言。

谓之曰："为我出忽而立突。"

突，宋外甥。

忽、突，避兄弟也，君子之所甚贵，《繁露·竹林》曰："夫去位而避兄弟者，君子之所甚贵；获虏逃遁者，君子之所甚贱。祭仲措其君于人所甚贵以生其君，故《春秋》以为知权而贤之。"

强国威胁，岂非"出忽立突"？天天开秘密会议，支使做这做那。

百姓太善良了，台湾橘子等水果皆进口，本土水果不能生存，为什么？尽量牺牲农业，用以扶植工商业，此一倒行逆施将来如何收拾？田地一旦废耕，即不能再复耕。农村没饭吃，是政策打击的。

前几年，一甲地的荔枝可以养五口之家。现在我五甲地的荔枝，一年收新台币两万元，只够一个人一个月的工钱。工人还不易请，但荒废不好。我现有三十甲地，算"大地主"。但没利，不好请人。

政策很可怕，好多小田皆荒芜了，将来有朝一日需要时，怎么办？愚政猛如虎！应懂得用专家解决问题。

祭仲不从其言，则君必死、国必亡。

祭仲死，而忽旋为突所驱逐而出奔，《经》不书忽奔，见微弱甚。

旧疏云："忽为君之微也，祭仲存则存矣，祭仲亡则亡矣。"

是时，宋强而郑弱。祭仲探宋庄公本弑君而立，非能为突，将以为赂动，守死不听，令自入，见国无拒难者，必乘便将灭郑，故深虑其大者也。

从其言，则君可以生易死，国可以存易亡。少（稍）辽缓（推迟）之，

宋当从突求赂，郑守正不与，则突外乖（不合）于宋，内不行于臣下，辽假缓之。

"君可以生易死"，谓易去死也；"国可以存易亡"，易去亡也。

你死，君也死；君死，国也完。不死，最后还有强国机会。人活着，至少会有意义，且非死就能解决问题。

我常想：设若文天祥不死，会不会多少有所改观？若学管仲不死其君，可能会比管仲有成就？

历代虽尊孔，但历代绝无传孔子之学者，皆传子路之学，以"君死，臣不敢不死"，因国君皆自私也。孔子学生承中国旧学，自其对孔子所谈可见；孔子才说出其素王思想，根本非旧思想，各国难以接受。

则突可故出，而忽可故反。是不可得，则病，

使突有贤才，是计不可得行，则己病（受害）逐君之罪。

旧疏云："言己终能出突而反忽，则为权之成；若不能如是，乃为其病矣。"自己为国牺牲。

"则突可故出"，突可以此之故出之也。此缓兵之计也。缓兵之计，有终极目的。

今天不少国家不希望中国强。中国人再不争气，真对不起祖宗，这么大的国家不发生作用？一千多年前，何国不学中国？必恢复祖宗的光辉。

日本要废掉汉字，又恢复，许多字故意改，将来必吃亏，下一代就读不清楚。韩国也一样，将高深不下去。台湾风气坏，小孩日语班、儿童英语班……中国统一，绝对了不得！

然后有郑国。

己虽病逐君之罪讨，出突然后能保有郑国，犹愈于国之亡。

旧疏云："言突有贤才，己计不行，虽然，仍须勉力讨之。令忽有国虽费功力，犹愈于国之亡也。"

为求安定，不动，真是安邦之策。不变，可省许多是非；一变，人人皆跃跃欲试，就坏！有儿子者还想为儿子辟一战场。

古人之有权者，祭仲之权是也。

"古人"，谓伊尹也。汤孙太甲骄蹇（傲慢）乱德，诸侯有叛志，伊尹放之桐宫，令自思过，三年而复成汤之道。

《孟子·尽心上》曰："'贤者之为人臣也，其君不贤，则固可放与？'孟子曰：'有伊尹之志，则可；无伊尹之志，则篡也。'"

前虽有逐君之负，后有安天下之功，犹祭仲"逐君存郑"之权是也。

《繁露·竹林》曰："前枉而后义者，谓之中权，虽不能成，《春秋》善之，鲁隐公、郑祭仲是也。"

权者何？权者反于经（常道），然后有善者也。

可与适道，未可与权。反经行权。

权之所设，舍死亡无所设。

"设"，施也。"舍"，置也。如置死亡之事不得施。

行权有道，自贬损以行权，

身蒙逐君之恶以存郑是也。

不害人以行权。

己纳突，不害忽是也。

杀人以自生，亡人以自存，君子不为也。

祭仲死则忽死，忽死则郑亡。生者，乃所以生忽存郑，非苟杀忽以自生，亡郑以自存。反复道此者，皆所以解上死亡不施（加）于己。

《易经》"巽以行权",《春秋》非记事之书，乃明义之书。苟明其义，其事可略也。

你死，不能解决问题。留住生命，可能还有转机。都做先烈，谁做元老？死能解决问题？仁至义尽必杀身，杀身以成仁。有一线生机，则不杀身，要知权。《论语·子罕》云："可与适道，未可与立；可与立，未可与权。"

逊节容易，守节难，冷嘲热讽受得了？若人都有良知，焉能干特务？我自小看《阿Q正传》，很具阿Q精神。没有侵害你，何以天天来找我？何以不好好管你自己？够标准了，再来看别人。人必具有阿Q精神，才活得下去！人必须有良知，有工夫好好造就自己。无耻！不在乎别人刺激。

守节难，非你们所能了解。人需要的能守住，活下来不易！何以要把一女人逼疯？对寡妇更应敬之。二十岁好守寡，三十岁寡妇难守，四十岁寡妇不能守。有寡母者，应当圣人待，守寡太难了！

我最恨不守正义，专找好人麻烦的特务。对好人的虐待，许多人都死了！人最重要的是真知，真知者不做糊涂事。

宋不称"公"者，胁郑立篡，首恶当诛，非伯执也。祭仲不称"行人（司外交者）"者，时不衔君命出使，但往省留耳。

宋称"人"而"执"，非伯讨，胁立篡，当诛。《穀梁传》曰："宋人者，宋公也。其曰人何也？贬之也。"

执例时。此月者，为突归郑夺正，郑伯出奔。

《春秋》之例，执例时。

桓公第二
351

为何而活？有钱后做什么？就为声色货利？一旦享尽，就早去。人生经验多，乃愈接受佛教。生老病死，身体不好，到六十岁就不好活，病则不分老小。人生下就哭，活着一天，就几次上天堂，几次下地狱。人生多苦！到老，就懂得老之苦，病更不必谈了。

我母亲要我信佛，我答："等您上天堂，快向我托梦，我就信。"至今也未有之。广钦临死前，说自己要走了，念经念到最后，来去自如。死无法知，但人天天在生老病中。为什么而活？只为娶妻生子，那你就是老牛。知自己为什么而活，再活下去，有目的地活，对生老病就能胜过去。"富如石崇"又如何？做什么？

我有想法：全世界都有饭吃，不许有独占者存在，故要除独占者。知识分子必弄清几个观念，社会有独占者，将来必有大祸，必生革命。

任何事皆起于微，愈微的东西愈能发挥大作用。要识微、察微，隐而未现者，由隐之显。

自己要做的事必有目的，说出的未必是真目的。为这时代负什么责任？武功小学门口有豆瓣，培植生机，成为生命。愈是看不见的，愈有作用。

台湾的学校只重校门，何不用这些经费充实图书？台大校门还不错，学校好坏不在校门。自小处可看出一地区如何，看百姓的日常生活。

骂别人是淫盗之国，而我们今天？家家铁窗重重。有铁窗照样有小偷。不敢面对现实，礼义何在？校训"四维"，你们根本忘掉最后一个字——耻。知识分子为民族的良心，如遇事都无反应，那良心岂不泯灭了？

何以要借外力？对事情有意见当提出来，如知识分子都能努力，无改不来的环境。

都得变，看中国是怎么演变到今天。做秀没有用，必做实际事情。今天要做的事太多。做，每天忙不过来；不做，无聊一天！

国家民族好坏之转折点，全系于每个人身上。严复、伊藤博文，一败一成之例。严后来何以又回到儒家？可能受创后，觉得中国东西仍有用，可翻辜鸿铭的《春秋大义》（原名《中国人的精神》）看看。伊藤受教育不错，但其师必杀头。

至少必发挥人的作用，懂得为什么而活，就没有白活。杨朱"人人皆为己"，岂不成圣者社会？人人都为己，社会何会让人操心？《大学》说："生之者众，食之者寡，则财恒足矣！"现满街消耗者就坏！真知，就道德，德也。

做事业，不要勉强结合，必真知再结合。找三五个志同道合者，即能成事。无高的修养，难以接受不同意见。《中庸》称："舜其大知（智）也矣，舜好问而好察迩言。"舜之所以成为大智者，乃无一不取于人。没有自己的存在，才能容别人。书详看，就是生命力。

说："你抢住我的风头。"如此，能合作？我的事都叫学生做，风头还是我的。有家不受影响的才叫职业，可以截长补短。必有胆量识、必有群德，才能做事。知人更重要。过穷易，一富了就难，坐奔驰吵架。人生总有二三知己，我懂用二三知己。团体以"情义"合。学生就可靠？我才不信这一套！

弱国无外交。为子孙万代计，快快统一，不要为集团利益，否则台湾几千万人，将来何以生存？

突归于郑。

突何以名？

据忽复归于郑，俱祭仲所纳，系国称世子，不但名也。

挈乎祭仲也。

"挈"，犹提挈也。突当国，本常言郑突。欲明祭仲从宋人命，提挈而纳之，故上系于祭仲。不系国者，使与外纳同也。

突之入、不入，唯祭仲所"提挈"也。

时祭仲势可杀突，以除忽害。而立之者，忽内未能怀保其民，外未能结款诸侯，如杀之，则宋军强，乘其弱灭郑，不可救，故少辽缓之。

犹上"祭仲从宋人出忽立突"意也。

其言归何？

据小白言"入"（庄公九年"齐小白入于齐"）。

顺祭仲也。

顺其计策，与使行权，故使无恶。

"言归"者，出入无恶。《繁露·王道》曰："鲁隐之代桓立，祭仲之出忽立突，仇牧、孔父、荀息之死节，公子目夷不与楚国，此皆执权存国，行正世之义，守拳拳之心，《春秋》嘉义气焉，故皆见之，复正之谓也。"

郑忽出奔卫。

忽何以名？

据宋子，既葬称子。

《春秋公羊传·僖公九年》"三月，宋公御说卒""夏，公会宰周公、齐侯、宋子……于葵丘"，何注："宋未葬，不称子某者，出会诸侯，非尸柩之前，故不名。"

《春秋》伯、子、男一也，辞无所贬。

《春秋》改周之文，从殷之质，合伯、子、男为一，一辞无所贬，皆从"子"，夷狄进爵称"子"是也。

此《春秋》制。

《春秋》改周之文，从殷之质。文家尊尊，质家亲亲。《春秋》三等爵，合伯、子、男为一，辞无所贬，皆称"子"。

忽称"子"，则与《春秋》改伯从子，辞同于成君，无所贬损，故名也。"名"者，缘君薨有降，既葬名义也，此非罪贬也。君子不夺人之亲，故使不离子行也。

"忽"者，郑伯也，逾年之君，嫌为"改伯从子"，故"名"之也。

王者起，所以必改质文者，为承衰乱，救人之失也。天道本下，亲亲而质省；地道敬上，尊尊而文烦。故王者始起，先本天道以治天下，质而亲亲；及其衰敝，其失也亲亲而不尊。故后王起，法地道以治天下，文而尊尊；及其衰敝，其失也尊尊而不亲，故复反之于质也。质家爵三等者，法天之有三光（日、月、星）也。文家爵五等者，法地之有五行（金、木、水、火、土）也。合三从子者，制由中也。

《繁露·三代改制质文》曰："《春秋》郑忽何以名？《春秋》曰：伯、子、男一也，辞无所贬。何以为一？曰：周爵五等，《春秋》三等。《春秋》何三等？曰：王者以制，一商一夏，一质一文。商质者主天，夏文者主地，《春秋》者主人，故三等也。"《春秋》重人，人无生而贵者，天子之子曰元士。

十有五年，五月，郑伯突出奔蔡。

突何以名？

据"卫侯出奔楚"（僖公五年），不名。不连爵问之者，并问。上已名，今复名，故使文相顾。

夺正也。

明祭仲得出之，故复于此名，著其夺正，不以失众录也。

《通义》云："绝之，与卫侯朔同义。"著其"夺正"。《春秋》原心定罪，禁于未然。

月者，大国奔例月，重乖离之祸。小国例时。

郑世子忽复归于郑。

此亦五月。《通义》云："复归例月，复入例时。"

其称"世子"何？

据上出奔不称"世子"。

复正也。

欲言郑忽，则嫌其出奔还入，与当国同文，反更成上郑忽为当国，故使称"世子"，明"复正"，以效（验）祭仲之权，亦所以解上非当国也。

养正，拨乱反正。上言"夺正"，此言"复正"。《春秋》"大居正"，大守正。

曷为或言归，或言复归？"复归"者，出恶，归无恶。

《通义》云："忽正，而又言出恶者，微弱不能自存，亦有责也……君弱臣强，不倡而和也。"

"复入"者，出无恶，入有恶。

复入例时，复归例月。

"入"者，出入恶。"归"者，出入无恶。

"入"者，内弗受，故言恶。"归"者，与使有其国家也，故言无恶。

归例时，入例亦时。

皆于还入，乃别之者，入国犯命，祸重也。忽未成君出奔，不应绝。"出恶"者，不如死之荣也。"入无恶"者，出不应绝，则还入不应盗国（与"盗国"同文）。

陈立疏："忽虽未成君，可从末减，不绝，然亦挈乎祭仲，生而恶，不如死而荣。"

郳娄人、牟人、葛人来朝。

皆何以称"人"？

据言朝也。

夷狄之也。

三国国君来朝，称"人"，夷狄之。

桓公行恶，而三人俱朝事之。三人为众，众足责，故夷狄之。

《易经·说卦传》"坤为众"，取其载物非一。"众"，《说文》云："多也。"三人为众，数成于三。

此其诛也。桓为弑君之恶人，朝弑君者尚"夷狄之"，况亲为弑君者乎？

秋，九月，郑伯突入于栎。

栎者何？郑之邑。曷为不言入于郑？

据齐阳生立陈乞家，言"入于齐"。

末言尔。

"末"者，浅也。解不言"入国"意。

不足言耳。

曷为末言尔？

据俱篡也。

祭仲亡矣。

"亡"，死亡也。祭仲亡，则郑国易得。故明"入邑"，则忽危矣，不须乃"入国"也。所以效（验）君必死，国必亡矣。

时祭仲已死亡。突入栎，即入郑。

然则曷为不言忽之出奔？

据上言出奔也。

言忽为君之微也，祭仲存则存矣，祭仲亡则亡矣。

言忽微弱甚于鸿毛，仅若匹夫之出耳，故不复录。皆所以终祭仲之言，解不虚设危险之嫌。

《通义》云："仲之存亡，为忽重轻，故忽微弱甚，不足录也。"旧疏曰："权者，危险之事。祭仲比来欲为君存国，非徒然也。但国内凡人嫌其虚设，故作经《传》以解之，故曰'解不虚设危险之嫌'。"

陈立疏："公羊谓祭仲知权，有危险之嫌，序所谓'非常异义可怪之论'也。反复道此，亦所以'解不虚设危险之嫌'。"

十有八年，夏，四月，丙子，公薨于齐。

不书齐诱杀公者，深讳耻也。

《繁露·玉英》曰："鲁桓忘其忧而祸逮其身，齐桓忧其忧而立功名。推而散之，凡人有忧而不知忧者凶，有忧而深忧之者吉。《易》曰：'复自道，何其咎？'此之谓也。"

地者，在外为大国所杀，于国尤危。国重，故不暇隐也。

《穀梁传》曰："其地，于外也，于国危甚，国重君轻，故以国危为重，以讳君耻为轻也。"

丁酉，公之丧至自齐。

凡公薨外，"致日"者，危痛之。外多穷厄伐丧，内多乘便而起，不可不戒慎。

加"之"者，丧者死之通辞也，本以别死生，不以明贵贱，非配公之称，故加"之"以绝。

冬，十有二月，已丑，葬我君桓公。

贼未讨，何以书葬？

据隐公言也。

仇在外也。仇在外，则何以书葬？

据俱仇也。

君子辞也。

《繁露·俞序》曰："《春秋》缘人情，赦小过，而《传》明之曰：'君子辞也。'孔子明得失，见成败，疾时世之不仁，失王道之体，故缘人情，赦小过，《传》又明之曰：'君子辞也。'孔子曰：'吾因行事，加吾王心焉。'假其位号以正人伦，因其成败以明顺逆，故其所善，则桓文行之而遂；其所恶，则乱国行之终以败。"

时齐强鲁弱，不可立得报，故君子量力，且假使书葬。

《通义》云："亲弑君者，彭生也。时鲁人请于齐而诛彭生，臣子之心亦少纾矣，故以恕辞葬之。"孔广森此说完全错，有罪非刽子手，乃是下令者。

於可复仇而不复，乃责之，讳与齐狩是也。

《春秋公羊传·庄公四年》"冬，公及齐人狩于部"，《传》曰："公曷为与微者狩？齐侯也。齐侯则其称'人'何？讳与仇狩。"

"桓"者，谥。礼，生有爵，死有谥，所以劝善惩恶也。礼，诸侯薨，天子谥之。卿大夫受谥于君。

"谥"者，行之迹也；"号"者，功之状也。《白虎通·谥》：

"谥者何也？谥之为言引也，引烈行之迹也。所以进劝成德，使上务节也。故《礼特牲》曰：'古者生无爵，死无谥。'此言生有爵，死当有谥也。"其行善恶为"谥"，所以勉为善也。

《礼记·表记》曰："先王谥以尊名，节以壹惠，耻名之浮于行也。""君子疾没世而名不称焉"（《论语·卫灵公》），名实不相称，名不副实。

《礼记·曲礼下》曰："既葬见天子曰类见。言谥曰类。"类于平生之行也。《穀梁传》云："诸侯须请谥乃葬也。"

《穀梁传》云："桓公葬而后举谥，谥所以成德也，于卒事乎加之矣。知者虑，义者行，仁者守，有此三者备，然后可以会矣。"

唯天子称天以诔之，盖以为祖祭乃谥。"丁酉，公之丧至自齐"，"丁巳，葬我君定公，雨不克葬；戊午，日下昃，乃克葬"是也。

《白虎通·谥》曰："天子崩，臣下至南郊谥之者何？以为人臣之义，莫不欲褒大其君，掩恶扬善者也。故之南郊，明不得欺天也。"

以公配谥者，终有臣子之辞。

上葬日者，起生者之事也。且明王者当遣使者，与诸侯共会之。

桓非贤君，隐之者，明臣子当痛其君死不以正，不得以时葬也。

加"我君"者，录内也，犹君薨地也。

《春秋》内鲁，故言"我"。

庄公第三

庄公（前706—前662），桓公之子，名同，在位三十二年。子般嗣，庄公母弟庆父弑之，立子般之弟启，是为闵公。

元年，春，王正月。

公何以不言即位？《春秋》君弑，子不言即位。

《通义》云："目《春秋》者，时君自行即位之礼，特《春秋》不言耳。君弑，贼不讨不书葬，以义治也；君弑，子不言即位，以仁治也。二者并是《春秋》新意。"

旧疏云："言《春秋》者，欲道孔子意，《春秋》之内皆尔，非止此处，故举其大号言之，是以僖元年《传》云'公何以不言即位？继弑君，子不言即位。此非子也，其称子何？臣子一例也'。然则宣公之《传》不言子，直以其无臣子之道，不念其君父，亦不由宣公非子赤之子，故不言子。"

君弑，则子何以不言即位？

据继君，不绝也。

《说文》曰："继，续也。"父死子继曰世。

隐之也。孰隐？隐子也。

隐痛是子之祸，不忍言即位。

"隐"，痛也。先君不以其道终，则子"不忍即位"也。圣人以《春秋》治之，则"不忍即位"也，故不书。

旧疏云："庄公既逾年即位之后，合称成君，而言'子'者，凡诸侯于其封内三年称子故也。若表臣子之心，不可旷年无君，乃称'公'耳。"

历史应是一是一，二为二。《春秋》曰况，《大易》曰象，借事明义，比方。

《春秋》为新王之法，"以鲁当新王"，与真鲁国无关。"隐为桓立"，隐公非真能为桓立，《尚书》始于尧、舜，拨乱先自一样开始，并非终极目的。群龙无首，人人皆有士君子之行，终极目的。

正，王道也，生生之道。人人皆愿归往者为民主，人人皆可以为尧、舜。孔子曰"三世必复"，经夏、商、周三代，当复于正；三代复不了，乃曰"九世必复"。中国老喜用"三"，如三世、三统、三不、三通、三公。本不变，方法随时变。

"贬天子、退诸侯、讨大夫"：据乱世，先讨大夫，以"世卿非礼"为"拨乱反正"之工夫。因当时权在大夫，故必先向民众宣"世卿非礼也"，说出大夫的毛病。

孔子当时的气派大！孔子许多遗言即师说，不敢笔之于书者，乃代代相承，而有师承。但因无据，乃愈弄愈糟。

现需真材实料能够做事者，在屋中吹一天没用。发挥价值，必要有智慧，得老谋深算，有经验者能够虑深通敏。美国善用年轻人，才有今天的幼稚。

齐师迁纪郱、鄑、郚。

郱，在今山东省临朐县东南。鄑，在今山东省昌邑市西北。郚，在今山东省临朐县东南二十五公里，属琅邪郡。

迁之者何？取之也。

以称"师"，知"取之"。

旧疏云："欲言实迁，不言处所；欲言取之，而《经》书迁。"《春秋公羊传·庄公十年》"宋人迁宿"，非以兵取也，《传》曰："迁之者何？不通也，以地还（绕）之。子沈子曰：'不通者，盖因而臣之也。'"此《传》明《经》文之"迁"为"取"，非训迁为取也。

取之，则曷为不言取之也？

据莒人伐杞，取牟娄（隐公四年）。

为襄公讳也。

襄公将复仇于纪，故先孤弱取其邑，本不为利举，故为讳。不举伐，顺讳文也。

襄公复仇之事，见下四年《传》。

襄公取郱、鄑、郚，《春秋》与（许）襄公复仇，故为之讳，所谓"假其事以张义"。借事明义，襄公非不为利，乃讳也。

"孤弱"，越孤越弱，此术也，斗争皆如此。

既有传道之心，何不早日传道？再晚，恐没机会传道了。既淡泊，何需等？等到何时？到没处走，就达不到自己的目的。应自发心那天开始做。不及时也，故没成就。到万不得已，还能自主？

历代有权势者，到万不已时都不能自主。不要迷念权势，太可怜！

外取邑不书，此何以书？大之也。何大尔？自是始灭也。

将大灭纪，从此始，故重而书之。

书其取邑，为"大复仇"先张义，此为伏笔，乃"灭仇人之始也"。假襄公之事，以明《春秋》复仇之义。

《春秋》真明白，必要下功夫。

公羊学当用白话好好写一遍。公羊学比《易经》，实有过之而无不及。前后了解，融会贯通了，才明白思想特殊的地方。读《春秋》，深明大义。《左氏》大义不行。

三年，秋，纪季以酅入于齐。

"酅"，纪邑，特存之齐都临淄之境。

齐欲灭纪，故纪季以邑入齐为附庸。《韩诗外传》云："邢、鄑、郚者，纪之封；酅者，纪之采。迁封而留采，故纪灭而酅存。"

纪季者何？纪侯之弟也。何以不名？贤也。何贤乎纪季？

旧疏云："欲言其君，《经》不书爵；欲言大夫，又不言氏。"

据叛也。

《穀梁传》曰："酅，纪之邑也，入于齐者，以酅事齐也，亦即服事齐也。"

服罪也。其服罪奈何？鲁子曰："请后五庙以存姑姊妹。"

旧疏云："《传》所以记'鲁子'者，欲言孔氏之门徒受《春秋》，非唯子夏，故有他师矣。其隐十一年《传》记'子沈子'者，欲明子夏所传，非独公羊氏矣，故辄记其人以广义也。"

旧疏云："季为'附庸'，而得有'五庙'者，旧说云'比诸侯之礼故也'。直言'以存姑姊妹'，不言'兄弟子侄'者，谦不敢言之。欲言兄弟子侄亦随国亡，但外出之女有所归趣而已。"

纪与齐为仇，不直齐大纪小，季知必亡，故以酅首服，先祖有罪于齐，请为五庙后，以酅共祭祀，存姑姊妹。

旧疏云："凡言'首'者，先服之辞，纪国未灭，今以往服，故谓之'首服'也。'先祖有罪于齐'者，即四年《传》云'哀公亨乎周，纪侯谮之'是也。"

称"字"贤之者，以"存先祖"之功，则除"出奔"之罪，明其知权。

《何氏释例·诛绝例第九》释曰："《春秋》之善善也长，恶恶也短，父子兄弟不相及，所谓'礼义之大宗'也。"纪季有存先祖之功，故贤之，明其知权也。

言"入"者，难辞，贤季有难去兄入齐之心，故见之。

《穀梁传》曰："酅，纪之邑也。入于齐者，以酅事齐也。入者，内弗受也。"

旧疏云："正以襄二十六年二月，'卫孙林父入于戚'；定十三年'晋荀寅、士吉射入于朝歌'之属，皆是不获已，故以为'难辞'也。"

《繁露·玉英》曰："今纪季受命乎君而《经》书专，无善一名而文见贤，此皆诡辞，不可不察。《春秋》之于所贤也，固顺其志而一其辞，章其义而褒其美。今纪侯《春秋》之所贵也，是以听其入齐之志，而诡其服罪之辞也，移之纪季。"又曰："以入于齐者，实纪侯为之，而《春秋》诡其辞，以与纪季。所以诡之不同，其实一也。"又曰："何贤乎纪侯？曰：齐将复仇，纪侯自知力不加而志距之，故谓其弟曰：'我宗庙之主，不可以不死也。汝以往，服罪于齐，请以立五庙，使我先君岁时有所依归。'"

男谓女先生为"姊"，后生为"妹"，父之姊妹为"姑"。

《尔雅·释亲》云："男子谓女子，先生为'姊'，后生为'妹'。父之姊妹为'姑'。"《释名·释亲属》云："姊，积也，犹日始出积时多而明也。妹，昧也，犹日始入历时少尚昧也。"

冬，公次郎。

"次"者，兵舍止之名。

"次"，止也，次止，旅次。

"郎"，鲁之边邑，见隐公九年"夏，城郎"，桓公四年"春，正月，公狩于郎"。

《春秋公羊传·僖公元年》《传》曰："救不言次，此其言次何？不及事也。不及事何？邢已亡矣。"何注："刺其救急舒缓，使至于亡，故录之止次，以起之。"此刺庄公欲救纪而不能。

其言次于郎何？

国内兵不当书，"公敛处父帅师而至"，虽有事而犹不书是也。

"国内兵"，"郎"，乃鲁内邑。

旧疏云："'公敛处父帅师而至'者，定八年《传》文。案昭十三年'春，叔弓帅师围费'；定十二年冬，'公围成'之属是也。"

《春秋公羊传·定公八年》"盗窃宝玉大弓"，《传》曰："盗者孰谓？谓阳虎也……公敛处父（孟孙氏家臣）帅师而至，懂（jìn，将近）然后得免，自是走之晋。"费，亦季氏强邑，《昭公十三年》"春，叔弓帅师围费"。《定公十二年》冬，"公围成"，何注："公亲围成，不能服，不能以一国为家，甚危，若从他国来，故危录之。"费、成与郎，均为内地。

刺欲救纪而后不能也。

恶公既救人，辟难道还，故书其止次以起之。

"辟难道还"，《穀梁传》曰："有畏也，欲救纪而不能也。"范注："畏齐。"是避难也，救纪不能，无事可成，故书"次"以示讥，刺之。

《后录·卷二》曰："刺鲁者，非责使距齐，刺纪之遂亡而不能存也。以鲁侯之义，为请于天子以变置其君之为谮人子孙者，则存纪之功与复仇之志，非皆鲁之所存乎？故曰'见义不为，无勇也'。"

诸侯本有相救之道，所以抑强消乱也。

旧疏云："言此者，欲道《春秋》善齐襄复仇，不书其灭，而刺鲁侯不救纪者，以'诸侯本有相救之道，所以抑强消乱'，是以刺不相救也。而善齐襄复仇者，所以申仁孝之恩，各自为义，岂相妨夺乎？"

《后录·卷二》曰："有鲁之救纪，知诸侯之不得仇天子而叛天子，且著强有辞者之不能冯弱犯寡，所谓'万物并育而不相害，道并行而不相悖'也。"

次例时。

旧疏云："即此及三十年'夏，师次于成'之属是也。而八年'春，王正月，师次于郎'云云，书月者，自为下文'甲午，祠兵'出之，'次'仍不蒙月也。十年'夏，六月，齐师、宋师次于郎。公败宋师于乘丘'，书月者，自为下文'败宋师'

出之，'次'仍不蒙月也。"

四年，夏，齐侯、陈侯、郑伯遇于垂。

纪侯大去其国。

亡国曰"大去"。《繁露·玉英》曰："上下同心而俱死之，故谓之大去。《春秋》贤死义，且得众心也，故为讳灭。"《榖梁传》曰："大去者，不遗一人之辞也。"何等壮烈！

大去者何？灭也。孰灭之？齐灭之。

《繁露·灭国》曰："纪侯之所以灭者，乃九世之仇也。一旦之言，危百世之嗣，故曰大去。"

《榖梁传》曰："纪侯贤而齐侯灭之，不言'灭'而曰'大去其国'者，不使小人加乎君子。"刘逢禄申曰："《论语》曰'兴灭国'，《公羊传》曰'灭者，亡国之善辞也，上下同力者也'……变'灭'言'大去'者，为复仇张义，明但当之，不得杀之灭之云尔。"（《后录·卷五》）

我高兴就写小笔记，高兴又烧掉，以后也未必出，皆用楷书写。报纸看得仔细在此。

你们最低限度，也应懂重视未来。留恋过去，糊涂，没出息！懂留意明天的事，不能不重视今天。

曷为不言齐灭之？为襄公讳也。

旧疏云："言所以为襄公讳者，正由《春秋》为贤者讳故也。"此《春秋》之义。

《春秋》为贤者讳。何贤乎襄公？

据楚庄王亦贤，灭萧不为讳。

《春秋公羊传·宣公十二年》"冬，十有二月，戊寅，楚子灭萧"，何注："日者，属上有王言，今反灭人，故深责之。"

复仇也。

《通义》云："襄公他事不足贤，独复仇之心有取焉，故为之讳恶，以成其善。"原心定罪，借事明义，假以为后世法。《论语·述而》曰："与（许）其洁也，不保其往也。"与人为善。"君子善善从长，恶恶从短"，《春秋》者，礼义之大宗也，而有一节可以立法，《春秋》所不遗，此为"恕"道。

"复仇"，后读《春秋》，问复仇之义，谓此。

何仇尔？远祖也。哀公亨（烹）乎周，纪侯谮之。

"烹"，煮而杀之。

郑氏《齐诗谱》云："后五世，（齐）哀公政衰，荒淫怠慢，纪侯谮之于周，懿王使烹焉，齐人变风始作。"《史记·齐世家》曰："哀公时，纪侯谮之周，周烹哀公，而立其弟静，是为胡公。"

以襄公之为于此焉者，事祖祢之心尽矣。尽者何？

旧疏云："以襄公淫泆，行同鸟兽，而言事祖祢之心尽，故执不知问。"陈立疏："襄公假复仇为名灭纪，《春秋》因假以张义。"

襄公将复仇乎纪，卜之曰："师丧分焉。"

龟曰卜，蓍曰筮。"分"，半也。师丧亡其半。

"寡人死之，不为不吉也。"

襄公答卜者之辞。

荣复仇，以孝为吉，"行在《孝经》"。

诸侯用卜。《礼记·曲礼》曰："龟为卜，筴（策）为筮。"《白虎通·蓍龟》曰：《礼三正记》曰：天子龟长一尺二寸，诸侯一尺，大夫八寸，士六寸。龟阴，故数偶也。天子蓍长九尺，诸侯七尺，大夫五尺，士三尺。蓍阳，故数奇也。"

"分，半也"，《礼记·礼运》"男有分，女有归"，男女各半，合在一起，故曰"夫妇一体"，如胶似漆。

前些年，有"男有分，女有归"论战，屈万里与陶希圣主持。其中有一东海大学教授解说"男有一半，女归另一半，夫妇在此"，而讲错的仍然不服。最后由陶做结论，以东海夫子为准。夫妇一体，故夫妇以义合。读书并非易事，必要细心。

旧疏云："所以谓死为吉事者，以复仇以死败为荣故也。"《通义》云："师丧分焉，寡人死之，不为不吉焉，皆命卜之词，言苟（诚）得纪，虽师丧君死，犹以为吉。"

吉凶如何衡量？"一出兵，师丧一半"，卜之，当不出兵。而襄公以"寡人死之，不为不吉"，以为祖宗报仇，何等气魄！中国人之精神。相较之下，雪耻图强更应如何？未闻国仇还以德报怨。

远祖者，几世乎？九世矣。

"祖"，远祖；"祢"，近人，父母故去，入于家庙。

《中庸》曰："敬其所尊，爱其所亲；事死如事生，事亡如事存，孝之至也。"中国的礼，都有根据。今天不懂，毁至一无所有，亲兄弟如同路人。

九世犹可以复仇乎？虽百世可也。

"百世"，大言之尔。犹《诗》云："嵩高维岳，峻极于天，君子万年。"

齐历胡、献、武、厉、文、成、庄、僖、襄，凡九世。九世犹可以复仇。

"百"，《说文》曰："十十也。从一白。"十十为一百。百，白也。引申之，凡极多曰百。"虽百世可也"，犹可以复仇，此为民族精神。今人动辄入外国籍。

《繁露·玉英》曰："矫枉者，不过其正，弗能直。"矫枉必过其正，弹回后才能直。《传》故恒言之"虽百世可也"。《春秋》乃张义之书，非记事之书。明父祖之仇，不可一日或忘，以此防民，然犹有反颜事仇者。

家亦可乎？

家，谓大夫家。

曰："不可。"

私仇不可。

家邑，大夫之采地。后无封地，有世爵即称"家"。司马贞《索隐》曰："董仲舒云：'王者封诸侯，非官之也，得以代代为家者也。'"

《春秋公羊传·隐公三年》《传》曰："讥世卿。世卿，非礼也。"大夫不世，故不得与诸侯同也。

国何以可？国君一体也。先君之耻犹今君之耻也，今君之耻犹先君之耻也。

"先君"谓哀公，"今君"谓襄公，言其耻同也。

国君世，以国为体，故先君、今君，"其耻同也"。

无忝所生。《礼说》云："诸侯有会盟朝聘之礼，必称先君以相接。"《春秋》为拨乱反正之书，是年"冬，公及齐人狩于郜"；此言复九世之仇，则及身而与仇狩者，其罪不上通于天乎？

有天下者，承万世无疆之统，则必有万世无疆之仇。

国君何以为一体？

据非一世。

《仪礼·士冠礼》曰："继世以立诸侯。"父子相继曰"世"。

国君以国为体，诸侯世，故国君为一体也。

虽百世，号犹称齐侯。

陈立疏："国君以国体为重，自大祖而下，皆一体也。"

今纪（今纪侯也）无罪，此非怒与？

"怒"，迁怒，齐人语也。此非怒其先祖，迁之于子孙与？

《论语·雍也》曰："不迁怒。"迁怒为怒，犹不如言如也，盖方言耳。

《荀子·君子》曰："刑罚不怒罪，爵赏不逾德。"逾，皆过也，是古者谓怒为"过"。

曰："非也。"古者有明天子，则纪侯必诛，必无纪者。

《经义述闻》曰："'必无纪'下，不当有'者'字，盖涉下文'至今有纪者'而衍。"

纪侯之不诛，至今有纪者，犹（通"由"）无明天子也。

旧疏云："从康王已下，历宣王之世，而言'无明天子'者，盖以宣王之德，驳而不纯故也。"

周康王—昭王—穆王—共王—懿王—孝王—夷王—厉王—宣王。

古者，诸侯必有会聚之事、相朝聘之道，号辞必称先君以相接。

《礼记·表记》曰："无辞不相接也，无礼不相见也，欲民之无相袭也。"旧疏云："正以'号辞必称先君'之故，是以齐、纪不得并立于天下。古若有明天子，则须去其不直。"

然则齐、纪无说（悦）焉，不可以并立乎天下。

"无说"，无说（悦）怿也。

陈立疏云："齐、纪先世有不共戴天之仇，不忍复称先君，故无辞以相接也，故曰'齐纪无说焉，不可以并立乎天下'。"

故将去纪侯者，不得不去纪也。有明天子，则襄公得为若行乎？

"若"，如也。犹曰"得为如此行乎"？

曰："不得也。"

不得，则襄公曷为为之？上无天子，下无方伯。

有而无益于治曰"无"，犹《易》曰"阒（音qù）其无人"。

《易经·丰卦》曰："上六。丰其屋，蔀（草席盖顶）其家，阚（窥）其户，阒（寂静）其无人，三岁不觌（dí，见也），凶。"实无人可用。

缘恩疾者可也。

疾，痛也。

旧疏云："时无明王贤伯以诛无道，缘其有恩痛于先祖者，可以许其复仇矣，故曰'缘恩疾者可也'。"

《后录·卷二》曰："襄之志，孝子之志也，事则违法乱纪，以王法禁之，不得为若行，则齐侯全乎为孝子，而王义立矣。故有齐之复仇，知谗人之祸及子孙，虽死亡而不得怨，且著天子信谗之耻及子孙，而不得不为之讳纪。”

贤襄公为讳者，以“复仇之义”除“灭人之恶”。

旧疏云：“擅灭同姓，合书而绝之。今不书者，以复仇除罪故也。”

言“大去”者，为襄公明义。但当迁徙去之，不当取而有，明乱义也。

旧疏云：“谓但当推逐而已，不当取而有之，明其乱正义矣。”然则，襄公乱义而不恶者，正以复仇除之。

不为文实者，方讳，不得贬。

旧疏云：“凡为文实者，皆初以常事为罪而贬之，然后计功除过，是以僖元年《经》云‘齐师、宋师、曹师次于聂北，救邢’，《传》云‘曷为先言次后言救？君也。君则其称师何？不与诸侯专封也。曷为不与？实与，而文不与。文曷为不与？诸侯之义不得专封也。诸侯之义不得专封，则其曰实与之何？上无天子，下无方伯，天下诸侯有相灭亡者，力能救之，则救之可也’者，是文实之义耳。今此若作文实，《经》宜言‘齐师灭纪’，或言‘齐人灭纪’，《传》曰‘孰灭之？襄公灭之’，曷为不言襄公灭之？不与诸侯擅灭。曷为不与？实与而文不与。文曷为不与？诸侯之义，不得擅灭。诸侯之义不得擅灭，则其曰实与之何？上无天子，下无方伯，缘恩疾者可。若其如此，即《经》不免贬恶襄公。若贬恶襄公，则不名为之讳，是以不得作文实之义矣。而后桓公得作文实者，桓公非灭人，其罪恶轻也。”

"实与，而文不与"，《春秋》之义。现实通，而文不通，"三不"。

究章犯了什么毛病，而惹来亡国之祸？《繁露·灭国下》曰："纪侯之所以灭者，乃九世之仇也。一旦之言，危百世之嗣，故曰大去。"《大学》"一言偾事"，一句话断绝一切，说话不可不慎！

天灾没办法，人祸得会防。《论语·颜渊》："子张问明。子曰：'浸润之谮，肤受之愬，不行焉，可谓明也已矣。浸润之谮，肤受之愬，不行焉，可谓远也已矣。'"任何人在你面前说小话不生作用，你就是明者。谮，即说小话，有深浅。有刺激性的小话都不听，何况是风凉话？

《公羊传》并非史，重在借事明义。《公羊传》仔细读，不当历史讲。今为乱世，可以《春秋》之笔衡量许多事。《春秋》者，礼义之大宗也。

《春秋》为贤者讳，此《春秋》之义。《春秋》贤死者。一个无情者能懂义？忘恩负义。夫妇以义合，不说以情合，由情生义，"情义"合言在此。自智慧求生活，即过理智生活，不背盲目的感情包袱，懂得是非，又何会盲目？《春秋》"原心定罪"，见事心动即意淫，等于犯了。人皆无完善，有一好处即可取。

我讲《人物志》，于你们做事有莫大的好处。中国东西要细心、深思，《中庸》所谓"博学之，审问之，慎思之，明辨之，笃行之"。读过的书，必多看几遍，抓住要点，可作为度量。

令尊、令堂，尊称人家父母。令，美善也。令公子，令郎。少爷，是仆人称呼的，相对于老爷。说话要有分寸。

治国不易，人人皆有脑子，皆有谈话的权利，到底谁是真理？诸侯卿大夫行多过恶，而有一可以立法，《春秋》所不遗，此为恕道。对人存其可法，没其不可法；用其长，舍其短。假以为王法耳。《论语·述而》所谓"与其洁也，不保其往也"。《五经》读完了，才懂得《四书》。

《春秋》为张义之书，而非记事之书。《春秋》因假以张义，何尝不知其为鸟兽文？冷静地读即明白。

中国东西必要好好整理，任选一个下功夫，十年绝对有成，必要专一。病在泛，不能持之以恒。生在这个世纪的人，如无留下东西，绝对是白痴。在前一时代的人多有学问，每一读书人皆高。现都断了，能接上即留下，否则成一断层。杨振宁学科学，诗还作得好，因小时有家学，虽不算好，但不出错。不出错容易，但高境界难。熊十力有天资，乃钱穆所不及也。

王羲之，墨皇；李后主，词皇。学词，先背词谱，再看人家的词，模仿之，即可成词。女人奶小孩时，可以吟诵、背诗；不耐烦时，可交给奶奶，自己读书去。可要有术，人皆怀惠，送东西可得其心。

昨天，一老同学来，教他时年二十三，今已五十二了，由教授成为董事长，三十年见一次面。

浏览书，天天看，时常接触。《廿二子》的字大，但无断句。子书轮着看，读时记小笔记，将好句摘出，碰到与自己研究相关的写札记，久了成专题。曾文正有《经史百家杂钞》，看好书时抄出，聚在一起而成。你们再忙，也要找《经史百家杂钞》看，不无小补。还有《十八家诗抄》《圣哲画像记》都不错。《曾文正日记》是为西太后写的，因其情报员多。曾为笨人中的聪明人，写日记流出，让西太后知。

若研究到活人与死人通电话，才是发明。我与我母亲约定，死后托梦，但至今未有。我母亲赶上收音机，没赶上电视机。

毓老师说公羊

380

浏览书，如《王阳明全书》《王船山全书》，置于床头，得闲时翻阅。清人的注价低，因为是杂货铺。熊十力能发挥义理。《十三经注疏》可看的没几本，三《礼》（《礼记》《周礼》《仪礼》）与《公羊传》可看，其他皆平平。

读《易》，义理方面自《王弼易注》往下看，《易程传》《船山易传》。朱子《周易本义》，称本义，实是写朱子本义。

冬，公及齐人狩于郜。

公曷为与微者狩？

据与高傒盟讳，此竞逐耻同。

《春秋公羊传·庄公二十二年》"秋，七月，丙申，及齐高傒盟于防"，《传》曰："公则曷为不言公？讳与大夫盟也。"

旧疏云："谓与微者竞逐禽兽，'与大夫盟'不异矣。"

齐侯也。

以不没公，知为齐侯也。

公何为不言公？讳与大夫盟也。旧疏云："正与大夫盟即没公，此不没公者，齐侯故也。"

齐侯，则其称人何？讳与仇狩也。

《春秋》有"大复仇"之义，仇不报，永远不完！与天同寿，有万年之德，故万仁。"仁者寿"（《论语·雍也》），颜回虽夭折，犹寿。有生死之仇、父祖之仇，不可一日忘。陈柱《公羊家哲学·尚耻说》曰："人之大耻，孰有大于国亡亲辱者？人无国，何以存？人无亲，何以生？故国与身，一体也；亲与身，一体也。不以国之耻为耻，不以亲之耻为耻，是身无耻也。无耻之日多，是率率天下而为非人也。"

以此防民，美其名"以德报怨"乎？读《春秋》，在深明大义，恢复民族精神。

英、美，我以为仇敌之国也，入外籍，我不与在此。中国人到英美日等国参观，看其博物馆抢自中国的东西多，无一是拿钱买去的，实为土匪。中国强了，应将列强拿去的东西要回来。

朱舜水（1600—1682），第二个徐福，将阳明学传至日本。朱为明宗室，明朝危亡之际，到日本借兵；没有借成，留在日本传阳明学，临死遗言：将其迁回。

应当读国耻史，有志中国史者应修《中国国耻史》。有目的地读书，不必风花雪月。移民，似他死了，中国就要断种，他那个种，有人要？

《孝经》所谓"无忝所生"，此为活着最低限度，必要把持得住。光宗耀祖不易，我一生求无忝所生，在屋中坐四十二年，值得庆贺庆贺。我做事不留痕迹，做过几天系主任，不留记录。此为我的人生观，做事为责任，教书为下一代。

人人抱"无忝所生"，即"不辱"。人人皆有士君子之行，"见群龙无首，吉"。孟子曰"人人皆可以为尧舜"，杨子曰"人人为我"。懂得"无忝所生"，就不作践自己。

与仇人握手言欢，说"以德报怨"。日本人造那么多的孽，南京大屠杀……何以国家还如此强？

礼，父母之仇不同戴天，兄弟之仇不同国，九族之仇不同乡党，朋友之仇不同市朝（市场、朝廷）。

《白虎通·诛伐》曰："子得为父报仇者，臣子于君父，其义一也。忠臣孝子所以不能已，以恩义不可夺也。故曰：父之仇不与共天下，兄弟之仇不与共国，朋友之仇不与同朝，族人之仇不共邻。故《春秋传》曰：'子不复仇，非子。'"

"朋友之仇不同市朝"，《春秋公羊传·定公四年》《传》曰："朋友相卫，而不相迿（先），古之道也。"义通于此。

称"人"者，使若微者，不没"公"。言"齐人"者，公可以见齐微者。至于鲁人，皆当复仇，义不可以见齐侯也。

《周礼·地官·调人》云："君之仇，视父。"昔君辱臣死。

顾炎武曰："士大夫之无耻，是谓国耻。"国家强盛与否，视民族精神。

前此者有事矣，

"溺会齐师伐卫"（上三年春）是也。

后此者有事矣，

"师及齐师围成"（庄公八年夏）是也。

则曷为独于此焉讥？于仇者，将壹讥而已，故择其重者而讥焉，莫重乎其与仇狩也。

"狩"者，上所以共承宗庙，下所以教习兵行义（上下，皆有层次）。

古时人人皆兵，寓兵于农，百姓皆会战。

《通义》云："从禽为乐，与仇共之，乃忘亲之大者。"

于仇者，则曷为将壹讥而已？仇者无时，焉可与通？通则为大讥。不可胜讥，故将壹讥而已。其余从同同。

其余轻者，从义与重者同。不复讥，都与"无仇"同文论之，所以省文（更无贬文），达其异义矣。凡二同，故言同同。

"凡二同，故言同同"，衍一"同"字，为"凡二同，故言同同"。

旧疏云："轻者不讥，见与重者同，一同也……故曰凡二同矣。"此解释勉强。

《春秋》之例。外交、国际通例皆如此，必按分际做事。

复仇，《春秋》之大义，国民皆当负起国仇。东汉刘秀复国时有二十八宿，吴汉为其一。吴的父亲当年为王莽所杀，因二人同朝，王有妇人之仁，乃留其后，及吴汉长成，并将女儿许配吴。王莽当政，吴汉成为驸马爷，文武全才。刘秀革命时，吴汉母亲要他为刘秀复国，说出吴的身世，令他杀妻。时吴妻在经堂念佛，吴不忍杀之，而告知实情，其妻乃自杀，将帅旗砍倒，其母亦自杀，断其恩爱，使吴一心为刘复国。二十八宿之转，吴为其一。

京剧与台湾乱弹戏有《斩经堂》，又名《吴汉杀妻》。

《陆文龙》也是复仇故事。

陆文龙，《说岳全传》人物，潞安州节度使陆登之子，潞安州
被金兵攻破后成为金兀术义子，后来在得知身世后，返回宋朝。

中国《春秋》之义，发生很多作用。仇人不可与相亲，绝
不可以有妇人之仁。父仇不共戴天，他还管你是谁。

日本有计划地全世界"移国"，好多占领一块国土。而我
们的移民，真是丢脸！民族精神不能复兴，不会有希望。

六年，春，王三月，王人子突救卫。

"王三月"，三统，建子、建丑、建寅。

王人者何？微者也。子突者何？

别何之者，称"人"，序上。又僖八年（公会王人）"王人"
不称字，嫌二人。

旧疏云："欲言微者，书其美字；欲言其贵，连人言之。"

《榖梁传》曰："王人，卑者也。"王人与子突，言"嫌二人"
者，犹言疑二人。

贵也。

贵子之称。

《榖梁传》曰："称名，贵之也。善救卫也。救者善，则伐
者不正矣。"

贵，则其称人何？

据"王子瑕"不称人（襄公三十年夏，"王子瑕奔晋"）。本当言"王子突"，示诸侯亲亲以责之也。

旧疏云："言'王子'则是王之亲亲，所以责诸侯违王命之深。"

系诸人也。曷为系诸人？

据不以微及大。

《通义》云："本当称'王子突'，特系'人'言之耳。"

王人耳。

旧疏云："欲道'子突'，但是微者矣。"

刺王者，朔在岱阴齐时，一使可致，一夫可诛。

《春秋公羊传·桓公十六年》"冬，十有一月，卫侯朔出奔齐"，《传》曰："卫侯朔何以名？绝。曷为绝之？得罪于天子也。其得罪于天子奈何？见使守卫朔（告朔之礼），而不能使（不能使行）卫小众，越（走）在岱（泰山）阴（山之北）齐，属（托）负兹（诸侯）舍（止），不即（就）罪尔。"何注："托疾止，不就罪。"刺王，召卫侯不能致，无以先天下。

旧疏云："言当尔之时，微弱至甚，一使可摄取，一夫可就诛，故曰'一使可致，一夫可诛'耳。"

而缓令交连五国之兵，伐天子所立，还以自纳。

"交连五国之兵"，《春秋公羊传·庄公五年》"冬，公会齐人、宋人、陈人、蔡人伐卫"，何注："辟王者兵也，王人子突是也。""伐天子所立"，在《庄公三年》，何注："天子新立卫公子留。齐、鲁无惮天子之心而伐之。"

王遣贵子突，卒不能救，遂为天下笑。故为王者讳，使若遣微者弱愈，因为内杀恶。

"因为内杀恶"，旧疏云："谓犯微人之命恶浅，犯贵者之命恶深故也。"为尊者讳，讳深恶亦深。

救例时。

《春秋·僖公六年》"秋，楚人围许，诸侯遂救许"，《僖公十八年》"夏，师救齐"。

此月者，嫌实微者，故加录之，以起实"贵子突"。

陈立疏："经义嫌子突实微者，故加录月，以起其贵，明'王子突'也。"

冬，齐人来归卫宝。

此卫宝也，则齐人曷为来归之？卫人归之也。

以称"人"，国共辞。

"卫宝"，卫保也，"子孙永保用之"。
称"人"，乃两国共有之辞，故为"国共辞"。

卫人归之，则其称齐人何？让乎我也。其让乎我奈何？齐侯曰："此非寡人之力，鲁侯之力也。"

时朔得国，后遣人赂齐，齐侯推功归鲁，使卫人持宝来，虽本非义赂，齐当以让除恶，故善起其事。

旧疏云："言《春秋》善齐侯之让，是以不言卫人而称'齐人'，所以起其让事矣。"《春秋》因其可与而与之，非齐襄真能让也。

主书者，极恶鲁犯命复贪利也。

《通义》云："齐人来归卫宝，分恶于齐也，成篡而后赂之辞也。"《繁露·王道》曰："诛受令，恩卫葆，以正囹圄之平也。"恶鲁也。

不为大恶者，纳朔本不以赂行，事毕而见谢尔。

旧疏云："所传闻之世，内大恶讳之。今此书见，故知不为大恶矣。"此乃"事毕而见谢"，与桓公受赂"以成宋乱"为"内大恶"不同，故"不为大恶"。

《春秋》者，礼义之大宗也，《何氏释例·律意轻重例第十》释曰："盖礼者，刑之精华也。失乎礼，即入乎刑，无中立之道……然其原心诛意，禁于未然，其立法严，其行法恕。"《春秋》原心定罪，防未然。

宝者，玉物之凡名。

旧疏云："犹言玉物之总名耳。定八年《传》云'宝者何？

璋判白，弓绣质，龟青纯'是也。"

七年，秋，大水。

《穀梁传》曰："高下有水灾，曰大水。"
《通义》云："庄公忘仇，不孝于祢庙之罚。"

无麦苗。

无苗，则曷为先言无麦，而后言无苗？

苗者，禾也，生曰苗，秀曰禾。据是时苗微麦强，俱遇水灾，苗当先亡。

孔子曰："粟之言续也。"有生命。又云："米，粟实也。"没有生命。

一灾不书，待无麦，然后书无苗。

明君子不以一过责人。

"一灾不书"，旧疏云："一谷之灾，不书于《经》也。"
"不以一过责人"，不能因一件事而否定一切。

水、旱、螟、螽，皆以伤二谷乃书。然不书谷名，至麦苗独书者，民食最重。
麦、禾，比于余谷最重，故言"民食最重"矣。

何以书？记灾也。

《繁露·盟会要》曰:"圣人者贵除天下之患。贵除天下之患,故《春秋》重而书天下之患遍矣。"故对灾异必一二书,《竹林》曰:"凡《春秋》之记灾异也,虽有数茎,犹谓之无麦苗也。"《春秋》记灾异详,非迷信,在防未然与治灾也,在灾患未至前即防未然。

《何氏释例·灾异例第三十》释曰:"灾异者,圣人所以畏天命,重民命也。圣人之教民,先之以教,而后诛随之。天之告人主,先之以灾异,而后乱亡从之。其任教而不任刑,一也。"

先是庄公伐卫纳朔,用兵逾年。

《春秋·庄公五年》"冬,公会齐人、宋人、陈人、蔡人伐卫";《庄公六年》"秋,公至自伐卫"。

夫人数出淫泆,民怨之所生。

旧疏云:"即五年'夏,夫人姜氏如齐师',七年'春,夫人姜氏会齐侯于防''冬,夫人姜氏会齐侯于谷'之属,故言'数出'耳。"

《春秋》有七种缺德事:为夫之道缺,为妇之道缺,为君之道缺,为臣之道缺,为父之道缺,为子之道缺,周公之礼缺。

国君、男女不守分,给国家带来灾难。家变岂不如此?此种变,难以和好如初。

看民间的疾苦,要到大楼的后边看,就知社会革命永远避不了。扫马路的家庭有多少?而学人光坐在屋中谈论,懂得实际事?到民间乡下看看,农地一旦废耕了,几年难以再种,成为旱田,到处竹子丛生,如何复耕?乡下年富力强的都出去,留下老的、小的，怎没问题？都到台北做什么？在街头卖香花。中国人到美国，乡下人到台北。皆如此，皆作秀也。

人当立志，才有目标，知道自己要做什么，早晚奋斗，乐此不疲！

天灾，遭天谴。今天许多事解释不了，乃以"因果"释之。一人做事本来很好，忽然倒霉了，但是八字并不坏，乃视是否走了邪路。中国以最大孽为淫人妻女，此事常应验。人一有钱总不守分，不到两年就倒霉了。

张国安（三阳机车创办人）本是小学教员，刚开始做脚踏车电灯，太太长得丑，但很能种菜。张由穷变富，对太太仍极好，关心她。张的良心好，德不错。三年前被解聘，后来又发大财。失德早晚有报，人人逃不过因果。

张学良的岳父于文斗（1843—1916）在吉林双山镇的田产有台湾三四个县大，是双山的三分之一，可谓独霸一方。其中有一处，苗长得好，原名"徐洛屯"，时常涨水，百姓以为旱涝不好，要改地名，我将它改为"徐乐屯"。

台东县的"铁花路"是我取的。胡铁花（胡传，胡适父亲）是台东直隶州第一任知州。

清末，台湾建省（1885 年）不久，在朝廷大臣心目中是个瘴疠蛮荒的苦地方。胡传却主动请缨，离开怀孕待产的妻子，来不及看一眼新生爱子，就踏上了茫茫海路。胡传到达台湾时，首任巡抚刘铭传的改革，已经人去政亡。东海危机乌云般翻卷在上空，到处是不安谧的波涛。胡传穷尽心血写下了第一部《全台兵备志》。他像勘察中俄边境那样，走进了台湾岛的森林、山峡、海口，踏遍了郑成功时代的城垛和荷兰人留下的赤嵌城。1894年，中日甲午战争打响，胡传征募兵勇、守卫台东，但他的剑还未出鞘，就被光绪皇帝割让台湾的诏书冻住了。皇帝下旨：所有在台官员一律内渡，将台湾交接日本。胡传拒绝奉旨，做了最大的反抗。他四处奔走，募兵保台，又徒步行走到台南，衣衫褴褛，面见黑旗军老将刘永福，以书生之身要求参战。胡传病倒了，被刘永福护送回到厦门，几天后死于时疫。（阎延《胡适父亲胡铁花传奇：拒绝奉旨将台湾交接日本》）

1952年，雷震（1897—1979）、杨亮功（1895—1992）陪胡适到处走走，我从台南参加那个团。那时的台东极为萧条，有一个九十多的老头讲胡铁花故事，我乃将台东第一条马路改名"铁花路"。我还留几个字。三十多年没去了，去年又去，已没人知何以取此名。

你们也应练习多用脑。现有"澄社"，取法"费边社"。

费边社（Fabian Society），英国一个社会主义派别，起源于19世纪末，由一群中产阶级知识分子所发起，其奉行的意识形态被称为费边主义（Fabianism），又称费边社会主义（Fabian Socialism）。费边社的传统重在务实的社会建设，倡导建立互助互爱的社会服务，主张通过渐进温和的改良主义方式来走向社会主义，并强调通过教育途径让权力回到知识精英手中。

文人可以论政，但是头脑必要清晰，言中有物。现在确实需要人才，时代进步得太快，但是国家的立法总是赶不上，因无一"先时"的脑子。瞪眼读傻书能有用？总是马后课。何不领先？净因时制宜，怎能走到前头？遇事是要主动，还是被动成马后课？培智，多看书，古书、现在书都必要看。报纸不看，时事不知，怎能不落伍？要练习能做，不是光说不练。

十年，秋，九月，荆败蔡师于莘，以蔡侯献舞归。

荆者何？州名也。

"州"，谓九州：冀、兖、青、徐、杨、荆、豫、梁、雍。

"九州"之命名皆有义。

九州，《尔雅·释地》云："两河间曰冀州（自东河至西河），河南曰豫州（自南河至汉），河西曰雍州（自西河至黑水），汉南曰荆州（自汉南至衡山之阳），江南曰杨州（自江南至海），济河间曰兖州（自河东至济），济东曰徐州（自济东至海），燕曰幽州（自易水至北狄），齐曰营州（自岱东至海）。"此与何注略有出入。

州不若国，国不若氏，氏不若人，人不若名，名不若字，字不若子。

《春秋》设七等，以进退当时。七等：州、国、氏、人、名、字、子（爵）。

"氏不若人"，昔女人不称名，称氏。《宋氏王朝》讲宋家三姐妹。

皆取精详录也。

旧疏云："正以贵重为详录，轻贱为略之也。"

"敬事而信"（《论语·学而》），必要取精详录，不能大而化之。做事懂得"取精详录"，则难以失败。凡事必经详虑再做，虑深通敏，敏则有功。

爵最尊，《春秋》假行事以见王法。

"字不若子"，子，爵称，最尊。天爵自尊吾自贵，修其天爵则人爵随之。

"载之空言，不如见之于行事之深切著明也"，《春秋》假行事，以见新王之法。假行事，况，与真事，非一事。

圣人为文辞孙（同"逊"）**顺，善**（动词）**善恶**（音wù，动词，讨厌）**恶，不可正言其罪。**

旧疏云："故此何氏偏以其罪言之。若其备文，宜云'不可正言其善恶'矣。"

因周本有夺爵，称国、氏、人、名、字之科。

即《春秋公羊传·隐公元年》何注："称字，所以得为褒者，仪父本在《春秋》前失爵，在名例。"

故加"州"文，备七等，以进退之。

所以必备七等之法者，示法。《春秋》者，赏罚之书。

若自记事者，书人姓名，"主人习其读而问其《传》，则未知己之有罪焉尔"，犹此类也。

此假设而言之，"主人"谓定、哀也。《春秋公羊传·定公元年》《传》曰："定哀多微辞，主人习其读（《经》）而问其《传》，则未知己之有罪焉尔。"何注："此假说而言之……此孔子畏时君，上以讳尊隆恩，下以辟害容身，慎之至也。"

《繁露·楚庄王》曰："《春秋》，义之大者也，视其温辞，可以知其塞怨。是故于外，道而不显；于内（鲁），讳而不隐；于尊亦然，于贤亦然：此其别内外、差贤不肖，而等尊卑也。义不讪上，智不危身，故远者以义讳，近者以智畏；畏与义兼，则世逾近，而言逾谨矣，此定、哀之所以微其辞。以故，用则天下平，不用则安其身，《春秋》之道也。"

《何氏释例·讳例第十四》曰："为之损益其事，驯致其行，矫制万端而不失其正，则其垂示至深也。故习闻《春秋》者曰：君子之讳尊隆恩、避害容身也如此，君子之强其国、强诸夏也如此，君子之善善也长如此，而一旦事出两可之间，差若毫里，谬以千里，则杳冥而莫知其原。呜呼！微言绝矣，大义能无乖乎！"

蔡侯献舞何以名？

据获晋侯，不名。

僖公十五年"晋侯及秦伯战于韩，获晋侯"是也。

绝。曷为绝之？

据晋侯不名，绝。

旧疏云："礼，诸侯不生名，则书名者，绝之不以为诸侯也。"

获也。

"获"，得也。战而为敌所得。献舞不言获，故名以起之。

曷为不言其获？

据晋侯言获也。

不与（许）夷狄之获中国也。

与凡伯同义。

"与凡伯同义"，旧疏云："然则，彼已有《传》，此复发之者，彼是天子大夫，此则诸侯，嫌其异，故同之。"

《繁露·精华》曰："《春秋》慎辞，谨于名伦等物者也。是故，小夷言伐，而不得言战；大夷言战，而不得言获；中国言获，而不得言执。各有辞也。有（又）小夷避大夷，而不得言战；大夷避中国，而不得言获；中国避天子，而不得言执。名伦弗予，嫌于相臣之辞也。是故大小不逾等，贵贱如其伦，义之正也。"

《春秋公羊传·隐公七年》《传》曰："不与夷狄之执中国也。"何注云："中国者，礼义之国也；执者，治文也。君子不使无礼义制治有礼义，故绝不言执，正之言伐也。执天子大夫，而以中国正之者，执中国尚不可，况执天子之大夫乎？所以降夷狄，尊天子，为顺辞。"

《春秋》之夷狄，不以种族论，是以文化论，"不与夷狄之获中国也"，未闻"以夷变夏"者也：此为最重要的民族精神。

"夷狄"，谓楚。不言楚，言"荆"者，楚强而近中国，卒暴责之，则恐为害深，故进之以渐，从此七等之极始也。

此章讲例。

《春秋》于夷狄，设七等以进退之：州、国、氏、人、名、字、子（爵称）。

抑楚，言"荆"，州名，正以楚近中国，恐为中国之害，故欲"进之以渐"，渐进于礼义，先从卑称进之。若先得贵名，而后退之，则恐害于诸夏。

《穀梁传》曰："荆者，楚也。何为谓之荆？狄之也。何为狄之？圣人立，必后至；天子弱，必先叛：故曰荆，狄之也。"言荆，州名，楚国在荆州。此伐蔡者，实楚国也。今不言楚，而言荆者，盖斥楚为夷狄，而不屑举其国名也。是另一义。

至清，犹有犯罪夺爵之事，但没有造反，未必处死刑。夺爵，可免去一项罪，但叛国罪不在内。中国重德，"得其天爵，而人爵随之"。

十有二年，秋，八月，甲午，宋万弑其君接，及其大夫仇（音 qiú）牧。

及者何？累也。弑君多矣，舍此无累者乎？孔父、荀息皆累也。舍孔父、荀息，无累者乎？曰："有。"

复，反覆发《传》者，乐道人之善也。

《繁露·祭义》曰："其辞直而重，有再叹之，欲人省其意也。而人尚不省，何其忘哉！孔子曰：'书之重，辞之复。呜呼！不可不察也。其中必有美者焉。'"《春秋》非记事之史，"其义则丘窃取之"，乃借事明义之书。

《春秋正辞》云："苟一义一法，足以断其大凡，则无可凡，即皆削而不书，《春秋》非记事之史也，所以约文而示义也。"读《春秋》，贵乎明其义，义明而事可遗也。

"乐道人之善"，此为儒家精神，与一般人"乐道人之短"正相反。

孔子曰："益者三乐，损者三乐：乐节礼乐，乐道人之善，乐多贤友，益矣；乐骄乐，乐佚游，乐宴乐，损矣。"（《论语·季氏》）

"乐"，音 yào，爱好。旧疏云："言'乐节礼乐'者，言乐得礼乐之节。言'乐道人之善'者，谓口道之道。言'乐佚游'者，乐欲游从。言'乐宴乐'者，乐欲安乐而好内矣。""损益，盛衰之始也"（《易经·杂卦传》），能不谨慎乎？慎己之爱好，嗜欲深者，天机浅。

有，则此何以书？贤也。何贤乎仇牧？

据与孔父同也。

仇牧可谓不畏强御矣！

以下录万出奔，月也。御，禁也。言力强不可禁也。

即下"冬，十月，宋万出奔陈"，《传》曰："月者，使与大国君奔同例，明其强御也。"

其不畏强御奈何？万尝与庄公战，

"庄公"，即鲁庄公。"战"者，乘丘时。

《春秋·庄公十年》："夏，六月，齐师、宋师次于郎，公败宋师于乘丘。"

获乎庄公。庄公归，散（放也）舍（止也）诸宫中。

获不书者，士也。

数月，然后归之。归，反为大夫于宋。

鲁庄公懂得政术，他养宋万，将宋万放在宫中，使其行动自如，出入自由。宋万释回宋国后，成为其卧底。"敌国不可亲"，敌国所有的东西皆不可近。

我们去，人家无限制；人家来的，明的来要限制，岂不偷着来？

与闵公博（博戏）。

《传》本道此者，极其祸生于博戏，相慢易（疏慢轻易）也。

博戏，《说文》曰："博局戏六着十二棋也。"古代一种赌博游戏，类似后代的双陆棋，玩法是依照所掷骰子的点数，决定双方下棋的权力。六博本有大博和小博之分，大博用骰六枚，称为"箸"，小博用骰二枚，称为"煢"。

"慢"，轻慢、傲慢；"易"，怠慢，轻易。"相慢易"，臣不像臣，君不像君。《易经·系辞传》"易者使倾"。

妇人皆在侧。

与臣相对而搏，置妇人在侧，此君臣无别也。

万曰："甚矣，鲁侯之淑（善也），鲁侯之美（好也）也！天下诸侯宜为君者，唯鲁侯尔。"

万见妇人皆在侧，故讦（揭发别人的隐私）闵公以此言。言闵公不如鲁侯美好。

称他国，卑闵公。

《新序·义勇》曰："宋闵公臣长万以勇力闻，万与鲁战，师败，为鲁所获，囚之宫中，数月归之宋。与闵公搏，妇人皆在侧，公谓万曰：'鲁君庸与寡人美？'万曰：'鲁君美。天下诸侯，唯鲁君耳。宜其为君也。'"

闵公矜（莫我若也）此妇人，

色自美大于此妇人。

妒其言（妒万言鲁君胜己），顾曰："此虏也！"

"顾"，谓侧妇人曰："此万也，虏，执虏也。"

"尔（汝也，谓万也）虏焉故，更向万曰：女（汝）尝执虏于鲁侯，故称誉尔。鲁侯之美恶乎至？""恶乎至"，犹何所至。

万怒，搏闵公，绝其脰（dòu）。"脰"，颈也，齐人语。

此与臣搏之过。

《繁露·王道》曰:"宋闵公矜妇人而心妒,与大夫万博。万与鲁庄公曰:'天下诸侯宜为君者,唯鲁侯尔。'闵公妒其言,曰:'此虏也,尔虏,焉知鲁侯之美恶乎?'致万怒,搏闵公,绝脰。此以与臣博之过也。古者人君立于阴,大夫立于阳,所以别位明贵贱。今与臣相对而博,置妇人在侧,此君臣无别也。故使万称他国卑闵公之意,闵公藉万,而身与之博,下君自置。有辱之妇人之房,俱而矜妇人,独得杀死之道也。《春秋传》曰:'大夫不适君。'""相适",即相敌,相平。"大夫不敌君",远此逼也。

仇牧闻君弑,趋而至,遇之于门,手剑而叱之。

手剑,持拔剑。叱,骂之。

万臂揲（sà,侧手击）仇牧,碎其首,齿著乎门阖。

侧手曰"揲"。"首",头。"阖",扇。

仇牧可谓不畏强御矣!

犹乳犬玃虎,伏鸡搏狸,精诚之至也。

《新序·义勇》曰:"仇牧可谓不畏强御矣,趋君之难,顾不旋踵。"旧疏云:"言仇牧知力不敌而有讨心,亦有精诚之至也。似若产乳之犬,不惮猛虎;伏鸡爱子,投命敌狸之类,故比之。"

此讲据乱世,故仍讲愚忠,"精诚之所至"也。

争博弑君,而以"当国"言之者,重录强御之贼,祸不可测,

明当防其重者，急诛之。

旧疏云："当国者，即言宋万是也。"

经义分层次看，给人很多警惕。遏恶扬善。

皆为君，有君之德就配为君，否则不配。英、日保留女皇、天皇体制。泰皇最有威势。挪威好王，与百姓打成一片。配不配，是以德量。什么时代皆重德，皆配与不配。在学校中受学生首肯的老师，也只几人而已。

我自去年开始，浪费十一个月修破房子。

孔子《春秋》极为严谨，笔则笔，削则削，虽长于文学之游夏（《论语·先进》"文学：子游、子夏"），亦不能赞一词。

《史记·孔子世家》曰："至于为《春秋》，笔则笔，削则削，子夏之徒不能赞一辞。"

《读经示要》有关《春秋》部分，很能发《春秋》之微言大义。

冬，十月，宋万出奔陈。

万弑君，所以复见者，重录强御之贼，明当急诛之也。

旧疏云："欲道《春秋》上下皆是弑君之贼，皆不重见，即宋督、郑归生、齐崔杼之属是也。而宋万、赵盾之属复见者，当文皆有注，更不劳重说。"

月者，使与大国君奔同例，明强御也。

旧疏云："今此大夫而书月者，明强御之甚故也。"

惠士奇《春秋说》云:"宋万奔陈,宋人力不能讨也……使万逸奔陈。《春秋》书以示讥,亦即此注'强御之贼,明当急诛之'意。"

十有三年,春,齐侯、宋人、陈人、蔡人、邾娄人会于北杏。

齐桓行霸,约束诸侯,尊天子,故为此会也。

北杏之会。

桓公时未为诸侯所信乡(向),故使微者会也。桓公不辞微者,欲以卑下诸侯,遂成(成就)霸功也。

此章之注,特发人深省。

谈判时,微者来,不必拒之。桓公之成其霸功,在于"不辞微者,欲以卑下诸侯"。

《读经示要·卷三》:"桓公不辞微者,欲以卑下诸侯,遂成霸功也……夫夷狄横行,则诸夏不可不互相结合,互相振厉,以持天下之霸权。齐桓先修内治,而始为北杏之会,以礼让结合诸夏之国,此桓公霸业所由立也。"

由此可看出霸者的英雄气!

夏,六月,齐人灭遂。

不会北杏故也。

不讳者,桓公行霸,不任文德,而尚武力,又功未足以除恶。

"文王，法其生，不法其死"，"文德"，文德之王，"修文德以来之"(《论语·季氏》)。

《越绝书·篇叙外传记》曰："《春秋》之义，量功掩过也。"时齐桓功未足掩过，故"不讳"。"量功掩过"，《春秋》褒贬，皆以功过相除。

一匡天下，必功足以除患，大一统也。"九合诸侯，不以兵车"(《论语·宪问》)，此时功足以除恶，故孔子赞美管仲在此时。

以古况今，古今皆一也。

今天无一除恶的力量，故世界无能真安宁。虽有国际机构成立，立意佳，但想法与实行出来的距离远。

秋七月。
冬，公会齐侯盟于柯。

柯之盟。
柯，在今山东省东阿县。

何以不日？

据唐之盟，日。

易也。

易，犹佼（jiǎo，美好）易也。相亲信，无后患之辞。

其易奈何？桓之盟不日，其会不致，信之也。

旧疏云："谓桓公诸会皆如是也。以不日为信者，《公羊》

之例，不信者日故也。以不致为信者，凡致者，臣子喜其君父脱危而至，其会无危，故以不致为信也。"

其不日，何以始乎此？庄公将会乎桓，曹子进曰："君之意何如？"

"进"，前也。曹子见庄将会，有惭色，故问之。

庄公曰："寡人之生则不若死矣！"

自伤与齐为仇，不能复也。

旧疏云："桓十八年，'公薨于齐'。庄九年，'及齐师战于乾时，我师败绩'是也。"以复仇伐之，《传》曰："伐败也。"何注："自夸大其伐而取败。"

伐齐纳纠，不能纳，反复为齐所胁而杀之。

旧疏云："上九年，'夏，公伐齐，纳纠'，《传》曰'伐而言纳者，犹不能纳也'是也。又'齐人取子纠杀之'是也。"《春秋公羊传·庄公九年》"九月，齐人取子纠杀之"，《传》曰："胁我，使我杀之也。"何注："乃胁鲁使杀子纠，求管仲、召忽。鲁惶恐，杀子纠，归管仲，召忽死之，故深讳，使若齐自取杀之。"

曹子曰："然则君请当（敌也）其君，臣请当其臣。"

当，犹敌也，将劫之辞。

君对君，臣对臣，一对一。

庄公曰："诺。"于是会乎桓。庄公升坛，

土基三尺，土阶三等曰坛。

旧疏云："必为三等者，正以公为上等，侯为次等，伯、子、男为下等故也。"

会必有坛者，为升降揖让，称先君以相接，所以长其敬。

旧疏云："上四年，《传》云'古者，诸侯必有会聚之事，相朝聘之道，号辞必称先君以相接'是也。"

曹子手剑而从（随）之。

"从"，随也。随庄公上坛，造桓公前而胁之。曹子本谋当其臣，更当其君者，见庄有不能之色。

管子（管仲）进曰："君何求乎？"

"管子"，管仲也。"君"，谓桓公也。桓公卒（同"猝"）愕不能应，故管子进为此言。

旧疏云："正以劫桓公，而管子对故也。"

二人棋逢对手，齐没料到鲁会用这招，管子乃用急智对。办外交非易事，原要一对一，临事则必随机应变，"受命不受辞，专之可也"在此。中国古时，对每事皆有专书解释。

曹子曰：

庄公亦造次（慌乱）不知所言，故任曹子。

旧疏云："正以问庄公，而曹子对，故言此。"

"城坏压竟（境），君（谓齐桓公）不图（计）与？"

齐数侵鲁取邑，以喻侵深也。

旧疏云："谓齐比来攻鲁城，令至坏败，抑压鲁竟（境），以为己物也。"

君，谓齐桓公。图，计也。犹曰君不当计侵鲁太甚。

陈立疏："谓侵鲁太甚，必将攻复，君不计及之与也。"

管子曰："然则君将何求？"

所侵邑非一，欲求何者？

曹子曰："愿请汶阳之田。"

欲复鲁竟（境）。

旧疏云："举其大畔言之，欲尽取之，故注云'欲复鲁竟'矣。"

管子顾曰："君许诺。"

诸侯死国不死邑，故可许诺。

不吃眼前亏。

旧疏云："即《曲礼下篇》云：国君去其国，止之曰：'若之何去社稷矣！'是无去国之文。不言'若之何去田邑'，故知不死邑也。"

有决心，国不易亡，故不可以迁都。"西狩""转进"，事做得最缺德，尽用好名词，末代净出佞臣佞孙。

桓公曰："诺。"曹子请盟。桓公下，与之盟。

下坛与曹子定约，盟誓庄公也。必下坛者，为杀牲不洁，又盟本非礼，故不于坛上也。

已盟，曹子摽（辟也，抛去）剑而去之。

时曹子端（拿，持）剑守桓公。已盟，乃摽剑置地，与桓公相去离，故云尔。

旧疏云："曹子从始持剑而守桓公矣，及其盟讫，乃摽剑而置于地，乃'与桓公相去离'。"

要盟可犯，而桓公不欺。

臣约其君曰"要"。强见要挟而盟尔，故云"可犯"。

"要盟可犯"，被要挟而结的盟，可以不承认。《史记·齐太公世家》曰："管仲曰：'夫劫许之，而倍（背）信杀之，愈一小快耳，而弃信于诸侯，失天下之援，不可。'"管仲不欺心，在据乱世"无成有终"（《易经·坤卦》）。

曹子可仇，而桓公不怨。

以（因）臣劫君，罪"可仇"。

桓公之信著乎天下，自柯之盟始焉。

诸侯犹是翕然（和顺）信乡（向）服从，再会于鄄（juàn，周邑），同盟于幽（今河北北部及辽宁等地），遂成霸功，故云尔。

桓公疑信而亏其地，重信，信重于地。《春秋》贤而举之，以为天下法。

臣必要用能手，如光重眼前小惠，最为可怕。君能善用高手，才能成为伟大领袖。

劫桓公，取汶阳田不书者，讳行诈劫人也。

《繁露·对胶西王越大夫不得为仁》曰：“《春秋》之义，贵信而贱诈；诈人而胜之，虽有功，君子弗为也。是以仲尼之门，五尺童子言羞称五伯，为其诈以成功，苟为而已也，故不足称于大君子之门。五伯者，比于他诸侯为贤者，比于仁贤，何贤之有？”桓公因管仲一言，强为不欺不怨，以要诸侯，究非“正其义不谋其利，明其道不计其功”者比也。故《春秋》之例，不信者日，而桓盟不日。

为表其诚心，使其附庸国也作态，此即输诚。人的智慧特别重要，现在事当注意。闲时动动脑，《战国策》应看，一段段看，极具启发性。不能尽以一己智慧应世。

十有六年，冬，十有二月，公会齐侯、宋公、陈侯、卫侯、郑伯、许男、曹伯、滑伯、滕子同盟于幽。

幽之盟，齐桓霸业之始。

同盟者何？

旧疏云："欲言同善，不见褒赏之文；欲言同恶，复无刺讥之处。"

同欲也。

同心欲盟也。同心为善，善必成；同心为恶，恶必成：故重而言同心也。

《穀梁传》曰："同者，有同也，同尊周也。"
《繁露·精华》云："齐桓于柯之盟，见其大信，一年而近国之君毕至，鄄、幽之会是也。"鄄、幽之会为齐霸业之始，齐桓以尊周为霸业之盛，当与《穀梁》义同。

假仁者霸，安仁者王，"安仁者，天下一人而已矣"（《礼记·表记》）。《春秋》尊齐桓为霸首，而导桓公以霸者为管仲，故孔子称"微管仲，吾其被发左衽矣"（《论语·宪问》）。据乱世奖霸，重视民族精神。

郳娄子克（名克，字仪父）**卒**。

小国未尝卒，而卒者，为慕霸者（懂得仁道），有尊天子之心，行进（行为有进步）也。

所传闻世，小国卒、葬不录。《通义》云："即仪父也。小国录卒者，足褒文。不葬者，起实小国也。"《庄公十三年》"春，齐侯、宋人、陈人、郳娄人会于北杏"，亦行进，而不日者，但始与霸者有尊天子之心，未朝天子故也。

不日者，始与霸者，未如琐。琐卒在二十八年。

旧疏云："即在下二十八年，《经》云'夏四月，丁未，郑娄子琐卒'，注云'日者，附从霸者，朝天子，行进'是也。"

十有八年，夏，公追戎于济西。

戎人窥兵于济西，《繁露·灭国》曰："由见鲁孤独而莫之救也。"

以兵逐之，曰"追"。

此未有言伐者，其言"追"何？

据"公追齐师至巂"，举齐侵也。

《春秋·僖公二十六年》："齐人侵我西鄙，公追齐师至巂，弗及。"

大其为中国追也。

以其不限所至，知"为中国追也"。

旧疏云："'公追齐师至巂'，限其所至，乃是自为己追。"

此未有伐中国者，则其言为中国追何？大其未至而豫御之也。其言"于济西"何？

据"公追齐师至巂，弗及"（僖公二十六年），不言"于"也。

大之也。

大公除害，恩及济西也。言"大"者，当有功赏也。

旧疏云："'公追齐师至巂，弗及'，不言'于'。今言'于'者，谓公有大功，于王法当赏矣。"《春秋》之法，褒贤赏功。

追例时。

《春秋·僖公二十六年》"公追齐师"，虽在正月己未下，不蒙日月。追例时。《春秋》时月日例。

《中庸》曰"上律天时"，又曰："四时之错行，日月之代明。"天文也。

《繁露·仁义法》曰："观物之动，而先觉其萌，绝乱塞害于将然而未形之时，《春秋》之志。"防未然，先时。因时制宜，非最上者，事发生再理，就慢了。

国未能防未然，兵临城下就完了！

"尊王攘夷"，"尊王"，非尊现在的王，此"王"乃天下所归往，尊天下所归往之王；"攘夷"，"不许夷狄之主中国"也。

"大其为中国追"，乃有先见之明，防未然。在战争未有之前，即灭之。读《春秋》，深明大义在此。

关公被神化，重"义"字。实际上，关公无如此伟大。以关公之义代表《春秋》大义"，乃弄远了。刘、关、张"桃园三结义"，若为一家，此外皆不讲义。罗贯中没想到弄窄了。

十有九年，冬，齐人、宋人、陈人伐我西鄙。

"鄙"者，边垂之辞，荣见远也。

千金之子，坐不垂堂。《孟子·尽心上》曰："知命者，不立乎嵓墙之下。尽其道而死者，正命也；桎梏死者，非正命也。"见识远，最重要！

二十有二年，春，王正月，肆大省。

肆者何？跌也。大省者何？灾省也。

旧疏云："肆，读如字，放肆也。""跌"，过度。

谓"子、卯日"也。夏以卯日亡，殷以子日亡，先王常以此日省吉事，不忍举。

旧疏云："此先王，谓夏、殷之后成礼者，以是夏、殷亡日，故省吉事而已，不忍举而行之。"

"子、卯日"，亡国日子，故吉事不忍举。灭此二朝者皆臣，皆有君臣关系，故此二日不忍办吉事，因此二日为"忌日"。存三统。

又大自省敕，得无独有此行乎？

"敕"，告诫。又若似"见不贤而内自省"之义矣。

常若闻灾自省，故曰"灾省也"。

言闻有灾，辄自省察，若为行而致之乎？

人要自定戒条以反省，也会有进步。人皆有失误过错，当反省改进。

肆大省，何以书？讥。

旧疏云："不但言'何以书'者，恐人以为但问'大省'，云'大自省救何以书'，故复举句而问之。"

何讥尔？讥始忌省也。

时鲁有夫人丧，忌省日不哭。

《何氏释例·名例第五》释曰："忌省，杀哀也。"

省日本以忌吉事，不以忌凶事，故礼，哭不辟（避）"子、卯日"，所以专孝子之思也。

既殡之后，《仪礼·士丧礼》曰："朝夕哭，不辟子、卯。"不以忌凶事也。

不与念母，而讥忌省者，本不事母，则己不当忌省。

旧疏云："'不与念母'者，即上元年'三月，夫人孙于齐'，《传》曰'夫人固在齐矣，其言孙于齐何？念母也'，'念母者，所善也。则曷为于其念母焉贬？不与念母也'，彼注云'念母则忘父，背本之道也'是也。"庄公非能知有父，与仇狩、娶仇女，父仇久置度外，焉以其母为有罪之人？

犹为商人责不讨贼。

旧疏云："文十四年'九月，齐公子商人弑其君舍'。然则商人者，是篡弑之贼也，齐之臣子理宜讨之，而反臣事之，失其所也。及文十八年夏，'齐人弑其君商人'，而不书其葬者，以责臣子不讨贼也。似文姜罪实宜绝之，公既不绝，宜尽子道，而反忌省，故得责之。"

每家父母故去日为"忌日"，避吉事，不避凶事。没同一天死人，各家忌日不同。一般家庭忌三代，知识水平高者忌五代。

人死曰"忌"，日本称"忌中"。父故去，第一年，贴白对联，大门贴斗方，写"守制"二字；第二年，贴蓝对子；第三年，贴黄对子；第四年，才恢复贴红对联。

《诗》分四家，为《齐诗》《鲁诗》《韩诗》《毛诗》。《易》讲义理，也必推本人事。说《春秋》，当以何氏推本人事为正。

二十有三年，夏，公如齐观社。

讳大恶之辞。《穀梁传》曰："常事曰视，非常曰观。"

何以书？讥。何讥尔？诸侯越竟观社，非礼也。

"观社"者，观祭社。讳淫，言"观社"者，与"亲纳币"同义。

《穀梁传》曰："观，无事之辞也。以是为尸女也（尸，主也。主为女往尔，以观社为辞）。无事不出竟。"诸侯非朝聘会盟之事，不得出境。今无此诸事，而观齐社祭，虽非淫，亦不得也。

旧疏云："谓实以淫泆大恶不可言，因其有事于观社，故以'观社'讥耳。"观社、纳币，淫也，《繁露·玉英》曰："故言'观鱼'，犹言'观社'也，皆讳大恶之辞也。"大恶不可言，讳深则刺益深。

《春秋公羊传·庄公二十二年》"冬，公如齐纳币"，《传》曰："亲纳币，非礼也。"何注："时庄公实以淫泆大恶不可言，故因其有事于纳币，以无廉耻为讥。"与观社同义，盖以观齐女也。

社者，土地之主。祭者，报德也。生万物，居人民，德至厚，功至大，故感春秋而祭之。天子用三牲，诸侯用羊豕。

此时王之礼。

《白虎通·社稷》曰："王者所以有社稷何？为天下求福报功。人非土不立，非谷不食。土地广博，不可遍敬也；五谷众多，不可一一祭也。故封土立社，示有土尊。稷，五谷之长，故封稷而祭之也。""以三牲何？重功故也……宗庙俱太牢，社稷独少牢何？宗庙大牢，所以广孝道也。社稷为报功，诸侯一国，所报者少故也。"

公至自齐。

《通义》云："危致例月。此之桓国而致危，义已见，故不复月。"

《春秋公羊传·庄公二十有三年》"春，公至自齐"，《传》曰："此之（往）桓国何以致？危之也。何危尔？公一陈佗也。"何注："公如齐淫，与陈佗相似如一也。"

荆人来聘。

荆何以称人？

据上称州。

《春秋·庄公十年》"秋，九月荆败蔡师于莘"，《庄公十六年》"秋，荆伐郑"，止称州。

始能聘也。

《春秋》王鲁，因其始来聘，明夷狄能慕王化，修聘礼，受正朔者，当进之，故使称"人"也。称人当系国，而系"荆"者，许夷狄者不一而足。

旧疏云："十年，《传》云'州不若国，知进称人，宜系国矣'。文九年，'楚子使椒来聘'，《传》云'椒者何？楚大夫也。楚无大夫，此何以书？始有大夫也。始有大夫，则何以不氏？许夷狄者不一而足也'。又襄二十九年，《传》云'札者何？吴季子之名。《春秋》贤者不名，此何以名？许夷狄者不壹而足也'。"

《春秋》之夷狄观，非以种族论，而以礼义论。

《繁露·楚庄王》曰："《春秋》之辞多所况，是文约而法明也。"《竹林》曰："《春秋》之常辞也，不予夷狄而予中国为礼，至邲之战，偏然反之，何也？曰：《春秋》无通辞，从变而移。今晋变而为夷狄，楚变而为君子，故移其辞以从其事。夫庄王之舍郑，有可贵之美，晋人不知其善，而欲击之。所救已解，如挑与之战，此无善善之心，而轻救民之意也，是以贱之。而不使得与贤者为礼。"

日行一善，最好的教育。善累（累积）而后进之。庄公二十三年，《穀梁传》曰："荆人来聘，善累而后进之。"

二十有四年，冬，戎侵曹，曹羁出奔陈。

曹羁者何？

旧疏云："欲言曹君，《经》不称伯；欲言大夫，单名无氏。故执不知问。"

曹大夫也。

以小国，知无氏为大夫。

旧疏云："即襄二十三年'邾娄鼻我来奔'，昭二十七年'邾娄快来奔'之属是也。若其大国大夫不书名氏者，或有未命，或有罪见贬矣。"

曹无大夫，此何以书？

据羁无氏。

贤也。何贤乎曹羁？

据国见侵，出奔以辟（避）难。

戎将侵曹，曹羁谏曰："戎众以（而）无义，君请勿自敌也。"

戎师多，又常以无义为事。

礼，兵敌则战，不敌则守。君师少，不如守，且使臣下往。

"兵敌则战，不敌则守"，《孙子·谋攻》曰："十则围之，五则攻之，倍则分之，敌则能战之，少则能逃之。"相敌，以能战之；不敌，以能守之。

曹伯曰："不可。"

臣下不可独往。

三谏，不从，遂去之。

《礼记·曲礼下》曰："为人臣之礼：不显谏。三谏而不听，则逃之。"不待犯罪黜免，故言"逃之"。《论语·微子》曰："三日不朝，孔子行。"《里仁》曰："事君数，斯辱矣！"

故君子以为得君臣之义也。

孔子曰："所谓大臣者，以道事君，不可则止。"此之谓也。

《论语·先进》中，孔子对"大臣"有所定义："所谓大臣者：以道事君，不可则止。"不合此者，为"具臣"，即备数之臣。

谏必三者，取月生三日而成魄，臣道就也。

《礼记·乡饮酒义》曰："让之三也，象月之三日而成魄也。"

不从得去者，仕为行道，道不行，义不可以素餐，所以申贤者之志，孤恶君也。

《说苑·正谏》曰："夫不谏则危君，固谏则危身；与其危君、宁危身；危身而终不用，则谏亦无功矣。智者度君权时，调其缓急而处其宜，上不敢危君，下不以危身，故在国而国不危，在身而身不殆……曹羁三谏曹君不听而去，《春秋》序义虽俱贤，而曹羁合礼。"

谏有五：一曰讽谏，孔子曰："家不藏甲，邑无百雉之城。"季氏自堕之是也。

《白虎通·谏诤》曰："讽谏者，智也，患祸之萌，深睹其事，未彰而讽告，此智性也……孔子曰：'谏有五，吾从讽之谏。事君，进思尽忠，退思补过，去而不讪，谏而不露。'"

旧疏云："定十二年《传》云：孔子行乎季孙，三月不违，曰：'家不藏甲，邑无百雉之城。'于是，帅师堕费。"季孙斯（季桓子）、仲孙何忌（孟懿子）领兵毁掉费城。陈正礼以讽之，所以消患难之萌。

二曰顺谏，曹羁是也。

"顺谏"，《白虎通·谏诤》曰："顺谏者，仁也。出词逊顺，不逆君心，仁之性也。"《繁露·王道》曰："尚有正谏而不用，卒皆取亡。曹羁谏其君曰：'戎众以无义，君无自适。'君不听，果死戎寇。"

三曰直谏，子家驹是也。

"直谏"，质指其事而谏。《白虎通·谏诤》曰："指谏者，信也，指质相其事也，此信之性也。"

旧疏云："昭二十五年《传》云：昭公将弑季氏，告子家驹曰：'季氏为无道，僭于公室久矣。吾欲弑之，何如？'子家驹曰：'诸侯僭于天子，大夫僭于诸侯，久矣。'昭公曰：'吾何僭矣哉？'子家驹曰：'设两观，乘大路，朱干玉戚以舞《大武》，八佾以舞《大夏》，皆天子之礼也'是也。"

四曰争谏，子反请归是也。

"争谏"，视君颜色而谏。《春秋公羊传·宣公十五年》"夏，五月，宋人及楚人平"，《传》曰："司马子反曰：'然则君请处于此，臣请归尔。'庄王曰：'子去我而归，吾孰与处于此？吾亦从子而归尔。'引师而去之。故君子大其平乎己也。"

五曰赣谏，百里子、蹇叔子是也。

"赣谏"，言国家之害，忘生为君。旧疏云："僖公三十三年《传》云：秦伯将袭郑，百里子与蹇叔子谏曰：'千里而袭人，未有不亡者也。'秦伯怒曰：'若尔之年者，宰（冢）上之木拱矣，尔曷知？'师出，百里子与蹇叔子送其子，而戒之曰：'尔即死，必于殽之嶔岩，是文王之所辟风雨者也（何注：其处险阻临势，一人可要百，故文王过之驱驰，常若辟风）。吾将尸尔焉。'子揖师而行，百里子与蹇叔子从其子而哭之。秦伯怒曰：'尔曷为哭吾师？'对曰：'臣非敢哭君师，哭臣之子也'（何注：言恐臣先死，子不见臣，故先哭之）者是也。"

二十有七年，杞伯来朝。

杞，夏后。不称公者，《春秋》黜杞，新周而故宋，以《春秋》当新王。

《春秋》三统：新周，故宋，以鲁当新王。黜夏。

黜而不称侯者，方以子贬，起伯为黜。说在僖二十三年。

旧疏云:"僖二十三年,'十有一月,杞子卒',注云:'始见称伯,卒独称子者,微弱,为徐、莒所胁,不能死位。《春秋》伯、子、男一也,辞无所贬。贬称子者,《春秋》黜杞不明,故以其一等贬之,明本非伯,乃公也。又因以见圣人子孙,有诛无绝,故贬不失爵。'是也。言'方以子贬'者,方以僖二十三年贬之称'子',令与伯共为一等,故于此处不得称侯耳。"

通三统。《诗经·周颂·雍》"相维辟公,天子穆穆","辟",诸侯;"公",二公,称客而朝:此今文家说法。"周因于殷礼,殷因于夏礼,其后继周者,虽百世可知也"(《论语·为政》),"因不失其新,亦可宗也"(《论语·学而》),温故能知新。微言大义,因而不失其新,故讲道统、政统、传统。

天子与国君,当与国共存亡,此为其责任。

二十有八年,秋,荆伐郑。公会齐人、宋人、邾娄人救郑。

书者,善中国能相救。

存三统,"兴废国,继绝世"(《论语·尧曰》),善中国能相救。

《中庸》曰:"继绝世,举废国,治乱持危。"《学》《庸》亦多《春秋》之志的思想。

二十有九年,冬,十有二月,纪叔姬卒。

国灭卒者，从夫人行，待之以初也。

旧疏云："叔姬，其国已灭，而书卒，正以本贵为夫人，今虽国灭，犹以夫人之礼待之，而书其卒，故云'待之以初也'。"

《春秋公羊传·隐公七年》"春，王三月，叔姬归于纪"，何注："叔姬者，伯姬之媵也……后为嫡，终有贤行。"叔姬初归之时，虽为媵，至庄公四年"纪伯姬卒"之后，纪国未灭之前，纪侯立之为夫人，同年夏"纪侯大去其国"，叔姬乃归于鲁。《庄公三年》"秋……纪季以酅入于齐"；《庄公四年》"夏……纪侯大去其国"；《庄公十二年》"春，王三月，纪叔姬归于酅"，《传》曰："其言归于酅何？隐之也。何隐尔？其国亡矣，徒归于叔尔也。"《隐公七年》何注："纪侯为齐所灭，纪季以酅入于齐，叔姬归之。能处隐约，全竟妇道。"能守节，卒故曰"从夫人行，待之以初"。

女教为人伦之所在，故《春秋》重贤女，重录之，明叔姬能守节。

城诸及防。

"诸"，君邑；"防"，臣邑。言"及"，别君臣之义。

旧疏云："知如比者，正以昭五年'夏，莒牟夷以牟娄及防兹来奔'，《传》云'其言及防兹来奔何？不以私邑累公邑也'，彼注云'公邑，君邑也；私邑，臣邑也。累，次也。义不可使臣邑与君邑相次序，故言及以绝之'。然则都邑言'及'别公私，故知此言'城诸及防'者，是君臣邑故也。"

君臣之义正，则天下定矣。

君臣，今言主从。上下得有所分际，"政者，正也，子帅以正，孰敢不正"（《论语·颜渊》）。主从关系正，则天下定。

问："为政以何者为先？"答："必也正名乎……名不正，则言不顺；言不顺，则事不成。"（《论语·子路》）

《何氏释例·名例第五》释曰："是以天子向明，诸侯自为正，礼乐行于上，刑罚措于下，则正名之道得也。"

三十年，齐人伐山戎。

此齐侯也，其称人何？

据下言"齐侯来献戎捷"。

贬。曷为贬？

据"齐侯伐北戎"，不贬。

《春秋·僖公十年》："夏，齐侯、许男伐北戎。"

子司马子曰：盖以操之为已蹙矣。

《公羊》先师口说。

操，迫也。已，甚也。蹙，痛也。迫杀之，甚痛。

熊十力《读经示要·卷三》曰："何注'迫杀之'云，实无所据。且戎不重惩，终为诸夏患。"又曰："人者，众辞。《经》书'齐人'，大齐人能自卫，亦以桓公贤也。"有别于今文家说法。

此盖战也，何以不言战？

据得捷也。

《春秋》敌者言战。

旧疏云："谓军人众寡相敌者，不谓将之尊卑等，是以僖二十八年'晋侯'以下'及楚人战于城濮'，宣十二年'晋荀林父帅师及楚子战于邲'之属。虽君与大夫，亦言'战'矣。"

桓公之与戎狄，驱之尔。

时桓公力但可驱逐之而已，戎亦天地之所生，而乃迫杀之，甚痛！故去战，贬见其事，恶不仁也。

旧疏云："谓贬去其战，以见力不得等，恶齐侯之不仁也。"

山戎者，戎中之别名，行进，故录之。

旧疏云："谓言'山'，详录之耳。"

政治，彼此利用。示惠，必找机会。人示惠，乘势最重要。

任何一本书必有特色，《春秋》"其事则齐桓、晋文，其义则丘窃取之"。《左传》据事论事，故以《公羊》为"断烂朝报"。

《宋史·王安石传》曰："黜《春秋》之书，不使列于学官，至戏目为断烂朝报。"非特宋人有此言，皮锡瑞于《经学通论》中谓自《左氏》孤行，杜预谬解，人之视《春秋》者莫不如是。

明伦等物，《春秋》慎辞，谨于明伦等物"（《繁露·精华》），任何事都得明伦等物。明伦之大小，等物之高低。秩序，伦理。

都是玉黍蜀，也有分别。

等量，等一等，《孟子·公孙丑上》曰："由百世之后，等百世之王，莫之能违也。"等量百王。同类东西，亦必分清祖孙辈，况不同类东西，更必要谨慎。人，有小人、君子、贤人、圣人……当检讨自己属于哪一等，此比等量别人重要。看别人容易，而看自己难。

既是谈问题，就不能全按自己的主观。以自己的主观领导大家如此看，可怕！学术，非一日之工，必得有深厚的背景。

人就欺软怕硬。《春秋》一字之褒、一字之贬，必慎之。每一字皆有深意。中国，礼义之国，古时用"中国"，今称"礼义国家"。礼义国家可言"获"，但不能言"执"。现在战，什么都接收，成战利品。自近代史看，到底扯什么，所为何来？冷静想一想，当得一结论。

三十有一年，夏，四月，薛伯卒。

卒者，薛与滕俱朝隐公，桓弑隐而立，滕朝桓公，薛独不朝，知去就也。

旧疏云："所传闻之世，小国卒例不合书，而今书之，故解之耳。言'薛与滕俱朝隐公'者，即隐十一年'滕侯、薛侯来朝'是也。言'滕朝桓公'者，即桓二年'滕子来朝'是也。言知去就者，谓知去恶就善矣。"

人随时当"知去就"，不必一成不变。以"模式"应事，不能有例外，什么脑子！应因事、因人、因时而异，哪有"模式"？净用"模式"，完全意气用事！

推某人为最佳人选，岂不叫魔鬼嫉妒？积渐使然。"可以漏一屯，不能漏一人。"

六月，齐侯来献戎捷。

战所获物，曰"捷"。

齐，大国也，曷为亲来献戎捷？

据齐未尝朝鲁。

威我也。

以威恐怖鲁也。如上难知为威鲁书之。

刘逢禄曰："齐侯来献捷，畏也。"

其威我奈何？旗获而过我也。

"旗"，军帜名，各有色，与金鼓俱举，使士卒望而为陈者。"旗获"，建旗，县（献）所获得，以过鲁也。

鸣金收兵，击鼓前进。"旗"，使士卒望而为阵者，摆阵。旧疏云："凡言过者，谓道所经过之称。今齐侯伐山戎，而得过鲁，则此山戎不在齐北可知。盖戎之别种，居于诸夏之山，故谓之'山戎'耳。"

不书"威鲁"者，耻不能为齐所忌难，见轻侮也。

《经》书"献"，言献则非威，所以深讳"见轻侮"也。

言献捷系戎者，《春秋》王鲁，因见王义。

"言献捷系戎"者，见王义。"王鲁"，以鲁当新王，《春秋》立新王之法，天下人都得归往之。

古者方伯征伐不道，诸侯交格而战者，诛绝其国，献捷于王者。

政治理想：有功归于王。

楚献捷时。

《春秋·僖公二十一年》："冬，楚人使宜申来献捷。"

此月者，刺齐桓骄慢恃盈，非所以就霸功也。

月者，刺齐桓失谦道，《繁露·灭国下》曰："及伐山戎，张旗陈获，以骄诸侯。"

当有修养，"骄慢恃盈"不行。假仁者霸，霸必有大国。

不能办到的事，马上告诉人不能，断不可好面子，专答应人家不能办的事，轻诺寡信只有害人，人家会恨你。告诉别人不能办，人家可快快找别人。随便答应人，最易得罪人。

祸都是自己招惹的，皆咎由自取也。刮风下雨不知，自己有多少斤两，焉能不知？"来献戎捷"，鲁就自我陶醉！名"撤退"为"转进"，皆一也。其实造假的更可耻，就把"公羊学"读通了！

闵公第四

闵公，名启，一名启方，庄公、叔姜儿子，在位两年。

庄公死前，弟叔牙议立庄公庶长兄庆父，弟季友则支持立子般，赐死叔牙。庄公病逝，季友立子般。十月，庆父杀子般，立庶子启，两年后毒杀闵公。齐桓公派兵迎立闵公弟僖公。

元年，冬，齐仲孙来。

齐仲孙者何？公子庆父也。

旧疏云："欲道齐人，《经》不言使；欲言己臣，而继于齐，故执不知问。"

《繁露·玉英》曰："易庆父之名，谓之仲孙……讳大恶也。"

公子庆父则曷为谓之齐仲孙？系之齐也。曷为系之齐？

据栾盈出奔楚，还，不系楚。

《春秋·襄公二十一年》"秋，晋栾盈出奔楚"，至二十三年"夏，晋栾盈复入于晋，入于曲沃"。

外之也。

"外之"，疏远，在关系之外。

《穀梁传》曰："其曰齐仲孙，外之也。其不目而曰仲孙，疏之也。"注："不目，谓不言公子庆父。"又曰："其言齐，以累桓也。"注："系仲孙于齐，言相容，赦有罪。"齐桓容赦有罪，故系庆父于齐，是恶之也。

陈立疏："仲孙奔齐，天下之恶，一也。今书自齐来，盖有责备之义。"

曷为外之？

据俱出奔远也。

谓与栾盈俱出奔，又俱还本国也。

《春秋》为尊者讳，

为闵公讳受贼人也。

《通义》云："为尊者讳，讳所屈也。内不言败，盟大夫不称公之类是也。"《春秋公羊传·隐公十一年》《传》曰："君弑贼不讨，以为无臣子也。"仲孙复归，公与有素焉，故为之讳。

为亲者讳，

为季子亲亲而受之，故讳也。

《春秋公羊传·闵公元年》"春，王正月"，《传》曰："因狱有所归，不探其情而诛焉，亲亲之道也。"此推季子亲亲之故而讳焉。何注："论季子当从议亲之辟，犹律亲亲得相首匿。"刘申受曰："弑君之贼，吾闻大义灭亲矣，未闻亲亲得相首匿也。"

为贤者讳。

《通义》云："讳与讥之为用，一也，其事在讥之限，其人在尊亲之贤者之科。"

以季子有遏牙、不杀庆父之贤，故为讳之。

旧疏云："谓季子是闵公之亲亲，而反受其贼，故为讳耳。"

子女（音汝）**子曰："以'春秋'为《春秋》，齐无仲孙，其诸吾仲孙与？"**

以史记氏族为《春秋》，言古谓史记为"春秋"。

子女子，公羊先师。

言旧名史记名《春秋》。《孟子·离娄下》曰："晋之《乘》，楚之《梼杌》，鲁之《春秋》，一也。"

旧疏云："夫子修史记为《春秋》。今言以'春秋'为《春秋》，则史记旧有'春秋'之名，是言古者谓史记为'春秋'矣。"

《公羊》曰："其诸吾仲孙与？"是《公羊》先师未知"齐仲孙"之义，故为疑辞也。

齐有高、国、崔，鲁有仲孙氏，亦足以知"鲁仲孙"。言"仲孙"者，以后所氏，起其事明。

"齐有高、国、崔"，旧疏云："即国夏、高固、高张、崔杼之属是矣。""鲁有仲孙氏"，旧疏云："即仲孙蔑、仲孙羯之属是也。"

主书者，贼不宜来，因以起上"如齐"，实杀君出奔。

《春秋公羊传·庄公三十二年》"冬，公子庆父如齐"，何注："如齐者，奔也……不言奔者，起季子不探其情，不暴其罪。"
旧疏云："正以《经》书（写）其'来'，见不宜来，则知上'如齐'者，是其犯罪而去矣。"
凡《春秋》之讳，必使文不没实。虽有文饰，但不能将实际事皆文饰过去。

二年，冬，齐高子来盟。

高子者何？

旧疏云："欲言齐侯，而《经》称'子'；欲言大夫，名不书见《经》。"

齐大夫也。

以有"高傒"也。

《春秋·庄公二十二年》："秋，七月，丙申，及齐高傒盟于防。"

何以不称使？

据"郑伯使其弟语来盟"。

《春秋·桓公十四年》："夏，五，郑伯使其弟语来盟"

我无君也。

时闵公弑，僖公未立，故正其义，明君臣无相适（敌）之道也。

《春秋公羊传·庄公九年》"及齐大夫盟于暨"，何注："邻国之臣，犹吾臣也。"故君不适大夫。时闵弑，僖未立，我无适者。

"敌"，敌也，《说文》云："仇也。"《尔雅·释诂》云："敌，当也。"仇匹相当。夫妻为敌体，相敌，相互匹配。

"君不敌大夫"，时鲁无君，故曰"我无敌者"。

《春秋》谨于别尊卑，理嫌疑，故绝去"使"文，以起事张例，则所谓"君不使乎大夫"也。

旧疏云："成二年'齐侯使国佐如师'之下，《传》云'君不行使乎大夫。此其行使乎大夫何？佚获'是也。"

然则何以不名？

据"国佐盟"，名。

喜之也。何喜尔？正我也。

《穀梁传》曰："其曰'来'，喜之也。其曰'高子'，贵之也。盟立僖公也。"

其正我奈何？庄公死，子般弑，闵公弑，比三君死，旷年无君。

与"旷年无君"无异。

旧疏云："正以庄公死时，子般即位；子般弑后，闵公即位；闵公弑后，僖公即位，君常不绝。而《传》言'旷年无君'者，正以三年之内，三君比死，与'旷年无君'无异，非实无君也。"

设以齐取鲁，曾不兴师，徒以言而已矣。

设时势然。

"曾"，《淮南·修务训》注："曾，则也。"
《通义》云："时季子力不能立僖公，相与适邾娄。设桓公不为鲁定僖公之位，使我'旷年无君'，则国几亡矣。'以言'者，喻其易。"若言"传檄而定"之谓。

桓公使高子将南阳之甲，立僖公而城鲁。

南阳，齐下邑。甲，革，皆铠胄也。

《春秋》之世，齐鲁所争，莫如南阳。隐桓之世，以许田易泰山之祊（邴），是南阳尚归鲁。及庄公之末，则似已失之，故"高子将南阳之甲"，以"城鲁"。然僖公犹以汶阳之田赐季友，则尚未尽失……自成公以后，则尽失之。

或曰"自鹿门至于争门"者是也，或曰"自争门至于吏门"者是也。鲁人至今以为美谈，曰"犹望高子也"。

久阔思相见者，引此为喻，美谈至今不绝也。立僖公，城鲁，不书者，讳微弱。

《新语·至德》云："鲁庄公一年之中，以三时兴筑作之役，规固山林草泽之利，与民争田渔薪菜之饶，刻桷丹楹，眩曜靡丽，收十二之税，不足以供回邪之欲，膳不用之好，以悦妇人之目，财尽于骄淫，人力罢于不急，上困于用，下饥于食，乃遣臧孙辰请籴于齐，仓廪空虚，外人知之，于是为宋、陈、卫所伐，贤臣出，叛臣乱，子般杀，公子牙、庆父之属，败上下之序，乱男女之别，继位者无所定，逆乱者无所惧。于是齐桓公遣大夫高子，立僖公而诛夫人，逐庆父而还季子，然后社稷复存，子孙反（返）业，岂不谓微弱者哉？"是其微弱甚也，故深讳之。

刘逢禄曰："庄公三十二年，子般嗣，庄公母弟庆父杀之，立子般之弟启，是为闵公。庆父、哀姜又杀之，庄公之弟季友立庄公之庶子，是为僖公。"（《何氏释例·公大夫世系表第二十三》）释曰："闵、僖之立，非为免于篡也。鲁为齐弱，季氏之祸……昭昭甚明。"（《何氏释例·公终始例第二十》）

喜而加"高子"者，美大齐桓继绝于鲁，故尊其使，起其功，明得子续父之道。

《繁露·灭国下》曰："鲁庄为柯之盟，劫汶阳，鲁绝，桓立之。邢、杞未尝朝聘，齐桓见其灭，率诸侯而立之，用心如此，岂不霸哉？故以忧天下与之。"继绝存亡，《春秋》之所贵。中国人的责任。

旧疏云："凡人子之道，宜继祖祢之功不绝之。今桓公继于鲁，正得续父功德之义，故尊其使而称'子'耳。言明其得人子续其人父功德之道也。"君臣，犹父犹子。

僖公第五

庄公母弟庆父、哀姜弑闵公。庄公弟季友立庄公庶子申，是为僖公，在位三十三年（前659—前627）。僖公，名申，庄公之子，闵公之兄。谥法：小心畏忌，曰僖。

《说苑·尊贤》曰："国家惛乱而良臣见，鲁国大乱，季友之贤见。僖公即位而任季子，鲁国安宁，外内无忧，行政二十一年。季子之卒后，邾击其南，齐伐其北，鲁不胜其患，将乞师于楚，以取全耳。故《传》曰：'患之起，必自此始也。'"

《繁露·精华》曰："以庄公不知季子贤邪？安知病将死，召而授以国政。以殇公为不知孔父贤邪？安知孔父死，己必死，趋而救之。二主知（智）皆足以知贤，而不决，不能任。故鲁庄以危，宋殇以弑。使庄公早用季子，而宋殇素（平日）任孔父，尚将兴邻国，岂直免弑哉！此吾所悁悁（忧心）而悲者也。"

元年，春，王正月。

公何以不言即位？

据文公言即位。

《春秋·文公元年》："元年，春，王正月，公即位。"

继弑君，子不言即位。此非子也，其称子何？

僖公者，闵公庶兄。据闵公继子般，《传》不言子。

《白虎通·封公侯》云："始封诸侯无子死，不得与兄弟何？古者象贤也，弟非贤者子孙。《春秋传》曰：'善善及子孙。'不言及昆弟，昆弟尊同，无相承养之义，以闵公不继庄公也，昆弟不相继。至继体诸侯无子，得及亲属者，以其俱贤者子孙也，重其先祖之功，故得及之。"

臣子一例也。

僖公继成君，闵公继未逾年君。礼，诸侯臣诸父兄弟，以臣之继君，犹子之继父也，其服皆斩衰，故《传》称"臣、子一例"。

《春秋公羊传·庄公三十二年》"冬，十月，乙未，子般卒"，《传》曰："子般卒，何以不书葬？未逾年之君也。有子则庙，庙则书葬；无子不庙，不庙则不书葬。"何注："未逾年之君，礼，臣下无服，故无子不庙，不庙则不书葬。"《闵公元年》"春，王正月"，《传》曰："公何以不言即位？继弑君，不言即位。"闵继子般，故闵不称"子"。

僖公继成君，闵公死，臣、子同服。

齐师、宋师、曹师次于聂北，救邢。

救不言次，此其言次何？

"次"，到那个边上，旅次。
救人应进入，怎可谈到边上？

据"夏，师救齐"，不言次。

即《春秋·僖公十八年》"夏，师救齐"。

不及事也。不及事者何？邢已亡矣。

刺其救急舒缓，使至于亡，故录之止次以起之。

旧疏云："'次'者，闲暇之名。而言'不及事'，似于义违。"
《穀梁传》云："其不言齐侯，何也？以其不足称扬，不言齐侯也。"注："救不及事，不足称扬，亦谓讥其舒缓不急，使至于亡也。"其力非不足以却敌，而迟迟其行，徘徊不进。
"吊不及尸"，没赶上事。政局一变就不救，小国就亡了。救急的事可慢乎？
既叫救他，又何必自杀？做事，有真帮忙者，有在旁虚张声势者；一不真心救，一没力量救。
《春秋》冷静读，启示大。

孰亡之？盖狄灭之。

以上有"狄伐邢"。

《春秋·庄公三十二年》："冬，狄伐邢。"

曷为不言狄灭之？

据狄灭温，言灭。

《春秋·僖公十年》："春……狄灭温。温子奔卫。"

为桓公讳也。

《繁露·观德》曰："邢、卫，鲁之同姓也，狄人灭之，《春秋》为讳，避齐桓也。"

曷为为桓公讳？

据"徐人取舒""晋灭夏阳""楚灭黄"皆不讳。

《春秋·僖公三年》"夏……徐人取舒"；《僖公二年》"虞师、晋师灭夏阳"；《僖公十二年》"夏，楚人灭黄"。

旧疏云："然即彼三事，皆不为桓公讳者，'取舒'之下，何氏云'不为桓讳者，刺其不救也'是也。今此实救，故为之讳耳。"

上无天子（无真天子），下无方伯，天下诸侯有相灭亡者，桓公不能救，则桓公耻之。

故以为讳，所以醇其能以治世自任，而厚责之。

《春秋公羊传·庄公四年》"纪侯大去其国"，《传》曰："上无天子，下无方伯。"何注："有而无益于治曰无，犹《易》曰'阒其无人'。"（《易经·丰卦》"窥其户，阒其无人"）醇其能以治世自任，旧疏云："犹言以天子治世为己任矣。"

《通义》云："缘桓公之心而为之讳……于邢、卫、杞，因其能救之于末，乃追讳其不能救之于本。"

《穀梁传》曰："言次，非救也。非救而曰救，何也？遂齐侯之意也。"

《潜夫论·边议》云："齐桓、晋文、宋襄，衰世诸侯，犹耻天下有相灭而已不能救。"亦"善善从长"意也。

王符《潜夫论》讲术，有德则可以讲，应当看。

王符（约 85—163），字节信，东汉末年安定临泾（今甘肃省镇原县东南）人，终身不仕，隐居著书，以讥当时失得，不欲彰显其名，故号曰《潜夫论》，共十卷三十六篇。

曷为先言次而后言救？

据叔孙豹先言救。

叔孙豹，叔孙得臣儿子，叔孙虺和叔孙侨如弟。《春秋·襄公二十三年》："秋，齐侯伐卫，遂伐晋；八月，叔孙豹帅师救晋，次于雍榆。"

君也。

叔孙豹，臣也。当先通君命，故先言救。今此先言"次"，知实诸侯。

《穀梁传》曰："是齐侯与？齐侯也。何用见其是齐侯也？曹无师，曹师者曹伯也。其不言曹伯，何也？以其不言齐侯，不可言曹伯也。"注："曹君不可在师下，故知是齐侯，因救不及事，故不书齐侯，并不得书曹伯，知皆君也。"

《通义》云："《春秋》文随事变，岂得设文外之事，而泥事后之文，以生巧辨者哉？"

君则其称师何？不与诸侯专封也。

故没君文，但举师而已。

《繁露·王道》云："有天子在，诸侯不得专地，不得专封。"又云："观乎许田，知诸侯不得专封。观乎齐桓、晋文、宋襄、楚庄，知任贤奉上之功。"齐桓，谓此"没君文"事也。

曷为不与？

据狄灭之，为桓公讳。

实与，而文不与。

不书所封归，是也。

旧疏云："昭十三年秋，'蔡侯庐归于蔡。陈侯吴归于陈'，《传》云'此皆灭国也，其言归何？不与诸侯专封也'，彼注云'故使若有国自归者也。名者，专受其封当诛'。然则彼《经》书所封归，是不与楚专封，则知此《经》不书所封归者，与齐桓专封明矣。若书所封归，宜言'邢侯归于邢'矣。"

《通义》云："实不与，则当贬言齐人；文与，则当言齐侯、宋公、曹伯。今不举诸侯，亦不贬称人，实扬文抑，两者各见。《春秋》之决事也，诛其可诛，赏其可赏。"

"诛其可诛，赏其可赏"，此《春秋》之决事。天之施，大公无私，容光必照，如四时之错行，不感情用事。"明试以功，车服以庸"（《尚书·舜典》），对有功者，以车服表其功。文王之治，恩威并用，赏其所当赏，诛其所应诛，赏罚分明也。

《繁露·竹林》云："见其指者，不任其辞。不任其辞，然后可与适道矣。"指则实，辞则文也。"见其实者，不任其文；不任其文，然后可与适道矣"。看见实际事了，又何必看人所写而后信之？谣言止于智者。智者再往前努力，即成仁者。《论语·里仁》"仁者安仁，知者利仁"，智者利于仁，仁者安于仁。

读书，前后要清楚。要有耐力，书读百遍自通。通，不只是明白，而是"吾道一以贯之"。会背书，帮助太大。必要下真功夫。

文曷为不与？

据实与也。

诸侯之义不得专封也。

此道大（同"太"）平制。

太平制，即《春秋》制，天下为公之制。

《春秋》本据乱而作，讲许多乱七八糟的事。"拨乱世，反诸正"（《春秋公羊传·哀公十四年》），正，王道也。

《繁露·王道》曰："齐桓会王世子，擅封邢、卫、杞，横行中国，意欲王天下。"又曰："桓公存邢、卫、杞，不见《春秋》，内心予之，行法绝而不予，止乱之道也，非诸侯所当为也。"第一步接着为拨乱。《春秋繁露》乃智慧的产物。

《公羊》应用白话从头至尾写一遍，确实有用。

诸侯之义不得专封，则其曰"实与之"何？上无天子，下无方伯，天下诸侯有相灭亡者，力能救之，则救之可也。

《白虎通·号》曰："霸者，伯也，行方伯之职，会诸侯，朝天子，不失人臣之义，故圣人与之。非明王之法不张。霸，犹迫也，把也。迫胁诸侯，把持王政。"

主书者，起文从实也。

"起文从实"，明文虽不与，从实与为主也。《通义》云："善桓公之为此者，得变之正也。"

有霸者之私心，互斗不已，百姓皆陪绑的。苦不苦，皆在百姓身上，焉有好人？

每个人对事了解之深浅不同、立场不同，故对事之看法有别，但真理为一。必冷静看。

读《春秋》，在深明大义。

《人物志》刘劭序，一部《论语》，我喜之。《人物志》依《论语》而写，用许多事印证之。好好读《人物志》，于修己识人，皆有帮助。

遇事，智高者，反应快。但愚人想三天，也可明白，知你骗他，不再理你。千万不要取巧，要脚踏实地学。

僖公第五

443

二年，春，王正月，城楚丘。

《穀梁传》曰："楚丘者何？卫邑也。国而曰城，此邑也，其曰城，何也？封卫也。"

孰城？

据内城不月，故问之。

旧疏云："内城不月者，即隐七年'夏，城中丘'；襄十九年'冬，城西郛'之属是也。其内城有在日月下者，皆不蒙日月。"

城卫也。曷为不言城卫？

据无迁文，以言城，故当言"城卫"。

旧疏云："言以前之《经》，未有迁卫于楚丘之文。今此城之，故当言'城卫'，不应言'城楚丘'，故难之。"言由是之故，当言"城卫"。

灭也。孰灭之？盖狄灭之。

以上有"狄入卫"。

《春秋·闵公二年》："十有二月，狄入卫。"是时卫国已灭，故不得言"城卫"。

曷为不言狄灭之？为桓公讳也。曷为为桓公讳？上无天子，下无方伯，天下诸侯有相灭亡者，桓公不能救，则桓公耻之也。

盖当时狄势正强，桓公力未能敌，故迁之楚丘，明畏避狄也，是"桓公不能救"事也。

然则孰城之？

据不出主名，见桓公德优不待之，又不独书齐，实诸侯也。

桓公城之。曷为不言桓公城之？不与诸侯专封也。

《穀梁传》曰："其不言城卫，何也？卫未迁也。其不言卫之迁焉，何也？不与齐侯专封也。其言城之者，专辞也。故非天子不得专封诸侯，诸侯不得专封诸侯，虽通其仁，以义而不与也。故曰'仁不胜道'。"

"仁不胜道"，有爱心，泛用，不合于道，也不行。

曷为不与？实与，而文不与。文曷为不与？诸侯之义，不得专封。诸侯之义不得专封，则其曰实与之何？上无天子，下无方伯，天下诸侯有相灭亡者，力能救之，则救之可也。

指据乱世时而言。

复发《传》者，君子乐道人之善也。

可见当时好事太少了。

《庄子·齐物论》曰："《春秋》经世，先王（古圣先王）之志，圣人议而不辨。""议而不辨"，就事论事，最负责任；"议而辨"，于事无补。

不系卫者，明去卫而国楚丘，起其迁也。

旧疏云："决襄十年冬，'戍郑虎牢'，系郑矣。"

《新序·义勇》曰："卫懿公有臣曰弘演，远使未还。狄人攻卫，其民曰：'君之所与禄位者，鹤也；所富者，宫人也。君使宫人与鹤战，予焉能战？'遂溃而去。狄人追及懿公于荥泽，杀之，尽食其肉，独舍其肝。弘演至，报使于肝毕，呼天而号，尽哀而止。曰：'臣请为表。'因自刺其腹，纳懿公之肝而死。齐桓公闻之，曰：'卫之亡也以无道，今有臣若此，不可不存。'于是救卫于楚丘。"

不书"迁"与"救""次"者，深为桓公讳。使若始时尚仓卒有所救，其后晏然无干戈之患，所以重其任而厚责之。

旧疏云："正决元年《经》'次于聂北，救邢'，'邢迁于陈仪'之文。"

主书者，起文从实也。

旧疏云："谓《经》文虽不与，当从其实理而与之。"

《繁露·灭国下》云："齐桓为幽之会，卫不到，桓怒而伐之。狄灭之，桓忧而立之……用心如此，岂不霸哉？故以忧天下与之。"是亦"文从实"之义也。

《读经示要，卷三》云："夫霸者仿道而行，以攘斥夷狄侵略为志者也。故于弱小国家，必保全之，使列国之间，大小相维，而无相侵逼，天下有文明休矣……诸夏弱小之国，皆赖以安。"有志整理旧思想者，接着熊夫子往下整理，必有成就。

秋，九月，齐侯、宋公、江人、黄人盟于贯泽（《穀梁传》《左传》均无"泽"字）。

江人、黄人者何？

旧疏云："欲言是君，《经》不称子；欲言微者，得敌齐侯，故执不知问。"

远国之辞也。

桓公德盛，不嫌使微者，知以远国辞称"人"。

远国至矣，则中国曷为独言齐、宋至尔？大国言齐、宋，远国言江、黄，则以其余为莫敢不至也。

《穀梁传》曰："贯之盟，不期而至者，江人、黄人也。江人、黄人者，远国之辞也。中国称齐、宋，远国称江、黄，以为诸侯皆来至也。"

《新序·杂事四》曰："为阳谷之会，贯泽之盟，远国皆来。"

晋大于宋，不序晋而序宋者，时实晋、楚之君不至，君子成人之美，故褒益以为遍至之辞，所以奖大霸功，而勉盛德也。

"君子成人之美"（《论语·颜渊》），《穀梁传·隐公元年》："《春秋》成人之美，不成人之恶。"《说苑·君道》曰："善乎哉！君子成人之美，不成人之恶。微孔子，焉得闻哉？"

"奖大霸功，而勉盛德"，《新序·杂事四》曰："三存亡国，一继绝世，尊事周室，九合诸侯，一匡天下，功次三王，为五伯长。"

在据乱世，必有霸者。熊十力在《读经示要》特别强调这些。

《读经示要·卷三》："升平将进，据乱未离之际，夷狄方以凶狡横行，危害人类。诸夏之族，若非互相结合，以强大武力，制止夷狄之行，则夷狄兽欲，未有餍足，人相食之祸，无已止也。故诸夏驭夷狄，不宜退让。而当时霸权，以威服之，《春秋》假齐桓、晋文之事，以伸霸权，明升平世赖诸夏存霸统也。"

《论语》中，孔子称许管仲："桓公九合诸侯，不以兵车，管仲之力也。如其仁！如其仁！"乃管仲之仁，能救民于水火，"管仲相桓公，霸诸侯，一匡天下，民到于今受其赐；微管仲，吾其被发左衽矣"。管仲忠于国家民族，有遗爱在民。《春秋》重人。

江、黄附从霸者，当进；不进者，方为遍至之辞。

旧疏云："怪其不称爵。""言'方为遍至之辞'，故直以远国辞称人；若进而称爵，无以见遍至之义。"

《通义》云："此盟会之诡例也。贯泽、阳谷，远国悉至，桓公之会最盛。欲遍书之，则《春秋》例不录微国，故直举江、黄极远者包之而已。"

三年，六月，雨。

《穀梁传》曰："雨云者，喜雨也。因雨有志乎民者也。"

其言六月雨何？

据上得雨，不书。

旧疏云："即上二年十一月、十二月，三年二月、三月、五月之属，皆不书'不雨'，是其得雨故也。"

上雨而不甚也。

所以详录，贤（当动词）君精诚之应也。僖公饬过求己（过则无惮改），六月澍雨。

"精诚之应"，天听自我民明听，精诚能动天。

《繁露·必仁且智》曰："《春秋》之法，上变古易常，应是而有天灾者，谓幸国。孔子曰：'天之所幸，有为不善，而屡极。'楚庄王以天不见灾，地不见孽，则祷于山川，曰：'天其将亡予耶？不说吾过，极吾罪也。'以此观之，天灾之应过而至也，异之显明可畏也。此乃天之所欲救也，《春秋》之所独幸也，庄王所以祷而请也。圣主贤君，尚乐受忠臣之谏，而况受天谴也？"因此天灾，以之检讨、警诫自己。"祸兮福之所倚，福兮祸之所伏"（《说苑·敬慎》），祸福难分，就在接际之间。

宣公复古行中，其年谷大丰。

旧疏云："谓宣十五年'初税亩'，其'冬，蝝生'；宣公受过变寤，明年，复古行中；十六年'冬，大有年'是也。"变古有灾，复古可以救灾也，明天人相与之际，不可不察也。

"复古行中"，《中庸》曰："生乎今之世，反古之道，如此者，菑及其身者也。"又曰："君子之中庸也，君子而（能）时中。"复古，反正也，拨乱反正。以尧舜为正，行王道也。

明天人相与报应之际，不可不察其意。

旧疏云："谓人行德，天报之福；人行恶，天报之祸。两令相及，故言'之际'矣。"

《春秋》有灾异，必一二书者。不研究《公羊传》者，骂董（董仲舒）、何（何休），批评其重灾异，实则《春秋》以圣人贵除天下之患，《繁露·盟会要》曰："至意虽难喻，盖圣人者贵除天下之患。贵除天下之患，故《春秋》重而书天下之患，遍矣。以为本于见天下之所以致患，其意欲以除天下之患。何谓哉？天下者无患，然后性可善；性可善，然后清廉之化流；清廉之化流，然后王道举、礼乐兴，其心在此矣。"故必防未然，在除患，为民除患也。

"张三世"，讲进步义，慢慢地进步。"存三统"，讲因，不能忘本。"拨乱反正"，正，王道也，以尧舜为正，行王道也。

讲"仁、爱"，以尧舜时犹有战争、四凶，故犹不足，乃称"羲皇上人"，是思想上的羲皇。

秋，齐侯、宋公、江人、黄人会于阳穀。

此大会也，曷为末言尔？

末者，浅耳，但言会，不言盟。据贯泽言盟。

旧疏云："上二年'齐侯、宋公、江人、黄人盟于贯泽'，《传》云'大国言齐、宋，远国言江、黄，则以其余为莫敢不至也'。此《经》亦书'齐侯、宋公、江人、黄人'，故弟子言'此大会也'以难之。"

桓公曰："无障谷，

无障断川谷，专水利也。水注川曰"溪"，注溪曰"谷"。

《孟子·告子下》云"无曲防"，《尔雅·释水》曰："水注川曰溪，注溪曰谷。"李巡云："水出于山入于川为溪，水相属曰谷。"

《读经示要·卷三》曰："谓一国不得专水利以障川谷，使他国受害也。"

"无贮粟，

有无当相通。

《孟子·告子下》云"无遏籴"，《汉书·食货志》云："夫积贮者，天下之大命也。"

《读经示要·卷三》曰："粟者，民以为命。列国有无当相通。若遏止谷籴，不通邻国，非公道也。此及前条皆关民生，主平等互惠。"

"无易树子，

《读经示要·卷三》曰："据乱世不得无君。而君主制度，必立世子，以定国本。既立而又擅易之，则其国未有不乱者。"

"无以妾为妻。"

树，立本正辞，无易本正当立之子。"

《读经示要·卷三》曰："君子若惑嬖妾，其政必乱。""古代国家之内政问题，以正君德为本，修齐而后可以治国，王道之要也，而霸道亦不外是。"

《何氏释例·娶妇终始例第二十一》释曰：《春秋》……其言人事也，则以正适妾、建世子为兢兢。"《春秋公羊传·隐公元年》《传》曰："立嫡以长不以贤，立子以贵不以长。"据乱世正本之大法。

此四者，皆时人所患。

此据乱世之法。

拨乱反正，据乱世必先定法。先立法，一步一步来。

《读经示要·卷三》曰："约法四条，博大简要……前二条，即依平等互惠精神，解决当时国际纠纷……后二条，为列国内治正本之大法。"

时桓公功德隆盛，诸侯咸曰："无言不从，曷为用盟哉？"故告誓而已。

所用之人什么都不懂，岂不等于没那个人？

想有前途，必先好好造就自己。中学教育出毛病，必要抢救，怎可再望梅止渴？

冬，公子友如齐莅盟。

莅盟者何？往盟乎彼也。

犹曰"往盟于齐"。莅，临也。

时因齐都盟，主国主名不出者，《春秋》王鲁，故言"莅"以见王义，使若王者遣使临诸侯盟，饬以法度。

往盟曰"临"，尊内之辞也。莅盟例时，为内明义，当以至信先天下。

其言来盟者何？

旧疏云："即文十五年春，'宋司马华孙来盟'；宣七年'春，卫侯使孙良夫来盟'之属是也。"

来盟于我也。

此亦因鲁都以见王义，使若来之京师盟，白事于王。

此《经》既有"莅盟"之文，故引"来盟"以对之。

不加"莅"者，来就鲁，鲁已尊矣。

旧疏云："正以上《经》言'莅'者，见尊鲁为王之义。今此'来盟'者，已是就鲁之文，足见尊鲁矣，何劳言'莅'以见之乎？若其加'莅'，宜直云'莅孙良夫盟'也。"

春秋为一朝代，以鲁为京城，借事明义。有时讲真事，有时借事明义。

四年，楚屈完来盟于师，盟于召陵。

屈完者何？

旧疏云："欲言楚子，《经》不书爵；欲言大夫，文不言使。"

楚大夫也。

《穀梁传》曰："楚无大夫，其曰'屈完'何也？以其来会桓，成之为大夫也。"

何以不称使？

据陈侯使袁侨如会。

旧疏云："即襄三年'六月，公会单子、晋侯……同盟于鸡泽'，'陈侯使袁侨如会'是也。"

尊屈完也。曷为尊屈完？

据陈侯使袁侨如会，不尊之。

以当（敌）桓公也。

增倍，使若得其君，以醇霸德、成王事也。

旧疏云："倍，读如'陪益'之陪矣。"

《穀梁传》："楚无大夫，其曰'屈完'何也？以其来会桓，成之为大夫也。"注："尊齐桓，不欲令与卑者盟，亦'增倍'之义也。"

《通义》云："当，敌也。楚始自'州'进，未得醇同'中国'……《公羊》本无尊君抑臣之意，何氏明云'增倍，使若得其君'，意谓尊屈完若得楚子亲来，以醇桓公之盛也。"

其言盟于师、盟于召陵何？

据"戊寅，叔孙豹及诸侯之大夫，及陈袁侨盟"，不举会与地。

旧疏云："在襄三年夏也。彼《经》不言'陈袁侨来盟于会，盟于鸡泽'，与此异，故难之。"

师在召陵也。

时喜得屈完来服于陉，即退次召陵，与之盟，故言"盟于师，盟于召陵"。

师在召陵，则曷为再言盟？

据"齐侯使国佐如师，己酉，及国佐盟于袁娄"，俱从地，不再言盟。

《春秋·成公二年》"秋，七月，齐侯使国佐如师；己酉，及国佐盟于袁娄"，旧疏云："在成二年秋。言'俱从地'者，谓国佐从晋于袁娄也。"

喜服楚也。

孔子曰："书之重，辞之复，呜呼！不可不察，其中必有美者焉。"

加重语，"书之重，辞之复"，不可不察其深意，乃为对方有所警惕。《繁露·祭义》曰："其辞直而重，有再叹之，欲人省其意也。而人尚不省，何其忘哉！"

何言乎"喜服楚"？

据"服蔡"，无喜文。

旧疏云："即上'侵蔡，蔡溃'是也。"

楚有王者则后服（后夫凶），**无王者则先叛。**

桓公行霸，至是乃服楚。桓公不修其师，先叛盟是也。

《诗》云："蠢尔蛮荆，大邦为仇。"（《诗经·小雅·采芑》）言圣人起则后服，中国衰则先叛，动为国家难，自古而患之久矣。

《穀梁传·庄公十年》："何为谓之荆？狄之也。何为狄之？圣人立，必后至；天子弱，必先叛，故曰荆，狄之也。"

"有王者则后服，无王者则先叛"，以楚为夷狄，显见中国的夷狄观，是以文化分，而非以种族分。

"有王者则后服"，《易经·比卦》称"后夫凶"，你们将赶上，我赶不上了。

夷狄也，而亟（数）**病中国。**

数（数次）侵灭中国。

旧疏云："即庄二十八年'秋，荆伐郑'者，是其数侵中国之文。其数灭中国者，即'灭邓、谷'之属是也。而《经》不书者，'后治夷狄'故也。"

南夷与北狄交，

"南夷"，谓楚灭邓、穀，伐蔡、郑。

旧疏云："'楚灭邓、穀'不书，而此言者，正以上桓七年

'夏，榖伯绥来朝，邓侯吾离来朝'，《传》云'皆何以名？失地之君也'，故知之。'伐蔡、郑'者，谓蔡、郑服从楚，即如上《经》'齐侯……侵蔡，蔡溃。遂伐楚'者，盖是蔡为楚之属矣。其郑为楚属者，盖见庄十五年'郑人侵宋'，十六年'夏，宋人、齐人、卫人伐郑'之文也。何者？庄十五年时，正是桓公为霸，宋为齐属，而郑侵之，岂不从楚故也？庄十六年，齐人助宋伐之，岂不怒乎其从楚而侵宋也？盖于时郑人又服于齐，是以十六年'秋，荆伐郑'。故此作注云'蔡、郑'矣。"

"北狄"，谓狄灭邢、卫，至于温，交乱中国。

旧疏云："'狄灭邢、卫'，在闵元年、二年。'狄灭温'，在僖十年。温言'至于'者，以其在后，故言'至于'，僖十年文'灭温'也。或者温是圻（qí，疆界）内之国，去京师近，故言'至于'矣。"

中国不绝若线。

"线"，缝帛缕。以喻微也。

《淮南子·要略训》云："齐桓公之时，天子卑弱，诸侯力征，南夷北狄交伐中国，中国之不绝如线。"注："线，曰丝也。"不绝若线，线极细物，故言喻微也。

桓公救中国，存邢、卫是也。而攘夷狄，攘，却也。**北伐山戎是也。卒怗荆，**卒，尽也。怗，服也。荆，楚也。**以此为王者之事也。**

言桓公先治其国以及诸夏，治诸夏以及夷狄，如王者为之，故云尔。

《繁露·王道》曰："《春秋》内其国而外诸夏，内诸夏而外夷狄，言自近者始。"内外，为层次，以渐治之。

"夏"化及夷狄，成"诸夏"（四方之国）。《说文》曰："夏，中国之人也。"即礼义之人，有别于夷狄之人。"中国，礼义之国"，以礼义化夷狄，自近影响及远，夷狄进于礼义，乃成"诸夏"。

"《春秋》，天子之事"（《孟子·滕文公下》），天子法天，法天道行事，继天之志，天道无私，尚公；述天之事，王者之志，新王之事。

"桓公先治其国以及诸夏，治诸夏以及夷狄"，合乎《春秋》，故以为王者之事也。《繁露·王道》曰："桓公救中国，攘夷狄，卒服楚。"至为王者事，"《春秋》予之为伯，诛意不诛辞之谓也"。

其言来何？

据陈袁侨如会，不言"来"。

与桓为主也。

以从内文，知与（许）桓公为天下霸主。

《繁露·观德》曰："召陵之会，鲁君在是而不得为主，避齐桓也。"

前此者有事矣。

谓城邢、卫，是也。

旧疏云："即上元年夏六月'齐师、宋师、曹师城邢'，二年'春，王正月，城楚丘'，'孰城？城卫也'是也。"

后此者有事矣。

谓"城缘陵"是也。

旧疏云："即下十四年，'春，诸侯城缘陵'是也。"

则曷为独于此焉？与桓公为主，序绩也。

"序"，次也；"绩"，功也。累次桓公之功德，莫大于服楚，明德及强夷最为盛。

王霸之分，"以力假仁者霸，以德行仁者王"（《孟子·公孙丑上》）。假仁者，日月至焉而已矣；"安仁者，天下一人而已矣"。
熊十力《读经示要》，于据乱、升平世，奖励霸者。

《读经示要卷三》曰："夫霸之为霸。一、修内治以勤远略。修内勤远，二者互为因也。内治不修，则不可以勤远略；无远略，亦不可以修内治……二、依礼让以固盟好。霸者之志，在攘斥凶狡之行，故于诸夏列国，互修盟好。而盟好所以不渝者，则以能依礼让故也……三、重民意而整武备。如管仲治齐，地方之治最为发达。人民得表达其意志，不受摧折。武备足用，恃民意耳。后世反民意，而治军以拥护个人，则乱亡而已矣。四、矫迂缓而佑法治。王道之末流，未免迂缓。迂缓，则百弊丛生矣。故鲁国秉周礼，而其后不振。霸治非背于王道，但以法治佑助之，救其末流之失耳……五、保弱小以御侵略。王船山《春秋世论》曰：'无小国，则少数大国对立。少数大国对立，则相逼而互以相亡。故君子治三代之衰，尤为小国念也。'……六、崇仁义以别鸟兽。夷狄凶残不仁，狡诈无耻，鸟兽类也。孟子称霸者假仁义，假者假藉，谓其非中心安仁，乃强行仁义之事，藉以服人，故谓之假。晚世侵略者或标美名，而务行侵略之实，则霸者所不忍为，且不屑为。故霸者存人道于几希，以自别于鸟兽，至可尚也。霸统灭，而后夷狄横行，人尽为禽，是不如天倾地覆之为快也。"

一个国家绝不能妄谈大同，必有武备。大同世，非骤然而至。

就一个"私"字、"迷"字！究竟几人能悟？钱聚得再多，又能过几代？人应当冷静，想想看这辈子究竟要走哪一条路，不要混！

五年，公及齐侯、宋公、陈侯、卫侯、郑伯、许男、曹伯，会王世子于首戴。

曷为殊会王世子？

据宰周公不殊别也。

旧疏云："即僖九年'夏，公会宰周公、齐侯、宋子、卫侯、郑伯、曹伯于葵丘'是也。"

世子贵也。世子，犹世世子也。

解"贵"意也。言当世父位。储君副主，不可以诸侯会之为文，故殊之。使若诸侯为世子所会也。

旧疏云："使若世子为会主，致诸侯于此而会之，故言'使若诸侯为世子所会也'。"

自王者言之，以屈远世子在三公下，《礼·丧服·斩衰》曰"公士大夫之众臣"是也。

旧疏云："何氏引《丧服》者，欲言三公，臣有为之斩衰，世子则无，是卑于三公之义。"

自诸侯言之，世子尊于三公。此礼之威仪，各有所施。

旧疏云："即殊与不殊是也。何者？世子于诸侯，将有君臣之义故也。"

言"及"者，因其文可得见汲汲也。

旧疏云："及，汲汲之文。故隐元年《传》云'及，犹汲汲''及，我欲之'，然则此言'及'者，因'会王世子'之《经》，得见鲁侯汲汲于齐桓矣。"

世子所以会者，时桓公德衰，诸侯背叛，故上假"王世子"示以公义。

《繁露·王道》曰："齐桓会王世子，擅封邢、卫、杞，横行中国，意欲王天下。"又曰："会王世子，讥微也。"明桓公德衰，诸侯背叛，上假"王世子"也。

旧疏云："即上四年《传》文，桓公'不修其师'，'楚叛盟'，下文'郑伯逃归不盟'；九年葵丘之盟，书日以见危之。"桓公震而矜之，叛者九国。

《穀梁传》曰："尊王世子于首戴，乃所以尊天王之命也。世子含王命会齐桓，亦所以尊天王之命也。世子受之可乎？是亦变之正也。"

《春秋》借事明义。诸侯虽各有实力，但仍拥虚位的王。桓公德衰，诸侯就背叛。但公道自在人心，得假借王世子以霸。

六年，夏，公会齐侯、宋公、陈侯、卫侯、曹伯伐郑，围新城。

邑不言围，此其言围何？强也。

恶桓公行霸，强而无义也。郑背叛，本由桓公过陈不以道理，当先修文德以来之，而便伐之，强非所以附疏。

《繁露·精华》曰："不复安郑，而必欲迫之以兵。"强非所以附疏。《说苑·指武》云："圣人之治天下也，先文德而后武力。凡武之兴为不服也。文化不改，然后加诛。夫下愚不移，纯德之所不能化而后武力加焉。"

借事明义。

文德之王，当修文德以来之。

七年，夏，小邾娄子来朝。

至是所以进称爵者。

旧疏云："决庄五年'秋，倪黎来来朝'之文。"《传》曰："倪者何？小邾娄也。小邾娄则曷为谓之倪？未能以其名通也。"倪，小邾娄之都邑。

称"子"，进称爵也。《通义》云："进称爵者，始受王命，列为诸侯也。"夷狄"进中国则中国之"。

时附从霸者，朝天子，旁朝罢，行进。齐桓公白天子进之，固因其得礼，着其能以爵通。

旧疏云："小邾娄子朝天子不书者，例所不录也。今朝鲁而谓之'旁朝'者，正以诸侯之法，五年一朝天子，但是常事，故不书之。欲对朝王为正朝，故谓之旁朝。案隐十一年，'滕侯、薛侯来朝'，皆以其来朝新王，故进称'侯'。今此知不由朝新王而得进者，正以僖公非受命之王故也。"

郑杀其大夫申侯。

其称国以杀何？

据"晋侯杀其世子申生"（僖公五年春），称侯。

称国以杀者，君杀大夫之辞也。

诸侯国体，以大夫为股肱，士民为肌肤，故以国体录。

《孟子·告子下》云："无专杀大夫。"故"称国以杀"，无贬词也。

《通义》云："称国者，众辞，言非君得专杀之，与众弃之者也。"君者，群也。"君杀"，众杀。

八年，春，王正月，公会王人、齐侯、宋公、卫侯、许男、曹伯、陈世子款、郑世子华盟于洮。

"王人"者何？微者也。曷为序乎诸侯之上？先王命也。

"先王命"，以王命为先。《穀梁传》曰："'王人'之先诸侯何？贵王命也。"义同。

衔（奉）王命会诸侯，诸侯当北面受之，故尊序于上。时桓公德衰，甯母之盟，常会者不至。而陈、郑又遣世子，故上假王人之重，以自助。

借事明义。
据乱世、升平世。仍以"统"作为号召。政统或道统，皆重要。古今皆一也。

九年，春，王三月，丁丑，宋公御说（同"悦"）卒。

何以不书葬？为襄公讳也。

襄公背殡出会宰周公，有不子之恶。后有征齐、忧中国、尊周室之心，功足以除恶，故讳不书葬，使若非背殡也。

"背殡出会"，《春秋公羊传·僖公九年》"夏，公会宰周公、齐侯、宋子……于葵丘"，何注："宋未葬，不称子某者，出会诸侯，非尸柩之前，故不名。"

"征齐"，《春秋公羊传·僖公十八年》《传》曰："曷为不使齐主之？与襄公之征齐也。曷何与襄公之征齐？桓公死，竖刁、易牙争权不葬，为是故伐之也。"

"忧中国、尊周室"，《春秋公羊传·僖公二十一年》《传》曰："曷为不言捷乎宋？为襄公讳也。"何注："襄公本会楚，欲行霸忧中国也。"是有忧中国、尊周室之心也。

"功足以除恶"，以大事原谅小错。

《论语·宪问》中，孔子两次称许管仲："微管仲，吾其被发左衽矣"；"桓公九合诸侯，不以兵车，管仲之力也。如其仁，如其仁"。谁能除恶，即国之功臣，可以讳小恶。为民族尽孝，为国家尽忠。往大处着眼，以国家为第一要义。

孔子的思想与传统思想不同，曰"岂若匹夫匹妇之为谅也"（《论语·宪问》），否定召忽传统之忠。为一党一派一人尽忠，非《春秋》思想，熊十力以之为"奴儒"。

九月，戊辰，诸侯盟于葵丘。

桓之盟不日，此何以日？危之也。

《穀梁传》曰："此何以日？美之也。"刘逢禄《后录·卷五》申曰："《春秋》美人之功，不于其方盛，而于其将衰者，未之闻也。"此桓之会，极盛而衰之时也。

何危尔？贯泽之会，桓公有忧中国之心，不召而至者，江人、黄人也。葵丘之会，桓公震而矜之，叛者九国。

"九"，多也。言叛者众，非实有九国。

《读经示要·卷三》曰："唯其苟偷自满，视天下事数着可了，初不为千百年长久计，不揣复杂之变，每蕴于冥冥之中。桓与仲之偷也，唯其缺乏强健精神故也……《春秋》于葵丘著其危。"

下伐厉，善义兵是也。

旧疏云："即下十五年'秋，七月，齐师、曹师伐厉'，注云'月者，善录义兵，厉，葵丘之会，叛天子之命也'者是也。"

会不书者，叛也。叛不书者，为天子亲遣三公会之而见叛，故上为天子，下为桓公讳也。

《繁露·精华》曰："其后矜功，振而自足，而不修德，故楚人灭弦而志弗忧，江黄伐陈而不往救，损人之国而执其大夫，不救陈之患而责陈不纳，不复安郑，而必欲迫之以兵。功未良成，而志已满矣。故曰：'管仲之器小哉！'此之谓也。"

《盐铁论·世务》云："昔齐桓公内附百姓，外绥诸侯，存亡接绝，而天下从风。其后，德亏行衰，葵丘之会，振而矜之，叛者九国。《春秋》刺其不崇德而崇力也。故任德，则强楚告服，远国不召而自至；任力，则近者不亲，小国不附。此其效也。"

会盟一事不举重者，时宰周公不与盟。

会轻盟重，故举其重也。旧疏云："书云'诸侯盟于葵丘'，则知周公不与盟矣。"

"震之"者何？犹曰"振振然"。

旧疏云："欲言是善，而盟书日；欲言其恶，贤伯所为，故执不知问。"

"振"，同震。《荀子·正论》曰："莫不振动，从服以化之。"

亢阳之貌。

"亢"，亢龙有悔，《易经·乾卦·文言》曰："贵而无位，高而无民，贤人在下位而无辅，是以动而有悔也。"曰"与时谐极""知进而不知退，知存而不知亡，知得而不知丧"也。

"矜之"者何？犹曰"莫若我也"。

色自美大之貌。

矜，满也，自伐其功，犹曰"莫若我也"，有骄色。

《读经示要·卷三》曰："独惜其躬行不逮，霸业方有绪，而偷心遽生，不能复强健载天下之重，如何扶持诸夏，而充实联合总机构。如何实行约法？如何防御夷狄狨焉思启？经纬万端。非强健以持之，未有不功亏一篑者也。"故孔子叹："管仲之器小哉！"不能可久可大。

十年，晋里克弑其君卓子，及其大夫荀息。

"及"者何？累也。

累从君而死。"累"，连累，牵累。

弑君多矣，舍此无累者乎？曰："有，孔父、仇牧皆累也。"舍孔父、仇牧无累者乎？曰："有。"有则此何以书？贤也。何贤乎荀息？据与孔父同。"荀息可谓不食其言矣。"不食言者，不如食受之而消亡之，以奚齐、卓子皆立。

"食"，消也，尽也。"食言"，言既出而复背。

其不食其言奈何？奚齐、卓子者，骊姬之子也，荀息傅焉。

礼，诸侯之子，八岁受之少傅，教之以小学，业小道焉，履小节焉；十五受大（太）傅，教之以大学，业大道焉，履大节焉。

《大戴礼记·保傅》曰："古者，年八岁而出就外舍，学小艺焉，履小节焉；束发而就大学，学大艺焉，履大节焉。"

骊姬者，国色也。

其颜色一国之选。

"国色"，有美得真是美，但环境好的少，多半红颜薄命。台湾没有真美的，美得不像人样！

赛金花（1872—1936）其人非绝美，但周正。到老犹有风韵，人称"赛二爷"。

袁项城孙子孙女有在台当小学教员者，物理学家袁家骝（1912—2003）亦袁的孙子，袁克文（1839—1931）之子。

献公爱之甚，欲立其子，于是杀世子申生。申生者，里克傅之。

《穀梁传》曰："世子之傅里克谓世子曰：'入自明！入自明则可以生，不入自明则不可以生。'世子曰：'吾宁自杀以安吾君，以重耳为寄矣。'刎脰而死。"

献公病，将死，谓荀息曰："士何如则可谓之信矣？"

献公自知废正当有后患，欲托二子于荀息，故动之云尔。

《繁露·王道》曰："观乎晋献公，知逆理近色之过。"

荀息对曰："使死者反（复）生，生者不愧乎其言，则可谓信矣。"

荀息察言观色，知献公欲为奚齐、卓子来动己，故答之云尔。

完全以私情害公义。

献公死，奚齐立。

里克谓荀息曰："君杀正而立不正，废长而立幼，如之何？愿与子虑之。"

荀息曰："君尝讯臣矣，臣对曰：'使死者反生，生者不愧乎其言，则可谓信矣。'"

上问下，曰讯。言臣者，明君臣相与言，不可负。

里克知其不可与谋，退，弒奚齐。

荀息立卓子（奚齐之弟）。里克弒卓子，荀息死之。荀息可谓不食其言矣！

起时莫不背死乡（同"向"）生，去败与成。荀息一受君命，终身死之，故言"及"，与孔父同义。

"及"，一字之褒。

以私情害公义，不管是非好坏。《论语·学而》曰："信近于义，言可复也。"不近于义之信，乃最大错误观念，背感情包袱。应好好研究《春秋》，慢慢就客观。

哪一朝代也不愿亡，但都亡了！忠臣成立保皇党，清亡后有宗社党，最后功满全期一同亡。庄士敦（1874—1938，溥仪之外籍教师）回英国，当伦敦大学校长。天命到，非人力所能挽回。不必一同殉葬，最后都得吃亏。

不日者，不正遇祸，终始恶明，故略之。

旧疏云："正以成君见弑者例书日，今此不日，故解之。"

《繁露·王道》曰："晋献公行逆理，杀世子申生，以骊姬立奚齐、卓子。皆杀死，国大乱，四世乃定，几为秦所灭，从骊姬起也。"

《春秋》愈细心读，才愈明白。可如看《三国演义》般，看上五遍就明白。"老不看《三国》，少不看《西游》"，《三国演义》重要在术，才知道办事。现你们太不懂办事了，读多少书都没有用。

你没用，就是事实；用你，也是点缀品，但也必须你有利用价值。非大才，也不必趟浑水，抹颜色。还是不要抹上颜色，否则怎么漂也漂不白，为一生之忧。我一生即吃颜色的亏，儿子非名流，还不能来台。

晋杀其大夫里克。

里克弑二君，则曷为不以讨贼之辞言之？

据卫人杀州吁。

旧疏云："即隐四年'九月，卫人杀州吁于濮'是也。"

惠公之大夫也。

惠公篡立已定，晋国君臣合为一体，无所复责，故曰：此乃惠公之大夫，安得以讨贼之辞言之？

然则孰立惠公？

欲难杀之意。

里克也。里克弑奚齐、卓子，逆（迎）惠公而入。里克立惠公，则惠公曷为杀之？

惠公曰："尔（你）既杀夫二孺子矣，"孺子"，小子也。奚齐、卓子时皆幼小。又将图寡人。如我有不可，将复图我如二孺子。为尔君者，不亦病乎？"于是杀之。

然则曷为不言惠公之入？据齐小白入于齐。

晋之不言出入者，踊为文公讳也。

"踊"，豫也，齐人语。若关西言"浑"矣。献公杀申生，文公与惠公恐见及，出奔。

《春秋公羊传·定公十四年》"卫世子蒯聩出奔宋"，何注："子虽见逐，无去父之义。"

旧疏云："同姓之臣，尚无去义，况父子乎？"

不子，当绝；还入，为篡。

"还入，为篡"：文公、惠公既当坐绝，则"还入"自宜坐篡，义本相因，所以明父子之道也。

文公功足以并掩前人之恶，故惠公入、怀公出、文公入，浑皆不书，悉为文公讳故也。

《史记·晋世家》曰："秦缪公乃发兵送夷吾于晋。齐桓公闻晋内乱，亦率诸侯如晋。秦兵与夷吾亦至晋，齐乃使隰朋会秦俱入夷吾，立为晋君，是为惠公。"

为文公讳者，欲明文公之功大也。语在下。

文公之功，首在伐楚，见《春秋·僖公二十八年》，晋楚城濮之战。

怀公者，惠公子也。惠公卒，怀公立，而秦纳文公，故出奔。

惠公死，圉立为君，是为怀公。秦穆公思其逃归也，起奉公子重耳，以攻怀公，杀之于高梁，立重耳，是为文公。

惠公、文公出奔不书者，非命嗣也。

重耳与夷吾，皆庶妾所生，故"非命嗣"。

齐小白入于齐，则曷为不为桓公讳？

《春秋公羊传·庄公九年》"齐小白入于齐"，《传》曰："其言入何？篡辞也。"书"入"见其篡，不为之讳也。

桓公之享（食）国也长，美见乎天下，故不为之讳本恶也。

《繁露·玉英》云："故齐桓非直弗受之先君也，乃率弗宜为君者而立，罪亦重矣。然而知恐惧，敬举贤人而以自覆盖，知不背要盟以自湔浣（洗涤）也，遂为贤君，而霸诸侯。使齐桓被恶而无此美，得免杀灭乃幸已，何霸之有！"

文公之享国也短，美未见乎天下，故为之讳本恶也。

《史记·晋世家》曰："重耳出亡，凡十九岁而得入，时年六十二矣，晋人多附焉。"文公元年即位，为晋君九年卒，是享国短焉。

桓公功大，善恶相除，足封有馀，较然为天下所知。

齐桓功大，如城邢、城楚丘、伐楚等。

文公功少，嫌未足除身篡而有封功，故为之讳。

刘逢禄《论语述何》曰："二伯无所优劣。《春秋》书晋文，则为之讳本恶，故曰'谲而不正'；齐桓之篡，则从正例。公羊子言之详矣。"

并不言惠公、怀公出入者，明非徒足以除身篡而已，有足封之明较也，美不如桓公之功大。

《通义》云："明文公无存亡继绝之善，其功未足以除篡，故须为讳本恶，以奖成其美。"

十有五年，冬，宋人伐曹。
楚人败徐于娄林。

谓之"徐"者，为灭杞，不知尊先圣法度，恶重，故狄之也。

《春秋公羊传·成公三年》"郑伐许"，何注："谓之郑者，恶郑襄公与楚同心，数侵伐诸夏。自此之后，中国盟会无已，兵革数起，夷狄比周为党，故夷狄之。"《昭公十二年》"晋伐鲜虞"，何注："谓之晋者……先伐同姓，从亲亲起，欲以立威行霸，故狄之。"

此"徐"，不称人不称师，故为"狄"辞也。

《礼记·郊特牲》云："天子存二代之后，犹尊贤也。尊贤不过二代。"故灭杞，为不知尊圣法度，恶重也。

不月者，略两夷狄也。

旧疏云："正以败例书月，即庄十年'春，王正月，公败齐师于长勺''秋，九月，荆败蔡师于莘'是也。以其非两夷，故书月。"

此为略两夷，故不月。《穀梁传》曰："夷狄相败，志也。"令起祸乱之原，谨兵车之始。

十有六年，春，王正月，戊申，朔，霣石于宋，五。是月，六鹢(yì)退飞，过宋都。

曷为先言"霣"而后言"石"？

据星霣，后言霣。

《春秋·庄公七年》："夜中，星霣如雨。"

霣石记闻，闻其磌然(声响也)，视之则"石"，察之则"五"。

闻，属耳，听而不闻；视，属目，视其所以；察，细看，《说文》云："覆审也。"察其所安。

《繁露·观德》云："陨石于宋五，六鹢退飞，耳闻而记，目见而书，或徐或察，皆以其先接于我者序之。"又《深察名号》云："《春秋》辨物之理，以正其名。名物如其真，不失秋毫之末。故名'霣石'，则后其五；言'退鹢'，则先其六。圣人之谨于正名如此。君子于其言，无所苟而已，五石、六鹢之辞是也。"

《文心雕龙·宗经》曰："《春秋》辨理，一字见义，五石六鹢，以详略成文。"《榖梁传》曰："先陨而后石何也？陨而后石也。于宋四竟之内曰宋。后数，散辞也。耳治也。"

"是月"者何？仅逮是月也。

是月边也，鲁人语也。在正月之几尽，故曰"劣及是月"也。

旧疏云："《春秋》之内……悉解为'齐人语'。此一文独为'鲁人语'者，以是《经》文，孔子作之。孔子，鲁人，故知鲁人语。彼皆是诸《传》文，乃胡母生、公羊氏皆为齐人，故解为齐人语。"

"在正月之几尽"，谓晦日乃在正月之欲尽矣。

"仅逮是月"，"逮"，及也。仅及是月，故云"是月边"

"提月者何"，"提"，零日也。《通义》云："'是'读为陻，陻之言边也。""是月"，其义为此月；"陻月"，其义为尽此月。《初学记》引《公羊》，皆作"陻月"，"陻"当作"抵"字，故《传》云："仅逮是月也。"

何以不日？

据五石言日。

旧疏云："等是灾异，何故五石书言'戊申，朔'，而六鹢不书日乎？故难之。"

晦日也。

凡灾异，晦日不日，日食是也。

旧疏云："即庄十八年'三月，日有食之'之属是也。今此亦晦，故不书日。"

日食尝于晦朔，不日，晦可知也。六鹢无常，故言是月，以起晦也。

旧疏云："日食，亦有二日食……二日食者，虽非正朔，若欲比晦言之，亦得谓之朔矣。言若正朔食朔日并言，若二日食则言日，则知日朔并不言，是晦日明矣。故云'不日，晦可知也'。"

晦，则何以不言晦？

据上言朔。

《春秋》不书晦也。

事当日者日，平居无他卓佹（guǐ），无所求取，言晦朔也，趡（cuǐ）盟、奚战是也。

旧疏云："谓无他卓异佹戾，平常之事也。"《春秋》不书晦"，平常之事。卓傀之事，合书晦朔矣。

朔，有事则书。

重始，故书以录事。若"泓"之战及此，皆是也。

即《春秋公羊传·僖公二十二年》"冬，十有一月，己巳，朔，宋公及楚人战于泓"，《传》曰："偏战者日，此其言朔何？《春秋》辞繁而不杀者，正也。"

为美宋公得正，以为善之善者，故特笔褒之，书"朔"，所谓"卓傀"是也。

此特为王者之后记异。宋襄，乃伯道之终，为夷、夏起伏之机，故亦书"朔"。

晦，虽有事不书。

重始，而终自正。故不复书以录事。

《春秋》重始。"《春秋》不书晦也，朔有事则书"，此《春秋》全经之通例。

曷为先言"六"，而后言"鹢"？

据"霣石"，后言"五"。

六鹢退飞，记见也：视之则"六"，察之则"鹢"，徐而察之则"退飞"。

鹢，小而飞高，故视之如此，事势然也。

《穀梁传》曰："六鹢退飞过宋都，先数，聚辞也，目治也。子曰：'石，无知之物；鹢，微有知之物。石无知，故日之；鹢微有知之物，故月之。君子之于物，无所苟而已。石、鹢且犹尽其辞，而况于人乎？故五石、六鹢之辞不设，则王道不亢矣。'"

宋都者，宋国所治也。人所聚曰都。言过宋都者，时独过宋都退飞。

"人所聚曰都"，《穀梁传》"民所聚曰都"。

五石六鹢，何以书？记异也。外异不书，此何以书？为王者之后记异也。

王者之后有亡征，非新王安存之象，故重录，为戒，记灾异也。

《通义》云："为王者之后记灾者，示有加录，所以象贤崇德。"

石者，阴德之专者也；鹢者，鸟中之耿介者；皆有似宋襄公之行。襄欲行霸事，不纳公子目夷之谋，事事耿介自用，卒以五年见执，六年终败，如五石、六鹢之数。

《春秋》重义不重事，故美宋襄欲行霸事，然霸道不终。

天之与人，昭昭著明，甚可畏也。

旧疏云："《春秋说》文也。"敬天，畏天命。《论语·季氏》曰："君子有三畏：畏天命、畏大人、畏圣人之言。"在天曰命。

于晦朔者，示其立功，善甫始而败，将不克终，故详录天意也。

《通义》云："石鹢之异，一在月本，一在月末，是宋襄终始之象也……六鹢退飞，象伯业终退。"天意。

十有九年，冬，公会陈人、蔡人、楚人、郑人盟于齐。

先是楚未与中国会盟，此后楚遂得中国，《春秋》书"公"，所以责公也。四国书"人"，若曰"与微者盟"尔，深为公讳，使若非齐盟所致也。

因宋征齐，有隙，为此盟也。

旧疏云："谓上十八年襄公征齐，齐与宋有间隙，齐遂构会诸侯之人而为此盟，以谋宋矣。"

是后，楚遂得中国，霍之会，执宋公。

"霍之会，执宋公"，旧疏云："即下二十一年'秋，宋公、楚子、陈侯、蔡侯、郑伯、许男、曹伯会于霍，执宋公以伐宋'是也。"齐、郑、陈、蔡、许男皆从楚盟，是其得中国也。仇宋非宜，复致楚得诸夏，故深抑之。

梁亡。

《穀梁传》曰："梁亡，郑弃其师，我无加损焉，正名而已矣。"

此未有伐者，其言"梁亡"何？

据"蔡溃"，以自溃为文，举侵也。

旧疏云："即上四年春，'公会齐侯'云云'侵蔡，蔡溃'是也。"

自亡也。

《通义》云："梁实为秦灭，缘其民先亡，地乃入秦，故以自亡言之。"梁本灭于秦，而《经》言"梁亡"，不言秦伐之，所以罪梁人自亡也，《史记·秦始皇本纪论》曰："河决不可复壅，鱼烂不可复全。"

《繁露·王道》云："梁内役民无已。其民不能堪，使民比地为伍，一家亡，五家杀，刑其民曰：'先亡者封，后亡者刑。'君者，将使民以孝于父母，顺于长老，守丘墓，承宗庙，世世祀其先。今求财不足，行罚如将不胜，杀戮如屠仇，其民鱼烂而亡，国中尽空。《春秋》曰'梁亡'。亡者，自亡也，非人亡之也。"又《仁义法》云："故王者爱及四夷，伯者爱及诸侯，安者爱及封内，危者爱及旁侧，亡者爱及独身。《春秋》不言伐梁，而言'梁亡'，盖爱及独及其身也……故曰仁者爱人，不在爱我，此其法也。"

其自亡奈何？鱼烂而亡也。

《穀梁传》释曰："《公羊》以为鱼烂而亡，谓梁君隆刑峻法，百姓逃叛，而事等鱼烂，从中而去也。此《传》亦云大臣背叛，民为寇盗，则同《公羊》。"

梁君隆刑峻法，一家犯罪，四家坐之，一国之中，无不被刑者，百姓一旦相率俱去，状若鱼烂。鱼烂从内发，故云尔。著其"自亡"者，明百姓得去之，君当绝者。

包慎言云："绝，谓绝其嗣也。"

《繁露·王道》云："观乎'梁亡'，知枉法之穷也。"

《读经示要·卷三》："夫国虽小，苟能奋发图强，内修善政，外联与国，虽有大邦不敢启戎心也。小国而不自立，则授人以可攻之隙，罪不可逭（huàn，逃也）也。若乃国大民众，而积弱不振，其群偷涣无深虑，其持秉者暗（愚昧）而自私，专而无耻，则其国有危亡之祸，乃'自作孽不可活'，非不幸也。《春秋》亡国五十二，察其所以，皆其国人自甘暴弃，故《春秋》罪之深，而不肯宽宥之也……《春秋》著'梁亡'之律，以治自亡者之大罪。"

二十年，春，新作南门。

何以书？讥。何讥尔？门有古常也。

恶奢泰，不奉古制常法。

"新"者，易旧之意；"作"者，兴事之辞。皆是更造之文，故云"不奉古常"，欲其法先王也。

修旧不足书，其书者皆非礼之制，"不务公室"者也。

《繁露·王道》云："作南门。刻桷，丹楹，作雉门及两观。筑三台，新延厩，讥骄溢不恤下也。"

二十有一年，春，狄侵卫。

贬狄者，为犯中国讳。

"讳"字误，盖衍文也。

《通义》云："狄不复称'人'者，附邢而后得进，明非忧中国不进。"

宋人、齐人、楚人盟于鹿上。

《通义》云："不月者，与襄公以大信辞。"

秋，宋公（襄公，名兹父）、楚子（成王）、陈侯、蔡侯、郑伯、许男、曹伯，会于霍，执宋公以伐宋。

《穀梁传》曰："以，重辞也。"

《通义》云："序楚子于诸侯之上，使主其罪也。楚至此称子者，方将终僖之篇贬。"常文须张其本爵于前，贬之于后乃得显。

孰执之？楚子执之。

以下献捷，贬。

旧疏云："即下文冬，'楚人使宜申来献捷'，《传》云'此楚子也，其称人何？贬。曷为贬？为执宋公贬。'是也。"

曷为不言楚子执之？

据"溴梁盟"下"执莒子、邾娄子"，复出"晋人"也。

《春秋公羊传·襄公十六年》"三月，公会晋侯、宋公……

于溴梁"，"晋人执莒子、邾娄子以归"，何注："录以归者，甚恶晋。"

不与夷狄之执中国也。

不举"执"为重，复举"伐"者，劫质诸侯，求其国事，当起也。

《通义》云："故使若诸侯共执之者然。"宋公虽无德，中夏之上公也。楚虽强大，荆山之蛮夷也。若云"楚执之"，则为礼乐之邦羞，俾强梁之志逞……故"执、伐"并举，不专举执君为重。

不为襄公讳者，守信见执，无耻。说在下也。

"守信见执"，故不为耻也。

冬，公伐邾娄。
楚人使宜申来献捷。

此楚子也，其称人何？

据称使，知楚子。

"使"者，上命下，知是楚子。

贬。曷为贬？

据齐侯献戎捷，不贬。

为执宋公贬。曷为为执宋公贬？

据上已没不与执中国。

上执宋公，没去楚子也。

宋公与楚子期以乘车之会。

盖鹿上之盟。

旧疏云："即上文春，'宋人、齐人、楚人盟于鹿上'是也。"言鹿上盟为此约。

公子目夷谏曰："楚，夷国也，强而无义，请君以兵车之会往。"

"公子目夷"，子姓，名目夷，字子鱼。宋襄公慈父之庶兄，即大司马子鱼。

宋公曰："不可。吾与之约以乘车之会，自我为之，自我堕（通'隳'，毁坏）之，曰不可。"
终以乘车之会往。楚人果伏兵车，执宋公以伐宋。

诈谖（音 xuān，欺也）劫质诸侯，求其国，当绝，故贬。

《说苑·尊贤》曰："宋襄公不用公子目夷之言，大辱于楚。"《通义》曰："以贬楚人之谖（xuān，诈也），以伸宋公之信。"

宋公谓公子目夷曰："子归守国矣。国，子之国也。吾不从子之言，以至乎此。"
公子目夷复曰："君虽不言国，国固臣之国也。"

所以坚宋公意，绝强楚之望。

目夷权辞以对，智比岳飞高。岳飞喊"迎二圣还朝"，置三圣于何地？

于是归，设守械而守国。
楚人谓宋人曰："子不与我国，吾将杀子君矣。"
宋人应之曰："吾赖社稷之神灵，吾国已有君矣。"
楚人知虽杀宋公，犹不得宋国，于是释宋公。

《通义》云："《经》不言楚释者，不与专执，即不与专释也。"

宋公释乎执，走之（往）卫。

襄公本谓公子目夷曰"国，子之国也"。宋公愧前语，故惭不忍反，走之卫。不书者，执解而往，非出奔也。

公子目夷复曰："国为君守之，君曷为不入？"
然后逆（迎）襄公归。

凡出奔归，书；执获归，不书者。出奔已失国，故录还，应盗国；与执获者异，臣下尚随君事之，未失国不应盗国，无为录也。

有书归、书复归、书复入、书入之殊。"复归"者，出恶归无恶；"复入"者，出无恶入有恶；"入"者，出入恶；归者，出入无恶。有盗国、不盗国之殊，故分别录之也。

恶乎捷？捷乎宋。

以上言伐宋。

曷为不言捷乎宋？

据戎捷也。

为襄公讳也。

襄公本会楚，欲"行霸，忧中国"也。不用目夷之言，而见诈，执伐宋，几亡其国。故讳为没国文。所以申善志。

《穀梁传》曰："其不曰'宋捷'何也？不与楚捷于宋也，与'不与夷狄执中国'义同。"《公羊》以为申宋公之善志，故为之讳。

不月者，因起其事。

旧疏云："《春秋》之义，灭国例月……今此宋公几亡国，是以为讳之，去其月，以起其贤。"

此围辞也，曷为不言其围？

据上言"守国"，知"围"也。

《通义》云："言'捷'者，起战也。而不言'战'者，起围也。"

为公子目夷讳也。

目夷遭难，设权救君，有解围、存国、免主之功，故为讳围起其事，所以彰目夷之贤也。

《春秋》为贤者讳。

《繁露·玉英》曰："夫权虽反经，亦必在可以然之域。不在可以然之域，故虽死亡，终弗为也，公子目夷是也。"又曰：

《春秋》之道，博而要，详而反一也。公子目夷复其君，终不与国……目夷之弗与，重宗庙。"

《通义》云："目夷之事，欲彰其贤，而反讳之，此圣《经》之高义，贤《传》之达言……谓起其设权救君……以章目夷之贤。"

归捷书者，刺鲁受恶人物也。

"刺受恶人物"，所以深恶楚也。

二十有二年，冬，十有一月，己巳，朔，宋公及楚人战于泓，宋师败绩。

偏战者日尔，此其言朔何？

据奚之战，不言朔。

旧疏云："即桓十七年'五月，丙午，及齐师战于奚'。《春秋说》以为五月朔日也。"

《春秋》辞繁而不杀者，正也。

"繁"，多也。"杀"，省也。"正"，得正道尤美。

《繁露·祭义》云："其辞直而重，有（又）再叹之，欲人省其意也。而人尚不省，何其忘哉！孔子曰：'书之重，辞之复。呜呼！不可不察也。其中必有美者焉。'"

何正尔？宋公与楚人期（约），战于泓之阳。

"泓"，水名。水北曰"阳"。

楚人济（渡）泓而来。济，渡。

有司复（白，告也）曰："请迨（及）其未毕济而击之。"

宋公曰："不可。吾闻之也，君子不厄人。吾虽丧国之余，寡人不忍行也。"

我虽前几为楚所丧，所以得其余民以为国，喻褊弱。

《榖梁传》曰："襄公曰：'君子不推人危，不攻人厄。须其出。'"

既济，未毕陈（同"阵"）。有司复曰："请迨其未毕陈而击之。"

宋公曰："不可。吾闻之也，君子不鼓不成列。"

军法：以鼓战，以金止。不鼓不战，不成列未成陈也。君子不战未成陈之师。

《荀子·议兵》曰："闻鼓声而进，闻金声而退。"鼓以进军，闻鼓前进；金以退军，鸣金收兵。

已陈，然后襄公鼓之。宋师大败。

故君子大其不鼓不成列，临大事而不忘大礼，有君而无臣。

言朔，亦所以起有君而无臣，惜其有王德而无王佐也。若襄公所行，帝王之兵也。有帝王之君，宜有帝王之臣；有帝王之臣，宜有帝王之民。未能醇粹而守其礼，所以败也。

《繁露·俞序》曰："故善宋襄公不厄人，不由其道而胜，不如由其道而败，《春秋》贵之，将以变习俗而成王化也。"《史记·宋世家》曰："太史公曰：襄公既败于泓，而君子或以为多，伤中国阙礼义，褒之也，宋襄之有礼让也。"《春秋》刺有君而无臣，有王德而无王佐。

《繁露·王道》曰："宋襄公曰：'不鼓不成列，不厄人。'……此《春秋》之救文以质也。"成列而鼓，明其信也；争义不争利，明其义也。此所谓文王之战也。《春秋》之义，贵信而贱诈，诈人而胜之，虽有功，君子弗为也。

陈立疏："齐桓、晋文之霸，皆先教其民，而后用之。襄公以教之民，与强楚胜，殃民以殃身，其愚可责，其志可嘉，而《春秋》表而出之，以为有王者起，行一不义，杀一不辜而得天下，不为也。"《春秋》为况，借事明义。

以为虽文王之战，亦不过此也。

有似文王伐崇。陆战当举地；举水者，大其不以水厄人也。

"文王"，文德之王，"远人不服，则修文德以来之。既来之，则安之"（《论语·季氏》），"以德服人者，中心悦而诚服也"（《孟子·公孙丑上》）。

二十有三年，冬，十有一月，杞子卒。

"卒"者，桓公存王者后，功尤美，故为表异，卒录之。

旧疏云："正以所传闻之世，小国之卒，未合书见，故解之。"明杞为二王后，于义无黜。黜者《春秋》，以《春秋》当新王，新周故宋，故黜杞为小国。

始见称"伯"，卒独称"子"者，微弱，为徐、莒所胁，不能死位。

"始见称伯"，旧疏云："即庄二十七年冬，'杞伯来朝'。"

"卒独称子"，以其微弱，"不能死位"，故贬之，所谓"因其可贬而贬之"也。

《春秋》伯、子、男一也，辞无所贬。

《繁露·爵国》曰："《春秋》三等，合伯、子、男为一爵。"《三代改制质文》曰："《春秋》曰：伯、子、男一也，辞无所贬。何以为一？曰：周爵五等，《春秋》三等。"杞从伯而子，仍一等，故云"辞无所贬"。

贬称"子"者，《春秋》黜杞不明，故以其一等贬之，明本非"伯"，乃"公"也。

旧疏云："正以其一等贬之，明是王者之后，本非伯尔。"

《繁露·三代改制质文》曰："杞何以称伯？《春秋》上绌夏，下存周，以《春秋》当新王……以《春秋》当新王，不以杞侯，弗同王者之后也。称子又称伯何？见殊之小国也。"明与诸小国殊，《春秋》之小国也。

又因以见圣人子孙有诛无绝，故贬不失爵也。

《五经通义》云："二王之后，不考功，有诛无绝。"

旧疏云："若其有过，但当诛责，不合绝去其爵，是以虽微弱见贬，仍但从伯至子，不失其爵也。"

不名、不日、不书葬者，从小国例也。

所传闻之世，尤小国如此。

二十有八年，夏，四月，己巳，晋侯、齐师、宋师、秦师及楚人战于城濮。楚师败绩。

此大战也，曷为使微者？

据秦称师录功，知大战必不使微者。

此时未合称师，今乃"称师录功"，故"知大战"。既是大战，则知不应使微者。

楚虽无大夫，齐桓行霸，书"屈完"也。

僖公为所传闻世，楚不合有大夫。此晋文行霸，亦宜"增倍，使若得其君，以醇霸德，成王事"，楚大夫书名，许其有大夫以醇霸业。

子玉得臣也。

以上败绩，下杀得臣。

《通义》云："子玉者，得臣字也。古人多引字冠名上言之者。"

子玉得臣，则其称人何？

据屈完当桓公，称名氏。

贬。曷为贬？

据邲之战，林父不贬。

《春秋·宣公十年》："夏，六月，乙卯，晋荀林父帅师及楚子战于邲。晋师败绩。"

大夫不敌君也。

臣无敌君战之义，故绝正也。

"林父"亦大夫，得敌"楚子"，不绝正之者，彼为善楚子不与晋，特书"荀林父"主名，专见其罪。

"得臣"下有杀文，足见其罪，不必于战见，故但贬称"人"，以张示"大夫不敌君"义，《繁露·楚庄王》曰："《春秋》之用辞，已明者去之。"

秦称师者，助霸者征伐，克胜有功，故褒进之。

《春秋》"入中国则中国之"，秦于所传闻世，未进于中国。

齐桓先朝天子，晋文先讨夷狄者，晋文之时，楚与争强，所遭遇异。

旧疏云："齐桓初霸之时，楚未强大，虽侵诸夏，未能为霸者之害，是以桓公养成其晦，至僖公四年乃讨而服之。至晋文之时，楚人孔炽，围宋救卫，与之争盛，是以未暇朝王，先讨子玉矣。"

楚杀其大夫得臣。

楚无大夫，其言"大夫"者，欲起上"楚人"，本当言"子玉得臣"。所以详录霸事。

此书"得臣"，与上四年称"屈完"同义，皆为"详录霸事"。
上以"大夫不敌君"，绝去其名，故于其杀者著之。

不氏者，子玉得臣，楚之骄蹇臣，数道（导）其君侵中国，
故贬，明当与君俱治。

楚大夫有氏，始于成公二年公子婴齐，《经》书"公会楚
公子婴齐于蜀"。

二十有九年，春，介葛卢来。

介葛卢者何？夷狄之君也。何以不言朝？

据诸侯来曰朝。

不能乎朝也。

《穀梁传》注云："不言朝者，不能行朝礼也。"

不能升降揖让也。

此为况，《繁露·楚庄王》曰：《春秋》之辞多所况，是文
约而法明也。"

"介"者，国也。"葛卢"者，名也。进称名者，能慕中国，
朝贤君，明当扶勉以礼义。

《繁露·玉杯》曰："志为质，物为文，文著于质，质不居文，

文安施质？质文两备，然后其礼成。文质偏行，不得有我尔之名。俱不能备而偏行之，宁有质而无文。虽弗予能礼，尚少善之，介葛庐来是也……《春秋》之序道也，先质而后文，右志而左物。故曰：'礼云礼云，玉帛云乎哉？'推而前之，亦宜曰：'朝云朝云，辞令云乎哉？'"

"礼云礼云，玉帛云乎哉？乐云乐云，钟鼓云乎哉？"（《论语·阳货》）不在名词，而在内容，"立于礼，成于乐"，礼贵乎行，乐以和性。《春秋》者，礼义之大宗，一切决之以礼义。

夏，六月，公会王人、晋人、宋人、齐人、陈人、蔡人、秦人，盟于狄泉。

所传闻世，大国有大夫。
此称"人"，故知微者。

文公围许不能服，自知威信不行，故复上假王人以会诸侯。年老志衰，不能自致，故诸侯亦使微者会之。

《说苑·敬慎》云："大功之效，在于用贤积道，浸章浸明，文公于是霸功立，期至意得，汤武之心作，而忘其众，一年三用师，且弗休息。遂进而围许，兵亟弊不能服，罢诸侯而归，自此而怠政事，为狄泉之盟，不亲至，信衰谊缺，如罗不补，威武诎折，不信则诸侯不朝，郑遂叛，夷狄内侵，卫迁于商丘。故曰：衰灭之过，在于得意而怠，浸蹇浸亡。"

月者，恶霸功之废于是。

旧疏云："正以月，非大信之辞也。"

贰·升平世

董子曰："襄、成、文、宣（应是'宣、文'），君子之所闻也。所闻八十五年……于所闻痛其祸……与情俱也……故子赤杀，弗忍书日，痛其祸也……屈伸之志，详略之文，皆应之。"何休曰："于所闻之世，见治升平，内诸夏而外夷狄，书外离会，小国有大夫。"

所闻之世，"见治升平，内诸夏而外夷狄"，诸夏，懂得中国礼法了，"入中国则中国之"。夷狄，完全以礼法论，非以种族论。《春秋》，礼义之大宗也。

熊十力于《读经示要·卷三》，以《春秋》治升平，有大法四：

一、奖诸夏能持霸权，以制夷狄。

升平将进，据乱未离之际，夷狄方以凶狡横行，危害人类。诸夏之族，若非互相结合，以强大武力，制止夷狄之行，则夷狄兽欲未有餍足，人相食之祸无已止也。故诸夏驭夷狄，不宜退让，而当时霸权，以威服之。《春秋》假齐桓、晋文之事，以伸霸权，明升平世，赖诸夏存霸统也。

霸者之为霸，（一）修内治以勤远略；（二）依礼让以固盟好；（三）重民意而整武备；（四）矫迂缓而佑法治；（五）保弱小以御侵略；（六）崇仁义以别鸟兽。霸治之精神，要在强健不舍而已，合诸夏众同之力，以持天下之大柄，当天下险阻之冲。不可以粗有所定，而遽起偷心，谓夷狄将怙（tiē，安宁）然无事也。

二、诛战祸罪魁。

《孟子·离娄》曰"善战者服上刑"，此《春秋》大义也。《繁露·竹林》云："是故战攻侵伐，虽数百起，必一二书，伤其所害重也。《春秋》之法，凶年不修旧，意在无苦民耳。苦民尚恶之，况伤民乎？伤民尚痛之，况杀民乎？《春秋》之所恶者，不任德而任力，驱民而残贼之也。"孟子明《春秋》无义战，而主张以上刑处善战者，此乃惩恶劝善之微权，所以复人性而致太平也。

世近升平，必绝战祸，使人类之智勇，奋发于最高尚之创造，断不可纵容杀人灭国之罪恶，使人类戕贼其天姓，至不若鸟兽，则可哀之甚也……万物无不互相比辅而后得生者，《易》之比卦已明之。奚以竞争杀伐为？且科学日进，生养之需，当可以科学方法，深究天储地产之精英，而制造以供生人之用也。故《春秋》严坐战攻之罪，为圣人经世大法，不容疑也。

三、奖夷狄能慕礼义者，同之诸夏。

夷狄亦同胞也（"民吾同胞，物吾与也"），而攘斥之者，诚有所不得已也。攘之以惩其凶狡，同时必导之以礼义……"修其教，不易其俗；齐其政，不易其宜"……《春秋》治夷狄，设七等（州、国、氏、人、名、字、子），以行进退……所谓"一字之褒，荣于华衮；一辞之贬，严于斧钺"……《春秋》于夷狄，虽极卑微如邾娄，极鄙陋如介夷，皆欲渐进之，扶勉之，使习于自治，而进于诸夏……凡夷狄不改其鸟兽之行者，皆《春秋》所深恶痛绝，明诸夏列国当联合，举兵讨伐，且慎重统治之，将令其向义也……而尤贵以"大公无私"之心，示范于彼。经济问题必求均平，教育改良更不容缓。孟子曰："中也养不中，才也养不才，故人乐有

496

贤父兄也。"诸夏驭夷狄，当若父兄之于子弟，此善言《春秋》也。

四、罪弱小不能自立者。

枭桀者逞志侵略，离人道而即禽兽，此人之所易知也。弱小自暴自弃，其离人道而即禽兽，使枭桀得纵其欲，罪不下于侵略者，则论者不可不察也。夫国虽小，苟能愤发图强，内修善政，外联与国，虽有大邦，不敢启戎心也。小国而不自立，则授人以可攻之隙，罪不可逭也。若乃国大民众，而积弱不振，其群偷涣无深虑，其持柄者暗而自私，专而无耻，则其国有危亡之祸，乃自作孽不可活，非不幸也。《春秋》亡国五十二，察其所以，皆其国人自甘暴弃，故《春秋》罪之深，而不肯宽宥之也……孟子曰"人必自侮而后人侮之，家必自毁而后人毁之，国必自伐而后人伐之"，即申《春秋》义也。夫国于大地之上者，倘皆有以自立，虽若有枭桀之材，当消其野心，而归于逊顺。侵夺息，而太平之瑞至矣。唯有不自立者，而后强者肆志，故《春秋》诛侵略者，而于不求自立者之弱小，亦诛而勿赦。此其用法，所以为平且明也。

治道难言，莫如据乱、升平之际。《春秋》于此，著其大法。后之作者，条理可随时求详，而大纲无可易也。《春秋》之所以为经也，常道也。

宣公第七

宣公（前608—前591），文公之庶子，母敬嬴，名倭。在位十八年。

十有五年，夏，五月，宋人及楚人平。

人得有人的德行。"宋人及楚人平"，凭的是信德。

外平不书，此何以书？大其平乎己也。

据上楚、郑平不书。"己"，二大夫。

《春秋》之例，外平不书，即国外的和平不写。旧疏云："上十二年，'楚子围郑'时，《传》云'庄王亲自手旌，左右抎军，退舍七里'，是其平也。但《经》不书之。"

此"大其平乎己也"，"大"为赞词，老百姓自己做主，双方平了。这是我们的盼望。

自己必是个人，没有背景。不得已，来个"平乎己"，必得是个人，没有色彩。想道理、办法，怎么做。

何大乎其平乎己？

据大夫无遂事。

旧疏云："即庄十九年，《传》云'大夫无遂事，此其言遂何？聘礼，大夫受命不受辞'。"

外交官在外，受命不受辞，只要于国家民族有利，专之可也。

庄王围宋，军有七日之粮尔（此军事机密），尽此不胜，将去而归尔。于是，使司马子反乘堙（距堙，上城工具）而窥宋城，宋华元亦乘堙而出见（同"现"）之。

筑堙，窥视敌情，与偷袭不同。

司马子反曰："子之国何如？"华元曰："惫矣！"曰："何如？"问惫意也。曰："易子而食之，析（破）骸（人骨）而炊之。"

司马子反曰："嘻！甚矣惫！虽然，虽如所言。吾闻之也，围者，古有见围者。柑马而秣之，秣者，以粟置马口中。柑者，以木衔其口，不欲令食粟，示有畜积。使肥者应客。示饱足也。是何子之情也？犹曰何大露情？"

"柑马而秣之，使肥者应客"，伪装！看政治上有多诈。

旧疏云："言'是何'者，犹言是何大然也？'子之情'者，言子之露情也。是以何氏云：'犹曰何大露情？'"

"何子之情也？""情"，诚也；"大露情"，诚实。

华元曰："吾闻之，君子见人之厄，则矜之；矜，闵。

小人见人之厄，则幸之。幸，侥幸。吾见子之君子也，
是以告情于子也。"

"幸"，希也。小人见人之厄，则希幸之也。非分而得，曰幸。
《论衡·幸偶》："孔子曰：'君子有不幸而无有幸，小人有
幸而无不幸。'又曰：'君子处易以俟命，小人行险以徼幸。'"

司马子反曰："诺。诺者，受语辞。勉之矣！勉，犹努力。
使努力坚守之。吾军亦有七日之粮尔，尽此不胜，将去而
归尔。"

"诺"，《说文》："应也。"应词也，缓应曰"诺"，疾应曰"唯"。

揖而去之，反于庄王。反报于庄王。
庄王曰："何如？"司马子反曰："惫矣！"曰："何
如？"曰："易子而食之，析骸而炊之。"庄王曰："嘻！
甚矣惫！虽然，虽已惫。吾今取此，然后而归尔。意未足也。"

"而"，犹"乃"也。言"然后乃归"。
"意未足者"，但会宋惫不足也，志在必取尔。

司马子反曰："不可。臣已告之矣，军有七日之粮尔。"

人到不得已时，力量强大无比。做事，发现那人失败了，
如不能帮忙，也绝不可以火上加油，而趁人之厄，他有机会绝
对报复你。

庄王怒曰："吾使子往视之，子曷为告之？"司马
子反曰："以区区之宋，区区，小貌。犹有不欺人之臣，

可以楚而无乎？是以告之也。"

"以区区之宋，犹有不欺人之臣！"信德！
不在乎对方来不来，也不在乎自己去不去，贵乎信！

庄王曰："诺。先以诺受，绝子反语。舍而止。更命筑舍而止，示无去计。虽然，虽宋已知我粮短。吾犹取此，然后归尔。欲征粮待胜也。"

要义何在？七日不去，楚粮亦绝。何以使宋内溃？故云"征粮待胜"也。

司马子反曰："然则，君请处于此，臣请归尔。"

《白虎通·谏诤》："亲属谏不待放者，骨肉无相去离之义也。《春秋传》曰：司马子反曰：'请处乎此，臣请归。'子反者，楚公子也，时不待放。"明人臣三谏不从宜去。子反，乃楚公子，故不从仍返国也。

庄王曰："子去我而归，吾孰与处于此？吾亦从子而归尔。"引师而去之。
故君子大其平乎己也。

大其有仁恩。

《读经示要·卷三》曰："宋楚交战，楚军粮将尽也，宋人至易子而食，战祸深矣！二国之民，何为而自毁如此？必将觉悟其为当国者逞欲所致，而有悔祸之心也。故华元、子反能以己顺从二国之民，而成平约，此《春秋》所以大之也。"

《繁露·竹林》曰："司马子反为其君使。废君命，与敌情，从其所请，与宋平。是内专政而外擅名也。专政则轻君，擅名则不臣，而《春秋》大之，奚由哉？曰：为其有惨怛（忧伤悲痛）之恩，不忍饿一国之民，使之相食。推恩者远之而大，为仁者自然而美。今子反出己之心，矜（怜悯）宋之民，无计其间（无暇计其擅命不臣），故大之也……《春秋》之道，固有常有变，变用于变，常用于常，各止其科，非相妨也……夫目惊而体失其容，心惊而事有所忘，人之情也。通于惊之情者，取其一美，不尽其失。《诗》云：'采葑采菲，无以下体。'（苟有大美可尚于世，则虽细行小瑕，何足以为累乎？）此之谓也。今子反往视宋，闻人相食，大惊而哀之，不意之宋至于此也，是以心骇目动而违常礼。礼者，庶（合）于仁、文，质而成体者也。今使人相食，大失其仁，安著其礼？方救其质，奚恤其文？故曰'当仁不让'，此之谓也，此《春秋》之辞，有所谓贱者，有贱乎贱者（称人贱，称盗尤贱）。夫有贱乎贱者（尤贱），则亦有贵乎贵者（尤贵）矣。今让者《春秋》之所贵。虽然见人相食，惊人相爨（炊），救之忘其让，君子之道有贵于让者（仁贵于让）也。故说《春秋》者，无以平定之常义，疑变故之大义，则几可谕矣。"

此皆大夫也，其称人何？贬。曷为贬？据大其平。

"大夫受命不受辞，出竟乃得专之"，又"大夫无遂事"。

称"人"，贬庄王，亦贬臣。贬，何就此而去，而不为两国谋幸福？

平者在下也。

言"在下"者，讥二子在君侧，不先以便宜反报，归美于君，而生事专平，故贬称"人"。

熊十力以何注曲解《传》意，曰："《繁露·竹林》明子反之行，不当以常礼责。《韩诗外传》嘉华元之诚，何得以轻君贬之乎？夫《传》言贬者，非贬二大夫之专平也，乃贬二国之君，未能修睦于平时耳。《传》曰'平者在下也'，明此平约，乃二国人民之公意，而战祸实由二君开之，故言'平者在下'，而二君为战祸主犯不待言，以是知'贬二君'也。《经》书'宋人及楚人平'，'人'者，众辞（谓二国之民众也），此明升平世，各文明国之民众，皆尚平等互惠，贱侵略之行，而于当国者之妄启战祸，必有以抑制之，使不得逞也……唯民众能自觉自主，而后枭桀者无所施其技。《春秋》于宋楚之平，而书'宋人、楚人'，明其为二国民众公共意力之表现，即隐贬二君，所以为升平世示范。《春秋》全经，皆是借事明义……当时宋、楚之民，实不必能自觉自主，而《春秋》特借此事，以明升平世，各文明国之民众，当自觉自主耳。"（《读经示要·卷三》）此与何注异。

等不勿贬。

言与"不勿贬"相等，谓贬也。

此言"等"，欲见大夫专平为罪；"不勿贬"，但当言"遂"，亦足以见其专平矣。

不言"遂"者，在君侧无遂道也。

所以"不言遂者"，正以"在君侧无遂道"故也。

以主坐在君侧，"遂"为罪也。

陈立疏："遂者，专事之辞。此主书者，虽大其平，仍坐在其君侧行遂事也。"

知《经》不以文实贬也。凡为文实贬者，皆以取专事为罪。

旧疏云："'为文实贬'者，皆以时无王霸，诸侯专事，虽违古典，于时为宜，是以《春秋》文虽贬恶，其实与之，即僖元年'齐师'云云'救邢'，贬齐侯称师，刺其专事；不言'狄人灭邢'（邢已为狄所灭），而为之讳（为桓公讳），见其'实与'（上无天子，下无方伯，天下诸侯有相灭亡者，力能救之，则救之可也）是也。"

"实与，而文不与"，内心予之，行法绝而不予。《春秋》之义，止乱之道也，非诸侯所当为也。

旧疏云："今此以主坐为在君侧专事为罪，更无起文，则知《经》称'人'者，实为专贬之称'人'，非是'实与，而文不与'矣。所以反覆解之者，正以凡为文实贬者，皆以取专事为罪故也。"

月者，专平不易。

旧疏云："正以定十一年'冬，及郑平'，不书月者，易故也。昭七年'春，王正月，暨齐平'，注云'月者，刺内暨暨也'；定十年'春，王三月，及齐平'，注云'月者，颊谷之会，齐侯欲执定公，故不易'之类皆如此。"

都有成方，明白就用得上，必要有加减，方法的裁剪、什么时候才最恰当，要恰到好处。

知时、知彼，则百战百胜，得俟时，之前得准备好。培养智谋，必要有沉静的心。

应是平时如战时，可以备而不用，但不能用而不备。天天讲，备也。

遇事，何以没有办法？因为脑子没一点痕迹，读书没能记住。记住还不行，必得尽其详，才有作用。如书为书，尔为尔，何时能用上？

一个人的"才智"与"信德"多么重要！金人三缄其口。有多少才智，还必要有信德，做事必要守口如瓶。其次，什么地方都不到处去，否则岂不成为"玩童"？乱七八糟，焉能有信仰？见异思迁，乃没有信德，怎能有定？知止而后有定，即不见异，一部功夫。加强你们的立本之道，造就你们能做事。

投机，必利用之。等"机"没了，就要杀鸡了！飞鸟尽，良弓藏；狡兔死，走狗烹。

我为你们的未来着想。中国将来最大的压力即人口问题，人口日多，而物资日减。有头脑的要快快奋斗，遇事要慎重。就净跟随人后，为人摇旗呐喊？

我在西安碑林待了好几天，有许多碑石。南宋迁都临安（今杭州），乃临时安身之处，孔家跟着南下，在衢州立家庙，遂在此定居，即后来的南宗。吴道子画的孔子像，手那么放，合乎道理。古人造假，必有不同。

可以做，但如无信德，又如何谈事？必是个清清白白的团体，必有信德才有资格谈事。圣洁之身，何以无人摇旗呐喊？

许多人净投机，我到哪儿都无所求。

处世之道，生于斯长于斯，应懂怎么活。脚踏实地，该做什么就做什么，安分守己。环境到了，做事没有累赘，背后不复杂。背景太复杂，给人做走狗，没有信德。人得有德行。

一个人还不知自己要做什么？有人格，知自己要做什么，一个人必得殉志，而非殉人，此关乎信仰。做事要对自己负责，绝不给人做走狗。

怎么活都可以，必要为自己活，志士就得殉志，多少人不知自己为什么活。多少人为了自身利益出卖别人，难道还为他们做走狗？要知道怎么自求多福，绝不给政客做走狗。

治大国，得如烹小鱼般那么小心，才不会碎掉，要何等的慎重、小心！器皿、时间，都要注意。没有那个修养，就手起手落，还用烹？

恋爱时，眼睛不是白内障，就是青光眼。嫁丈夫，绝不可以嫁已经日正当中的人。穷人是从富人来的，肯努力正是旭日东升。做事，绝不要跟日正当中的人，要跟旭日东升的走。以此为原则，用以衡量一切。

保你们的清白之身，将来有大用，本钱在有信德。目的要快快乐乐地解决问题，所以清清白白地去有作用。以品格服人，对方没戒心。到时有大用，必得有结局，结局必有结局人。小地方就靠信德。有志，团结就是力量，届时可以迎刃而解。

一个人的品格、信德多么重要。什么团体都参加，最后把自己造成废才，还自以为多能。

清清白白，正正经经，一切的本钱。看在眼里，了解在心。有万全的准备，时至而不失之。一布局，成方子。但你得是人，才能办人事，在乎你们有没有人样。

人生必自寻趣味，家必要像个家，人就是人，看对方长处，短处就没了。有一团体，就必制造和谐气氛，各方面都要自求多福。如自己的环境都弄不好，还谈什么救国救民？

《荀子，天论》："大天而思之，孰与物畜（把天当作物看待）而制（制裁）之！从天而颂之，孰与制天命而用之！望时而待之，孰与应时（否定了待时）而使之！因物而多之，孰与骋能而化之！思物而物之，孰与理物而勿失之也！愿于物之所以生，孰与有物之所以成！故错（搁置，放弃）人而思天，则失万物之情。"舍置其在己者，而慕其在天者，所以失万物之情。这段明白，就懂得御天，即《易》所谓"以通神明之德，以类万物之情"。

"百王之无变，足以为道贯"："率性之谓道"，人性不变，以性贯。"一废一起，应之以贯，理贯不乱。不知贯（以性贯），不知应变。贯之大体未尝亡也。"不变的绝不是政教，《中庸》"道也者，不可须臾离也；可离，非道也"，政教是道之用，非道之贯，性才是道之贯。人要是没有人性，那就完了！

"乱生其差，治尽其详"："乱生其差"，差之毫厘，失之千里。有一点错误，就生乱。拨乱反正，要知乱从哪儿来，进而追乱源，知源何以乱了，才有资格拨乱；"治尽其详"，尽其精详，绝不马虎。治尽其详，用太平的方子。

郑重其事，慢慢琢磨。有层次，有步骤。好好详看，根据此，可以拟出一套办法，可以在游戏之中，就把问题解决了。要圣洁、没心机，分多少梯次，完全文明地交往。

自惭形秽的，就不能发挥作用。尽说清白诚实的话，此为上智，即《老子》所谓"上善若水"，以水消其硬，必像水的行为，征服一切干的。好好悟，明白就知怎么做。水无形，随方就圆，到哪儿都合适。有形，放哪儿都不舒服，靴子必配合脚型。水无形，才应一切。解决问题，达到目的，不留半点痕迹。

止戈为武，非作战，武德。怎么做，是文思，构想怎么做。文思、武德，一动了，就止戈。

团体未出门就乱，未开会就先沟通，出师就成问题，焉能出师有利？自设障碍也。一研究可否，岂不伤感情？有例可循，应怎么做？

那边多盼有人去解决问题，求之不得。有一圣洁的团体，去就成功。第四个绝对能解决问题。在黎明之前必有黑暗，看那个太阳诞生了。

《挑战李敖》节目，由民众提问，李敖解答。找治病的成方子，验方，知要用多少甘草、当归……

两方犹未到阵前，是摆文阵，非武阵。有思想，有梯次，一步骤一步骤，给人类解决问题。必要想：自己到底能做什么？

学就有术。人智慧不同，各如其貌，人世就是人事。骂不要脸，魔，死鬼！

人生，教书最难！作之君，作之师，为配上帝。家家有书院，家家是党部，人人是小组。

研究、琢磨，早晚上轨道。真正实际的学问，要有万全的准备。有一帮人，届时就能发挥作用。一个月大致准备就绪，就欠东风，圣人不能生时，时至而不失之。

从头至尾有系统地学，才有用。一个东西，经过不同人的手，就不一样，如不龟手之药，因为用的人脑子不同，成果乃不同。

怎么应，可以占便宜？什么都不怕的，最后家人成为孤儿寡母。

我们练习解决问题，非搞政治。有智慧面对这个"斗"。

"平"，其义深于和平。变乱平了，没说谁胜谁败，或和平了。两国平了，问题在什么地方？

蒙，什么地方蒙了？蒙之所在？《易经》蒙卦，就"蒙亨"二字，知蒙之所在，才能把蒙打开。不知蒙在何处，如何打开而蒙亨？

必懂书中智慧，就能做事。要特别慎思之、明辨之，此即功夫。

我选文，都费尽心思。此文很有深意，近乎未来解决问题之方。能做，才是智慧。

看任何东西，也必要当问题看，聪明人不做妄想的事。聪明人还能吃眼前亏？

人不是万能的。女人最低限度要有事业心，懂得怎么用。男孩必要如常山之蛇，读《孙子兵法》，应练达自己如常山之蛇。你们的反应近乎麻木。如连收钱都出错了，焉能成大事？

我绝对有良知，对你们未来特别担心。一个人能呆至此？应知怎么说话，愈是客气，分数打得愈高。这一代的人太笨，连说点假话，都办不到。万不得已，也应说一两句假话。

读书得启示，才是知识。能应世，本能，并非拉架子。要练达怎么应世。

为显自己所知多，就说出去？净看别人不对，就没有检讨自己。以你们的智慧，顶多能糊口而已。

处理事情绝对要冷静，必有外面环境怎么乱，心绝对静如水的修养。

你们要好自为之。教你们怎么应世，你们平常想些什么？

会谈恋爱，就会做政治家。要会动脑。

专心好好研究学问，《四书》基础必要打好。

《春秋》，一部政书，用；《大易》，体。孔子志在《春秋》，如不知《公羊传》、何休注，那要如何自《春秋》了解孔子之志？

如无能，那希望在哪儿？一试验，就明白。如有所用，必有所试。应显出智慧高于百姓，行走坐卧都是禅，有静的功夫。

振兴中国文化，给百姓谋福利，"道济天下"，教他们会种地，可使他们一辈子都吃饱。我们就缺智，"智周万物"为第一步功夫。非一个人能智周万物，乃人人的智慧加在一起，各有所专，各有道，至少有一样能行。

"大哉乾乎！刚、健、中、正、纯、粹、精也"，看《乾坤衍》的解释。精，乾之德。"人心惟微，道心惟危；惟精惟一，允执厥中"，成立"精一基金会"，人人都有拿手活，有一样绝不与人一样，则可以饱暖一辈子。有了成就，就没有辜负做人了。

生活水平不一，能在一起生活？高水平、低水平都能处，超越一切，看什么皆一笑置之。就怕半瓶醋，自以为什么都懂。希望你们天天练习想，恋爱也可行，必要学会用脑，以智周万物。

谋划，必要懂怎么和平相处。在这个环境，怎么用脑能够"饮食宴乐"？地震也应有准备的智慧，怎会影响百姓的生活？真到想入非非，成功了！要练习想。

千言万语，要抬高自己的文化水准，确立人的品德——孝、慈、义，必要为子孙谋。

五四时，学生领导政客。今天的学生脑子进水，何不好好疏通疏通？

怎么做，才会实际好？任何环境都不吃亏，才叫有智慧。

应得到的，绝不能得不到。练达头脑，看要如何拨乱反正。天灾、人祸、地震，都得用人控制。中国人智慧专讲旋乾转坤，等死的岂有智慧? 皆实际问题，绝不落空，得说得合理。

以小事大，以大事小。不要有背景，以人对人，对方马上无言以对。用成方子，就是对也得加减，要设计。

一个字都得深思："恒"与"健"，不是一件事。有恒产，绝不会缺饭吃。都是一个问题，会用心的就完全不一样。

必要自己强，而不是靠别人能强。在有条件下办事，各国订约，条约有各国版本，为一个字就讨论三天，用"or"或"and"，一字之差，问题就严重了。

无论学哪一国语文，要贵精不贵多。什么都能，就什么都不能。人生必得有一样拿手的，基本问题必得解决。"行有余力"，再干其他;"则以学文"，成就外王之业。尧为"文祖"，文的祖师，政治祖师爷。

必要有德，天下皆有德者居之。否则人算不如天算! 人绝不可以失德。

襄公第九

襄公（前 575—前 542），名午，成公之子。

二十有九年，吴子使札来聘。

吴、楚对垒，季札（前 576—前 484）使晋，终取得和平。

季札是一出色外交家。《史记·吴太伯世家》中记载了鲁昭公二十七年，吴伐楚时，说到"使季札于晋，以观诸侯之变"。《左传·昭公二十七年》亦记载吴子欲因楚丧而伐之，使公子掩馀，公子烛庸，帅师围潜。使延州来季子聘于上国，"遂聘于晋，以观诸侯"。季札此次出使，除了担任文化大使外，还兼"以观诸侯之变"任务，即为吴国搜集情报和谋求国际支持。

吴无君、无大夫，此何以有君、有大夫？

据"向之会"，称国。

旧疏云："即上十四年，'季孙宿、叔老会晋士匄'以下'会吴子向'是也。"

贤季子也。何贤乎季子?

据聘不足贤,而使贤有君有大夫,"荆人来聘"是也。

旧疏云:"即庄二十三年夏,'荆人来聘'……来聘而但称人,则加来聘之功,不足褒美。"

季子何以如此?吴国先祖泰伯,是周文王的大伯父,姓姬。季札是泰伯的二十世孙,姓姬,名札;其父寿梦,有四个嫡子,他排行老四,所以称为"季札"。因季札有贤德,《春秋》称"子",以褒之。

让国也。其让国奈何?谒也、馀祭也、夷昧也,与(并)季子同母者四(并季子四人)。

季札的三个哥哥分别叫谒(诸樊)、馀祭、夷昧(馀昧)。

《吴越春秋》云:"寿梦病将卒。有子四人:长曰诸樊,次曰馀祭,次曰馀昧,次曰季札。季札贤,寿梦欲立之,季札让,曰:'礼有旧制,奈何废前王之礼,而行父子之私乎?'又云:'寿梦乃命诸樊曰:我欲传国及札,尔无忘寡人之言。'诸樊曰:'周之太王知西伯之圣,废长立少,王之道兴。今欲授国于札,臣诚耕于野。'王曰:'昔周行之德,加于四海,今汝于区区之国,荆蛮之乡,奚能成天子之业乎?且今子不忘前人之言,必授国以次及于季札。'诸樊曰:'敢不如命?'寿梦卒,诸樊以适长摄行事,当国政。"

季子弱而才,兄弟皆爱之,同欲立之以为君。谒曰:"今若是迮(音 zé,起也,仓促意)而与季子国,季子犹不受也。

请无与子而与弟，弟兄迭（更）为君，而致国乎季子。"皆曰："诺。"故诸为君者，皆轻死为勇，饮食必祝。

"祝"，因祭祝也。《论语》曰"虽疏食、菜羹、瓜，祭"是也。

《论语》曰："虽疏食、菜羹、瓜，祭必齐如也。"言虽疏食、菜羹及瓜质薄之物，亦必祭其祖先，君子有事不忘本也。

《吴越春秋》云："诸樊骄恣，轻慢鬼神，仰天求死。将死，命弟馀祭曰：'必以国及季札。'乃封季札于延陵，号曰延陵季子。"

曰："天苟有吴国，犹曰天诚欲有吴国，当与贤弟。尚（努力）速（疾，快）有悔（咎）于予（我）身！"欲急致国于季子意。故谒也死（死于襄公二十五年），馀祭也立；故迭为君。馀祭也死（死于襄公二十九年），夷昧也立；夷昧也死（死于昭公十五年），则国宜之季子者也。季子使而亡焉。僚者，长庶也，即之。

缘兄弟相继而即位。所以不书僚篡者，缘季子之心，恶以己之是，扬兄之非，故为之讳，所以起"至而君之"。

《吴越春秋》云："馀祭卒。馀昧立四年卒。欲授位季札，季札让，逃去。曰：'吾不受位明矣。昔前君有命，已附子臧之义。洁身清行，仰高履尚，惟仁是处，富贵之于我，如秋风之过耳。'遂逃归延陵。吴人立余昧子州于，号为吴王僚也。"

季子使而反，至而君之尔。

不为让国者，僚已得国，无所让。

期间季子出使在外，《史记·吴太伯世家》云："吴使季札聘于鲁，请观周乐。为歌《周南》《召南》，曰：'美哉，始基之矣，犹未也。然勤而不怨。'歌《邶》《鄘》《卫》，曰：'美哉，渊乎，忧而不困者也。吾闻卫康叔、武公之德如是，是其《卫风》乎？'歌《王》，曰：'美哉，思而不惧，其周之东乎？'歌《郑》，曰：'其细已甚，民不堪也，是其先亡乎？'歌《齐》，曰：'美哉，泱泱乎大风也哉。表东海者，其太公乎？国未可量也。'歌《豳》，曰：'美哉，荡荡乎，乐而不淫，其周公之东乎？'歌《秦》，曰：'此之谓夏声。夫能夏则大，大之至也，其周之旧乎？'歌《魏》，曰：'美哉，沨沨乎，大而宽，俭而易，行以德辅，此则盟主也。'歌《唐》，曰：'思深哉，其有陶唐氏之遗风乎？不然，何忧之远也？非令德之后，谁能若是！'歌《陈》，曰：'国无主，其能久乎？'自《郐》以下，无讥焉。歌《小雅》，曰：'美哉，思而不贰，怨而不言，其周德之衰乎？犹有先王之遗民也。'歌《大雅》，曰：'广哉，熙熙乎，曲而有直体，其文王之德乎？'歌《颂》，曰：'至矣哉，直而不倨，曲而不诎，近而不逼远而不携，而迁不淫，复而不厌，哀而不愁，乐而不荒，用而不匮，广而不宣，施而不费，取而不贪，处而不底，行而不流。五声和，八风平，节有度，守有序，盛德之所同也。'见舞《象箾》《南籥》者；曰：'美哉，犹有感。'见舞《大武》，曰：'美哉，周之盛也其若此乎？'见舞《韶护》者；曰：'圣人之弘也，犹有惭德，圣人之难也！'见舞《大夏》，曰：'美哉，勤而不德！非禹其谁能及之？'见舞《招箾》，曰：'德至矣哉，大矣，如天之无不焘也，如地之无不载也，虽甚盛德，无以加矣。观止矣，若有他乐，吾不敢观。'"

"去鲁，遂使齐。说晏平仲曰：'子速纳邑与政。无邑无政，乃免于难。齐国之政将有所归；未得所归，难未息也。'故晏子因陈桓子以纳政与邑，是以免于栾高之难。去齐，使于郑。见子产，如旧交。谓子产曰：'郑之执政侈，难将至矣，政必及子。子为政，慎以礼。不然，郑国将败。'去郑，适卫。说蘧瑗、史狗、史鳅、公子荆、公叔发、公子朝曰：'卫多君子，未有患也。'自卫如晋，将舍于宿，闻钟声，曰：'异哉！吾闻之，辩而不德，必加于戮。夫子获罪于君以在此，惧犹不足，而又可以畔乎？夫子之在此，犹燕之巢于幕也。君在殡而可以乐乎？'遂去之。文子闻之，终身不听琴瑟。适晋，说赵文子、韩宣子、魏献子曰：'晋国其萃于三家乎！'将去，谓叔向曰：'吾子勉之！君侈而多良，大夫皆富，政将在三家。吾子直，必思自免于难。'季札之初使，北过徐君。徐君好季札剑，口弗敢言。季札心知之，为使上国，未献。还至徐，徐君已死，于是乃解其宝剑，系之徐君冢树而去。从者曰：'徐君已死，尚谁予乎？'季子曰：'不然。始吾心已许之，岂以死倍吾心哉！'"

阖庐（谒之长子光）曰："先君之所以不与子国，而与弟者，凡为季子故也。将从先君之命与，则国宜之季子者也。如不从先君之命与，则我宜立者也。僚恶得为君乎？"于是，使专诸刺僚。

阖闾，谒之长子光。专诸，膳宰。僚者（同"嗜"，爱好）炙（烤）鱼，因进鱼而刺之。

"凡为季子故"，谒、余祭、夷昧三君皆如此。

"专诸刺僚"事在昭公二十七年，"夏，四月，吴弑其君僚"。

当时季子使晋，《吴越春秋》云："吴欲因楚葬而伐之，使公子盖余、烛佣以兵围楚，使季札于晋，以观诸侯之变。"

而致国乎季子。季子不受，曰："尔弑吾君，吾受尔国，是吾与尔为篡也；尔杀吾兄，吾又杀尔，是父子兄弟相杀，终身无已也。"

兄弟相杀者，谓阖庐为季子杀僚。

《吴越春秋》云："季札使还至吴，阖闾以位让，季札曰：'苟前君无废，社稷以奉，君也。吾谁怨乎？哀死待生，以俟天命。非我所乱，立者从之，是前人之道。'命哭僚墓，复位而待。"

去之延陵，延陵，吴下邑。**终身不入吴国。**礼，公子无去国之义，故不越竟（境）。不入吴朝，既不忍讨阖庐，义不可留事。

旧疏云："'延陵'者，竟（境）内之邑，而言'不入吴国'，故以朝廷解之。"

故君子（孔子）**以其不受为义，以其不杀为仁。**

故大其能去，以其不以贫贱苟止，故推二事与之。

孔子以其为义为仁，题其墓曰："呜呼有吴延陵君子之墓。"

孔子所题延陵君子碑有三：一在江阴申港，一在丹阳延陵镇，一在丹阳古驿前。其文曰："呜呼有吴延陵君子之墓。"

吴宫的阴暗，反衬出了季札的光辉；吴宫的争权夺利，反衬出了季札让国之可贵。

《繁露·精华》曰："《春秋》之听狱也，必本其事而原其志。志邪者不待成，首恶者罪特重，本直者其论轻。是故……鲁季子追庆父，而吴季子释阖庐……罪同异论，其本殊也……俱弑君，或诛或不诛。听讼折狱，可无审耶！故折狱而是也，理益明，教益行；折狱而非也，暗理迷众，与教相妨。教，政之本也。狱，政之末也。其事异域，其用一也，不可不以相顺，故君子重之也。"

"鲁季子追庆父"，见《春秋公羊传·庄公二十七年》"公子友如陈，葬原仲"，《传》曰："避内难也……公子庆父、公子牙、公子友，皆庄公之母弟也。公子庆父、公子牙通乎夫人，以胁公。季子起而治之，则不得于国政，坐而视之，则亲亲，因不忍见也。"刘逢禄曰"公子友葬原仲，失贤也"（《何氏释例·名例第五》）。

闵公元年"季子来归"，何注："嫌季子不探诛庆父有甚恶，故复于讬君安国贤之。所以轻归狱，显所当任，达其功。"僖公十六年，"三月，壬申，公子友卒"，何注："不称子者，上归本当称字，起事言子。"刘逢禄释曰："季友之功足录矣，而闵公不书葬，则立僖之私，诛牙之权，功不足以蔽罪也……季友立僖，为'政在三桓'之始。"（《何氏释例·内大夫卒例第二十四》）

贤季子，则吴何以有君、有大夫？以季子为臣，据

其本不贤其君。则宜有君者也。方以季子贤，许使有臣、有大夫，故宜有君。

看《吴越春秋》，看吴季札在当时发挥什么作用。

札者何？吴季子之名也。《春秋》贤者不名，此何以名？许夷狄者不一而足也。故降字而名。

清人臧玉琳《经义杂记·春秋名季子辨》云："杜注《左传》云：'不称公子，其礼未通于上国。'《正义》引《释例》曰：'吴晚通于上国，故其君臣朝会不同于例，亦犹楚之初始也。'又《公羊传》《春秋》贤者不名，此何以名？许夷狄者不一而足也。'《穀梁传》：'其名，成尊于上也。'范云：'札名者，许夷狄不一而足，成吴之尊称。直称吴，则不得有大夫。'是三《传》皆无称名为贬之说。

"明王氏世贞有言曰：'彼见乎吴之俗，狠戾而好战，日寻干戈，而僚似贪愎躁勇之性，光以狡悍忍诟之资左右焉，其人目睞而齿击，盖未尝一日而忘乎王位也。札欲以礼息斗而不能，以义割恩而不忍，其身之不恤，而何有于国？故熟计而舍之，非得已也。札听乐而辨六国之兴衰，独不知国之将亡，而默无一救乎？彼不欲以其身殉鸱夷也。'可谓烛照当日之情势矣。

"嗟乎！季子何人者？即以其聘于列国事观之，见叔孙穆子而虑其不得死，说晏平仲而告州以免难之法，与子产交而忧郑之将败，闻孙文子之钟，为之惧祸，而不敢止说叔向，而恐其好直以离祸。是其于萍踪遇合之人，似尚为之深思远虑，倦倦如是，而况于宗社乎？是故吴之兴亡，季子必筹之熟、虑之深矣，特时势流转，有非人力所能挽者，与其以身殉之，躬受篡弑之祸，而不能有所济，孰若见几而去，全身洁已之为愈哉！阖闾使诸刺僚，而致国于季子。季子曰：'尔杀吾君，吾受尔国，是吾与尔为篡也。尔杀吾兄，吾又杀尔，是父子兄弟相杀，终身无已也。'季子之志，至是而始白。然当其初让之时，已见之明决矣。非固让以全小节，而罔念国家之大祸也。

"唐萧定（《改修吴延陵季子庙记》）云：'《易》曰知几其神，则季子之见，可谓知几矣；季子之明，可谓知进退存亡而不失其正矣。'呜呼！其知季子哉。"

季子者，所贤也，曷为不足乎季子？许人臣者必使臣，许人子者必使子也。

缘臣子尊荣，莫不欲与君父共之。字季子，则远其君。夷狄常例，离君父辞，故不足以隆父子之亲，厚君臣之义。

《校勘记》云："何校本十二年疏引作'故不足乎季子，所以隆父子之亲也。'与今本异。"《通义》云："必使臣，必使子者，必使其全为臣子之道……今为季子足与之，则非臣子尊荣，欲与君父共之之意，故仍未许醇同诸夏。此《春秋》以忠教孝。"

季子让在杀僚后，豫于此贤之者，移讳于阖庐，不可以见让，故复因聘起其事。

《通义》云："让国事在昭公时，豫贤之于此者，吴能修礼义来聘，因其可贤而贤之，所以得起其让者，迄《春秋》吴大夫皆不得以名见，足知札特书名，为贤故也。"

旧疏云："言'移讳于阖庐'者，移郤季子让国之文，讳去阖庐之杀，是以不得见其让矣，故彼注云：不书'阖庐弑其君'者，乃为季子讳，明季子不忍父子兄弟自相残杀，让国阖庐，欲其享之，故为没其罪。"

吴泰伯、季札，"三以天下让，民无得而称焉"。但只他们让，子孙仍篡弑不已。

社会事要看清，不要傻里傻气的，他对你好？因他要的你都给了。要懂怎么用智慧，读书。

用头脑，愈练习愈灵活。《大易》与《春秋》相印证，二者互为表里。天灾难测，但人祸应力求避免。懂《易·需》"自我致寇"，知寇怎么来的，不费吹灰之力，把你抓拿了。外在环境不好，不能再往前走，"敬慎不败也"。

中国学问之所以弄糟，就因为读书人尽作文章。必要叫人类承认"华夏文化在中国"，研究中国学问在中国，此为我奋斗的目标。有志者，始知为何而活。近一百五十年，中国人失去自信心，文化破产……现在好不容易抬起头来了。

书瞧一瞧，不怕笨，人一己百，人十己千。你们买的书不读，净藏书焉能有学问？生逢胜世（先有胜世，才有盛世），要好好努力。空想，不努力，就想占便宜，天下绝无此事。

仔细看《易经》需卦，找出其所以，即明白我何以如此说。都"小有言"，一句话，代表一个人的品德、智慧、性格，人看不起你一辈子，有修养者听完一笑置之。我不喜多言者在此。依此类推。

我的脑子太复杂，不能入圣庙，也不能进极乐世界，看所有的人都太忠厚。一个人必要有使命感，活着应有目标。代代必有才人出，每班至少结五个果子。有用与否在乎自己。

"食少事繁，事必躬亲"，乃不懂得分层负责。卧龙焉能成才？我们是潜龙，潜水夫，必要动，有任务。要印证，懂怎么做事。

《易经》每一卦，都可以写一个剧本。

需卦《象》曰："云上于天，需。君子以饮食宴乐。"作用在足食足兵，"足食，足兵，民信之矣"（《论语·颜渊》）。终极目的在"饮食宴乐"，不能自己吃，得天下人吃。

要饮食宴乐，得财恒足，"初九。需于郊，利用恒，无咎"，恒，是功夫。"九二。需于沙，小有言，终吉"，前后明白，则知"小有言"说什么；"九三。需于泥，致寇至"，再往前走，就陷入泥；不懂环境，讥刺之。"六四。需于血，出自穴"，流血，古人"穴居野处"，可见"穴"为房子，由穴而宫。"九五。需于酒食，贞吉"，当令。"上六。入于穴，有不速之客三人来，敬之终吉"，多个人，添双筷子。必了解环境，什么环境，知怎么对付。顺时、机、环境。

先告诉大前提，中间经过这些步骤。什么步骤、干什么、指什么说？何等活泼！

《易经》必要讲得人人看得懂，才是真学问。真明白层次，什么都能做，包含无穷的意境。

历代都讲书，何以问题解决不了？得训练，才能用。读过《易》了，何以用不上？学就有术，有一套办法。

中国所有的书都是政书，《大学》《中庸》是有系统的政书，一法通，百法通。《易》懂一卦，就能治天下。是一连串的东西，一爻接一爻。我的解，绝对活活泼泼。

最难的是《春秋》。得找药方，必要会用。天下没有第二招，必要仔细。在什么环境，怎么应付，但得顺之，不可以逆环境。天天需，两岸关系也需。

历史上纯汉人当皇帝的特别少。遇事必要印证，成方子多。无论学什么，要懂思想与精神。学问是活活泼泼的，是立体的。精神一到，何事不成？我天天有忙不过来的事。思考的事特别慢。遇事，必要细推敲。

需卦"出自穴""入于穴"，"出、入"二字用得多妙！初爻与"上六"，一件东西之首尾："初九。需于郊，利用恒，无咎"，"上六。入于穴，有不速之客三人来，敬之，终吉"。惕，绝非空言，得恒惕。不速之客来，你有玩意儿，才能敬之。恒之大用，足；不足，焉能谁来就吃？为政之道，"足食，足兵，民信之矣"。

一爻一宇宙，一爻一乾坤。通到极点，环境都明白。开会，即知对方第一句话要说什么，应世自如，则至少有七分胜利的智慧。我能料到阶段、步骤、怎么做。

喝一口水，还得缓冲缓冲，舌头绕几个弯。先检讨上一步得失，再走下一步，躲开失败的路子。别人的失败，亦为借镜。每次碰壁，何不改变方式？不知自己，最可怜！人不能太捡便宜，都有公是公非。知自己的将来，要为自己奋斗。

无家室之累，可以多练达。找对象要注意，人最怕有一病老婆，小产最是伤身。女人更要好好读书，必要有一真正的所好。我的外家以选学（《昭明文选》）传家，作贺表必用韵文。

昔人琴棋书画都会一点，下棋易使人生瘾，太费时。练达智慧，莫过于摆棋谱，脑子得时常练，但不可以玩物丧志。人

襄公第九

必要走正路。

必要了解窗外事、社会事。无论什么事到你面前，必考虑何以送到你面前？必要深思熟虑，肥水不流外人田。

三十年，五月，甲午，宋灾，伯姬卒。

伯姬守礼，含悲极思之所生。

妇道。《繁露·楚庄王》曰："《春秋》尊礼而重信。信重于地，礼尊于身。何以知其然也？宋伯姬疑礼而死于火……《春秋》贤而举之，以为天下法。"

外灾例时，此日者，为伯姬卒日。

旧疏云："此不合日而日，自为伯姬卒，故日。"

《穀梁传》："取卒之日，加之灾上者，见以灾卒也。其见以灾卒奈何？伯姬之舍失火，左右曰：'夫人少（稍）辟（避）火乎？'伯姬曰：'妇人之义，傅母不在，宵不下堂。'左右又曰：'夫人少辟火乎？'伯姬曰：'妇人之义，保母不在，宵不下堂。'遂逮乎火而死。妇人以贞为行者也，伯姬之妇道尽矣。详其事，贤伯姬也。"

天王杀其弟年夫。

王者得专杀。书者，恶失亲亲也。

旧疏云："诸侯之义，不得专杀大夫。若大夫有罪而杀之者，皆恶于专杀，是以书见。今此天王也，自得专杀，若杀

大夫，宜不书之。书者，以其未王而杀母弟，失亲亲，故恶
而书也。"

刘逢禄释曰："讥杀年夫，而亲亲之伦正。"（《何氏释例·名
例第五》）

未三年，不去王者，方恶不思慕而杀弟，不与子行也。

旧疏云："灵王之崩，在二十八年十有二月，则于此时未
三年也。未合称王，而称王者，责其在父服之内，方当思慕
而已，而杀其母弟，非人子之义，是以直称天王，不与其子
行也。"

不从直称君者，举重也。

旧疏云："杀世子、母弟者，皆'直称君'甚之。今《经》
云'天王杀其弟年夫'者，宁知不是直称爵之例，而知'天王'
者，乃是不与子行者，正以其在父服之内，而不思思慕杀先君
之子，以此为重，故知义然。"

莒杀意恢，以失子行录。设但杀弟，不能书是也。

《春秋公羊传·昭公十四年》"冬，莒杀其公子意恢"，何
注："莒无大夫，书杀公子者，未逾年而杀其君之子，不孝尤甚，
故重而录之。称氏者，明君之子。"

旧疏云："正以莒杀意恢，以其在丧内，故书而责之，则知
天王杀弟，若不在丧，不书矣。若诸侯之义，不得专杀大夫，
而言莒杀意恢，在丧内乃书者，正以意恢直莒子之弟，不为大
夫故也。"在丧内杀弟，失子行，特录其不孝。

不为讳者，年夫有罪。

旧疏云："《春秋》之义，虽言黜周而王鲁，乃实天子服内杀弟，是甚恶。何故不为尊者讳？因年夫有罪，则王者之恶稍轻，是以《春秋》不复讳矣。"

秋，七月，叔弓如宋，葬宋共姬。

外夫人不书葬，此何以书？隐之也。隐尔？宋灾，伯姬卒焉。说在下也。其称谥何？贤也。据葬纪伯姬，不言谥。

《榖梁传》曰："外夫人不书葬，此其书葬，何也？吾女也。失国，故隐而葬之。"

《春秋》，唯鲁夫人书谥，外夫人唯宋共姬书谥。《春秋公羊传·成公九年》"二月，伯姬归于宋"，夏"晋人来媵"；《成公十年》"齐人来媵"，《传》曰："录伯姬也。三国来媵……妇人以众多为侈也。"何注："朝廷侈于妒上，妇人侈于妒下。伯姬以至贤为三国所争媵，故侈大其能容之。"《何氏释例·娶妇终始例第二十一》释曰："《春秋》之教，必以宋共姬正王后之行为法……《二南》者，《雅》《颂》之基也道成于《麟趾》……文王之法，'刑于寡妻，以御于家邦'而已矣，造端乎夫妇，而察乎天地，盛德之至也。"

何贤尔？宋灾，伯姬存焉。

有司复曰：火至矣！请出。伯姬曰：不可。吾闻之也，妇人夜出，谓有事宗庙。不见傅母不下堂。傅至矣，母未至也。

《繁露·王道》曰：“善无细而不举，恶无细而不去，进善诛恶，绝诸本而已矣。”又曰：“宋伯姬曰：‘妇人夜出，傅母不在，不下堂。’此《春秋》之救文以质也。”

礼，后、夫人必有傅、母，所以辅正其行，卫其身也。选老大夫为傅，选老大夫妻为母。

《白虎通·嫁娶》曰：“妇人所以有师何？学事人之道也。《诗》云：‘言告师氏，言告言归。’《昏礼经》曰：‘告于公宫三月，妇人学一时，足以成矣。’与君无亲者，各教于宗庙妇之室。国君取大夫之妾、士之妻老无子者而明于妇道，又禄之，使教宗室五属之女，大夫、士皆有宗族，自于宗子之室学事人也。女必有傅姆何？尊之也。”姆，如今乳娘，以前大户人家，出嫁后陪嫁，在家中地位高。

逮乎火而死。

“逮乎火而死”，为火所逮环而死。

故贤而录其谥。

《淮南子·泰族训》曰：“宋伯姬坐烧而死，《春秋》大之，取其不逾礼而行也。”《繁露·王道》曰：“观乎宋伯姬，知贞妇之信。”宋伯姬得称谥者，以其贤也，能以礼尊于身，“天爵自尊吾自贵”，伯姬之妇道尽矣。

以此作为借鉴，社会事均有一定的礼、守则。

做事有一定的原则，许多人负责，难免有过，要"赦小过"（《论语·子路》），不责之。相对为大过，大过则不能赦。犯一团体的守则，即大过。都这么做，就自己不做；跟着做，乃朋比为奸。

"言不必信，行不必果，惟义所在"（《孟子·离娄下》），"无适也，无莫也，义之与比"（《论语·里仁》）。法，道、规矩、制度，礼也。义，宜也。义之与比、惟义所在，视合理与否。如不合理的制度，不修改，失义也。制度随时变革，焉可墨守成规，而一成不变？对不合理的制度，难道就萧规曹随？《春秋》者，礼义之大宗也。细心读，社会事，都有印证。

"其义则丘窃取之"，借事明义，明治世、治事之义。孔子志在《春秋》。用功，三年绝知怎么处理事情，遇事懂得怎么思考。处事无章法，乃不会用，不知入手，乃无头绪。

看书，轻松地看，当小说看，可以找材料。自《读经示要》，看熊十力怎么提示有关的书。《原儒》必多看几遍，知将来做研究的方向。

做学问是一辈子，随时随地。看书，追其所以，何以要写这个？

做事必要细心，且持之以恒。曾文正读书，帮他治兵；写日记，为情报员写的。那时必取信于一人。所有环境没有无间谍、特务的。要开刀，找任何一件事都杀你。当大政，必取信于民。读书人旁观者清，引路人，没有利害冲突。学什么，都得知其所以。

湖南自曾国藩后，人才辈出，许多人学曾。曾天天写日记报告，老太后可以放心，此取信于人之术，一天行动都叫你知。今天向人民报告，取信于民。

叁·太平世

董子曰："哀、定、昭，君子之所见也。所见六十一年。于所见微其辞，是故逐季氏而言'又雩'，微其辞也……义不讪上，智不危身。故远者以义讳，近者以智畏。畏与义兼，则世逾近而言逾谨矣。此定哀之所以微其辞。以故用则天下平，不用则安其身，《春秋》之道也。"

何休曰："至所见之世，著治大平，夷狄进至于爵，天下远近小大若一，用心尤深而详，故崇仁义，讥二名，晋魏曼多、仲孙何忌是也……《春秋》定、哀之间，文致太平，欲见王者治定，无所复为讥，唯有二名故讥之，此《春秋》之制也……哀公著治大平之终。"

所见之世："著治太平，夷狄进至于爵，天下远近小大若一"，安仁者，天下一人而已。大一统，太平世，"用心尤深而详，故崇仁义，讥二名"。

熊十力于《读经示要·卷三》中，以太平世，天下之人人有士君子之行，有万物一体之量，故万化畅通，而行所无事矣。《春秋》明此境，为升平极进之效也。

刘逢禄曰："鲁愈微，而《春秋》之化愈广，内诸夏、不言鄙疆是也。世愈乱，而《春秋》之文益治，讥二名、西狩获麟是也……

鸣鸟不闻，河图不出，天乃以麟告，'文王既没，文不在兹乎'，愀然以身任万世之权，灼然以二百四十二年著万世之治，且曰'其或继周者，虽百世可知也'……《春秋》起衰乱以近升平，由升平以极太平，尊亲至于凡有血气，而推原终始之运，正其端曰'元年，春，王正月（公即位）'，著其成曰'西狩获麟'，故曰治不可恃……'无平不陂，无往不复'，圣人以此见天地之心也。"（《何氏释例·张三世第一》）

哀公第十二

哀公（前508—前468），定公之子，名将。在位二十七年，时政在三桓。《春秋》十二公的最后一位。

十有四年，春，西狩获麟。

"西狩"，有祥瑞之兆，老百姓受天命。"西狩获麟"，是个"况"，借事明义。

"麟"，为仁兽，不践生草，吉祥之物。"西"，西方，指民；"西狩"，百姓与国君同一地位。古时天子"巡狩"，"西狩"则是人人皆可狩。"西狩获麟"，人人皆可狩，人人皆可以为尧舜，人人皆有士君子之行，《易经·乾卦》"用九。见群龙无首，吉"。《易经》终于未济卦，《春秋》始元终麟。孔子绝笔于"获麟"，《春秋》又称《麟经》。

《何氏释例·张三世例》释曰："《春秋》起衰乱以近升平，由升平以极太平……著其成曰'西狩获麟'，故曰'治不可恃'……'无平不陂，无往不复'，圣人以此见天地之心也。"

何以书？记异也。

旧疏云："麟者仁兽，大平之嘉瑞。"

《九经古义》云："有王者则至，无王者则不至。然则孰为而至？为孔子作《春秋》。"获麟而作《春秋》。

何异尔？非中国之兽也。

天之所赐，非一国之所有。

麟者，太平之符，圣人之类。旧疏云："谓有圣帝明王，然后乃来。"《繁露·符瑞》曰："有非力之所能致而自至者，西狩获麟，受命之符是也。"孔子作《春秋》，麟来为孔子瑞，两者若相契符。

然则孰狩之？

称"西"言"狩"，尊卑未分，据无主名。

旧疏云："西者，四时之叔，是为卑称。狩者，天子诸侯之事，乃是尊名。故曰'称西言狩，尊卑未分'也。"

平民亦可狩，人人皆有士君子之行，人人皆可以为尧舜。

薪采者也。

"西"者，据狩言方地，类贱人象也。金主芟（shān，割除）艾，而正以春尽，木火当燃之际，举此为文，知庶人采樵薪者。

旧疏云："薪采，犹言采薪也，言是庶人采薪者矣。"

薪采者，则微者也。

麟为仁兽，有仁者方至。微者，为仁者。

曷为以狩言之？

据天子、诸侯乃言狩，"天王狩于河阳""公狩于郎"，是也。

河阳冬言狩，获麟春言狩者，盖据鲁，变周之春以为冬，去周之正而行夏之时。

旧疏云："若依周之正月，乃夏之仲冬，得冬猎田狩之时……孔子作《春秋》，欲改周公之旧礼。"

"久矣！吾不复梦见周公"（《论语·述而》）。有自己的梦；"吾其（岂）为东周乎"（《论语·子罕》）不为东周了，而为新王制法。自己的梦，自己圆。

"变周之春以为冬"，绝于夏之冬，而犹系于周之春。"去周之正而行夏之时"，《论语·卫灵公》曰："行夏之时，乘殷之辂，服周之冕。"

"正朔三而反，当欲行夏之时。"《孔丛子·杂训》曰："夫受禅于人者，则袭其统；受命于天者，则革之。"

《淮南子·泛论训》曰："《春秋》据鲁以变周，行夏之时也……取夏之孟冬以为狩时，夏之仲冬，不是田狩之月……然则河阳言狩者，周之季冬当夏之十月，故得言狩矣……今获麟之《经》，春言狩者，盖据鲁为王而改正朔，方欲改周之春以为冬，去其周之正月而行夏之时，由此之故，春而言狩矣。"

大之也。

使若天子、诸侯。

使百姓"若天子、诸侯"，有尊严，没大小，一也。太平世，远近大小若一。

曷为大之？

据略微。

平时"略微"，故"大之"。

《春秋公羊传·隐公元年》"及宋人盟于宿"，《传》曰："孰及之？内之微者也。"何注："内者，谓鲁也。微者，谓士也。不名者，略微也。""薪采者"，又微于士矣。

"薪采者"，真平民。"薪采者"，微者，百姓也。百姓才是仁者、王者。百姓狩，才能狩到仁兽。"为获麟大之"，百姓获麟，人人皆可以为尧舜，人人皆可以为天子。"贬天子，退诸侯"，天子、诸侯、百姓，一也。

为获麟大之也。曷为获麟大之？

据鹳鹆（音 guàn yù）俱非中国之禽，无加文。

吉祥，人人皆应有。中国之为政，在求福寿康宁。《尚书》，中国第一部政治哲学，《洪范》"五福：一曰寿，二曰富，三曰康（安）宁，四曰攸好（hào）德，五曰考（成）终命"。"康宁"，人平安；"攸好德"，唯善是好；"考终命"，寿终正寝。向用五福，威用六极。

麟者，仁兽也。

状如麇（jūn），一角而戴肉，设武备而不为害，所以为仁也。《诗》云"麟之角，振振公族"（《诗经·国风·周南·麟之趾》）是也。

麟为仁兽，肉角，示有武而不用。步中规，行中矩。游必择地，翔而后处。不践生虫，不折生草。不食不义，不饮不义。不饮洿池，不入陷阱，不入罗网。《易经·说卦传》曰："立人之道，曰仁与义。"

百姓狩，才能狩到仁兽。薪采者，微者，百姓也。百姓才是仁者、王者。

麟凤龟龙，谓之四灵。麟为百兽之长，凤为百禽之长，龟为百介之长，龙为百鳞之长。

麒麟，为仁兽，象征祥瑞，《说文》云："麒，仁兽也，麋身牛尾一角；麐（'麟'的异体字），牝麒也。"公兽为麒，母兽为麟。民间有"麒麟送子""喜得麟儿"之说。麒麟在中国，常作为吉祥、仁爱之符号，汉宣帝在未央宫建有"麒麟阁"，图绘功臣图像，以表嘉奖和向天下昭示其爱才之心。

有王者则至。

上有圣帝明王，天下太平，然后乃至。

旧疏云："若今未大平而麟至者，非直为圣王将兴之瑞，亦为孔子制作之象，故先至。"

《尚书》曰："箫韶九成，凤皇（凰）来仪。击石拊石，百兽率舞。"

《尚书·益稷》曰："《箫韶》九成，凤皇来仪。夔曰：'於！予击石拊石，百兽率舞，庶尹允谐。'"音乐之道与政治之道通。

《援神契》曰："德至鸟兽，则凤皇翔，麒麟臻（来）。"

"纬"是与"经"相配的，《援神契》即《孝经援神契》，为纬书之一。《孝经》和《论语》本属于传记，但汉代重视孝，大力推崇，帝王名号加"孝"，如"孝文""孝武"。

"孔子志在《春秋》，行在《孝经》"，纬书中常把《孝经》与《春秋》并举，如《孝经纬钩命决》说："孔子在庶，德无所施，功无所就，志在《春秋》，行在《孝经》。以《春秋》属商，《孝经》属参。"又说孔子云："欲观我褒贬诸侯之志，在《春秋》；崇人伦之行，在《孝经》。"在汉代，《孝经》和《春秋》地位相同。

由于汉代对《孝经》重视，具有与"经"的同等地位，所以后人把《书纬》《易纬》《诗纬》《礼纬》《春秋纬》《乐纬》《孝经纬》统称为"七经纬"或"七纬"，里面不包含《论语谶》。

无王者则不至。

辟（避）害远也。当春秋时，天下散乱，不当至而至，故为异。

旧疏云："谓无道之世，刳胎杀夭，是以瑞物亦不来游也。"

有以告者曰："有麇而角者。"
孔子曰："孰为来哉！孰为来哉！"

见时无圣帝明王，怪为谁来？

旧疏云："即《孔丛子》云'叔孙氏之车子曰鉏商，樵于野而获麟焉，众莫之识，以为不祥，弃之五父之衢。冉有告孔子曰：'有麕肉角，岂天下之妖乎？'夫子曰：'今何在？吾将观焉。'遂往。谓其御高柴曰：'若求之言，其必麟乎？'到，视之曰：'今宗周将灭，无主，孰为来哉！兹日麟出而死，吾道穷矣。'乃作歌曰'唐虞之世麟凤游，今非其时，来何由？麟兮麟兮，我心忧'是也。"

《论衡·指瑞》："《春秋》曰：'西狩获死麏（麟）。'人以示孔子。孔子曰：'孰为来哉？孰为来哉？'反袂拭面，泣涕沾襟。儒者说之，以为天以麟命孔子，孔子不王之圣也。夫麟为圣王来，孔子自以不王，而时王鲁君无感麟之德，怪其来而不知所为。故曰：'孰为来哉？孰为来哉？'知其不为治平而至，为己道穷而来，望绝心感，故涕泣沾襟。以孔子'言孰为来哉'，知麟为圣王来也。曰：前孔子之时，世儒已传此说。孔子闻此说而希见其物也，见麟之至，怪所为来。实者麟至，无所为来，常有之物也，行迈鲁泽之中，而鲁国见其物，遭获之也。孔子见麟之获，获而又死，则自比于麟，自谓道绝不复行，将为小人所傒获（系累）也。故孔子见麟而自泣者，据其见得而死也，非据其本所为来也。然则麟之至也，自与兽会聚也，其死，人杀之也。使麟有知，为圣王来。时无圣王，何为来乎？思虑深，避害远，何故为鲁所获杀乎？夫以时无圣王而麟至，知不为圣王来也；为鲁所获杀，知其避害不能远也。圣兽不能自免于难，圣人亦不能自免于祸。祸难之事，圣者所不能避，而云凤麟思虑深、避害远，妄也。"

此盖亦公羊家说。王充《论衡》，专唱反调。

反袂（衣袖）拭面，涕沾袍（衣前襟也）。

夫子素案图录，知庶圣姓刘季当代周。见薪采者获麟，知为其出。何者？麟者，木精；薪采者，庶人燃火之意。此赤帝将代周居其位，故麟为薪采者所执。西狩获之者，从东方王于西也。东卯西金象也。言"获"者，兵戈文也。言汉姓卯金刀，以兵得天下。不地者，天下异也。又先是蚤虫冬踊，彗金精扫旦，置新之象。夫子知其将有六国争强，从（同"纵"）横相灭之败，秦、项（项羽）驱除，积骨流血之虐。然后刘氏乃帝。深闵民之离害甚久，故豫泣也。

鬼话！但是没这段出来，《公羊》就不能传。什么时代不如此？何休用心良苦，《公羊》难读在此。

《说苑·君道》曰："孔子曰：夏道不亡，商德不作；商德不亡，周德不作；周德不亡，《春秋》不作；《春秋》作，而后君子知周道亡也。"

《开元占经》引异义公羊说，孔子获麟，天命绝周，天下叛去。

旧疏云："所以不言'西狩于某获麟'者，正以讥见于鲁，乃为周王将亡之异，是以不举小地之名，亦得为王鲁之义，故曰'不地者，天下异也'。"

《说苑·贵德》曰："仁人之德教也，诚恻隐于中，悃愊（kǔn bì，诚恳）于内，不能已于其心；故其治天下也，如救溺人，见天下强陵弱，众暴寡；幼孤羸露，死伤系虏，不忍其然，是以孔子历七十二君，冀道之一行而得施其德，使民生于全育，烝庶（众人）安土，万物熙熙（和乐），各乐其终。卒不遇，故睹麟而泣，哀道不行，德泽不洽，于是退作《春秋》，明素王之道，以示后人。"此亦今文说法。

颜渊死，子曰："噫(叹息)！天丧予(我)。"

旧疏云："《弟子传》云'颜渊少孔子三十岁，三十二而卒'。以此言之，则颜渊之生，昭十九年矣。"

《汉书·董仲舒传》赞曰："歆以为伊、吕乃圣人之耦，王者不得则不兴。故颜渊死，孔子曰：'噫！天丧余。'唯此一人为能当之，自宰我、子赣、子游、子夏不与焉。"孔子叹："道其不行矣夫！"（《中庸》）

《论语·先进》："颜渊死。子曰：'噫！天丧予！天丧予！'"又："颜渊死，子哭之恸。从者曰：'子恸矣。'曰：'有恸乎？非夫人之为恸而谁为！'""不得中行而与之者，必也狂狷乎！狂者进取，狷者有所不为也。"（《论语·子路》）

子路死，子曰："噫！天祝(断)予。"

天生颜渊、子路，为夫子辅佐，皆死者，天将亡夫子之证。

旧疏云："'自予得由也，恶言不至于耳'，是其辅佐之义也。"

西狩获麟，孔子曰："吾道穷矣。"

《繁露·随本消息》曰："颜渊死，子曰：'天丧予。'子路死，子曰：'天祝予。'西狩获麟，曰：'吾道穷，吾道穷。'三年，身随而卒。天命成败，圣人知之，有所不能救，命矣夫。"

《史记·孔子世家》记："鲁哀公十四年春，狩大野。叔孙氏车子鉏商获兽，以为不祥。仲尼视之，曰：'麟也。'取之。曰：'河不出图，雒（同"洛"）不出书，吾已矣夫！'颜渊死，孔子曰：'天丧予！'及西狩见麟，曰：'吾道穷矣！'喟然叹曰：

'莫知我夫！'子贡曰：'何为莫知子？'子曰：'不怨天，不尤人，下学而上达，知我者其天乎！'"

《史记·儒林列传》云："仲尼干七十余君无所遇，曰'苟有用我者，期月而已矣'。西狩获麟，曰'吾道穷矣'。故因史记作《春秋》，以当王法，其辞微而指博，后世学者多录焉。"

加姓者，重终也。

旧疏云："正以上文再发'子曰'，皆不加姓故也。"

《论语》最后一章《尧曰》，子张问于孔子曰："何如斯可以从政矣？"称"孔子"，亦重终之义。

麟者，大平之符，圣人之类。

《繁露·符瑞》曰："有非力之所能致而自至者，西狩获麟，受命之符是也。然后托乎《春秋》正不正之间，而明改制之义。"

《史记·孔子世家》："为《春秋》，笔则笔，削则削，子夏之徒不能赞一辞。弟子受《春秋》，孔子曰：'后世知丘者以《春秋》，而罪丘者亦以《春秋》。'"

时得麟而死，此亦天告夫子将没之征，故云尔。

旧疏云："麟之来也……见孔子将没之征，故此孔子曰'吾道穷矣'是也。"

孔子曰："天下无道久矣，莫能宗予。"（《史记·孔子世家》）后七日死，年七十三。

《春秋》何以始乎隐？

据得麟乃作。

旧疏云："正以《演孔图》云'获麟而作《春秋》，九月书成'是也。"

《说苑·至公》曰："夫子行说七十诸侯无定处，意欲使天下之民各得其所，而道不行。退而修《春秋》，采毫毛之善，贬纤介之恶，人事浃，王道备，精和圣制，上通于天而麟至，此天之知夫子也……夫子曰：'不怨天，不尤人，下学而上达，知我者其天乎！'"

《通义》云："《春秋》之作，存王道于将绝，垂治法于不朽，孟子以为乱后之一治。"

祖之所逮（及）闻也。

托记高祖以来事，可及问闻知者，犹曰："我但记先人所闻，辟（避）制作之害。"

《通义》云："隐公以来之事，祖虽不及见，犹及闻而知之。"

旧疏云："何氏以为公取十二，则天之数……注云'所以二百四十二年者，取法十二公，天数备足'是也。今此《传》云'祖之所逮闻'者，谓兼有天数之义，亦托问闻而知，亦取制服三等之义。"

所见异辞，所闻异辞，所传闻异辞。

所以复发《传》者，益师以臣见恩，此以君见恩，嫌义异。于所见之世，臣子恩其君父尤厚，故多微辞也。所闻之世，恩王父少杀，故"立炀宫"不日，"武宫"日是也。所传闻之世，恩高祖、曾祖又杀，故"子赤卒"不日，"子般卒"日是也。

所传闻、所闻、所见，据乱、升平、太平三世，由远而近，群化渐进，即《大易》变动不居，创进日新。

《繁露·楚庄王》曰："《春秋》分十二世，以为三等：有见，有闻，有传闻。有见三世，有闻四世，有传闻五世。故哀、定、昭，君子之所见也。襄、成、文、宣，君子之所闻也。僖、闵、庄、桓、隐，君子之所传闻也。所见六十一年，所闻八十五年，所传闻九十六年。于所见微其辞，于所闻痛其祸，于传闻杀其恩：与情俱也。"

张三世：据乱世、升平世、太平世。三世中，复有三世，终向太平趋进。

何以终乎哀十四年？曰："备矣。"

据哀公未终也。

《汉书·儒林传》曰："因鲁《春秋》，举十二公行事，绳之以文武之道，成一王法，至获麟而止。"麟为仁兽，仁也。

《春秋》终于哀公十四年，曰"备矣"，够了，智、仁、勇三达德备矣！智、仁、勇三达德，合之为"大仁"，此为中国人的精神。

以智为体，以仁为用。"仁而不智，则爱而不别也；智而不仁，则知而不为也。故仁者所以爱人类也，智者所以除其害也"

（《繁露·必仁且智》），所以必仁且智。"见义不为，无勇也"（《论语·为政》），不惧人势，所以见义必为。《春秋》者，礼义之大宗也"，所以"备矣"。

人道浃（jiā，浃洽），王道备。

旧疏云："'王道备'者，正以拨乱于隐公，功成于获麟，懔懔治之，至于大平，故曰'王道备'也。"

《繁露·玉杯》曰："法布二百四十二年之中，相为左右，以成文采，其居参错，非袭古也。是故论《春秋》者，合而通之，缘而求之，五（伍）其比，偶其类，览其绪，屠其赘，是以人道浃而王法立。"

必止于麟者，欲见拨乱功成于麟，犹尧、舜之隆，凤皇来仪。

旧疏云："'必止至于麟'者，正以获麟之后，得端门之命，乃作《春秋》。但孔子欲道从隐拨乱，功成于麟，是以'终于获麟'以示义，似若尧、舜之隆，制礼作乐之后，《箫韶》九成，凤皇乃来止，巢而乘匹之类也。"

孔子获麟而作《春秋》，《春秋》绝笔于"获麟"。司马迁作《史记》，自称"上承麟书"，亦止于麟，《史记·太史公自序》曰："于是卒述陶唐以来，至于麟止。"

《春秋》为一朝代，以《春秋》当新王。《易》为象，《春秋》为况，比方。

《文选》引《春秋元命苞》云："孔子曰：丘始于元，终于麟，

哀公第十二

543

王道成也。"

故麟于周为异，《春秋》记以为瑞，明大平以瑞应为效也。

旧疏云："云'故麟于周为异'者，即上《传》云'何以书？记异也。何异尔？非中国之兽也'是也。云'《春秋》记以为瑞'者，'记'亦有作'托'者，今解彼'记'也；云'明大平以瑞应为效也'者，言若不致瑞，即太平无验，故《春秋》记麟为大平之效也。"

《读经示要·卷三》曰："瑞应，明太平可期；伤感，以太平犹未至也。作感兴而瑞应存焉。知此者，可与论《春秋》太平义矣。"

绝笔于春，不书下三时者，起木绝火王，制作道备。

将何注所加的胡话删除，就易于明白。

又春者，岁之始，能常法其始，则无不终竟。

旧疏云："四时具，然后为年。"

君子曷为为（作）《春秋》？

据以定作《五经》。

《春秋》中的"君子"，皆指孔子说。师承、师说必要讲。

《史记·孔子世家》："子曰：'弗乎弗乎，君子病没世而名不称焉。吾道不行矣，吾何以自见于后世哉？'乃因史记作《春秋》，上至隐公，下讫哀公十四年，十二公。据鲁，亲周，故殷，运之三代。"

《孟子·滕文公下》云："世衰道微，邪说暴行有作，臣弑其君者有之，子弑其父者有之。孔子惧，作《春秋》。"故《史记·太史公自序》云："《春秋》之中，弑君三十六，亡国五十二，诸侯奔走，不得保其社稷者，不可胜数。察其所以，皆失其本已。故《易》曰'失之毫厘，差以千里'。故曰'臣弑君，子弑父，非一旦一夕之故也，其渐久矣'。故有国者不可以不知《春秋》，前有谗而弗见，后有贼而不知。为人臣者不可以不知《春秋》，守经事而不知其宜，遭变事而不知其权。为人君父而不通于《春秋》之义者，必蒙首恶之名。为人臣子而不通于《春秋》之义者，必陷篡弑之诛、死罪之名。"

孔子何以作《春秋》？我何以如此看重《春秋》？

你们这一代会不会想事？根本没脑！

评一人之好坏，自其动机论之，此"原心定罪"，永远以此看事，方不吃亏。人送礼，想一想何以送你？

何以在此读书，却净在此偷窃、捣蛋？一个团体净卑鄙者，焉能存在？注意人事的动机，不可以原谅！叛臣永不可在团体中。

你们何以学《春秋》？《春秋》原心定罪，按他的动机，定他的是非。

《何氏释例》谓《春秋》原心诛意，禁于未然，其立法严，其行法恕。

就在利欲中活，根本禽兽不如。人活着应用智慧，才能给人谋幸福。何以如此？举个例子，因己所不欲，勿施于人。所学要会活用。讲书要生活化，不可尽之乎者也。

《大易》与《春秋》，体用不二。《春秋》以智为体，以仁为用，能干为勇，行才能成其仁之用，故"智、仁、勇备矣""三达德备矣"。不管"所见、所闻、所传闻"，智、仁、勇备矣！原心定罪。

拨乱世，反（返）诸（之）正，莫近诸（乎）《春秋》。

旧疏云："孔子未得天点之时，未有制作之意，故但领缘旧经，以济当时而已。既获麟之后，见端门之书，知天命已制作，以俟后王。于是选理典籍，欲为拨乱之道，以为《春秋》者，赏善罚恶之书，若欲治世反归于正道，莫近于《春秋》之义。是以得天命之后，乃作《春秋》矣。"

"拨"，犹治也。

"拨乱世，反诸正"，拨乱反正，此孔子作《春秋》之目的，《春秋》为实用之学。

真想成就大事，必得"居正"，然此非常人所能，故《春秋》曰"大居正"，加"大"，为赞词。

我这一生尽在乱世中，你们闭门造车行吗？清于腊月二十五（1912 年 2 月 12 日清帝退位）那天亡，真正清宗室没有过年，三十晚上全家服丧，除女人外，都到太庙举哀。"复辟"几天，又"亡国"了！

没智慧者听信谣言，说接收故宫时，还看到半个咬剩的苹果。逼宫时，宣统怎可能咬苹果？民间想法。福晋没到过厨房，宣统不会系扣子。

得麟之后，天下血书鲁端门曰："趋作法，孔圣没。周姬亡，彗东出。秦政起，胡破术，书记散，孔不绝。"

"端门"，今在孔庙东南十一里处。

旧疏云："疾作王者之法。孔氏圣人，将欲没矣……当尔之时，书契纪纲，尽皆散乱，唯有孔氏《春秋》口相传者，独存而不绝……《秦本纪》云秦皇为无道，周人以旧典非之，乃用李斯之谋，欲以愚黔首，于是燔《诗》《书》云。然则始皇燔《诗》《书》，而言'胡破术'者，谓始皇燔之不尽，胡亥亦燔之。"

子夏明日往视之，血书飞为赤乌，化为白书，署曰《演孔图》，中有作图制法之状。

《演孔图》为《春秋纬》之一，又名《春秋纬演孔图》，为推演孔子之事而作。书中叙述孔子因获麟而作《春秋》，九月书成，端门受命，天降血书，中有作图制法之状，故名《演孔图》。其中有许多神化孔子的故事，多荒诞不经，后世类书多有征引。

孔子仰推天命，俯察时变，却（仰）观未来，豫解无穷。

《春秋》当一王之法，贬天子，退诸侯，讨大夫，以达王事。

《春秋》终于获麟，治至太平，终无止境。《易》既济兼未济，复奉元统。

知汉当继大乱之后，故作拨乱之法以授之。

此即"为汉制法"之所本。何休为东汉时人，此乃应付时代之语，故意不懂孔子思想。

以道殉人，历代文人多半如此。谁上台，谁就有出息。有些记者谁有能力替谁说话。一出门即英雄，惹祸成为英雄，吃苦的是老百姓。

则未知其为是与？其诸君子乐道尧舜之道与？

旧疏云："'其诸'，辞也，即桓六年'子公羊子曰："其诸以病桓与？"'注云'其诸，辞也'是也。'君子'，谓孔子。不知为是孔子而爱乐尧、舜之道，是以述而道之与？"

《繁露·俞序》曰："苟能述《春秋》之法，致行其道，岂徒除祸哉？乃尧舜之德也。"

作《传》者谦不敢斥（指出）夫子所为作意也。

旧疏云："公羊子谦不敢斥言孔子作《春秋》，故依违云，则未知其为此《春秋》可以拨乱世而作之与？"可见作《春秋》之隐微。

尧、舜当古，历象日月星辰（《尚书·尧典》），百兽率舞，凤皇来仪（《尚书·皋陶谟》）。《春秋》亦以王次春，上法天文，四时具，然后为年，以敬授民时。

旧疏云："云'《春秋》亦以王次春，上法天文，四时具，然后为年，以敬授人时'者，欲似尧、舜当古，历象日月星辰，以敬授人时也。""敬授人时"然后"敬授民时"，"黎民于变时雍"，百姓都懂得用时了。

崇德致麟，乃得称大平。

旧疏云："云'崇德致麟，乃得称大平'者，欲似尧、舜'百兽率舞，凤凰来仪'是也。"

道同者相称，德合者相友，故曰"乐道尧、舜之道"。

旧疏云："云'道同者相称'者，谓孔子之道同于尧、舜，故作《春秋》以称述尧、舜是也。云'德合者相友'者，友者，同志之名，言孔子之德合于尧、舜，是以爱而慕之，乃作《春秋》，与其志相似也。"

孔子"祖述尧舜"，《春秋》拨乱反正，以尧舜为正，正，王道也。《繁露·俞序》曰："苟能述《春秋》之法，致行其道，岂徒除祸哉？乃尧、舜之德也。"德合尧舜。

末不亦乐乎尧、舜之知君子也？

末不亦乐后有圣汉（"汉"应为德）受命而王，德如尧、舜之知孔子为制作。

人人皆可以为尧、舜，乃指未来的尧、舜，并非指汉。《中庸》曰："苟不固聪明圣知（智）达天德者，其谁能知之？""苟不至德，至道不凝焉。"

正统，人接人；受命于天者，为革命。《易经·革卦》曰："顺乎天而应乎人，革之时大矣哉！"《论衡》乃古时有革命性的一部书，专唱反调，应当重视。

"公天下"的深意，实比"民主"还高，"万物皆备于我"，天之所赐，非一国之所有。水果，天下人类皆有，因环境不同，乃不一样。"生而不有，为而不恃"，天道尚公。叹一个"私"字！

制《春秋》之义，以俟后圣。

待圣汉（师作"德"）之王以为法。

《史记·孔子世家》曰："子曰：'弗乎弗乎，君子病没世而名不称焉。吾道不行矣，吾何以自见于后世哉？'乃因史记作《春秋》。"

《繁露·俞序》曰："仲尼之作《春秋》也，上探正天端、王公之位、万民之所欲，下明得失，起贤才，以待后圣。"真想成就大事，必得居正。然此非常人所能，故《春秋》曰"大居正"。

《孟子·离娄下》曰："先圣后圣，其揆一也。"又《公孙丑上》曰："由百世之后，等百世之王，莫之能违也。"等百王，将过去百王等量等量，看其称不称"王"与"天子"之位。

"制《春秋》之义，以俟后圣"，"俟"，待也，待后圣以《春秋》圣时，接着以《春秋》之道圣这个时，以解决时代问题。

孔子是"圣之时者"，我们要圣时，殷忧启圣，正因时代多灾多难，才启发圣这个时，圣人贵除天下之患。

以（因）君子之为，亦有乐乎此也。

旧疏云："'君子'谓孔子。所以作《春秋》者，亦乐此《春秋》之道，可以永法故也。"

乐其（《春秋》）贯于百王而不灭，名与日月并行而不息。

旧疏云："《春秋》者，赏善罚恶之书，有国家者最所急务，是以贯于百王而不灭绝矣……其合于天地之利，生成万物之义，凡为君者不得不尔，故曰'名与日月并行而不息'也。"孔子曰："知我者其惟《春秋》乎！罪我者其惟《春秋》乎！"（《孟子·滕文公下》），那《春秋》究竟是怎样的一部书？

孔子开始讲"因"，谓"周因于殷礼……其后继周者，虽百世可知也"（《论语·为政》）；孔子再一变，称"久矣，不复梦见周公矣"（《论语·述而》）；最后，说"吾其（岂）为东周乎"（《论语·阳货》），不为东周了，必另有所为。

孔子"行夏之时，乘殷之辂，服周之冕，乐则《韶舞》"（《论语·卫灵公》）。

先生先死，"死死生生，生生死死"，谁先死谁就先生，轮回。

《四书》真懂，必《五经》读完才能会通。按所知为文，要依经解经，"吾道一以贯之"，前后不可以有矛盾。臆说，人人皆可说一套。读书必要手勤，写卡片，串在一起。

孔子谓"吾少也贱，故多能鄙事。君子多乎哉？不多也"（《论语·子罕》），说"先进于礼乐，野人也；后进于礼乐，君子也。如用之，则吾从先进"（《论语·先进》），自此看孔子的政治主张。

说"汝为君子儒，无为小人儒"（《论语·雍也》），以身殉道，君子；以道殉人，小人：此一说法绕很多弯，没有说明白。又说"人能弘道，非道弘人"（《论语·卫灵公》）。必经过一段了，才知什么叫"正"。

《易》一爻一世界、一爻一乾坤，最后"见群龙无首，吉"，不分尊卑，没有主名。《春秋》一字之褒，一字之贬，平时有一定例法，最后没例法。

中国人今天第一要义：恢复民族精神。

哀公第十二

美国常说："这事与美国的利益不能相冲突。"学别人，就算学得再好，也只是第二，净摆家家酒，没有人样！

自古以来，没有比搞政治的再残酷了！一将功成万骨枯。受人利用，还为人歌颂！

民国以来的痛苦，皆"香蕉"（外黄内白的香蕉人）带来的。台湾在日据时代，哪家没有被拉夫？水深火热，五十年无一处过人的生活！

先自中国本身文化着手，以复兴民族精神。我这辈子白忙一辈子，但到老犹不死心。不知你们到我这年龄时，中国是什么样子？

王道，仍要设武备，但不主动害人。中国文化吃亏在此。但中国现在不一样，美国在中国投资居第一位，想拔腿也拔不出去。当年，在中国最困难之际，美国对中国八年禁运。

台湾有些人不见棺材不落泪，就利欲熏心。

学《春秋》，有智慧了，智、仁、勇三达德备矣！"拨乱反正，莫近于《春秋》"，经过的方法是什么？贬天子，退诸侯，讨大夫。《春秋》不是历史，《公羊传》不同于《左传》。

何以《大易》与《春秋》相表里？乾、坤二卦，父母卦，必生，因"食色，性也"。第三卦屯，难生，可见生之不易，所以得养正，"蒙以养正，圣功也"，"正"是什么？

养正，非一天。养正了，得永远守住这个正，居正。居正太伟大，故曰"大居正"。圣功，一统，赞之，故曰"大一统"。天下拨乱反正了，没有战争，一统。

是人，明白人事即养正，一统，内圣外王在其中。居正，内圣的修养，一统之德则"内圣、外王备矣"，二者太伟大了，故曰"大一统""大居正"。故《大易》与《春秋》相表里，体用不二。

人活着，不可以有偏僻。"定于一"，"天下莫不与之"，都得一，以一统天下。"吾道一以贯之"，"不嗜杀人者能一之"，仁者无敌，仁无际界。

"统一"不等于"一统"，前者为霸道，后者为仁道。王者当"继天奉元，养成万物"，所以有国者不可以不读《春秋》。

"蒙以养正，圣功也"，养正的目的，在成其圣功；而后居正，永守住"正"。内圣足了，天天奋斗，以"一"统天下。一统了，即成其圣功。人类愈聪明，愈没有战争。

有知识者不信宗教，我修"人祖庙"，取而代之。人祖，即伏羲，又称羲皇、八卦祖师。台湾有五六个羲皇庙。

中国法律，到唐时完整，有《唐律义疏》。

《唐律义疏》又称《永徽律疏》，因"疏在律后，律以疏存"，被认为是中国法制史上之立法典范。是唐高宗永徽三年（652年）编定的律文，由长孙无忌等十九人负责编定，永徽四年（653年）颁行，取代了自唐高祖武德七年（624年）所编定的《武德律》及唐太宗贞观十一年（637年）所编定的《贞观律》，成为唐朝法典，且为中国现存最早最完整的法典。

研究国家组织，莫过于《周官》一书。

《周官》即《周礼》，又称《周官经》。自书名看，应是记载周代官制的书，但内容与周代官制不符，可能是一部理想中的政治制度与百官职守。相传为周公所作，熊十力以为非孔子不能作。

自历代史书中《天文志》看天文学，何等神秘！看祖宗的智慧。

行，并非易事，今人什么都不缺，就缺毅力，"知耻近乎勇"（《中庸》）。做学问如有"玄奘取经"的精神，何事不成？我在被逼下，立下"长白又一村"之志，在台湾读五十年书。熊十力自觉非事功才，而转入学术。

你们现在能有转圜余地颇不易，邱义仁所言"没有错误的空间"。你们必要"培智"，有智什么都能应。学智、养智、培智，遇事以智应。不要天天盲从，净跑东跑西的。

孔子如不写《春秋》，就不明《大易》的"圣功"，《大易》就落空。《春秋》一书，讲如何成圣功；养正，才能作《春秋》之事。正，性命也，"各正性命，保合太和，乃利贞"（《易经·乾卦》），以"保合太和"功夫养正。用什么功夫成圣功？以"致中和"成圣功。"喜怒哀乐之未发，谓之中；发而中节，谓之和"，"致中和，天地位焉，万物育焉"（《中庸》），一统了，为人类，共同领导华夏文化。

我回去，没有回故宫、颐和园，就怕痛苦。

人绝不可以缺德！一个人可以无学，不可以无德。捡的东西，必设法送回。狗有没有受重视，看其尾巴即知。今天有无教小孩为人处世之道？小孩自小应培养其慈心，"己所不欲，勿施于人"。孔融之受赞美，在"能让梨"，让为礼之实

生了，由"启蒙"开始，就要"养正"，"蒙以养正，圣功也"，目的在成其圣功，以一统天下。养正了，还要居正，大居正。"不嗜杀人者，能一之"，一统也，"天下定于一"。仁者，一天下，所以"仁统天下"。

我老了，知道老人太苦，要修养老院。圣人为何看得那么

远，预备得那么详细？"不独亲其亲，不独子其子"，"力恶其不出于身也，不必为己"，好好读一读《礼记·礼运大同篇》。

《春秋》为拨乱反正之书。既是兄弟，一个中国，必用一统。平心静气坐下谈，以解决问题，焉可轻启祸端？

书读百遍自通，此为不二法门。人必要有志，内圣功夫，要造成王道乐土，即圣功、仁统。开蒙，不离本性，正性命。愈想愈神，才值得研究。各正性命，都有生存之道，"神，妙万物而为言也"，了解"妙"字，才通"神"。立说，得知微之著、知凡之目。

《繁露·深察名号》："号凡而略，名详而目。目者，偏辨其事也；凡者，独举其大者事也。"

人之大患就是好名，我拒绝一切访问。做事，稍有名气守不住，就快失败了，最后与草木同朽。

一部《易经》八个字：自强不息，厚德载物。孔子思想九个字：学而时习之，不亦悦乎！

以奉元书院作为中国文化的大本营，自此往外推展，好好深入研究中国人的智慧。人的"守"太难了，必要有守有为。一个人没有"人性"，能做人事？抢什么！许多书院都空着，何不发心去做？没有"智慧"，不懂得过智慧生活。

有些人谁的话都不听，至今无一同学听师言，早听师言，今天都成了。以现在的局势，你们能做什么？有些人除了"食色"以外，最喜"钱"，不管是怎么来的。

你们要"为往圣继绝学"，承统，明白，心中就有力量。天生此人必有用。遇事，自动机，原心定罪。

子书，应付事、世之术。要培智，做事业得用理智，不可以感情用事。如开诚布公，没有私心，足以成事。但如各有所欲，就失败了！

人要有分寸，不要胡来，也不可以索隐行怪。

我这一支是清太祖的嫡子嫡孙，代代为宗正宗令，管所有的皇孙。

好好修为自己！我要你们有影响力，如在此地有号召力，人得登门磕头。必得自求多福，求人不行。不分，合在一起，犹可应点事。想要说话有效力，得自己本身有实力。

必要学自知，有自知之明，自知者明。

余论

东汉今古文之争，造成"公羊学"的没落。郑玄通今古文，混合今古家法，成为学术罪人；其《礼记注》最有名。

刘逢禄《后录·原叙》曰："汉人治经，首辨家法，然《易》施、孟、梁丘，《书》欧阳、大、小夏侯，《诗》齐、鲁、韩，师说今皆散佚，十亡其二三。世之言经者，于先汉则古《诗》毛氏，于后汉则今《易》虞氏，文辞稍微完具。然毛公详诂训而略微言，虞翻精象变而罕大义，求其知类通达，微显阐幽，则《公羊传》在先汉有董仲舒氏，后汉有何劭公氏，《子夏传》有郑康成氏而已。先汉之学，务乎大体，故董生所传，非章句训诂之学也。后汉条理精密，要以何劭公、郑康成二氏为宗。然《丧服》特于五礼，一端而已。《春秋》则始元终麟，天道浃，人事备，以之网罗众经，若数一二、辨白黑也。故董生下帷讲诵三年，何君闭户十有七年，自来治经孰有如二君之专且久哉……康成兼治三传，故于经不精，今存《发墨守》可说者惟一二，然多牵引《左氏》，其于董生、胡母生之书，研之未深，概可想见。"

今后继《公羊》绝学，就在你们，我拼命讲学在此。

《大易》上经首乾、坤，下经首咸、恒；《诗经》首《关雎》，《中庸》"君子之道，造端乎夫妇"。孔子在政治上，主张"大道之行也，天下为公"；在人伦上，表现出"君子之道，造端乎夫妇"，后面跟着礼。人一高兴必鼓瓴而歌，即乐。《五经》《六经》乃自然之形成与表现。

政治乃管理众人的事，必有政治伦理，即礼。人之礼，即人伦。以人性诠释《五经》，则天，法自然。自然人，人为万物之灵。自然教义，"天何言哉！四时行焉"（《论语·阳货》）。说追求学术自由，受压迫的才谈自由。中国讲自然，《中庸》曰："天命之谓性，率性之谓道，修道之谓教。"自根上体悟中国学问。

熊十力说：《春秋》由显之隐，《大易》由隐之显。"《左氏》传《春秋》之史，《公羊》《穀梁》则传《春秋》之义。左氏与左丘明是否同一人，不知。《左传》文章美，《史记》叙事真，《孟子》文章气势宏！三书，乃学为文者必读。

昔人小时必先背几百篇古文，至少要会背两百篇，再自唐宋八大家中选一家，以成文章之士。称文集，乃无法列入子部，而成集部。专攻一家文集，欧阳修就苦读半部"韩文"（《韩愈文集》），而奠定了"欧文"，成为"唐宋八大家"之一。

喜韵文，必读《昭明文选》。我的外家以选学传家，可以作歌功颂德的文章，典故多。阳湖派，韵文；桐城派，清新。读姚鼐《古文辞类纂》后，进一步读《史记》。《孟子》《左传》文章近乎丽，桐城派不喜之。

桐城派最后大师叶玉麟（1876—1958，字灵凫），其父为吏部尚书，其子为郑孝胥女婿。他二十七岁点翰林，唇红如朱，是有福之人。

叶氏精于古文，与郑孝胥相善，长居上海。著有《白话译解庄子》《白话译解道德经》《白话荀子读本》及选本《历代闺秀文选》《经书》等，另有文集《灵虮轩文钞》。子叶元，字葱奇，颇能传其业，所注《李贺诗集》明晰条辨，足与王琦、吴正子鼎立。

我与叶玉麟读书最久，学子书、《史记》。我四十二岁时"亡国"，四十岁犹与叶师读书。其次是与罗振玉学经学，与郑孝胥学《资治通鉴》。从小就与陈太傅（陈宝琛）读书。

我听过王观堂（王国维）、梁启超、康南海（康有为）的课，但无传承关系。公羊学接熊十力，非讲南海先生。

郑太傅每早讲《资治通鉴》，讲完再上朝；每天二点半即起，言其居曰夜起庵。那时，他已七十多岁了，但是精神特别好。

和台湾人做事不易，台湾堪忧，一见利什么都忘了。

那么闹到底为什么？何以连"畜格"也没了！要做该做的事，怎么闹都没关系，蚂蚁那么多，也滚不到水缸。

识浅焉知外面天地？还要往回走，真是愚！根本不懂得重视今天和明天。应教育儿女赶上时代，何必要往回走！自己当知要做什么，至少可以少愚些。

台湾山地的第一本杂志《玉山》，即我创办的。当年走遍全山地，现山地头头有的还认识我。人必有点发疯精神，才能做事；若瞻前顾后，就难以做事。感觉环境越坏，越有滋味。

知识境界易致，但是道德境界难！好行小慧，乃非自道德而生的慧。佛：善知识，妙智能，到彼岸。儒：则天，不器，不党，圣时。真懂，必要下功夫，融会贯通之。先自经书入手，《四书》《五经》必要熟。经史不分，如以《六经》皆史，那义理就没了。哲学是智慧，当历史，岂不是一加二等于三？

《春秋》的"夷狄"，不指民族说，乃以文化言，"进中国则中国之"，入中国之礼义者则中国之，为"夏"。读《春秋》，必重视民族思想。若连民族思想都不知，又谈何实践？

"子帅以正，孰敢不正？""必也正名乎！"本身无毛病才可以领导人。"五十以学《易》，可以无大过矣"，有损于人曰大过。有小恶，不影响领袖群伦。

儒家对"耻"看得重。熊十力以管仲为儒家，《管子·牧民篇》说："礼义廉耻，国之四维；四维不张，国乃灭亡。"《孟子·尽心上》说："人不可以无耻，无耻之耻，无耻矣。"天天重视此"耻"，最后则"无耻矣"。

广钦（1892—1986）净吃水果，人送什么吃什么；净说真，不说假，住大石洞，饿到山上找吃的，有和尚送水果。现满街大师、尊者，看样子就有臭味。

看书必要客观，仔细去玩味，下功夫才行。做学问不能有主观，以今天思想去衡量古人。研究古人思想要追其源，才能源远流长，不考虑此思想与今天是否有所抵触。《春秋》三世义，讲进步义。

源远流长，应自"源"着手，看先民思想究竟是什么。发现源，智慧高，就能启发你的智慧。做学问，追本溯源才称学术。

大儒不世出，宋代，程（二程）、朱（朱熹）；民国时期，马一浮（1883—1967）、梁漱溟（1883—1988）、熊十力（1885—1968）。皆代表时代。自中国思想源流出的不多。自"源"开始，愈客观得愈多。

今人净批评古人。钱玄同（1887—1939）标出"疑古"，疑古学派，与中国思想无涉。"《六经》皆史"为史学派。亦有程朱学派，钱穆（1895—1990）《先秦诸子系年》，以此为其学之基。

熊十力近中国远古思想，但其气势以自己为孔子后一人。梁漱溟早期胎源于佛。

冯友兰（1883—1969）至少读阳明学，阳明学套西方哲学，成为冯友兰哲学。如中国必要像西方才行，尽把中国变成美国的"一州"，此为今天学者之病。

冯友兰与其弟地质学家冯景兰（1883—1969）都留美，其妹冯沅君（1883—1969）留法，是诗词能手，绝对读过中国书。现在大师《四书》《五经》都不熟，其穷尽毕生之力所写的书不能说不好，但有自己的立场，只是一家之言。

生在中国，做学问最苦。现这帮人是大胆，左手拿书，右手为文，是造孽，今之"大师"！古人融会贯通，谈的是一整体的东西。"缺货就时髦"，慢慢研究，持之以恒，天天做。

牟宗三（1909—1995）八十大寿时，说他每天读一小时书、听唱。你们每天读两个小时书，就成为大师。做学问贵持之以恒。写文章，每天两千字，日久就成。就怕一个月写两千字，又不动手了。

"天行健，君子以自强不息"，则天，"生而不有，为而不恃"；无所为而为，"货恶其弃于地也，不必藏于己"。自此，可见思想之运用、变化。会偷的，不着痕迹。

如何读书？玩味一个问题，下冷静功夫去思考，才是思想。

中国思想源于"道"，"率性之谓道，修道之谓教"。对外，法自然；对内（己），法本身。宇宙为一大天地，人为一小天地。孟子所谓"良知良能"，人人皆有之。佛在家中坐，何必远烧香？心即佛，佛即心。六祖《坛经》不错，很能启发人的智慧。

余论
561

许多人专求难的事，上天难，却天天要求上天。

读任何书，不要被牵着鼻子走。良知是"性"的产物，故一拍即合，因"性相近，习相远"，各家不同在此。主义乃"人之为道而远人"，道实不远人，因人皆"性相近"。溯源，将自己的成见扬弃。

《尚书》是中国的政治源流，是中国最重要的一部政典，以尧为"文祖"，是政治家的祖师爷，《尧典》述尧之功："曰放勋，钦、明、文、思、安安。"昔诏书写"钦此"。何以一开始即用"钦"？钦，敬也，《论语·学而》"敬事而信，节用而爱人，使民以时"。自中国思想找精神。

处于混沌期，头脑就不清，应当冷静下来。历代无若近代，混沌近百年。应纳之以道，昔人确有术，能将乱世理之以道。

选一子，精之，智海有无尽义。不下功夫，简单不能深入，还以为古书都没用，今人之浅薄在此，造成今天之乱！必要正视本身。

自许多事，可看出一个人的主张。英国女王说："在政治上非记仇，必要面对现实。"说裕仁天皇罪过，是历史；悼他，是实际。两回事，不能混为一谈。

复仇，"三世必复，九世必复"，三、九，皆虚数。复尧舜公天下之制，此孔子给当世人的责任；办不到，说九世也得复，此"九"实为"久"，为思想。"文王既没，文不在兹乎？"王（人）会死，但文德不会亡，文德就在每个人的身上，即民族精神。

今天归化美籍的，以中国人为最多，不知耻！

今天读《四书》不敢说，把正经事变成耻辱，是非不清。说到老师这边上课是做礼拜的，至少讲人话。

皆禀之于天，"天命之谓性"，性相近也。"人之为道而远人"（《中庸》），乃支离破碎。读书当读成活活泼泼，才有生命力。《大学》《中庸》一生可以取之不尽，用之不竭，放诸四海而皆准。将许多味药加在一起，就有作用。今天社会无论再怎么进步，皆无超出中国智慧，如"群""中和"的观念……活活泼泼地拿出中国东西，每件皆有用。善用自己的智慧，接受古人的智慧，做"圣之时者"。思想有层次，有历程。

佛讲"戒定慧"，念经，养成"定"，定才能生"慧"。"戒"，乃有所不为。儒说"知止，而后有定静安虑得"。"戒"与"知止"，境界差太多。欲，能戒？可节而不可绝，要"发而皆中节"，适可而止，知止。《大学》《中庸》真读明白，天天快快乐乐的，还会想自杀？

佛讲"远离颠倒梦想"。儒"物有本末，事有终始。知所先后，则近道矣"。《大学》《中庸》"无所不用其极、无入而不自得"，用最高的手段，永远不落空。佛与儒，实无别，一言以蔽之，皆中国思想，我称"夏学"，不必分那么多，将之碎尸万段。

你们早看过《大学》《中庸》，但是无所得也是事实。我对每部经都有看法。古人注书皆好名，并无真得。我不喜朱子，但《四书集注》确为其一生精华之所在。

读过书了，可以找老师谈谈，否则老师宁可自得其乐，神游，有所得，快快写下。冥悟，虑而后有得，不想不行。

要你们开文会，先练习几个试探性的题目讨论，感到自己有所不足了，才会有努力的动力。其次，要试探性地做，将大学、中学中教文科的教师们会聚一堂，一起研究、讨论问题。就同学自己跃跃欲试办理，不必给学贩做买卖。经过几次试办，养成敢于斗嘴。慢慢地入门，不必郑重其事，诱导式慢慢做。选一个题目，先试半年；不成，再换个课题。

所谓"文会"，实包含太多，包括政治、经济，而政治包含外交，经纬天地谓之"文"。选一经为主，以纬做参考，所得的结论为"文"。如想不出道道，能够做事？开文会，必先合计合计，第一脚很难踢，先自小文会开始，再召集奉元书院同学。

我活一天干一天，不卡位。没有比政治再无情的、再没道德、再残酷的。永守住清白身，就干自己的，后面没有背景，就面对真理。人请吃一餐饭，得付出多少代价？如想有所求，就得有所卑贱。人到无求品自高！

你们牺牲自己，能有什么贡献？利用时，叫你祖宗；利用完，狗都不如。要懂得洁身自好，千万不要烙上印。知易，但行太难！一旦有了"颜色"，人家认为你说话有背景。被谁利用都得不到好结果，是中国人就好好做中国人。

有目标，懂得怎么奋斗，知道自己要怎么奋斗。不要净想捡便宜，好事能找上你？是要你替他牺牲。许多人被人利用了犹不知。没有被贴标签，可以左右逢源。要如证严，谁都得向她买账，慈济有诚信。

练达智慧，反应要快，遇事不用想，看完马上判断。社会、政治永远变，每天要跟上。什么都学，但绝不为人所利用。

读书怎么正？怎么一读就知道错？因有一"正"的标准。要懂得想，会用智慧了，一法通百法通。人的正，凭眼力就可以明白人。不要一步走错，一涂上"颜色"就永远抹不掉。为谁而战？为何而战？就为了"三顾"私恩，而死了那么多民命？

读书要看原典，以一个为经，配上纬，才能有新思想。儒分为"大道学派"与"小康学派"（王道，以六君子为首）。

"不患贫而患不均"，均了就无贫，"均无贫"。必清楚社会事，才能想出问题。不是讲文章，是用脑子想。我小时，父母总要测智，考问："一个苹果如何使村中每个人都吃得到？"答："捣碎，放到井中，都吃到就不少了。"不是多少，而是"公则说（悦）"（《论语·尧曰》），此即大道学派。

大道学派：《尚书·尧典》"协和万邦，黎民于变时雍"、《易经·乾卦》"首出庶物，万国咸宁"，此为"天下为公"的标准。

小康学派：到禹时，开启"家天下"之局，《尚书·洪范》造一个神话——河图洛书。

"武王胜殷，杀受，立武庚，以箕子归"，周武王在箕子面前，仍用殷朝语："呜呼！箕子。惟天阴骘下民，相协厥居，我不知其彝伦攸叙。"

不臣的是事，但是道仍必传。箕子乃言曰："我闻在昔，鲧堙洪水，汩陈其五行。帝乃震怒，不畀《洪范》九畴，彝伦攸斁。鲧则殛死，禹乃嗣兴，天乃锡禹《洪范》九畴，彝伦攸叙。"

"无偏无陂，遵王之义；无有作好，遵王之道；无有作恶，遵王之路。无偏无党，王道荡荡；无党无偏，王道平平；无反无侧，王道正直。会其有极，归其有极。"《洪范》讲王道，归往一人，天下所归往也，"一人有庆，兆民赖之"（《尚书·吕刑》），家天下。帝王的最高标准——王道，历代帝王奉《洪范》为典范。但其中的立法思想层次特别深奥。

孔子说"三世必复"，因自禹开启"家天下"后，经夏、商、周已历经三世，此为中国思想最大的转折点。孔子要恢复大同，要恢复"大道之行也，天下为公"，以此为"正"。

余论

"大道之行也，天下为公。选贤与能，讲信修睦……是谓大同"，其中有无毛病？"选贤举能"是"首出庶物，万国咸宁"的境界，但此非最高境界，因尚有领袖——首，仍有际、界。那"大同"是否中国思想的最高境界？

"见群龙无首""天德不可为首"，人无生而贵者，万物皆备于我。远近大小若一，夷狄进至于爵，"天下一家，中国一人（员）"，即为"华夏"。此为我们的志。

《大易》与《春秋》互为表里。学统与道统不懂，能讲这个？以此去读书、批判。

《尚书》除"典""谟"外，净写坏事，在使人为戒。一部《春秋》又写几件好事？其事不同，其术则一也。"其事齐桓、晋文"，齐桓、晋文哪有好事？证明要越讲越清楚、仔细，在使人明白，使你知其德之所以失，才知帝廷之可以废，其后"贬天子，退诸侯，讨大夫"，将乱制一网打尽。"其义则丘窃取之"，义是孔子自己所取法的，《春秋》重要的是"义"，重义不重事。

真精神讲不出，白糟蹋！必练习写，知毛病之所在。我写的《春秋》注解，名字完全不同，但你们会明白的。

今天治学，照抄不误！写一公文，都必要经过四手——草创、讨论、修饰、润色，何况传世之学乎？要不断地琢磨、用心，成学并非易事，都读书都写书，但又留下几本？有成就，但是否真有用，还成问题。

《资治通鉴》是"亡国"之书，宋室南渡后，在杭州付梓。《资治通鉴》不太实用，但熟读了可以成为政论家，给人出主意。

来子（来知德）讲《易》，对的很少，因所见者少。我的东西，许多都是我母亲骂来的，她天天琢磨我，比我大二十岁，人特别聪明！学会用脑，得时常想，反应特别快。

"拨乱反正"为最重的责任，必得客观，否则减低说话的效力。了解环境后，才能做事。如见利就忘义，谁相信你？

"天下文化"名字取得好，但不明"天下"之义。天下，没有际、界观。不但文化复兴，且必大革命，要"复正"。称"夏学"，中国人的思想皆在内。

在思想上要注意三部书：《商君书》《王安石全集》（《周官新义》、奏折等全集）《龚自珍全集》。

龚自珍（1792－1841），字璱人，号定盦。浙江仁和（今杭州）人。清朝中后期著名思想家、文学家。龚自珍自幼受到外祖父段玉裁的指导，奠定厚实的朴学基础。1819年，28岁的龚自珍会试落选，在京师与魏源一起师事今文学家刘逢禄，研读《公羊春秋》，弃绝考据训诂之学，转而讲求经世之务，志存改革，追求"更法"。1829年，龚自珍经过第六次会试，终于考中进士。他在殿试对策中，仿效王安石"上仁宗皇帝言事书"，撰《御试安边抚远疏》，议论新疆平定准噶尔叛乱后的善后治理，从施政、用人、治水、治边等方面提出改革主张。胪举时事，洒洒千余言，直陈无隐，阅卷诸公皆大惊。龚亦写下了许多激扬、深情的忧国忧民诗文，便是著名的《己亥杂诗》315首。1841年春，龚自珍执教于江苏丹阳云阳书院。三月，父亲龚丽正去世，龚自珍又兼任了原由其父主持的杭州紫阳书院讲席。1841年9月26日，突患急病暴卒于丹阳。

梁启超于《清代学术概论》曰："晚清思想之解放，自珍确与有功焉。光绪间所谓新学家者，大率人人皆经过崇拜龚氏之一时期；初读《定庵全集》，若受电然。"

余论

梁启超的《新民丛报》与《饮冰室全集》可以参考。

你们要练习自己能主持，奉元法律服务所已经成立了。小文会，至少一个月、两个月讨论一次，要练习深入。学术检讨会，真理愈辩愈明。要有目标，打好文化基础，以文化世。都无空言，必要行。方向决定了，先做半年。知道自己责任之所在，此乃对中国文化的责任。

自从民国九年（1920 年）废除祭孔、读经后，迄今八十年（时为 1999 年），结果使中国人不懂得中国文化。韩国中国文化程度比日本好，因为日本有骄气，加上武士道，乃转成大和魂，其精神则为"八弘一宇"，即八方加一宇，亦即天下。日本以此想将"大东亚"纳入其中，自以为是青出于蓝，高过中国文化。在明清时期，在朝鲜做官的要到北京考进士，是中国的藩属国。越南的中国文化程度也比日本好。东方文化自有其系统，包括印度文化、伊斯兰文化在内。

现在印度已经没有人信奉佛教了。中国佛教以显、密分，显教中有密宗。西藏密宗和尚吃肉，有"活佛转世"传统。熊十力对佛学研究深刻，看其《体用论》，绝对是中国名词。

按中国传统看一看，将不正常的反正。学术就是心理文化，随着环境转。中国政治学绝对超过其他国家。

哪一代都有哪一代的兵学，读完各代的兵学后，才能成兵典。《孙子兵法》中有许多不通之处，但兵典必以此为本。

要多留心时事，就知道怎么用智慧。下次绝对和这次不同，以之印证。声东击西，必有一东西，是表达一东西之智慧与技术。

要动脑，好好努力。

你们忠厚有余，笨得出奇，不知怎么活。光有"欲"，没有"智"，太笨！愚就是愚，必要以智破愚。与人争衡，必要有世界学术的水平，没有超过所有思想的境界，又如何领先？

好好悟一部书就有用。应世的价值为要，不在文字多少。读《红楼梦》，可以了悟一代的掌故。一部《大学》，自人心讲到天下平。

历代有关《易经》的注，就有四百种之多，但是无一讲明白的，完全是作文而已。读《易》如光看注，那就一卦也不会懂。依经解经，一定要用原典。你们要练习为文，"辞，达而已矣"，以达意为要。

《易经》实为当时的白话，后人因不明白当时环境而不懂。知道是一宝贵的东西，就根据那东西的价值处理之，《易经·大过卦》初爻"藉用白茅"以显出本体，对有价值的东西就得用方法保存，按价值处理一个东西。"藉用白茅"，以虚表文，可以看出今人与古人智慧的运用差多少。

《老子》与《易经》的时代已经不同，年代距离久。可以从文章判断时代，看中间相距多少年。从《史记》到《左传》，前者以质表文，后者虽华丽但空。

成功不必在我，不要好名。为文，但凡修改字句，都得用脑。做学问，必要中等程度的看得懂，不要与人捉迷藏。

读书细心，是自静心来的，《大学》所谓"定、静、安、虑、得"，定，《易经·杂卦传》称"既济，定也"。

作笔记，写小文，要持之以恒，留下，一年后再看，不断地修改。大文豪时常推敲。唐诗人贾岛为了"推、敲"二字，反复诵吟，撞上韩愈官轿。韩愈以"僧敲月下门"为佳，被奉为"一字师"。

洗练文章才能动人。鲁迅白话文，其文风与朱自清不同，因为洗练功夫不同，全视谁修养高。鲁迅文思想好，但是文笔不如朱。为文，必要多看几遍，不断地修改。

一百五十年的文化大断层，要从根上来，如果没有能在这个时代留下些痕迹，太傻了！列入历史之榜，但绝不可以巧取豪夺。

人活着必有时代的意义，在这个时代就不能忽视这个时代，不是读古书就好。宗教何以不发生作用？如果是医生，又如何看这个病？圣之时，病之时，恶之时。要遏恶，必要用脑，要好好地想。如"大有"与"有大"，两者不同，"体"和"位"都变了，"术"亦变了。

要立定脚跟，必须了解客观环境，不可以闭门造车。读有用书，先视自己之所立。各种书都有用，但每个人之所需不同。

政治家必是哲学家、史学家，但不必成一家之言。熊学已颠扑不破，成一家之言，是祖师爷，为学派的代表人物，其后私淑者则为某某学派。

汉以"孝悌力田"治天下，《孝经》除第一章《开宗明义》外，皆汉儒所作。《孝经》仍在王道的境界。今天何以不讲王道？因为要讲大同，才合乎"时"。

奉元，从"根"开始规划中国文化，以此作为标准，以批判一切文化。元，含乾、坤，即乾元、坤元。生，为独立的，含非生。学文史哲得有智慧利用环境。夫子之志：老者安之，少者怀之。

为学，学无止境，死而后已。治事、教人，皆必要自己能。

养成读书习惯，否则胡思乱想更是可怕。真读书了，才知道不易，四个小时半篇也弄不完。懂得利用时间了，可以左右自己，感到时间天天不够用，还会胡扯、浪费时间？无所适从，一天无事之苦，你们现在应该已经懂了。如忙一件事，忙完一个月则知光阴易逝。人等死，太可怕！

我喜欢乡村，但事与愿违，一生净是不愉快的事，感到在台五十年一无所成！人给你钱，有人情在，则付出的代价必多。人给一块，你必得付出十倍。没有再比为人谋幸福重要的了。

今天大学林立，不过是高中的延长罢了。学术有尊严，人才会向学，读书人才尊贵。做学问要认真，要发挥学术的尊严，本位的尊严绝不能丢掉，有什么痛苦都必守住原则，"确乎其不可拔，潜龙也"（《易经·乾卦·文言》）。

做事"机"为要，得趁机而入。第一目标向非洲进，其缺技术、人才，要道济，"智周道济，天下一家"。

有志，不要净做小公务员，士尚志，好好努力。趁大家乱时，有目标，好好造就自己。试问自己：我能做什么？下精一功夫，则行行出状元。

我特别同情弱者。万事不求人，求己。无能，有权也成空。

待时为要，时至而不失之。

斗口水，"小有言"（《易经·需卦》）没关系，"终吉"。对事情，两下都要有看法。翻云覆雨者，聪明、取巧。"为政以德"，应知怎么做事，否则没造就自己，还断送自己的前途。

读书在开智慧。做事，必要慎始，要有万全的准备，绝不可不合计贸然就做。智者知止知动，头脑特别致密。见近利必思害，可以做领袖；知进而不知止，可以做参谋、顾问、副手；

余论
571

不知进也不知止，更不知其所以，当长工。不知所以进止，进止不知其所以者，没弄清最危险，最易出纰漏。看一人行动，即知如何用之。

搞政治，必要懂得分寸之掌握，连分寸都得争，一线之差，谬以千里。科技，与人谋幸福，没有际、界。政治，分秒必争，政治家非慈善家。

我今后做事，没成就的事绝不做。同学应对安台有贡献，教私学五十年可不易，如懂得合作，你们会对台湾有贡献。

大家必要相忍，一人贸然行事大忌，做错团体无法弥补。开会，听大家的意见，而非训话。团体不可以一人冒进，在团体做事没一个人知，岂不是独断独行？众志成城，必"同声相应，同气相求""一心一德，贯彻始终"。要齐心合作，不可以争雄。

相忍为众生，苍生。"慰苍"，双关语，我母亲送我之语，相忍慰苍，不仅止于人。

扬雄文笔之美，今人能及？熊十力亦然！不怕不识货，就怕货比货，懂得要点之所在，至少也比骗饭的高明。我每天用脑子。你们要发愤，每周必写一文，自文章可以看出你们的实力。

大丈夫不吃眼前亏，不要净放炮。我没到同学家吃过一餐饭，免得说："又来了！"处人要有分寸。任何人也需你想到他。一念，原心称圣！

求智，大智是自"好问"，问自己所不知；"好察迩言"，看左右人的反应。"执两用中"，研究两端，用中于民。执中，中国学问。

社会怎么成功的？能每个人都一样？拉夫能听你的？何以不听你的话，因为知识层次不同，听不懂。

必要悟才用得上，学智慧，非会背书就完了。看人的一举一动，即代表其文化程度，清寒，穷读书的。每事都要懂得用脑。

"天之历数在尔躬"，大宇宙与小宇宙合而为一。"人心惟危，道心惟微"，是无形的心。"在天曰命，在人曰性，在身曰心"，命、性、心，三位一体。"正心"的心，并非肉心。

儒家境界实高，不讲空理，知行合一之谓。儒者，人之需也，是在为人谋福利。《易》裁成天地之道，辅相万物之宜，设有农业试验所。

找对象，知识必要相等。程度不等，如何谈天？人生就怕有个病老伴，快乐哪里来？得有智慧，要"贤贤易色"，即重德轻色。一切事情取之于理智，而非情感。

夏学社，华夏学菀，天德黉舍，奉元书院是"长白又一村"的一部分。

学术的东西有一定。开创有开创的风范，祖述亦有一定，学什么，立志什么，文史哲的负文化责任，讲学，叫众人"学生"，必要下真功夫，要发挥作用，使人明白。将来要接着讲学，由老同学讲，静园或这里选一个。必要动，把新店静园整理好，可以种甘薯叶。

制药，先培养人。女同学当家，出版业由女同学负责。文史哲有志趣，好好读书，每个月送读书报告。靠拢，不自量力，没力量！

做事，必有立足之地，有所专，好好学。做学问不能躐等，必要按部就班。为文，才能研究学问。做什么，都有一定的路子。办杂志，谁写文章？没有文章，怎么办杂志？不是有钱人就能办杂志，内容必要有一定的水平。有些人什么都不做，还要享受。

办《夏学导读》，教别人能够读书。每地都有读经的小集团，每年冬开文会，可以借一庙住上一周。开文会，练达写、讲、检讨。自己能，正知正见。

可以不需要，但不可以不备，圣之时者。不一样，在所下的功夫不同。我没一天为自己活，如没有想法，凭什么在台吃五十年的苦？一天都不知自己为什么而活，傻呆呆的，要一步一步做，不是空的。混混能做事？真有德，自请上门来。人品，学品，一个人必发挥人的作用。

做事要有计划、有步骤，不可以情之所至，否则怎能后来居上？人家不承认没有关系，自己贴上去没有力量，天下无一巧取之事，必要脚踏实地，胜世才能有胜功。袁项城、宋美龄术之高，而今安在哉？

我讲东讲西的，在告诉你们做人的分际。师父领进门，修行在个人。

今天中国学问面临危机，几人了解"中国人"之含义了？读熊子东西，至少了解"中国人"是什么。百年之内，无人能超过熊十力。自命不凡的人，绝对看不懂熊先生东西。《存斋随笔》几人看懂？

《存斋随笔》，写于1963年。熊先生自序言，初无预立之题，乃随时随机所写，不无可供参考之处，乃汇集而名之《存斋随笔》。

必学过《易经》了，才能读《春秋》，两者相表里。治事之体，《易经》；治事之用，《春秋》。纬书《春秋元命苞》等，也要参考。学常识，自《四书》入手，《大易》《春秋》必有师承。《春秋》内有许多隐藏，许多假话中，就一句真话。

何不在中国的师承上有点成就？师承记，公羊学师承。

"伪学"，有一定的环境造成的，与"真学"同一价值。以伪饰真，得有真功夫，至少得有一句真的。一个真，就能传世。

奉元如不能一家，又如何天下一家？

做事业绝对有利于民生，要学慈济的大公无私。做任何事脚踏实地，都有一定的步骤。做微细的准备，有钢印，未来的商标，卖药绝不可以骗人。许多事必想得仔细，该用的都备好。奉元应有个福利集团，绝对公平、无私。做事业，制药，先培养人。明年修工厂，至少完成三分之一。

就名正言顺，都未必有成。做学问，脚踏实地都未必有成。熊子深于佛学，孤军奋斗有成。人要求最高境界，为自己好好设计一套，否则临老就来不及。

得机会了，没有真的德、能，也做不了事，貌合神离。什么都有用，就身外之物没有用。如连个人品都没有，还谈什么人生？衣食足知荣辱，不必发暴财暴利。不满意，没胆、没能力革命，总可以不盲从吧！怎可不分是非、好坏，利之所在就靠？功过日后自有评论。

一个人必得察微，谁也不可以完全相信，是人就有他自己的想法。别人骗你，因你不能识微、察微。到阶段，该严就必得严。偏（邪）门与贪污，就是做土匪也不同。人人都私，所以成就少。

奉元是开始，希望"德合元"，即皇。"德合天"，是帝。"仁

余论

575

义合"者，称王。天子者，爵称，继天之志，述天之事。

《春秋公羊传·成公八年》"秋，七月，天子使召伯来锡公命"，何注："王者，号也。德合元者称皇。孔子曰：'皇象元，逍遥术，无文字，德明谥。'德合天者称帝，河洛受瑞，可放。仁义合者称王，符瑞应，天下归往。天子者，爵称也，圣人受命，皆天所生，故谓之天子。"

"皇"，《说文》称："大也。""帝"《尚书·尧典》曰："帝尧曰放勋。"称"帝尧"，此帝为动词，有主宰义。以尧、舜为标准模范人物，故曰帝尧、帝舜。《大学》称此为《帝典》，即如今之大法，以此作为主宰之大法。以二典作为主宰之大法。"放勋"，一以"放"为至，"勋"为功勋：以帝尧有至勋，"至"，无所不在也，以尧对人类有无所不在之功勋。"唯天为大，唯尧则之"，尧则天，"德合天"，故称帝尧。

没有德，谈不到皇、帝、王的境界。领悟了，看许多书都有深意。

过去就有得失，大家检讨，必要相辅，以友辅仁。检讨必有批评，如结论都成功，又何必研究？应是愈检讨愈有智慧。论政，不可讳疾忌医，应就事论事。社会可以慢慢地改进，渐渐地上轨道。

学大的结果，至善，止于至善。中国的道，简言之，即"大至之要道"，期盼"群龙无首"。《尚书·洪范》是到"群龙无首"的一个阶段。

医生不怕老的，愈老愈有临床经验，有学历的没经验。天天读书，一年又能读几本？中国就是书多。

根据他干的结果，给一个字，"一字之褒，一字之贬"。急不得，一步一脚印。急，先喘后到。奉元，无尽期，没有世、没有代。

今天中国学人净讲枝枝叶叶，根本没有"本"。挂"奉元"这个牌，得像个玩意儿。指定书必读，按时为文，入门，慢慢就好。都得自己下功夫，到最后都有人为你算总账。

要有骑马的智慧，绝不多说一句话。不要跟在人家的屁股后面，给人摇旗呐喊。好狗不露齿，清清白白一帮人，到自求时打出团体，要有备无患。自求，必有自求之道，要懂得用头脑。千言万语，必要自己能自主，至少有"往前闯"的精神。

我的积极，由于把事情看得清楚、看得透彻来的。要自己看得起自己，老大必有胆。

治病，谁能治好病就是名医。有思想有信仰，当然也可以动起来，就看自己能不能。不可因梦想而惹来是非、毁灭。

努力有一目标，到闹得不可开交时，得有一帮缓冲的人，必要有万全的准备。要有心理准备，可以有备不用，不可以要用时而无备。学活学问，能够用上的。

真有志，自己拉帮，做元老。读有用书，当务之为急，用自己的药方。

要练达怎么培养智慧，会想。如又懒不会想，怎么做事？看外面的乱，最后不论成败，都精疲力竭！不可以贴上标签，否则将来后悔都来不及！

《春秋》是没饭吃时写的，写得那么简，人家怎么明白？如不会想，就被孔子骗了，讲得天花乱坠，自己要饭一辈子。夫子何以失败？时不遇也。前人之言，以此为鉴。印证夫子所言，做事有模范。一本书必要仔仔细细、慢慢地看。读多了，放诸四海而皆准。

选经、史、子，不必选集。读史，读至宋范仲淹时，必看其集。不读历史，不懂爱国。必"读有用书"，要懂怎么读书。读史，就看始、壮、究，即创业、辉煌、失败。开国，始，看以什么"机"开国，当时大臣的言、行、功，看其集。末世，究，看那时大臣的言、行、功，如何成"三不朽"。

外交，辞令，国际观。养气，人人都得"养浩然气"。如见识、胆识都没有，能做什么？要养自己的见识、胆识。社会上成功者少。俗人才怕鬼，死人并不可怕，最可怕的应是活人。

"绘事后素"（《论语·八佾》），白色放在哪儿都合适，不上彩，将来可以活得自由自在，素其位而行，思不出其位，守位曰仁。

"做"与"说"，两件事。写通俗文章难，而讲书讲得通俗更难！圣人绝不与后人捉迷藏。"善教者，使人继其志"（《礼记·学记》），多么唤醒人！喜政治的更得会读书，脑子必得活。

必要活活泼泼地读书、看书。读书，练脑子，也练文章。读其人之书，必了解其人当时的环境。做学问，得如熊子用心深细。

要为往圣继绝学。中国并非一步跳至今天，文化如此深，是演进来的，必自"一"开始，"一画开天"！《易》开始用"元"，元为善之长。懂得有男女、名分了，就有礼、法、制度，此即智能之层次。培智，必有层次。

《人物志》加上《冰鉴》，在知人。拾旧业，做事业得有才人。如自己文章不像文章，怎么去导人？仁与义，都得足。软绵绵、拖拖拉拉的，能做什么？

宋儒的《四书》，非整理不可了。一人选一部书，五十年可以整理出中国书。晚上忙不过来，不失眠，既养神又省钱。真会读书的绝对能养神，比静坐还养神。众志成城，人才、时间都不浪费，齐一步调。行有余力，则以学文。

《素书》至今犹无一好的注解。

《黄石公素书》又称《素书》，是一部谋略之书，相传为黄石公所撰。据说黄石公三试张良后，以"圯下授书"形式将衣钵传给张良，赠其《太公兵法》，并言："十三年孺子见我济北谷城山下，黄石即我矣。"张良助刘邦夺得天下后，在济北谷城下仅找到黄石，于是便将其供奉在宗祠中。《素书》仅一千三百六十字、六章，在认识世道、把握人性方面，颇有卓见，有醍醐灌顶之功效。《素书》是一部类似"语录体"的书，文字简练，但寓意深远，被后人称为"天书"。

喜什么，研究之。如天天研究，可以有淌不完的新发现，非不能也，是不为也。

选书的，每月必写一篇读书报告。以读书报告作为文会的材料，坐着聊聊。老了没人管，不受约束，更是自由。大家选一本读，做千古事业，以此为"胶"，则如胶似漆。"二人同心，其利断金"，"君子居之，何陋之有"，哪类人做哪类事，年轻要练达。"学而不思则罔，思而不学则殆"，用心深细为不二法门。

何以乱？官大不读书。法令齐整，行事却不依法，致特权横行。看所用之人，都是些什么人？"贤者在位，能者在职"，并非空言。

改变要有根据，不是随便改变。我为你们开个路，也比你们天天自己摸索好。细看，许多书很偏僻。

余论

欣逢胜世，什么都不缺，怎不好好做个学人？人等死最痛苦！忙不过来，自己找麻烦。我读书养心，精神好。要发心！你们太懒，忙一天没做事，不会支配时间。看书，遇有要点，必要记卡片。静坐没工夫，就胡思乱想。

我治《公羊》，环境造成的，要维新。接着别人做，不要标新立异，可以再往前走。兵家之学，浏览历史，接着做。外交，自合纵、连横开始。中国社会学，自传统《廿五史》入手。反正，得有根据。

千万不可以抄书，可以撰，不可以抄。曾文正《经史百家杂钞》实际，有系统，其实是撰。

做学问贵乎有友，独学而无友，则孤学无助。三皇、五帝，是"况""象"。空想、臆说不行！

"欲趋时也"，要整理东西；"力不及也"，因没有实际工夫。有个轮廓，慢慢做。肯定与否，后人之事。

五四学派，开始就有毛病。中了病，改变来不及！不了解《春秋》，而断章取义，差之毫厘，谬以千里。文章骗不了人。争一时之快，什么也没有留下。要脚踏实地求真知，慢工出细活，时间到，铁杵磨成针，欲速则不达。

圣之时者，及时雨。咱们将来焉知不是"蓬学"？

无论学什么，重视点中国的，中国什么都有。中国人会想，医学也是，今天汉医震惊世人。经史百家，治世之学。

昔日大政治家都是大学人。应知行合一，体用不二。净狗打架，如此闹，是"为政"？整天攻击，也不提出政策。

有志于学，必要注意《大易》与《春秋》这两部书。做学问之乐，别人不会知，但也不会讨厌。

·化成整体生命智慧·

———————— 道善学苑·国学音视频精品课程 ————————

已上线课程：

《详解易经六十四卦》　　　　　　　　　刘君祖

《孙子兵法：走出思维的迷局》　　　　　严定暹

《史记 100 讲》　　　　　　　　　　　　王令樾

《曾国藩家训 18 讲》　　　　　　　　　林　乾

《醉美古诗词》　　　　　　　　　　　　欧丽娟

《唐宋词的情感世界》　　　　　　　　　刘少雄

即将上线课程：

《解读孙子兵法》　　　　　　　　　　　刘君祖

《解读心经》　　　　　　　　　　　　　刘君祖

《论语精讲》　　　　　　　　　　　　　林义正

《中庸精讲》　　　　　　　　　　　　　黄忠天

《韩非子精讲》　　　　　　　　　　　　高柏园

规划中课程：

《详解大学》　　　　　　　　　　　　　黄忠天

《详解庄子》　　　　　　　　　　　　　敬请期待

《公羊春秋要义》　　　　　　　　　　　敬请期待

《春秋繁露精讲》　　　　　　　　　　　敬请期待

《详解易经系辞传》　　　　　　　　　　敬请期待

更多名家音视频课程，敬请关注我们的公众号

在这里，彻底学懂中国传统文化